REFLEXÕES TEÓRICO-CLÍNICAS EM PSICANÁLISE

Blucher

REFLEXÕES TEÓRICO-CLÍNICAS EM PSICANÁLISE

Antonio Sapienza

Organizadoras
Ana Cláudia Nasser Dorça Teixeira
Ana Maria Maurício da Rocha Pinotti
Cristina Maria Kurkdjian
Maria Adelaide Tavares de Oliva Avancine
Miriam Moreira Brambilla Altimari

Reflexões teórico-clínicas em Psicanálise
© 2016 Antonio Sapienza
Ana Cláudia Nasser Dorça Teixeira, Ana Maria Maurício da Rocha Pinotti,
Cristina Maria Kurkdjian, Maria Adelaide Tavares de Oliva Avancine,
Miriam Moreira Brambilla Altimari (organizadoras)

Editora Edgard Blücher Ltda.

Imagem da capa: Édipo e a Esfinge (pormenor) (1808-25), óleo sobre tela, 189 x 144 cm, Museu do Louvre, Jean-Auguste Dominique Ingres (1780-1867).

Blucher

Rua Pedroso Alvarenga, 1245, 4º andar
04531-934 – São Paulo – SP – Brasil
Tel.: 55 11 3078-5366
contato@blucher.com.br
www.blucher.com.br

Segundo o Novo Acordo Ortográfico,
conforme 5. ed. do *Vocabulário
Ortográfico da Língua Portuguesa*,
Academia Brasileira de Letras,
março de 2009.

É proibida a reprodução total ou parcial
por quaisquer meios sem autorização
escrita da editora.

Todos os direitos reservados pela Editora
Edgard Blücher Ltda.

Dados Internacionais de Catalogação
na Publicação (CIP)
Angélica Ilacqua CRB-8/7057

Sapienza, Antonio
    Reflexões teórico-clínicas em psicanálise /
Antonio Sapienza; organização de Miriam
Moreira Brambilla Altimari... [et al.] –
São Paulo: Blucher, 2016.
    464 p.

ISBN 978-85-212-1094-8

1. Psicanálise I. Título II. Altimari, Miriam
Moreira Brambilla

16-0827   CDD 150.195

Índices para catálogo sistemático:
1. Psicanálise

Agradecimentos

Em janeiro de 2016, recebo um presente significativo graças ao empenho, à amizade e à proficiente dedicação da doutora Miriam Moreira Brambilla Altimari, estimada e valiosa psicanalista da Sociedade Brasileira de Psicanálise de São Paulo (SBPSP). Como coordenadora de grupo de estudos basicamente concentrado nos estudos da obra de Bion, Miriam seleciona um conjunto de escritos e palestras de minha autoria ao longo de três décadas.

A dinâmica desse grupo de trabalho, constituído por experientes colegas psicanalistas da SBPSP, serviu de filtro crítico para a leitura e a publicação dos presentes textos.

O desvelamento dos textos poderá expor, até certo ponto, inevitáveis conteúdos de natureza autobiográfica do autor, que trazem marcas de inquietações da prática clínica e institucional dentro de vivências nucleares no seio da SBPSP por quarenta anos.

Tive o privilégio de receber análise, com suficiente generosidade e precisão, inicialmente da professora Judith Seixas Teixeira de Carvalho Andreucci e, após onze anos, do doutor Yutaka Kubo. Minha gratidão se estende também à professora Lygia Alcântara do Amaral e ao doutor Laertes Moura Ferrão, supervisores, professores, amigos e colegas analistas com os quais tive a honra e o prazer de estreita convivência.

Antonio Sapienza

Aos 80!

Toni, Antonio, Sapienza, Sapi... nomes que correspondem às muitas vozes de meu pai.

De médico a psicanalista, elegeu o cuidar como profissão.

Desde a infância no Bom Retiro, conviver na grande família de origem italiana alimentou uma percepção atenta à dinâmica de grupos, manifesta tanto em seu interesse inicial pelo psicodrama como na dedicação à abordagem psicanalítica de Bion.

Nos grupos em que escolheu participar, soube promover a cooperação acima da competição (exceto ao falar de futebol...), realizando as atividades de formação e de supervisão em psicanálise com a mesma generosidade e amor dedicado à família.

Testemunho com admiração sua disciplina diária de estudo em múltiplas áreas (tanto na leitura, diversificada, como na apreciação de obras de arte, músicas e filmes) e também seu empenho cotidiano em registrar e refletir a respeito das próprias vivências e sonhos.

No diálogo, sua capacidade de pensar de maneira analógica revela-se em saltos no raciocínio, impulsionados por associações simbólicas apoiadas na sua visão poética e afetiva do viver.

Ao escrever, é frequente conceber textos a serem compartilhados em encontros e ampliados por meio da leitura e discussão.

Para melhor acompanhar seu pensar, é fundamental que o leitor investigue e aprecie as imagens das obras de arte, poesias ou peças teatrais que cita.

Tarcísio Tatit Sapienza

Conteúdo

Prefácio 13

Sapienza, mestre e artífice da Psicanálise 19

1. Contribuição ao estudo psicanalítico da depressão psicótica 23

2. Formulações sobre os dois princípios do funcionamento mental 71

3. Mudança catastrófica 103

4. Uma leitura psicanalítica de Bion: cinco tópicos clínicos 131

5. Compaixão e verdade 145

6. Os dois princípios do funcionamento mental 153

7. Psicanálise: realidade interna e realidade externa 185

8. Aprendizagem da experiência emocional na sessão analítica: trabalho de sonho alfa (*dream-work*-α) 201

9. Fotogramas de experiências emocionais do cotidiano
e reflexões psicanalíticas   219

10. O trabalho de sonho alfa do psicanalista na sessão:
intuição-atenção-interpretação   229

11. Compaixão, tolerância à frustração e capacidade
de pensar na experiência emocional da sessão
analítica   241

12. Reflexões clínicas sobre uso e manutenção
das funções psicanalíticas   253

13. Propondo reflexões a partir de uma seleção
de anotações e recortes sobre textos de Bion   273

14. Transitoriedade, tolerância a incertezas e fertilidade   291

15. Reflexões clínicas psicanalíticas sobre a
memória-sonho   299

16. Confluências e controvérsias: uma ou mais
psicanálises?   313

17. Capacidade de pensar ansiedades traumáticas
na experiência psicanalítica   323

18. O arqueólogo da mente   335

19. Psicanálise e estética: ressignificação de conflitos
psicóticos e reciprocidade criativa   349

20. Breves reflexões de um psicanalista sobre
A morte do caixeiro viajante   369

21. Achados – ideias – problemas   377

22. Função alfa: ansiedade catastrófica – pânico –
    continente com *rêverie*   385

23. Reflexões psicanalíticas sobre tantalização
    de vínculos   395

24. Destinos do místico e de suas obras   407

25. Reflexões psicanalíticas sobre "Bion em São Paulo"   423

Posfácio: como tirar proveito de um bom negócio   439

Posfácio: convite à leitura   445

Prefácio

Esta publicação é parte de um evento realizado por iniciativa de um grupo de colegas da Sociedade Brasileira de Psicanálise de São Paulo (SBPSP) em comemoração aos 80 anos de Antonio Sapienza. Trata-se de um conjunto de textos selecionados escritos pelo autor ao longo de 35 anos. Aproveito a oportunidade para agradecer, em nome do autor e das organizadoras, aos editores originais de cada um dos textos por autorizarem a republicação.

Em 1977, o doutor Sapienza se apresenta à SBPSP como membro associado com o trabalho *Contribuição ao estudo psicanalítico da depressão psicótica*. Os comentários sobre essa primeira publicação oficial foram realizados pela professora Judith Seixas Teixeira de Carvalho Andreucci, na época, conhecida como analista de grande intuição, em especial por seu trabalho com pacientes psicóticos. Esses comentários são um registro memorável de uma analista-poetisa; destaco o último parágrafo:

Nós, analistas, somos como os antigos bandeirantes lutadores tenazes. Abrimos caminhos através das espessas e obscuras áreas da mente, conseguimos clareiras que nos permitem alguns rastros de luz num desconhecido que permanece imensamente desconhecido, em suas profundidades insondáveis. Muitas vezes, julgamos encontrar pedras preciosas e encontramos cascalhos... mas há sempre um pouco mais de conhecimento onde havia o desconhecido, um pouco mais de fé a cada réstea de luz, um pouco mais de esperança de encontrar mais luz...

Sinto-me feliz de ter sido sua analista, pois, nesta bandeira que juntos trilhamos, além de novos caminhos, percebo hoje que o Sr. descobriu esmeraldas.

Os artigos de Antonio Sapienza são bem articulados e têm um estilo conciso e poético, exigindo do leitor não só tempo e dedicação na apreensão de sua leitura, mas também um contato interno e profundo com vivências arcaicas e sofrimentos que já tenham evoluído para alguma percepção e/ou elaboração.

Nesta coletânea de textos, ressalta-se a inclusão da transcrição de uma conferência proferida por Sapienza em 18 de maio de 1991, em São José do Rio Preto: "Formulações sobre os Dois Princípios do Funcionamento Mental"; de uma palestra, proferida em 12 de outubro de 1991, em Brasília: "Continente-Contido e Mudança Catastrófica", e de outra palestra, novamente em Brasília, em junho de 1993: "Os Dois Princípios do Funcionamento Mental". O objetivo da inclusão dessas transcrições é oferecer ao leitor a oportunidade de conhecer outra faceta do autor-palestrante--conferencista: a fluidez e a clareza de seu pensamento revelam a intimidade com os temas e as profundas elaborações realizadas de uma forma que oscila entre a simplicidade e a complexidade do que deseja comunicar. A versatilidade observada ao falar sobre o mesmo tema em plateias e em datas diferentes o faz abranger novos vértices (reporta-se aqui ao artigo "Os Dois Princípios do Funcionamento Mental"). É notável sua capacidade de comunicação ao lidar com as imprevisibilidades das questões que emergem, acrescentando-as vivamente à palestra ou "conversa", como ele aprecia dizer. Assim, realiza bem o que Bion cita por meio do poeta Bridges: "A sabedoria consiste em procurar administrar com maestria os filhos não-nascidos...", e Sapienza acrescenta... "os filhos imprevistos". Sapienza tem especial talento em se comunicar de forma simples e bem-humorada, sem perder o fio associativo sobre o tema psicanalítico que está em questão. Alguns o chamam de mestre, "sem discípulos", como explicita Sapienza... Ele tem horror a seitas, escolas, e xerocópias humanas! Alguns julgam-no demasiadamente hermético e não conseguem compreendê-lo, outros o veem como herético.

Foi coordenador de cursos para analistas em formação na SBPSP, onde dedicou longos anos ao ensino sistemático da obra de Bion. Seus cursos eram muito concorridos pelos candidatos e membros da sociedade. A leitura cuidadosa, acompanhada de correlações teórico-clínicas, a bibliografia abrangente, as correlações psicanalíticas sutis de acordo com o clima das questões sociopolíticas institucionais da época, tornavam suas aulas instigantes. Muitos colegas aí se conheceram e juntos desenvolveram sólidas e significativas amizades, evoluindo em suas passagens institucionais, tornando-se professores, didatas, ocupando várias funções e cargos na instituição. Muitos dos trabalhos selecionados surgiram nesse período didático, ampliado em apresentações em congressos, fóruns, jornadas, simpósios, onde a presença de Sapienza era certeza de "sala cheia".

Como supervisor é interessante salientar que, embora tenha uma personalidade vigorosa e grande influência sobre seus supervisionandos, tem também uma generosidade ímpar, encorajando-os a desenvolver trabalhos originais no sentido de serem eles mesmos.

Supervisionandos, participantes, colegas na experiência de estarem com ele relatam saírem nutridos, restaurados e vivificados pela sua presença e pelo vigor de seus conteúdos. A convivência com ele é garantia de aprendizado, tais sua paixão pelo conhecimento e sua necessidade em compartilhá-lo. E sempre foi entusiasmado colaborador de grupos psicanalíticos (lembrando Araçatuba, Brasília, Campinas, Curitiba, Marília, Ribeirão Preto, Santos, Uberaba, Uberlândia etc.).

Como autora do presente prefácio, saliento particularmente alguns pontos dos trabalhos selecionados:

1. estabelece uma crítica construtiva do risco de a pessoa, ao se referir ao desejo de ser "curada", se transformar em uma pessoa superadaptada e desvitalizada, e sugere a necessidade de ela desenvolver permeabilidade e amplitude mental para tolerar incursões em posição esquizoparanoide por ser esta a sede da central energética do ser humano; não se faz análise sem desordem;

2. alerta sobre a satisfação do "analista bem-sucedido", nos estimulando a continuar a buscar "verdades psíquicas". A procura sem fim e não saturada de O é salutar para não se deixar confundir com autoridade miraculosa e dogmática, nem se deteriorar;

3. aponta para que o vértice psicanalítico se desloque da direção de "cura" para o empenho de a pessoa se humanizar consigo mesma (*at-one-ment*, Bion). Havendo "furor de cura",

pode o analista vir a mutilar e amputar aspectos e características significativas objetivando a "normatização" desta. Em lugar de um "divã bem-temperado", apareceriam então as "crias" de "leitos de Procusto", inevitavelmente deformadas;

4. salienta a capacidade de tolerar dor mental sem dela se evadir, pois ela está, na sua essência, diretamente relacionada às condições de preservação e viabilidade das matrizes do pensamento primitivo, ou seja, fantasias inconscientes e preconcepções;

5. correlaciona o surgimento do *insight* em análise a um processo de gestação e a todos os seus desdobramentos;

6. insiste que o diálogo exija que os interlocutores clarifiquem de qual vértice emanam as questões que estão sendo tratadas, no intuito de não favorecer mal-entendidos (*misunderstandings*) e confusões;

7. propõe, inspirado por Bion, que a função do analista seja treinar o paciente a manter a capacidade de pensar sob *stress* tal qual um oficial do exército que, submetido a um bombardeio, ao sobreviver, torna-se mais vigoroso.

Terminando, reproduzo, do seu texto "Aprendizagem da Experiência Emocional na Sessão Analítica: Trabalho-de-Sonho-Alfa (Dream-Work-α)":

> *Encarniçados em fazer recuar, o mais longe possível, os limites da* **figurabilidade**, *os artistas reencontram os psicanalistas preocupados em acompanhar seu paciente às fronteiras do analisável. Mas, neste esforço para mais representação, a lucidez, cá e acolá, encontra uma força contrária que parece crescer no mesmo*

ritmo que a expressão, como se o ideal preciso de figuração engendrasse um princípio adverso.

Intimamente empenhados pelo delicado problema da exposição de um dizer sempre fugidio, Estética e Psicanálise parecem assim, cada qual à sua maneira, colocadas em desafio face ao **irrepresentável**.

(Cap. 5: "Escher ou la fascination du sans fonde", "Pour une Esthétique Psychanalytique", Murielle Gagnebin, Paris: PUF, 1994)

Esse texto descreve, para mim, o Doutor Antonio Sapienza.

Miriam Moreira Brambilla Altimari
Membro efetivo e analista didata da SBPSP

Sapienza, mestre e artífice da Psicanálise

Antonio Sapienza é psicanalista, membro efetivo e analista didata da Sociedade Brasileira de Psicanálise de São Paulo (SBPSP), membro titular da Federação Brasileira de Psicanálise (FEBRAPSI) e da Associação Psicanalítica Internacional (IPA).

Nascido em 18 de janeiro de 1936, no bairro do Bom Retiro, em São Paulo, Antonio Sapienza é descendente de italianos que migraram para o Brasil após a Primeira Guerra Mundial, vindos de uma região do sul da Itália chamada Basilicata, uma região pouco povoada e bastante rústica, que fez parte da Magna Grécia e foi ocupada por romanos, bizantinos e normandos. Portanto, em suas raízes ancestrais deparamos com territórios de ruínas gregas, castelos medievais, terremotos e erupções vulcânicas. Sabe-se que, quando são lançadas, as lavas dos vulcões, ao penetrarem na terra, trazem ricos elementos, vindos das profundezas, lavrando fertilidades.

Formou-se médico pela Faculdade de Medicina da Universidade de São Paulo (USP), em dezembro de 1960. Especializou-se, inicialmente, em Cirurgia Geral e Obstetrícia. Encantou-o, nessa época, o aperfeiçoar-se na arte de partejar e, assim, concretamente, auxiliar o nascimento de novas vidas. Fatores como a dor inerente aos nascimentos impossíveis o levaram a mudar de vértice, buscando, na partenogênese psíquica, a profissão para sua vida.

Partiu da medicina à psicanálise. Realizou sua formação psicanalítica no Instituto de Psicanálise da Sociedade Brasileira de Psicanálise de São Paulo (SBPSP), de 1968 a 1972. Tornou-se membro associado em 1974, membro efetivo em 1976 e analista didata em 1982.

Profícuo pensador da psicanálise, além de ministrar seminários para a formação de novos psicanalistas da SBPSP, permanece proferindo inúmeras conferências em congressos brasileiros, núcleos e sociedades de psicanálise da FEBRAPSI, bem como em universidades brasileiras e no exterior. Trabalhou na organização e coordenação de eventos científicos nacionais e internacionais, especialmente aos referentes à obra do psicanalista Wilfred Ruprecht Bion.

O contato de Sapienza com Bion iniciou-se durante as visitas deste ao Brasil, ao assistir às suas conferências e participar de seus seminários clínicos nos anos de 1973, 1974 e 1978. Sua admiração à inquietante obra de Bion e disciplinada devoção ao estudo dela o tornaram um estudioso persistente desse autor, como se comprova nos textos deste livro.

Sua extraordinária personalidade desponta como instrumento constantemente presente em seu trabalho clínico, como analista, supervisor, professor e nas demais relações humanas nas quais se envolve com legítima paixão. Dons pessoais o tornaram um grande mestre na arte de ensinar a psicanálise (Freud, Klein, Bion e outros), desfazendo o mito das profissões impossíveis de serem transmitidas didaticamente.

Intimamente envolvido com a atividade de publicação em psicanálise, Sapienza participa ativamente de conselhos consultivos e divisões de publicações de diferentes instituições psicanalíticas. Como autor, tem publicado inúmeros artigos sobre psicanálise nos mais diversos meios científicos, como a *Revista Brasileira de Psicanálise*, o *Jornal de Psicanálise*, a *Ide*, a *Alter*, a *Berggasse 19*, a *Funzione Gamma*, entre outros. É autor de capítulos em diversos livros de psicanálise, como: *Em Busca do Feminino*, *Perturbador Mundo Novo*, *Ressonâncias de Bion em São Paulo* e *Bienal de Psicanálise*; é também editor do livro *Inquietações ↔ Serenidade: Efeitos a Longo Prazo das Contribuições de Bion*.

Como homem livre, transmite aos seus interlocutores refinada capacidade elaborativa e um forte espírito de luta pela ética, pela verdade e pela vida. Atuou por vários anos na comissão de ética da SBPSP e foi coautor do atual código de ética dessa sociedade, bem como da carta de princípios éticos da FEBRAPSI. Nessa perspectiva, revela consciência crítica de sua história pessoal e científica, de acontecimentos que marcaram sua vida e que o constituem como personalidade única, singular.

Sapienza se afasta do enclausuramento caricatural do psicanalista clássico e mantém-se como um cientista-clínico, dotado de visão binocular, ou melhor, multiocular, prismática, sempre em busca da iluminação dos diferentes vértices de observação da experiência emocional, sempre pronto para aplicar sua grande agilidade mental e especial senso de humor, em favor de seus analisandos, amigos, colegas e alunos. Energizado por "reações atômicas internas", em dose suficiente para encarar os problemas da vida, nas esferas pessoal, familiar e profissional, mostra-se dotado de seriedade e responsabilidade ao lidar com as consequências de suas vivências e atos profissionais. Trata-se de um dínamo admirável, carregado de energia renovada e revigorante, mediada por uma inquietante e perturbadora lucidez. Conjuga vigorosamente sensibilidade intuitiva e racionalidades conceituais, destacando seu olhar esperançoso para o futuro, seu espírito aberto e pragmático que busca constantemente cultivar um estado de consciência ética, criativa e livre de preconceitos.

Os que têm o privilégio do convívio pessoal com Sapienza conhecem suas formulações, sempre permeadas por rico humor, associado ao tempero de uma aguçada ironia. Sua linguagem oral assemelha-se à sua linguagem escrita, esteticamente complexa, profundamente evocativa, muitas vezes desafiadora, sem perder de vista o vértice de compaixão humana madura e cordialidade viva. Com o frescor de seu estilo e a precisão de sua linguagem, inteligentemente dialoga com seu interlocutor, com respeito e fraternidade, tratando-o como um par simétrico, o que muitas vezes resulta em fértil perplexidade.

Rica em modelos extraídos de todas as artes, especialmente da literatura, sua linguagem tende a estimular nosso sonhar pessoal evocativo e binocular. Manifesta, também, sua refinada oposição diante de fenômenos que entretêm arrogância, estupidez ou ignorância, fatores restritivos à liberdade de pensar.

Sapienza é testemunho vivo de idealismo revolucionário, experiente, esperançoso e realista, que nos desperta forte admiração por seu engajamento na preservação da qualidade dos vínculos científicos, estéticos e humanos da psicanálise, bem como por sua luta cotidiana para promover sabedoria e crescimento mental em seus pares. Diante da complexidade crescente de dor e sofrimento humano no mundo contemporâneo, Sapienza, clinicando no seu *setting* (ateliê do artista), escrevendo, promovendo palestras, editando livros em estilo próprio, entre outras atividades, constitui-se em um dos psicanalistas mais criativamente perturbadores da atualidade.

Martha Maria de Moraes Ribeiro
Membro efetivo da SBPSP e analista didata da SBPRP

1. Contribuição ao estudo psicanalítico da depressão psicótica[1]

> *Pedi eu, ó Criador, que do barro*
> *Me fizesses homem? Pedi para que*
> *Me arrancasses das trevas?*
> John Milton (*O paraíso perdido*, Livro X, p. 743-745)

I

Nessa comunicação, abordarei a instalação de sentimentos de solidão, inexistência, vazio e desespero observados em um analisando que venho acompanhando há cerca de dois anos. Procurarei correlacionar a emergência desses sentimentos com os fatores

---

[1] Sapienza, Antonio. *Contribuição ao estudo psicanalítico da depressão psicótica.* São Paulo: SBPSP, 1977. 42 p. (Trabalho apresentado à SBPSP para admissão como membro associado. Anexo, comentários de Judith Andreucci). Lo: WS54.

da personalidade do analisando, que puderam ser apreendidos dentro da experiência analítica. Privilegiei as vicissitudes do vínculo analítico bipessoal como eixo fundamental de observação, buscando correlacionar suas mudanças com as ansiedades do analisando e a elaboração das mesmas dentro do trabalho psicanalítico.

Passo a apresentar um esboço de caracterização do analisando, destacando sintomas, sentimentos e ansiedades prevalentes que o motivaram a procurar uma ajuda analítica, em razão do fracasso dos métodos utilizados pelo mesmo no lidar com seus temores.

Mostra-se intensamente assustado e perseguido, vivendo como uma pessoa acossada, solitário, carregado de desconfianças. Seu estado é de um contínuo sobressalto e desespero, temendo uma constante ameaça de repentinamente não saber mais quem é. Tem a impressão aflitiva de estar desperdiçando a própria vida, com profunda amargura e insatisfação em relação a si mesmo. Predominam a seu próprio respeito ideias de estar arruinado internamente e de ser portador de uma crueldade maligna, capaz de corromper quem dele se aproximar.

Insônia atormentadora o incomoda há muitos anos; tenta adormecer e não consegue. Nessas ocasiões, parece-lhe estar oco por dentro, tendendo a entrar em um crescente estado de pânico; então, a fim de poder descansar, começa a ingerir bebidas alcoólicas, procurando atordoar-se até conseguir a abolição da consciência de si mesmo e afastar seu estado de terror. Preocupa-se com a crescente ingestão de álcool, no sentido de poder destruir sua produtividade intelectual e profissional.

Em outras ocasiões, estando só, é assaltado por um progressivo mal-estar que o sufoca, acompanhado da sensação de que pode ficar paralisado e sem vida. Necessita, então, sair bruscamente de casa e procurar indiscriminadamente algum homem, que, através de um rápido contato sexual, lhe devolva o sentimento de que continua vivo.

A alienação de si mesmo, pelo uso do álcool, e a atividade homossexual promíscua constituem soluções paliativas, que afastam temporariamente seu estado de solidão e terror interno. Tais métodos acompanham-se de outras ameaças à sua estabilidade mental, física e social.

Seu estado de pânico quase permanente dá ao encontro analítico um sentido de resolução urgente e decisiva entre a vida e a morte, dentro de uma prontidão de socorros imediatos, que dá uma alternância sucessiva de momentos de intensa esperança e, logo a seguir, de profundos desencantos, dentro da mesma sessão. O relacionamento com o analista é extremamente instável, sendo frequentes bruscos silêncios e afastamentos hostis, geralmente não verbalizados, a que se seguem tênues e cautelosas reaproximações.

Em um nível macroscópico, o desenvolvimento do trabalho analítico é perturbado por sucessivas interrupções advindas de atrasos e de ausências às sessões, que somente são comunicadas após consumadas. O ritmo de sua frequência às sessões analíticas é descontínuo e irregular.

Gradativamente, um fenômeno foi-me chamando a atenção no decorrer de sua análise: havia momentos de silêncio que bruscamente interrompiam o diálogo analítico, em que o analisando entrava em um estado de inércia e progressiva sonolência. Essa separação carregada de hostilidade e ressentimentos ocorria, geralmente, após intervenções de minha parte que assinalavam aspectos de sua personalidade, vivenciados como desvantajosos. A par dessa intensa raiva, que determinava uma explosiva ruptura do relacionamento do analisando com o analista, mostrava-se nesses momentos extremamente confuso, com perturbações da atenção e da memória, perdendo *insight* recém-conquistado, com sentimentos de estranheza em relação a si mesmo, sem discriminar claramente passado, presente e futuro. Esses hiatos fragmentam o sentido de um existir real dentro de uma continuidade temporal (40).

Esse quadro, em que predominam raiva e pânico, é dominado e regido por ansiedades paranoides, sendo seguido por um estado de extremas desolação, tristeza e impotência dolorosa pela destrutividade fantástica onipotente dirigida ao analista e a si mesmo (30) e que não pôde conter. Postas em relevo essas desconexões violentas do analisando com o analista e consigo mesmo, passei a pesquisar no material clínico quais os fatores da personalidade do analisando que comandam os ataques destrutivos dirigidos ao vínculo com o analista e que se voltam também contra funções egoicas do analisando, levando-o a um estado de imobilização psíquica e encapsulamento desvitalizador.

Valendo-se de sua experiência clínica com crianças psicóticas, Frances Tustin (48) assinala, juntamente com Margaret Mahler (39), que a *depressão psicótica* se manifesta como um estado de profundo desgosto e luto interno, estruturado em bases de uma relação primária, entre o bebê e a mãe, de natureza trágica e infeliz. Com pormenores clínicos e comentários extremamente sugestivos e enriquecedores, descreve seu trabalho analítico com um menino autista de três anos e sete meses, que vivenciava esse estado interno como equivalente a um "buraco preto".

Tustin destaca as contribuições de Winnicott em que o mesmo atribui à *falha da primeira situação contensora* a origem da depressão psicótica. Nos primórdios da infância, a criança seria contida psicologicamente em suas ansiedades e desejos na medida em que ocorresse uma coincidência entre seus padrões internos inatos e as ações que, em razão deles, ela espera do ambiente. A mãe coloca o seio real onde e no momento exato em que a criança está pronta a criá-lo. Dessa forma, a mãe e o bebê, o mamilo (ou a mamadeira) e a língua juntam-se no esforço de produzir e de confirmar uma ilusão de relação contínua, que é muito importante ser repetidamente vivenciada durante a infância primitiva. Para Winnicott, a depressão psicótica se instala quando a separação acontece antes que a criança tenha atingido uma fase de desenvolvimento psicológico que lhe permita fazer face à perda sem destruir parte de si mesma. Supõe Winnicott que se essa separação, envolvendo a perda da ilusão de continuidade dentro do relacionamento bebê-mãe, ocorresse meses mais tarde, teria uma consequência relacionada à perda do objeto e não à perda de uma parte do sujeito. Na depressão psicótica, haveria a perda da representação psicológica que o bebê tem de sua boca, pelo sentido de separação prematura desencadeado pelo distanciamento da mãe (ou de seu substituto), acarretando graves consequências psicológicas. Essa depressão primitiva tem papel decisivo na parada do desenvolvimento emocional das crianças psicóticas. Tustin correlaciona-a a denominações diversas encontradas em vários autores: Bion denomina-a de "catástrofe psicológica"; Balint usa o termo "falha básica"; alguns analistas junguianos chamam essa depressão psicótica de "o sítio da mágoa crítica" ou "o núcleo da mágoa".

Ancorada em sua experiência analítica com adultos limítrofes e psicóticos, Judith Andreucci, em sucessivos trabalhos (2, 3, 4, 5), assinala os elementos psicodinâmicos subjacentes a uma configuração que denomina *depressão basal*. Andreucci destaca a existência de situações arcaicas, em que predominam a inorganização e o perigo constante da dispersão total da personalidade. A ameaça constante é dada pela perspectiva do nada e do não ser, sendo a imobilidade utilizada como defesa máxima contra o terror do aniquilamento total. Realça a inter-relação de dois fatores que mantêm a estruturação desse campo: a violência dos impulsos da criança e a inadequação da mãe como continente adequado, com suficiente capacidade de *rêverie*. As perturbações na relação primária continente-conteúdo formam a base de graves distúrbios no processo de desenvolvimento e de integração do ego, que se acompanham de distúrbios da capacidade de pensar.

Essas angústias catastróficas, ocorridas desde o início da vida emocional do bebê na sua interação com a mãe, mobilizam a organização de um sistema rígido de defesas psicóticas, que, segundo Bick (6), estruturam a formação de uma "segunda pele", dentro da qual a dependência do objeto é substituída por uma pseudoindependência, mediante o uso inapropriado de certas funções mentais, criando um continente substituto, no qual o bebê tenta viver, gozando de uma ilusória e onipotente autossuficiência.

II

O ovo de um pássaro, contendo em si toda a matéria nutritiva necessária ao embrião e para o qual os cuidados maternos estão limitados à administração de calor, oferece-nos exemplo claro de um sistema psíquico fechado aos estímulos do mundo externo e capaz de satisfazer, autisticamente, até suas necessidades alimentares.

Sigmund Freud, "Formulações sobre os dois princípios do funcionamento psíquico", 1911

Proponho, como hipótese de trabalho, a existência de uma atividade mental que se opõe francamente à vida de relação do sujeito com objetos vivos e autônomos. Seus objetivos são os de alcançar uma autossuficiência isolacionista, desencadeando, para tais fins, violentos ataques ao próprio *self* e aos objetos, acarretando consequência dessa destrutividade dirigida ao próprio sujeito e a seus objetos, um estado depressivo com intenso colorido paranoide.

À custa da quebra fragmentadora dos vínculos objetais internos e externos, o sujeito cria um estado de vácuo interno, no qual fica abolida a consciência de si mesmo e de suas emoções, assemelhando-se à experiência descrita sob o nome de Nirvana.[2] Esse estado vem acompanhado de uma sensação de terror que parece estar conectada à dispersão dos fragmentos da própria personalidade, após a realização dos ataques de natureza homicida-suicida, que acarretam a perda do continente.

Profundos sentimentos de ódio à realidade interna e externa, alimentados por arrogância e inveja, comandam o uso de mecanismos específicos, chamados *mecanismos de manutenção* por Mahler (39), que procuram construir e solidificar uma barragem maciça de estímulos alucinatórios negativos entre o indivíduo e a realidade externa, a fim de que essa mesma realidade externa, desempenhada na situação analítica pelo analista, não tenha representação no mundo interno do indivíduo.

A violência desvitalizadora desses mecanismos separatistas é acionada por uma onipotência fantástica: a) a fragmentação maciça e expulsão projetiva (*splitting-off*) do *self* e dos objetos trazem como consequência a perda dos vínculos objetais e o terror do aniquilamento pela dispersão estilhaçante da própria personalidade; b) os impulsos instintivos tendem a ser suprimidos arrogantemente

---

[2] Wing-Tsit Chan, em sua terminologia budista, exposta nas páginas 91-110 da *Encyclopedia of Religion* (Ed. Vergilius Ferm, 1959), apresenta como *acepção mais geral de Nirvana* o apagar-se da pessoa como o de uma lamparina, sendo atingida a iluminação por meio da extinção de todos os desejos. O sujeito busca atingir um estado de permanência, livre de desejos, acima da vida e da morte, transcendente a quaisquer subjetividade e objetividade, numa extinção das paixões, substituindo o sofrimento pela beatitude.

a fim de ser mantida uma pretensa independência do mundo externo, acarretando a destruição das bases da própria vida emocional em suas raízes, na extinção dos impulsos sexuais, agressivos e libidinosos, que requerem a existência de vida objetal; c) instala-se, ainda, uma negação paralisadora de qualquer movimento emocional que possa acarretar modificações nesse estado de quase esvaziamento de vida psíquica.

Com o emprego desses mecanismos, o indivíduo tenta manter-se dentro de um sistema encapsulado e onipotente, dentro do qual está também imobilizado, prisioneiro de uma robotização, em que procura destruir qualquer manifestação de vida emocional própria e alheia. Sentimentos de solidão, vazio, tédio e esmagamento sufocante acompanham essa profunda carência de conhecimentos verdadeiros e de amor, mantendo uma crescente avidez de relacionamento pessoal, que não é satisfeita pelos contatos com seres inanimados ou com seres humanos coisificados. Por outro lado, os altos níveis de ansiedade determinam uma intolerância à frustração, tornando os vínculos sobrecarregados de possessividade, ciúmes e desejos de controle onipotente do objeto, com o que os relacionamentos humanos tendem a ser instáveis e dificilmente satisfatórios, pelas exigências de uma compreensão perfeita, sucedendo-se explosões que levam a bruscos movimentos de retração e isolamento. Dessa maneira, é reforçada uma estruturação narcísica da personalidade, hipersensível e melindrosa.

A prevalência desse dinamismo psíquico tende a levar o indivíduo ao nada, à solidão e ao não ser, com sucessivas experiências de relacionamentos insatisfatórios, crescente compreensão do próprio ser, mutilação da capacidade de conhecer e de amar, com um quase esmagamento da vida psíquica.

Correlacionarei essa hipótese de trabalho com teorias psicanalíticas dispostas em cinco subgrupos.

A

Dentro do ponto de vista metapsicológico freudiano, o conceito de narcisismo secundário (19) é útil para explicar as bruscas e repetidas retrações da libido objetal e a aplicação desta ao *self*. No entanto, o estado clínico de quase letargia que se acompanha de nítidas perturbações de funções do ego e de concomitante perda de representação do *self* (16) não é suficientemente explicado pela operatividade do narcisismo secundário. Penso que existe um componente narcísico de natureza destrutiva a comandar esse processo, que vai além de um simples retorno da libido, aplicada até então a objetos externos, para objetos interiorizados, como chega a postular Melanie Klein (31), ao afastar a existência de evidência clínica do *narcisismo primário*. Acredito que a observação clínica de fenômenos semelhantes à quase extinção de vida psíquica determina uma revisão a respeito de importantes aspectos metapsicológicos do narcisismo, com implicações de natureza teórica e técnica, dentro do trabalho psicanalítico.

B

Ao reformular sua teoria dos instintos, em *Além do princípio do prazer*, Freud (20) retoma a expressão proposta por Barbara Low e enuncia o *princípio de Nirvana* como uma tendência que governa o psiquismo e que visa à redução, à constância e à supressão da tensão de excitação interna.

Em "Problema econômico do masoquismo", Freud (21) sublinha que o princípio de Nirvana expressa a tendência do organismo ao *impulso de morte*. Em "Mal-estar na cultura", Freud (22) realça mais uma vez a importância do *conflito básico* entre os *impulsos de vida e de morte*.

Através da prevalência do princípio de Nirvana, ocorreria a busca de um *estado psíquico próximo ao zero*, na tentativa de reduzir ao mínimo possível qualquer quantidade de excitação de origem externa ou interna (37).

Klein (32) amplia as postulações de Freud a respeito do *instinto de morte*, procurando dar-lhes *dimensões clínicas*. Ao focalizar a vida de relação objetal, que, a seu ver, existe desde o nascimento, graças a um ego rudimentar, Klein (31) acentua a importância dos *ataques fantásticos de natureza sádica* dirigidos *pelo bebê ao seio*. Essa deflexão da agressividade contra o objeto primário constitui o modo fundamental de o bebê lidar com a *ameaça de aniquilamento* contra o seu ego primitivo, durante a posição esquizoparanoide.

A prevalência da *inveja primária* e da *voracidade* tendem a obstruir a introjeção do seio bom, de que depende a estruturação e o desenvolvimento do ego. Dessa forma, o ego se mantém frágil e sujeito cada vez mais à intensificação de processos desintegrativos. Aumentando as ansiedades persecutórias, a agressividade se exacerba e os ataques destrutivos ao objeto se incrementam (31).

Klein assinala que a intensificação da ansiedade paranoide, a par de promover um aumento dos ataques dirigidos ao objeto determinando uma perda destrutiva e contínua do objeto bom, amplia o uso dos mecanismos de *splitting* os quais, associados à identificação projetiva (31), empobrecem e esvaziam cada vez mais o psiquismo do ego.

Dentro do referencial kleiniano (33) (34), podem ser destacados dois fatores da personalidade que interagem e tendem a obstruir o desenvolvimento mental, pelo reforço da manutenção do sujeito dentro da posição esquizoparanoide: a) *inveja primária excessiva*, que fragmenta violentamente o objeto bom, impossibilitando adequada introjeção do mesmo, com o que falta um núcleo coeso, em torno do qual o ego possa se organizar; b) *intolerância à frustração*, somada à *gula*, torna ainda mais difícil a existência de momentos gratificantes, com o que os níveis de ansiedade persecutória sobem e se intensificam os mecanismos de fragmentação maciça e expulsão projetiva que destroem *self e objeto*. Essa situação básica torna difícil a entrada do sujeito na *posição depressiva*, uma vez que é constantemente solapado o reconhecimento da existência autônoma do objeto total.

D

Bion (8b) enumera quatro características da personalidade psicótica: 1) a preponderância de impulsos destrutivos tão grande, que ainda o impulso para amar é sobrepujado e convertido em sadismo; 2) um ódio da realidade interna e externa que se estende a tudo o que possa despertar consciência desta; 3) o pânico de aniquilamento iminente; 4) a formação de relação objetal prematura e precipitada, frágil e tenaz, derivada do conflito nunca decidido entre os instintos de vida e de morte.

Bion mostra como essas qualidades se combinam e levam a fragmentações mínimas da personalidade, particularmente do aparelho de tomar consciência da realidade. Essa fragmentação da personalidade vem acompanhada pela expulsão dispersiva dos fragmentos da personalidade em objetos externos, trazendo graves consequências para o sujeito em sua vida de relação objetal.

Ao comentar o artigo de Freud, "Neurose e psicose" (1924), Bion (8b) destaca uma *cisão básica do ego* na instauração do princípio da realidade: a) dentro da personalidade não psicótica, o ego é leal à realidade e suprime uma parte do *Id*; b) na personalidade psicótica, o ego está a serviço do *Id* e se retira de uma parte da realidade. Mostra que, em graus diversos, há coexistência entre o princípio do prazer e da realidade; de modo que o ego nunca se retira completamente da realidade, existindo uma personalidade não psicótica paralela e obscurecida pela personalidade psicótica.

Bion chama a atenção a respeito do papel da arrogância (8c) como um fator importante da personalidade psicótica, na obstrução do desenvolvimento mental e na destruição das possibilidades de aprendizagem a partir da experiência emocional no relacionamento com outra personalidade (9).

Em "Desenvolvimento do pensamento esquizofrênico" (1955), Bion (8a) mostra que a personalidade psicótica progride da posição esquizoparanoide para a posição depressiva de um modo diferente da personalidade não psicótica, em razão da *fragmentação primária*, pelo uso de identificações projetivas maciças, dirigida principalmente contra o aparelho de tomar consciência da realidade.

Em "Alucinação", Bion (1958), Bion (8d) destaca que, nas proximidades da posição depressiva, ocorre uma *fragmentação secundária*, com um *splitting* maciço, que atinge o *self* e os objetos, determinando uma volta à posição esquizoparanoide com intenso colorido depressivo paranoide, dentro de uma relação objetal que tem uma configuração homicida-suicida.

Em "Ataques ao vínculo" (1959), Bion (8e) mostra a importância da ação de um *superego severo e perseguidor do ego*, cujas ameaças tornam ainda mais incapacitada a personalidade psicótica para poder enfrentar a posição depressiva e os desenvolvimentos que dela dependem.

Nas conclusões de "Ataques ao vínculo", Bion destaca o papel do *narcisismo primário*, na manutenção do *ódio à emoção* por parte da personalidade psicótica. A emoção é demasiadamente intensa para ser contida na mente imatura e, na medida em que dá realidade a objetos que não são o *self*, acaba por hostilizar o narcisismo primário. Assim, a emoção passa a ser destruída porquanto é sentida como *vínculo entre objetos*.

Em "Mudança catastrófica" (1966), Bion (12d) acentua a atuação de um *establishment* que se opõe a modificações impostas pelo princípio da realidade. Cada vez que a relação continente-conteúdo enfrenta uma situação de mudança e crescimento, existe uma violenta explosão do vínculo comandada pela personalidade psicótica, que, por meio de uma *inveja ilimitada*, não suporta uma ideia nova e procura esterilizar e desvitalizar as possibilidades de evolução mental.

Em "A medicina como modelo" (12a), Bion utiliza o estado de choque cirúrgico como um modelo biológico para procurar compreender a experiência emocional do *espaço mental psicótico*. Sublinha que, assim como no estado de choque ocorre, pela brusca dilatação dos capilares, um aumento do espaço pelo qual pode circular o sangue, de tal modo que o paciente sofre um dessangramento em seu próprio corpo; assim também, na *catástrofe psicótica*, há uma *projeção explosiva do espaço mental*, de tal ordem que o paciente sente que suas emoções são drenadas e se perdem em um *espaço infinito*.

E

Green (23) assinala que a ação do narcisismo primário leva a um *apagamento* (*effacement*) da representação do objeto no mundo interno. O desinvestimento radical da libido objetal, pelo despojamento dos vínculos externos e internos, eclipsa a vida psíquica, acompanhando-se da criação de um vácuo interno, revelador do desabamento do psiquismo, dentro de um movimento denominado por Green de *neantification*, onde é buscada a situação próxima ao zero.

Examinada do ponto de vista regressivo, essa situação de quase extermínio da vida psíquica e da busca de um estado de inércia corresponderia a uma volta à primeira etapa da fase oral da organização da libido, descrita por Abraham (1), que é de *natureza autoerótica*, isenta de inibições instintivas, com ausência de uma real relação objetal.

Green acentua como o narcisismo primário expressa uma aspiração por uma totalidade autossuficiente e imortal, dentro de um suceder de *autogeração, morte* e *negação da morte*.

Em seminários clínicos desenvolvidos em São Paulo, em 1976, Green assinala em suas considerações a respeito da *psicose branca* de que modo subjaz à estrutura narcísica, em sua busca da abolição das tensões a nível zero, a procura da própria *morte psíquica*.

III

E Freud continua comprovando, em mais de um lugar, esse fenômeno estranho do desaparecimento da imagem, por assim dizer, como se uma "limpeza" tivesse ocorrido. Mas foi necessário para isto a mediação do objeto, que é o analista, o acontecimento produzido pela associação livre na conjuntura da situação analítica, transformando-se como estrutura na relação de transferência. Esta produção de afeto e essa limpeza fazem pensar nessa luz vinda de estrelas longínquas, que quando nos chega depois de seu trajeto pelo espaço, no entanto já deixou de brilhar, pois seu astro está morto; disto a situação psicanalítica produz a figura invertida.

André Green, A concepção psicanalítica do afeto, 1973

Apresentarei o material clínico sob a forma de fragmentos de quatro sessões analíticas, que serão respectivamente denominadas

A, B, C e D. Após cada *flash* clínico, tecerei comentários sucintos apontando os movimentos afetivos e os fatores da personalidade do analisando que puderam ser captados no relacionamento analítico bipessoal e que se conectam com o destino do vínculo do analisando com o analista e da relação do analisando consigo mesmo. São destacadas, nesses comentários, as consequências do uso dos mecanismos de defesa mais frequentemente postos em ação pelo analisando, com o intuito de garantir a sobrevivência de seu ego.

Os comentários aqui apresentados não pretendem elaborar uma análise exaustiva de outros importantes aspectos e problemas sugeridos pelo material clínico, como a estrutura edipiana do analisando e as perturbações de sua identidade; portanto, eles assim aparecem em nome da clareza e da brevidade expositiva.

(1) *Sessão A*

Seguem-se dois trechos de uma sessão ocorrida nos primeiros meses de análise e os correspondentes comentários.

Fragmento A1

Ao entrar na sala, o analisando mostra-se extremamente pálido. Numa fala hesitante e sobressaltada, diz ter sentido muito medo de vir para a sessão de análise e deitar-se no divã. Compara a situação analítica a uma vivência assustadora de sua infância, quando sua mãe o conduziu a um hospital para se submeter a uma intervenção cirúrgica, ocasião em que suas amígdalas foram extirpadas à força, violentamente, sem o seu consentimento. Tal operação ocorreu sob a ação de anestesia, dada de um modo abrupto. Desde então, passou a ter horror de ficar sob o efeito de anestésicos, evitando, até hoje, passar nas proximidades de hospitais. Tem muito medo de cirurgia, em especial quando executadas por mulheres cirurgiãs. Diz ainda, sob a forma de queixa, que seu pai não estava presente, em razão de estar ocupado com encargos profissionais.

Assinalo ao analisando que seus sofrimentos descritos correm por conta de fatos que conhece e que estes parecem servir de veículo para expressar o quanto está assustado hoje, pelo exame de sua intimidade no relacionamento analítico comigo. Mostro-lhe, ainda, que seus temores resultam de suas construções fantásticas, quando transforma a situação analítica em uma relação de violência invasora, em que figura como vítima e, dessa forma, procura tornar-me seu carrasco.

Comentários a respeito do fragmento A1

O analisando expressa de que modo sente a aproximação entre duas pessoas: uma, no caso o analisando, é dominada e penetrada invasivamente por outra pessoa, o analista, configurando as bases de uma relação sadomasoquista.

Seu medo de anestesia parece expressar os seus temores e a sua tendência a entrar em um estado de torpor e desvitalização, qual um zumbi. Esse estado de morto-vivo (43), em que perde a consciência da realidade interna e externa, reproduz-se ativamente na situação de ingestão de álcool, quando chega ao pré-coma, numa dramatização de sua própria morte e desaparecimento (28).

Esse material pode ainda permitir, como conjetura, um esboço da estrutura edipiana do analisando, chamando a atenção à instabilidade do relacionamento com seus pais internalizados, onde surge uma figura materna dominadora, que o quer subjugado e sem vida própria, e uma figura paterna distante e ausente.

Fragmento A2

Após uma observação do analista a respeito do desamparo que subjaz à sua fachada de sabe-tudo, e estando próximo o término da sessão, o analisando refere que, na madrugada de hoje, quando caminhava por uma rua solitária, deparou bruscamente com um bêbado que perseguia e molestava duas mulheres que caminhavam ternamente de braços dados, como se fossem mãe e filha. Ironicamente, diz que pareciam "duas pombinhas" que se dirigiam para casa. Com muito esforço e paciência, conseguiu acalmar o bêbado, chamando-o à ordem e aconselhando-o a ir dormir e a deixar as mulheres em paz.

Comentários a respeito do fragmento A2

Nessa sequência, o estilo de comunicação do analisando é onírico, assemelhando-se ao conteúdo latente de um sonho, cujo conteúdo manifesto conecta-se à experiência emocional que se desenvolve no momento em sua relação com o analista. Através do mesmo, o analisando parece representar a aliança terapêutica como a união de duas pessoas do mesmo sexo (mãe-filha), que pode ser alvo de ataques invasivos e depreciativos provenientes da intrusão da personalidade psicótica, ávida e confusa (bêbado); manifesta também seus esforços de conter esses movimentos invasivos pelo emprego de outros aspectos mais sadios de sua personalidade, que correspondem à personalidade não psicótica.

Há também indícios de ressentimento, proveniente de inveja desvalorizadora, pela zombaria depreciativa que surge deslocada do relacionamento com o analista, em sua ironia dirigida às mulheres unidas, que pareciam duas "pombinhas". Esses sentimentos, nesse contexto, possibilitam configurar uma situação de estrutura objetal básica: um menino, enciumado por uma relação de muita aproximação e carinho entre mãe e filha, afasta-se com hostilidade e ressentimento, passando a ingerir avidamente álcool por despeito vingativo (44c). Nesse mesmo sentido, podem ser encontrados também esboços dos alicerces de suas atitudes paranoides e de zombaria em relação às mulheres de sua intimidade (44a).

Nesse *flash*, surgem ainda referências ao seu estado de insônia e solidão, quando, inquieto, começa a vagar pelas madrugadas, desorientado, à procura de uma companhia que preencha o seu vazio interior e que, por avidez, ciúmes, desespero e indiscriminação, vem a sexualizar. Nesses momentos, ocorrem os episódios de encontros sexuais promíscuos, com práticas de felação seguidas de coito anal. Aí, predominam ansiedades confusionais acompanhadas de confusão de zonas erógenas e de objetos eróticos, em que são equacionados boca e ânus, seio e pênis (41a).

Aqui, pode ser percebido ainda um apelo ao analista para que o ajude a poder conter suas evasões malabarísticas, provenientes de um falso *self* (50), as quais encobrem profundas angústias de isolamento, catástrofes psíquicas e ignorância de si mesmo.

Sua solidão apavorante é criada por ataques onde predominam sentimentos de ciúmes e inveja, que desferiu e que desfere contra os objetos de seu mundo interno; é importante destacar que esse material se relaciona ao estímulo advindo da percepção do término da sessão. Consequente a seus ataques advindos de seus desejos de exclusividade na relação com o analista e, como pano de fundo, com o seio, instala-se uma perseguição voraz, que o impulsiona a procurar de um modo alucinado, nas madrugadas sombrias, objetos transmissores de vida (pênis idealizado) para protegê-lo de seu pânico aterrorizador. Rosenfeld (44a) mostra como o afastamento hostil do objeto primário, em razão de inveja e voracidade, vem acompanhado da idealização do pênis.

(2) *Sessão B*

Trata-se de um trecho da primeira sessão da semana, ocorrida alguns meses após a sessão A. Nesse período, são frequentes seus atrasos e as faltas; essas somente são comunicadas ao analista após consumadas.

Fragmento B

O analisando chega atrasado cerca de dez minutos e, ainda no corredor, que fica entre a sala de espera e a sala de análise, põe-se a perguntar em altos brados se o analista está presente. Fico em silêncio e o aguardo na sala.

O analisando acaba por entrar e me cumprimenta cabisbaixo. Arroja-se ao divã, como quem vai dar uma cambalhota. Numa fala torrencial, despeja uma descrição sobre si mesmo como sendo uma pessoa excêntrica e encantadora, que desperta admiração e impacto. As pessoas o veem como um personagem fabuloso, um misto de poeta e de louco, capaz de chocar e escandalizar qualquer pessoa.

Abordo o seu atraso e a sua hesitação ocorrida pouco antes de entrar na sala de análise, apontando suas suspeitas a meu respeito como possível impedimento de poder aproximar-se. Rapidamente, o analisando responde que julgava que o analista pudesse estar na sala de análise com outra pessoa, talvez com uma "mulherzinha" interessante.

Comentários a respeito do fragmento B

Assinalo sucessivamente os principais fatores afetivos relacionados à perda do vínculo com o analista, no decorrer do fim de semana, e que interferem no reencontro analítico, levando o analisando a se atrasar.

a. Sua *intolerância à frustração* o impede de poder discriminar, nesse momento, sua fantasia da realidade externa. Toma sua produção mental, em que o analista está entretido com uma mulher que ocupa seu lugar, como uma verdade incontestável, apresentando então esse pensamento alucinado (8d).

b. Essa transformação em alucinose (11) revela seus temores e desconfianças paranoides de ter o seu lugar preenchido por uma mulher, numa expressão de *ciúmes possessivo* em relação ao analista. Manifesta também o teor fantástico onipotente com que tende a viver o fim de semana analítico: dentro de um contexto de cena primária.

c. Essa transformação expressa, ainda, seus ataques à receptividade do analista, pela *inveja* e *hostilidade* do analisando em relação à *autonomia do analista*. À inveja soma-se uma intensa *voracidade* que o torna desejoso de um relacionamento contínuo, desencadeando-se uma profunda irritação e raiva pelas interrupções impostas pelo princípio da realidade.

d. Sua *arrogância* o faz sentir-se em enorme desvantagem quando se dá conta de necessitar de outra pessoa, num determinado espaço e tempo, fora de suas programações onipotentes, a fim de poder ter análise.

e. Dentro de sua *fantasia de tudo poder ser*, o analisando tenta apresentar-se jocosamente como um desejável e interessante personagem, capaz de rivalizar com a fantástica mulher que o exclui da relação com o analista. Teatraliza seus desejos alucinatórios de poder ser também uma mulher e, hostilmente, transforma o analista em uma pessoa indigna de sua confiança e que pode atraiçoá-lo, corrompendo-o e abusando de seus aspectos femininos (29b). Em outro nível, o analisando fantasia a relação com o analista configurada numa identificação projetiva com um objeto de seu mundo interno que tem as características da *figura dos pais combinados* (29a), dentro de uma *intencionalidade sadomasoquista* de perverter a transferência (42).

f. Os ataques internos denegridores dirigidos ao analista provocam sentimentos de *culpa de natureza persecutória* (25), dos quais tenta se desvencilhar masoquisticamente, mutilando a sessão analítica e aproximando-se para ter, em lugar da análise, um relacionamento fantástica e onipotentemente pervertido.

g. Procura manipular onipotentemente o analista, colocando-o qual uma marionete em uma situação de impacto e de fascínio a seu respeito, *negando* o seu estado de *carência de análise*. Winnicott (51) refere-se aos ataques fantásticos destrutivos dirigidos pelo sujeito ao objeto real. Acentua a importância de o analista poder sobreviver aos mesmos, não se vingando, a fim de poder situar-se claramente fora da área em que os mecanismos projetivos operam, isto é, no mundo exterior, para que o mesmo analisando possa adquirir a capacidade de poder contar com um *objeto constante*.

h. Sua *gula* é exacerbada por rivalidade, ciúmes e inveja, no seu confronto com essa *imago dos pais combinados*, dentro de uma *sexualidade voraz*, e que passa a vivenciar na situação transferencial com o analista, dentro de uma vivência paranoica, que Rosenfeld (1974) denomina *psicose transferencial*.

i. A interação desse conjunto de fatores afetivos, dentro de uma fantasia onipotente, leva ao *despojamento do analista*, em seu mundo interno, permitindo traçar linhas de compreensão das bases de suas ansiedades persecutórias, que determinam sua *extrema solidão* (36).

(3) *Sessão C*

São apresentadas três sequências de uma sessão ocorrida algumas semanas após a sessão B.

Fragmento C1

O analisando chega com um atraso de aproximadamente vinte minutos, cumprimenta-me e deita-se no divã, ficando alguns instantes em silêncio. Comenta que hoje tudo parece estar contra si e que ficou aprisionado em um congestionamento de trânsito, durante meia hora. Além disso, quando foi retirar o seu carro da garagem, foi chamado pelo zelador do prédio, que lhe entregou algumas cartas e contas de água e luz, com o que se retardou mais ainda. A seguir, refere que o zelador o procurou à noite em seu apartamento para entregar-lhe essa correspondência e não o encontrou. Tinha saído. Acaba por se declarar o único culpado de seu atraso.

Digo-lhe que a sua aflição está determinada não apenas por seu atraso quanto ao início da sessão, mas ser também uma resultante de seus desejos de autossuficiência, que se opõem às suas necessidades de precisar cuidar-se e de estar mais prontamente comigo na sessão.

Comentários a respeito do fragmento C1

Na versão apresentada pelo analisando, aparece um conjunto de justificativas apoiadas em fatos externos para explicar o seu atraso. Procura colocar o analista no papel de um administrador implacável, comportando-se como um penitente assustado. Em razão do uso dessa *identificação projetiva* no analista, cria para si mesmo uma falsa liberdade e fica desfalcado também de capacidades egoicas de poder administrar-se, onde está incluída a responsabilidade por sua pontualidade, que procura passar para o analista. Nesse desvencilhamento projetivo de *partes do superego e do ego*, ocorre um empobrecimento de seu *self* (31).

A intervenção do analista visa a abertura de um exame da realidade interna implicada em seu atraso. A *negação* dessa mesma realidade (31) é determinante do afastamento do analisando do encontro fundamental consigo mesmo.

A conjugação desses dois mecanismos maníacos, identificação projetiva e negação, apoiados por um suporte de onipotência fantástica, acaba determinando a *angústia claustrofóbica*, referida pelo analisando, deslocada para a situação de incapacidade de permanecer só em sua casa à noite.

Esse *flash* mostra seu *relacionamento precipitado* (8b) em que tende a engolfar-se com o analista, perdendo sua diferenciação individual, desfalcando-se de partes do *self,* encerrando-se em um *vínculo parasitário* (12b), despejando seus conteúdos angustiantes para dentro do analista.

Fragmento C2

Comento o seu estado de abandono e isolamento camuflado pela fachada de todo-poderoso. Diante dessa intervenção, o analisando responde que se lembrou agora de um sonho que teve nessa madrugada e que o deixou muito aflito. Via-se num lugar estranho e sombrio, onde existia uma multidão de crianças mutiladas e desfiguradas, trajando roupas esfarrapadas; algumas pareciam leprosas e evitavam ser vistas e tocadas; caminhavam de um modo desordenado. Junto a essas crianças havia uma mulher grávida, que parecia estar próxima ao momento do parto e que vinha sendo acompanhada por uma outra mulher vestida de preto, que se assemelhava a uma irmã de caridade. Subitamente, na hora de maior urgência e precisão para a parturiente, a freira some, muda suas roupagens e sai a cavalgar elegantemente pelo mundo afora, como uma dama de alto luxo, deixando a parturiente abandonada. Nesse momento, enraivecido, saiu a perseguir essa dama aristocrática e somente sossegar quando conseguiu encurralar essa dama em um espaço estreito, entre um bonde e um carro; acabou por derrubá-la do cavalo e, segurando-a pelos pés, passou a arrastá-la, fazendo-a bater seguidamente sua cabeça contra as pedras do chão.

Mostro-lhe a mutilação dos seus aspectos mais carentes de atenção e cuidados, em razão de suas suspeitas e ataques de inveja destrutiva que faz à minha receptividade e ao trabalho criativo desenvolvido em análise por nós dois.

Comentários a respeito do fragmento C2

Esse sonho emerge na sessão como uma síntese das relações mais profundas do analisando consigo mesmo, revelando movimentos afetivos básicos do analisando na relação transferencial:

a. A *vergonha* por sintomas que vivencia como estigma social (homossexualidade), a qual encobre uma *onipotente vaidade*, que o conduz a rejeitar suas necessidades mais profundas de cuidados mentais por parte de outra pessoa, ficando abandonado por si mesmo.

b. A percepção de que, nos momentos de maior urgência de atendimento e de busca esperançosa de transformações (gestação e parto), tem-se deixado embalar pela falsa afirmação de quem se fez sozinho, *autogerando-se* (3), sem precisar contar com a ajuda de ninguém. Essa ostentação de um personagem mítico fabuloso tem sido mutilante para os seus aspectos necessitados de desenvolvimento (crianças esfarrapadas e leprosas), que, negligenciados, acabam por provocar *muitas confusões* (dores de cabeça), *arrependimentos tardios* e *raiva suicida*.

c. A movimentação dessas crianças desfiguradas caminhando de um modo desorientado num lugar sombrio revela elementos de um *desastre interno* antigo e renovado, de características trágicas, e a respeito do qual o analisando tem sérias *dúvidas de poder conhecer e reparar.* Bion (8c), (10) assinala que a reconstrução do mundo interno, em que surgem dispersos, no desenvolver da análise, elementos de uma tríade constituída por *curiosidade, arrogância* e *estupidez,* acaba por apontar para um *desastre arqueológico* de que, cedo ou tarde o analista terá de ocupar-se.

Fragmento C3

Ao comunicar-lhe o término da sessão, verifico que o analisando ergue-se lentamente do divã, põe-se de pé com grande dificuldade motora e despede-se. Ao sair da sala, meio cambaleante, quase bate contra a moldura da porta.

Comentários a respeito do fragmento C3

a. Mostra, ao ser anunciado o fim da sessão, um caminhar titubeante e desorientado, semelhante ao arrastar-se lento das crianças abandonadas e maltrapilhas do sonho referido em outro momento da sessão. Esse *flash* mostra um aspecto trágico do analisando, que está sempre atrasado em seus encontros mais significativos, preparando-se frustrações: chega tarde e, quando necessita ficar mais tempo, seu horário de sessão está esgotado.

b. Sua *intolerância à separação* pode ser entendida em diversos níveis de significado. Na medida em que transforma a comunicação do final de sessão em uma ordem de ser mandado embora, reavivam-se antigos ressentimentos, que ampliam sua *incapacidade de poder ficar só* (49), numa convivência consigo mesmo. A separação desperta-lhe hostilidade em razão de seus desejos de exclusividade e perpetuidade no relacionamento com o analista, dentro de uma *situação simbiótica*

(41b), pondo em evidência sua dependência de um objeto continente com a função de um equivalente psíquico de "pele" (6) que mantenha unido seu self. Meltzer (41b) assinala que um *fracasso muito precoce* da experiência da criança quanto à *função de holding* deixa um defeito residual na integração básica do *self*, com excessiva dependência de um objeto externo que ajude *a manter unido o self*, garantindo-lhe um sentido de identidade. A separação, pela ausência do equivalente psíquico dessa "pele", ocasiona, segundo Meltzer, um desmoronamento, com incapacidade para pensar, perturbações na postura e na mobilidade, assim como também desordens neurovegetativas.

Sessão D

São apresentados três fragmentos de uma sessão ocorrida meses após a sessão C. Como dado mais imediato, o analisando faltara à sessão anterior.

Fragmento D1

Ao entrar na sala, dentro do horário estabelecido, cumprimenta o analista. Sua fisionomia é carrancuda e contraída, tem um ar de desconfiança e amargura. Deita-se no divã e diz que não pôde vir à sessão do dia anterior, porque estava sob o efeito de uma bebedeira, que tomara na noite precedente, só conseguindo acordar muito tempo depois da sessão. Sentiu muita raiva de si mesmo por ter perdido, além da sessão, uma parte do seu trabalho profissional.

A seguir, comunica algo de muito estranho ter-lhe ocorrido ao entrar na sala de análise: sentiu um cheiro de perfume suave no ambiente, notando, em meu rosto, um sorriso de pouco caso. Diz ter visto uma moça muito elegante e bonita sair da sala de análise. (Tratava-se da primeira hora de meu atendimento analítico nesse dia e nenhuma outra pessoa o precedera na sala de análise). Atribui meu sorriso ao fato de eu estar ainda satisfeito com a moça que se foi, chateando-me com sua chegada.

Gaguejando, prossegue dizendo que, há pouco, ao se referir à sua ausência na sessão passada, não sabia precisar qual dia da semana seria o da presente sessão; como se dentro de si houvesse um desejo de que a sessão do dia anterior fosse a de três dias após, com o que também evitaria estar tendo a sessão atual. Numa fala atônita, murmura: "que confusão!".

Digo-lhe notar nele um intenso constrangimento, não só porque se mostra confuso, mas principalmente pelo fato de eu presenciar parte de sua confusão, quando tem tanto orgulho da sua lógica formal.

Apresento-lhe minha versão a respeito das razões pelas quais dá ao sorriso, que observou em meu rosto, um significado de amolação depreciativa a seu respeito: "é um modo de tentar diminuir e eliminar os seus sentimentos de perda por ausentar-se da sessão do dia anterior e poder criar para si mesmo a ideia de que, faltando, nada perde, ou melhor, até lucra, de vez que se livra de um analista transformado dentro de si em uma pessoa desatenta e sem plena receptividade".

O analisando diz que tudo isso o faz pensar na sessão do início da semana, quando, estando comigo, sentia haver hostilidade por parte de uma outra pessoa ausente; como, quando era criança, ao perceber seus pais separados e distantes, após uma briga, tentava consolar um deles, na tentativa de reaproximá-los, e era logo alvo dos ciúmes hostis do outro e vice-versa.

Após um breve silêncio, insiste na profunda raiva que teve da moça que viu sair da sala de análise; compara sua reação à que apresentava quando criança ao deparar com seu pai dando toda atenção à sua irmã e deixando-o de lado. Diz que essa ligação entre seu pai e sua irmã não passava de um jogo de sedução, no qual somente levava desvantagens porque sua irmã era mais charmosa. Até hoje, a chama ironicamente de "a queridinha do papai".

Digo-lhe que eu penso que ele não sabe quem teria saído da sala de análise, precedendo-o, e que toma detalhes, como o meu sorriso e o perfume no ambiente, e constrói uma pequena história a servir de veículo para manifestar outras razões do seu afastamento na sessão anterior: "a sua busca de exclusividade e a sua tentativa de ser o preferido junto a mim levam-no a recriar uma rival, que acabou por colocá-lo fora da sessão ontem, ameaçando-o do mesmo destino ainda hoje".

Comentários a respeito do fragmento D1

O analisando comunica um pensamento alucinatório (8d), em que se destaca o ciúmes, que o leva a acusar o analista de traição e desatenção rejeitadora. Essa produção mental tende avidamente a preencher o espaço da mente do analisando destinado à experiência analítica, saturando-o e destruindo-o (11).

Sua comunicação é fragmentada e confusa, manifestando uma erupção de *violentos ciúmes*, com um tom basal de ansiedade paranoide, onde se sente ridicularizado pelo analista, introduzindo no *setting* uma rival fantasmagórica, por meio de impressões colhidas pela visão de um sorriso e pelo cheiro de um perfume. Esse fragmento permite captar a *intrusão obstrutora da personalidade psicótica*, que ataca o relacionamento entre o analisando e o analista (8b); mostra ainda como a partir de identificações projetivas, retomadas a partir da observação de movimentos fisionômicos do analista, o analisando procura dar às suas suspeitas um *revestimento lógico e racional*, a fim de fazê-las coerentes com a realidade externa.

Meltzer (41c) conecta os *ciúmes delirantes* com o problema dos *"bebês-internos"* descrito na obra de Klein e ilustrado em grande parte do material das sessões iniciais de *Relato del psicoanálisis de un niño*; Buenos Aires, Paidós, 1961, principalmente nos desenhos do fundo do mar com os bebês-estrelas-do-mar. Surgiria como uma consequência de experiências precoces de *voyeurismo onipotente e de inveja ao coito dos pais*, fantasiado pelo lactante dominado por impulsos sádico-orais, como um banquete ao qual os "bebês-externos" não estão convidados, enquanto que os "bebês-internos" o estão.

Fragmento D2

Após alguns instantes de silêncio, o analisando diz que o que lhe acabo de comunicar faz muito sentido. Faço-lhe uma observação a respeito de que ao acreditar nas acusações de traição, tratamento injusto e desconsiderador por sua pessoa, eu fico transformado em sua mente em um sedutor e um farsante, o que lhe provoca medo de ser contra-atacado por mim, pela culpa de transformar um relacionamento de cordialidade de minha parte em uma situação de abuso sexual.

O analisando passa a manifestar pequenos abalos musculares generalizados, acompanhados de retesamento muscular, extrema sudorese e palidez. Fica em silêncio enquanto ocorrem esses movimentos musculares. Chamo-lhe a atenção a respeito desses sobressaltos musculares, que se seguiram à minha fala.

O analisando diz que esses abalos pretendem comunicar que o que lhe disse atinge-o profundamente e ganha intensa ressonância dentro de si.

Comentários a respeito do fragmento D2

A *erotização do vínculo* com o analista provém dos sentimentos de possessividade e gula do analisando. Klein (33) assinala a genitalização fantástica da relação do bebê com o seio materno como uma defesa ao ódio e à tendência a atacar o primeiro objeto de amor do bebê e a determinar seu afastamento hostil. Essa instabilidade da integração *self*-objeto primário é dominada por temores de engolfamento, penetração invasiva e avidez destruidora, constituindo, por seu caráter paranoide e confusional desdiferenciador, um dos determinantes da insegurança do sujeito com os relacionamentos objetais sucessivos.

A situação analítica desperta-lhe muita ansiedade por ter sua teoria de relacionamentos cruéis, onde prevalece o *sadismo*, posta em confronto (8b). Sua ausência à sessão pode garantir-lhe a irrefutabilidade dessas construções mentais, em que o analista é transformado em um sedutor e trapaceiro. Inúmeros trabalhos analíticos (15), (26), e (38) destacam o uso de identificações projetivas a fim de inocular crueldade e sadismo, para perverter o vínculo analítico.

Nesse fragmento, a verbalização do analisando, após o analista chamar-lhe a atenção para os abalos musculares, parece constituir mais uma racionalização a encobrir um estado crescente de ansiedade paranoide e de desmoronamento interno, que ocorre em um nível pré-verbal, próximo ao estado de *terror-sem-nome* (9).

Em outras sessões, surgiram outros elementos sensoriais concomitantes aos abalos musculares e palidez, tais como sufocação respiratória, sensação de paralisia e temor de morte iminente.

Esse fragmento permite ainda observar a utilização que o analisando faz de seu *corpo como um sistema-tampão* (14) frente a ansiedades terroríficas, na tentativa de buscar preservar sua mente.

Fragmento D3

Assinalo ao analisando que está sendo possível conversar sobre suas fantasias de levar-me a procurá-lo seduzir sexualmente, sem que as mesmas se concretizem em ato, o que constitui uma prova de que a publicação das mesmas não tem um poder de controle sobre a minha mente.

Novamente, o analisando diz que concorda plenamente com o que lhe comunico; estranha porém que não se lembra de como iniciou-se a sessão, nem como a mesma se desenvolveu, sentindo-se incapaz de reconstituí-la como um todo, desde o seu começo.

Comentários a respeito do fragmento D3

A observação sobre os *limites da onipotência fantástica* do analisando provoca no mesmo uma *ferida narcísica*, através da qual há um suceder de rupturas explosivas, que fragmentam sua atenção, memória, poder de síntese, desencadeando-se uma *hemorragia narcísica* (27a), com escoamento e dispersão da experiência emocional até então possível de ser pensada no trabalho analítico. Dentro desse contexto, a *despersonalização* pode ser compreendida como uma defesa contra ansiedades paranoides e depressivas insuportáveis (25).

O desencadeamento progressivo de violência, comandada por inveja destrutiva ao objeto-analista-continente, atinge o próprio analisando. Dentro de um *confronto de superioridade* com o analista, há um sistemático ataque a mudanças internas, em que se arrasa, atacando o trabalho desenvolvido com o analista.

A imobilização surge como resultante de uma *relação* de natureza *suicida-homicida*, comandada por arrogância e inveja destrutiva, em razão da *destrutividade narcísica* (45).

IV

> *Transcendendo o mundo psicótico, parece existir uma inteligência e estranha intuição e arte que funcionam em termos completamente desconhecidos e incompreensíveis para o nosso mundo lógico racional. Esta inteligência, fortalecendo os vértices do mundo psicótico, captando perigos imperceptíveis para a razão, organiza e comanda as defesas psicóticas, no sentido que considera a solução mais adequada para evitar a destruição total.*
>
> Judith T. C. Andreucci, "Considerações sobre a análise de uma personalidade psicótica", 1976

O presente estudo examina a deflagração do quadro depressivo psicótico, tal como pôde ser captado no trabalho analítico. Tomando como ponto de referência o exame do vínculo analisando-analista, verifica-se que a ruptura desse mesmo vínculo vem acompanhada de manifestações denunciadoras de um processo destrutivo, que se estende de um modo explosivo a funções do ego do analisando.

O comando desses ataques destrutivos é realizado por fatores da personalidade psicótica, principalmente inveja e arrogância, que, somados à avidez de tudo saber e poder, configuram os *aspectos onipotentes destrutivos* do *self*, que Rosenfeld (45) denomina *mad self*.

A fragmentação e a expulsão dispersiva da própria personalidade, a supressão arrogante das emoções e a imobilização paralisadora da vida psíquica oferecem uma promessa de falsa paz e beatitude, dentro de um estado que se assemelha ao de *Nirvana* (45).

O curso do trabalho analítico mostra-se irregular e instável, extremamente oscilante, com momentos de vazio correspondentes à entrada do analisando num estado de *encapsulamento despojador*.

A *raiva explosiva* que atinge o vínculo analítico é suscitada por confrontos com o analista, como um *objeto externo real e necessário*, que põe em risco o sistema de uma *ilusória autossuficiência*, onde prevalecem mecanismos de *controle onipotente dos objetos*.

À explosão hostil segue-se um estado de crescente *susto e pânico* do analisando, pois, explodindo fantasticamente o continente-analista, e estando perseguido por temores de natureza retaliativa, não encontra abrigo nem em si mesmo, pelos ataques que atingem também os aspectos construtivos de seu *self*. Dentro desse contexto, o trabalho analítico assemelha-se à *função de grupo de trabalho* que é interpenetrada pelo *suposto básico de luta-e-fuga* (7), pelo caráter de estado de guerra permanente que a personalidade psicótica mantém com o mundo externo.

Os sentimentos de culpa e as ansiedades depressivas, em razão da prevalência das ansiedades persecutórias e dos mecanismos de *splitting-off*, tendem a ficar dispersos e distantes da consciência do analisando, sendo forçados por identificação projetiva nos objetos externos e, na situação de análise, no analista. Klein (35) acentua o uso da *fragmentação do ego*, acompanhada por *despersonalização* e *ansiedades confusionais*, como defesa para impedir a percepção dolorosa da própria destrutividade que o sujeito dirige ao *self* e ao objeto.

Com o *self* fragmentado e com a perda do objeto bom, resta ao sujeito uma escolha entre duas alternativas: a) o nada, com a queda num vácuo, dentro de um encapsulamento narcísico, unido à crescente sensação de terror de aniquilamento; ou b) procura caótica, compulsiva e desesperada de um objeto, mau ou idealizado, para agarrar-se a fim de evitar a perda radical da própria realidade psíquica, o desabamento interno e a destruição dos vínculos com os objetos externos e internos.

Nesse sentido, é importante ressaltar a função da *aliança psicopática* como uma defesa contra o colapso mental completo ("psicose branca"); no equilíbrio psicopático, são buscados objetos apropriados, a fim de não despertar a inveja destrutiva, que propiciem funcionar como depositários de identificações projetivas exitosas dos aspectos indesejáveis do próprio *self* (13).

O analisando, em atividade narcísica primária destrutiva, formula continuamente *afirmações tipo -A e -C* (12c), estando em conflito com os objetivos da própria atividade psicanalítica, que procura alcançar uma progressiva aproximação do conhecimento de verdades psíquicas.

O analista atenderá cuidadosamente ao emprego das defesas maníacas, com as quais o analisando procura despistar astuciosamente a abordagem de desastres primitivos, já sucedidos e que se repetem. Ferrão (17) chama a atenção a respeito da função de camuflagem desempenhada pelas defesas maníacas, com as quais o analisando procura entreter o analista a lidar com o falso *self*.

Nessas circunstâncias, o trabalho psicanalítico pode ser comparado à *desativação paulatina de núcleos explosivos*, que contêm angústias catastróficas e relações objetais arcaicas, prenhes de violência emocional, não abarcadas pelo pensamento e aguardando eventual elaboração. Tais núcleos explosivos podem ser aproximados ao modelo proposto por Segal (47), quando se refere ao *bolsão esquizofrênico*, continente de resíduos de experiências prevalentes da posição esquizoparanoide, e que fica em estado de potencialidade invasiva ameaçadora do restante da personalidade, dando três amplas possibilidades ao desenvolvimento mental do indivíduo: a) encapsulamento e inibição do desenvolvimento mental; b) invasão e eclosão psicótica pela inundação emocional de conteúdos primitivos catastróficos; c) elaboração paciente, através de um trabalho mental progressivo, permitindo ampliar a capacidade de pensar, de tolerar conhecimentos verdadeiros e possibilitar uma convivência menos atormentada do sujeito consigo mesmo.

Paciência, segurança, capacidade de pensar a experiência emocional com o analisando, dedicação, arte e ciência são exigidas e postas continuamente à prova na abordagem de um *sistema que tende para o fechamento em si mesmo* e no qual, como em todo sistema fechado, a entropia cresce.

Bibliografia

1. Abraham, Karl (1924) - "Un breve estúdio de la evolución de la libido, considerada a la luz de los trastornos mentales", in Psicoanálisis Clinico, pág. 377, Ed. Hormé - B. Aires, 1959.

2. Andreucci, Judith T.C. (1968) - "Considerações sobre a Dinâmica de Campo em Regressões Severas de Pacientes Limítrofes e Psicóticos no Processo Analítico". Rev. Bras. de Psicanálise, Vol. II, n° 2, pág. 219-230.

3. Andreucci, Judith T.C. (1969) - "O Pré-Verbal sob o Verbal". Rev. Bras. de Psicanálise, Vol. II, n° 4, pág. 565-574.

4. Andreucci, Judith T.C. (1969) - "Contribuição Para o Estudo de Situações Arcaicas Vivenciadas na Situação Analítica". Rev. Bras. de Psicanálise, Vol. III, n° 3/4, pág. 312-340.

5. Andreucci, Judith T.C. (1976) - "Considerações sobre a Análise de uma Personalidade Psicótica". Rev. Bras. de Psicanálise, Vol. X, n° 2, pág. 297-312.

6. Bick, Esther (1967) - "La Experiencia de la Piel en las Tempranas Relaciones de Objeto". Rev. Uruguaya de Psicoanálisis, Tomo XI, n° 2, pág. 167-172, 1969.

7. Bion, W.R. (1952) - "Una Revisión de la Dinâmica de Grupo", in Nuevas Direcciones en Psicoanálisis - 19: pag. 433-457, Paidos, B. Aires, 1965.

8a. Bion, W.R. (1955) - "Desarrollo del Pensamiento Esquizofrénico", in Volviendo a Pensar - 4: pág. 55-63, Ed. Hormé, B. Aires, 1972.

8b. Bion, "W.R. (1957) - "Diferenciacion de las Personalidades Psicóticas y No Psicóticas", in Volviendo a Pensar - 5: pág. 64-91, Ed. Korme, B. Aires, 1972.

8c. Bion, W.R. (1957) - "Sobre la Arrogancia", in Volviendo a Pensar - 7: pág. 119-127, Ed. Hormé, B. Aires, 1972.

8d. Bion, W.R. (1958) - "Sobre la Alucinación", in Volviendo a Pensar - 6: pag. 92-118, Ed. Horrni, B. Aires, 1 972.

8e. Bion, W.R. (1959) - "Ataques al Vinculo", in Volviendo a Pensar - 8: pág 128-1 50, Ed. Horme, B. Aires, 1 972.

9. Bion, W.R. (1962) - " Aprendiendo de la Experiencia", Paidós, B. Aires, 1975.

10. Bion, W.R. (1964) - "A Grade" tradução em Rev. Bras. de Psicanálise. Vol. VII, n° 1, pág. 102-129, 1973.

11. Bion, W.R. (1965) - "Transformaciones", Centro Editor de América Latina, B. Aires, 1972.

12a. Bion, W.R. (1970) - "Medicine as a Model", in Attention and Interpretation-2; pág. 6-25, Tavistock Publications Limited, London, 1970.

12b. Bion, W.R. (1970) - "Container and Contained", in Attention and Interpretation - 7: pág. 72-82, Tavistock Publications Limited, London, 1970.

12c. Bion, W.R. (1970) - "Lies and the Thinker", in Attention and Intepretation - 11: pág. 97-105, Tavistock Publications Limited, London, 1970.

12d. Bion, W.R. (1970) - "Container and Contained Transformed", in Attention and Interpretati on - 12: pág. 1 06-124, Tavistock Publications Limited, London, 1970.

13. Bleger, J. (1966) - "Simbiosis, Psicopatía y Mania", in "Psicoanálisis de la Manía y de la Psicopatía", pag. 280-289, Paidós, B. Aires. 1966.

14. Bleger, J. (1967) - "Simbiosis y Ambiguedad", pág. 30, Ed. Paidós, B. Aires, 1967.

15. Bleger, J. e cols. (1972) - "Perversiones". Rev. de Psicoanálisis, Tomo XXX, n° 2, pág. 351-366, B. Aires.

16. Eisnitz, Alan J. (1969) - "Narcissistic Object Choice, Self-Representation, Int. J. Psycho-Anal. (1969) 50, 15.

17. Ferrão, Laertes M. (1974) - "O Impasse Analítico". Rev. Bras. de Psicanálise, Vol. VIII, n° 1, pág. 5-29, 1974

18. Freud, Sigmund (1911) - "Los Dos Princípios dei Suceder Psíquico", in Obras Completas, Vol. II, pág. 403-406, Ed. Biblioteca Nueva, Madrid, 1948.

19. Freud, Sigmund (1914) - " Introducción al Narcisismo", in Obras Completas, Vol. I, pág. 1075-1088. Ed. Biblioteca Nueva, Madrid, 1948.

20. Freud, Sigmund (1920) - "Más Allá del Principio del Placer", in Obras, Completas, Vol. I, pág. 1065-1117, Ed. Biblioteca Nueva, Madrid, 1948.

21. Freud, Sigmund (1924) - "El Problema Economico del Masoquismo", in Obras Completas, Vol. 1, pág. 1016-1022, Ed, Biblioteca Nueva, Madrid, 1948.

22. Freud, Sigmund (1930) - "El Malestar en la Cultura", in Obras Completas, Vol. III, pág. 1-65, Ed. Biblioteca Nueva, Madrid, 1968.

23. Green, André (1967) - "El Narcisismo Primário: estructura o estado?". Ed. Proteo, B. Aires, 1970.

24. Green, André (1973) - "La Concepción Psicoanalítica del Afecto". Siglo XXI Ed. S.A., México, 1975.

25. Grinberg, León (1963) - "Culpa y Depressión". Ed. Paidós, B. Aires, 1963.

26. Grinberg, León (1966) - "Relación Objetal y Modalidad en las Identificaciones Proyectivas en la Mania y Psicopatía", in Psicoanálisis de la Manía y la Psicopatía, pág. 138-148, Ed. Paidós, B. Aires, 1966.

27a. Grinberg, León (1976) - "Aporte de Bion al Concepto de Identificacion Proyectiva", in Teoria de La Identificación, pág. 57-65, Ed. Paidós, B. Aires, 1976.

27b. Grinberg, León (1976) - "Identificación Proyectiva y su Relación con el Acting-Out", in Teoria de la Identificación, pág. 104-116, Ed. Paidós, B. Aires, 1976.

28. Kalina, Eduardo (1976) - "Significado del Cuerpo y de la Muerte en la Experiencia Drogadictiva en Adolescentes". Revista do XI Congresso Psicanalítico Latino-Americano, B. Aires, 1976, pág. 368-371.

29a. Klein, Melanie (1932) - "Primeros Estádios del Conflicto de Edipo y de la Formación del Superyó", in El Psicoanálisis de Ninõs, Cap. VIII: pág. 139-162. Ed. Hormé, B. Aires, 1964.

29b. Klein, Melanie (1932) -"Efectos de las Situaciones Tempranas de ansiedad sobre el Desarrollo Sexual del Varón", in El Psicoanálisis de Niños, Cáp. XII: pág. 249-284. Ed. Hormê, B. Aires, 1964.

30. Klein, Melanie (1934) - "Contribución a la Psicogenesis de los Estados Maníaco-Depressivos", in Contribuciones al Psicoanálisis, pág. 253-2.78, Ed. Hormé, B. Aires, 1964.

31. Klein, Melanie (1946) - "Notas sobre algunos Mecanismos Esquizóides", in Desarrollos en Psicoanálisis, Cáp. IX: pág. 253-275, Ed. Hormé, B. Aires, 1967.

32. Klein, Melanie (1952) - "Algunas Conclusiones Teóricas sobre la Vida Emocional dei Bebê", in Desarrollos en Psicoanálisis, Cáp. VI: pág. 177-207. Ed. Hormé, B. Aires, 1967.

33. Klein, Melanie (1957) - "Envidia y Gratitud". Ed. Hormé-Paidós, B. Aires, 1969.

34. Klein, Melanie (1957) - "Sobre el Desarrollo del Funcionamiento Mental": Envidia y Gratitud, pág. 129-147. Ed. Hormé-Paidós, B. Aires, 1969.

35. Klein, Melanie (1959) - "A Note on Depression in the Schzophrenic", Int. J. Psycho-Anal., Vol. 41, parts 4-5, pág. 509-511, 1960.

36. Klein, Melanie (1960) - "Sobre o Sentimento de Solidão", in O Sentimento de Solidão - Nosso Mundo Adulto e Outros Ensaios, Cap. IV: pág. 133-156. Imago Ed. Ltda., Rio de Janeiro, 1971.

37. Laplanche, J. e Pontalis, J.B. (1967) - "Vocabulaire de la Psychanalyse", pág. 331, P.U.F., Paris, 1967.

38. Liberman, David (1962) - "La persona de acción", in La Comunicación on Terapêutica Psicoanalítica, Cáp. VI: pág. 156-178. Eudeba, B. Aires, 1966.

39. Mahler, Margaret S. (1968) - "On Human Symbiosis and The Vicissitudes of Individuation". Int. Univ. Press, Inc. - New York - 3rd. Edition 1970.

40. Masler, Ernest G. (1973) - "The Subjective Perception of Two Aspects of Time: Duration and Timelessrtess". Int. J. Psycho-Anal., vol. 54, part 4, pág. 425-429, 1973.

41a, Meltzer, Donald (1967) - "El Ordenamiento de las Confusiones Zonales", in El Proceso Psicoanalitico, Cãp. III: pág. 61-73. Ed. -Horme, B. Aires, 1968.

41b. Meltzer, Donald (1967) – "Apendice B - Intolerância a la Separación", in El Proceso Psicoanalítico, pág. 165-167, Ed. Hormé, B. Aires, 1968.

41c. Meltzer, Donald (1967) - "Apêndice C - Celos delirantes", in El Proceso Psicoanalitico, pág. 167-168, Ed. Horme, B. Aires, 1968.

42. Meltzer, Donald (1974) - "Perversión de la Transferencia", in Los Estados Sexuales de la Mente, Cáp. XIX; pág. 219-224, Ed. Kargieman, B. Aires, 1974.

43. Rosenfeld, David (1976) - "Clinica Psicoanalítica. Estúdios sobre drogadición, psicosis y narcisismo". Ed. Galerna, B. Aires, 1976.

44a. Rosenfeld, Herbert A. (1949) - "Observações sobre a Relação da Homossexualidade Masculina com a Paranóia, a Ansiedade Paranóide e o Narcisismo", in Os Estados Psicóticos, Cap. 2 - pág. 41-61, Zahar Editores, Rio de Janeiro, 1968.

44b. Rosenfeld, Herbert A. (1964) - "Da Psicopatologia do Narcisismo: Uma aproximação Clínica", in Os Estados Psicóticos, Cap. 10 - pág. 193-204, Zahar Editores, Rio de Janeiro, 1968.

44c. Rosenfeld, Herbert A. (1964) - "Psicopatologia da Toxicomania e do Alcoolismo", in Os Estados Psicóticos, Cap. 13: pág. 245-273, Zahar Editores, R. Janeiro, 1968.

45. Rosenfeld, Herbert A. (1971) – "A Clinical Approach to The. Psychoanalytic Theory of the Life and Death Instincts: An Investigation into The Aggressive Aspects of Narcissism". Int. J. Psycho-Anal., Vol. 52, part 2, pág. 169-178, 1971.

46. Rosenfeld, Herbert A. (1974) - "Third Lecture for Brazil, São Paulo, dezembro de 1974 (inédito).

47. Segal, Hanna (1957) - "Notes on Symbol Formation". Int. J. Psycho--Anal., Vol. 38, pág. 391-397, 1957.

48. Tustin, Francês (1972) - "Autismo e Psicose Infantil". Imago Ed. Ltda, R. Janeiro, 1975.

49. Winnicott, Donald W. (1958) - "La Capacidad para estar solo". Rev. Psicoanálisis, Tomo XVI, nº 2, pág. 139-146, 1959.

50. Winnicott, Donald W. (1960) - "Ego Distortion in Terms of True and False Self", in The Maturational Process and the Facilitating Environment, Cap 12: pág. 140-152, Hogarth Press, London.

51. Winnicott, Donald W. (1969) - "El Uso de un Objeto y la Relación por médio de Identificaciones", in Realidad y Juego, 6: 117-127. Ed. Granica, B. Aires, 1972.

Comentários sobre o trabalho de Dr. Antonio Sapienza "Contribuições ao estudo psicanalítico da depressão psicótica" por Judith T. C. Andreucci

Considero o tema de extrema relevância para todos aqueles que, realmente, estao empenhados em descobrir algo novo nos estranhos abismos da mente humana.

O analista que, através das vicissitudes do vínculo analista-analisando, vivenciou a emergência de depressões psicóticas na situação analítica, poderá, não só acompanhar e valorizar o trabalho do autor, como contribuir para que seu esforço seja enriquecido, com novas experiências que venham trazer mais compreensão em relação aos profundos labirintos do mundo psicótico.

Procurarei dividir os meus comentários em quatro tópicos:

a. posição analítico-científica do autor;

b. considerações sobre sua hipótese de trabalho;

c. colaboração aos comentários do autor sobre o material clínico;

d. palavras de um ser humano a outro ser humano.

A. *Posição analítico-científica do autor*

Penso não ser possível deixar de salientar a posição do autor, pois creio que constitui um fator essencial para que uma investigação analítica resulte fértil e enriquecedora.

Observei que embora nos apresente um rico e extenso acervo teórico, não se enquadra, não se fixa, permanece livre, continua ele mesmo, à sua maneira, usando o próprio estilo, não se rotulando a nenhum esquema teórico, nem particularmente a ninguém.

Assimila o que lhe convém, desenvolve o que assimilou e continua ele mesmo, do princípio ao fim e por conseguir ser tão ele, obteve a liberdade e a plasticidade para o encontro com um paciente tão encarcerado em um mundo estranho e fechado.

Um analista acorrentado a teorias, escolas, autores, jargões não consegue a mobilidade mental e emocional necessárias às incursões profundas no mundo desconhecido de alguém, principalmente, quando esse mundo é estranho à lógica e às realizações da mente racional.

B. *Considerações sobre a hipótese de trabalho*

Diz o autor: "Proponho como hipótese de trabalho a existência de uma atividade mental que se opõe à verdadeira relação do sujeito com objetos, vivos e autônomos.

Seus objetivos são o de alcançar uma autossuficiência isolacionista desencadeando, para estes fins, violentos ataques ao *self* e aos objetos os quais ocasionam um estado depressivo com intenso colorido paranoide e a criação de um vácuo interno do qual fica abolida a consciência de si mesmo e de suas emoções (semelhança com o estado de Nirvana livre de desejo transcendendo a vida e a morte)."

A nossa experiência acrescenta algo a esta hipótese colocando-a, hierarquicamente, como uma consequência de uma situação primária que seria "o desencontro basal" ligado às mais remotas experiências de um desastre catastrófico nas tentativas do contato criança-mãe. Aliás, o autor refere-se a este desastre básico ao relatar a experiência de Tustin com um menino autista que vivenciava um estado interno como equivalente a um "buraco preto", destacando as contribuições de Winnicott, que atribui a origem da depressão psicótica à falha da primeira situação contensora. Observamos em um caso de severa depressão psicótica três tempos. No primeiro, o paciente vivenciava algo semelhante ao "buraco preto do menino de Tustin". Um poço preto sem fundo e sem paredes laterais no qual se sentia tombando sem ter nada, nenhum ponto onde se agarrar para evitar a queda no sem fim. No segundo tempo, o paciente vivenciava um mundo caótico de objetos mal configurados, sombrios, deformados e repelentes dos quais o paciente, vagamente, individualizado, sentia horror, asco e desolação. No terceiro tempo, observamos a vivência relâmpago de um estado de mente acompanhado de uma sensação "fulgurante" que atraía e aterrorizava, acompanhada de um sentimento verbalizado como inaguentável.

Parece-nos que o primeiro tempo expressa o desencontro basal, o segundo, o produto de um ódio terrível aos objetos e ao *self* provocado pelo desastre primário, o terceiro, uma semelhança ao estado de Nirvana no qual é abolida a existência sujeito-objeto para dar lugar a uma sensação de plenitude inaguentável.

Lembro-me do que li sobre as experiências dos monges do Tibete que, tentando desprender-se da própria identidade para obter a plenitude por meio da integração no todo universal, referiam-se a uma sensação "fulgurante" inaguentável.

C. Colaboração aos comentários do autor sobre o material clinico

Destaco o seguinte trecho: "os impulsos instintivos tendem a ser suprimidos, arrogantemente, a fim de manter uma pretensa independência, mantendo-se o indivíduo encapsulado procurando destruir qualquer manifestação de vida emocional própria e alheia".

Acrescento o que observei: tal estado de anestesia e hibernação vai se estruturando num estado de indiferença no qual o ódio atinge o mais alto nível, pois o sujeito nega a existência a si e aos objetos.

Na citação sobre a "mudança catastrófica" de Bion, o qual põe ênfase em "uma inveja ilimitada que não suporta e ataca ideias novas e a evolução mental", acrescento que constatei outro fator: intolerância do psicótico a qualquer mudança pela *falta de fé* na potência das forças de vida necessárias à reorganização que sucede a desorganização imprescindível a todo crescimento.

No fragmento A2, saliento do material clínico do paciente em estilo onírico, um fragmento que me pareceu rico em confirmações das teorias do autor. O analisando parece expressar, através de valores invertidos e ilógicos para a parte racional, os aspectos fundamentais da sua estrutura psicótica e das suas defesas.

Após a interpretação do analista, referente ao seu "desamparo que subjaz a fachada do sabe-tudo", pareceu-me que o paciente se sentiu atingido na sua terrível situação basal, "o desamparo" (a falta da situação contensora). Minha hipótese é que o analista, conseguindo abrir uma brecha no encapsulamento do paciente, o fez reagir com um reforçamento das teorias do seu mundo sinistro, o qual inverteu os valores positivos da situação emocional vivida naquele momento, sentindo o rompimento do encapsulamento narcísico como um perigo existencial. Recorreu imediatamente ao recurso arcaico de afirmar-se existente, isto é, à relação homossexual, pois esta, ainda seria, por corresponder a uma relação com o idêntico, a menos perigosa de desencadear os desastres provocados por ódio, gula e inveja produzidos pela relação com o diferente.

As duas mulheres que o paciente chama "as duas pombinhas", em tom irônico, representariam, para a parte psicótica, a relação homossexual digna de crédito constituindo a fachada da relação entre dois abutres idênticos (o paciente com ele mesmo) a qual vive do encapsulamento, sepultura da vida, do amor e do conhecimento, propícia ao desenvolvimento de inércia, solidão e morte.

O bêbado pareceu-me representar para a parte psicótica, um analista louco que, através da brecha no encapsulamento ameaçaria a desagregação da estrutura psicótica provocando a ameaça existencial.

Neste material, invertendo numa burla todos os valores racionais, estaria o paciente tentando com sua parte psicótica matreira, impedir a ação do bêbado que perturbava a solução homossexual. Assim penso porque me parece que não seria uma parte não psicótica que favorecesse recursos psicóticos, isto é, a manutenção de falsas soluções através da relação homossexual.

No fragmento C2, observo um elemento comum (a invariável) contido no material introdutório. O analista, novamente, interpreta o estado de "abandono e isolamento do paciente, camuflado pela fachada do Todo Poderoso", provocando uma repetição do pânico do paciente, ligado à ameaça existencial. Surge, novamente, a solução homossexual (as duas mulheres), porém, neste material, tal solução não produz nem mesmo momentâneo alívio e é recusada. Penso ter havido transformações na realidade interna do paciente que lhe permitiram suportar a percepção de partes do *self* e dos objetos mutilados, leprosos e desorientados.

Há algo a nascer (expresso na mulher grávida) através da relação analítica, mas que o paciente, com a sua parte psicótica, a freira camuflada (encapsulada) em suas roupagens elegantes (a fachada do sabe-tudo e do Todo Poderoso), recusa-se a colaborar para que esse algo novo, o conhecimento da verdade, venha a surgir.

Assinalo como algo importante a possibilidade de o paciente conseguir dirigir uma parte da sua agressividade construtivamente contra a freira (o continente da sua agressividade destrutiva), fazendo-a cair do cavalo (expressão vulgarmente usada para denunciar desmascaramentos) e ainda vemos o mesmo, nos ataques que faz à cabeça da freira (a cabeça louca, que não permite o novo e a vida). Parece-me, neste material haver indícios de uma opção por valores mais objetivos e realistas.

No item C, o autor se refere a "sérias dúvidas do paciente de poder conhecer e reparar o desastre interno", fragmento que parece confirmar um aspecto ao qual já me referi nestes comentários: a falta de fé do psicótico nas suas forças de vida reparadoras.

No fragmento D, as comunicações do analista parecem provocar profundo *insight* em relação ao conhecimento da realidade interna, o que expõe o paciente a uma possível mudança sentida como um desmoronamento catastrófico que ele passa a expressar em nível corporal. Confirmo reações semelhantes, em alguns pacientes em situação na qual essa mudança catastrófica se fazia iminente. O corpo passava a falar dramatizando o desmoronamento.

Procuro, ainda, destacar como ponto importante para pensarmos e aprofundarmos a teoria do autor sobre "a existência de uma situação basal de catástrofe psicológica que uma vez aconteceu e que tende a se repetir, mantendo-se contida nos 'bolsões esquizofrênicos', continente de resíduos das experiências da posição esquizoparanoide e que ficam retidos no mundo mental como uma ameaça em potencial ao restante da personalidade".

E termino ressaltando a sua valiosa contribuição em relação à técnica analítica para lidar com tais situações, apontando a necessidade de "desativação paulatina dos núcleos explosivos" a fim de conseguir "a elaboração do paciente através de um trabalho mental progressivo que lhe permita ampliar a capacidade de pensar, tolerar conhecimentos verdadeiros e poder viver menos atormentado consigo mesmo".

D. Palavras de um ser humano a outro ser humano

Deixei-as para o fim, pois quis fazer os meus comentários o mais objetivamente possível, tentando colocar distância conveniente entre a minha razão e as minhas emoções.

Dr. Antonio Sapienza – agradeço-lhe comovida ter me dedicado este valioso trabalho com o qual se apresenta como candidato a membro associado da Sociedade Brasileira de Psicanálise de São Paulo. Sinto-me profundamente gratificada com o seu crescimento, enriquecimento e desenvolvimento.

Nós, analistas, somos como os antigos bandeirantes, lutadores tenazes. Abrimos caminhos através das espessas e obscuras áreas da mente, conseguimos clareiras que nos permitem alguns rastros de luz num desconhecido que permanece imensamente desconhecido, em suas profundidades insondáveis. Muitas vezes, julgamos encontrar pedras preciosas e encontramos cascalhos... mas há sempre um pouco mais de conhecimento onde havia o desconhecido, um pouco mais de fé a cada réstea de luz, um pouco mais de esperança de encontrar mais luz...

Sinto-me feliz de ter sido sua analista, pois, nesta bandeira que juntos trilhamos, além dos novos caminhos, percebo hoje que o Sr. descobriu esmeraldas.

2. Formulações sobre os dois princípios do funcionamento mental[1]

A palestra de hoje trata de formulações sobre dois princípios do funcionamento mental. Pretendo fazer uma exposição com comentários críticos do texto de Freud, fazendo uma correlação com questões de natureza clínica, importantes na nossa prática de atendimento de pacientes, e, ainda, questões ligadas a teorias da técnica. E depois desta exposição (eu espero que não vá cansar vocês excessivamente) estarei à disposição para uma conversa em torno do que surgir.

Esse trabalho de Freud, "Formulações sobre dois princípios de funcionamento mental", escrito em 1911, (portanto nenhum dos presentes estava vivo na época, faz 80 anos) continua sendo atual.

---

[1] Sapienza, Antonio. Formulações sobre os dois princípios do funcionamento mental. *Psicanálise Escrita*, v. 1, n. 1, p. 41-52, 1995. (Apresentado em: Conferência; São José do Rio Preto, 18 maio 1991).

Inicialmente, foi escrito e apresentado na Sociedade de Psicanálise de Viena e foi depois reformulado. Nessa época, Freud estava lidando com as questões de abordagens psicanalíticas de fenômenos de psicoses. Foi escrito concomitantemente com o trabalho de "Schreber", são da mesma época. É nesse momento que há uma ruptura dentro da própria psicanálise com o grupo junguiano (1910-1911), que vai levar Freud a investigar mais especificamente sua metodologia teórica e técnica na abordagem das questões psicóticas.

Se nós nos detivermos um pouco no próprio título desse trabalho, veremos que este já chama a atenção para algumas questões. Formulações sobre dois princípios do funcionamento mental é um artigo relativamente curto de Freud. Sem fazer análise literária, podemos observar o seguinte: Freud destaca, em primeiro lugar, propostas ou formulações a respeito de uma constante em sua obra, que é a visão dialética. Freud tem sempre uma visão dialética e, às vezes, em entrevistas, quando perguntado, ele respondia que tinha o hábito de contar um, dois e três. Ele trabalha com a noção de forças que, a princípio, ele considera como fazendo parte de uma conjunção binária, e ele vai estudar de que maneira essas forças em composição binária estão se associando em termos de uma oposição.

Nesse artigo, já aparece esta questão, a ideia desse número dois. Esse número dois aparece (sem ser cabalístico) dialeticamente: a primeira teoria dos instintos de Freud refere-se a instintos do ego, de um lado, e instintos sexuais, de outro. Nessa época (1911), Freud ainda não tinha desenvolvido a segunda teoria dos instintos: a teoria dos instintos de vida e dos instintos de morte; mas ele estava lidando intensamente com a questão da psicose.

A proposta dele é a respeito de dois princípios, entendendo princípio como alguma coisa que é de base, alguma coisa que é de início e alguma coisa que também dá direção (princípios são leis). A rigor, nesse trabalho, Freud vai falar de leis ou de regras, daquilo que tem a ver com o funcionamento, com a maneira da mente trabalhar.

Nós sabemos que existem algumas teorias de psicologia que afastam a ideia de mente. A maior parte daquelas teorias que, em psicologia, funcionam como estímulo e resposta considera que nós não temos acesso ao fenômeno, que em psicanálise é básico, de "mundo interno" e "atividade mental". Estou fazendo algumas considerações dessa natureza para mostrar o cuidado que Freud teve, desde o início, ao escolher ou circunscrever o tema sobre o qual ele se propõe a escrever, e as formulações giram em torno de dois princípios do funcionamento da mente.

Princípios também querem dizer pontos em uma **relação**. Se fôssemos utilizar a ideia de causalidade, seriam as causas **primárias**. A atividade mental implica aquilo que, basicamente, são fantasias inconscientes. Eu vou fazer uma leitura em função de desenvolvimento e em função de teoria e minha prática clínica.

As fantasias inconscientes, a rigor, requerem em cada um de nós uma condição de capacidade de pensar para que elas possam se traduzir sob forma de ação. A atividade mental em cada um de nós é a de ter que lidar com as fantasias inconscientes que são acionadas dentro de nós ou que são estimuladas pelo contato que temos com a realidade externa. E isso nós temos que tentar pensar, porque, se não conseguirmos pensar, essas fantasias vão inundar o mundo de ação, o mundo de realidade externa diretamente. Isso é a psicose. Então, esta capacidade de retardar descargas de impulsos e de fantasias inconscientes tem basicamente a ver com capacidade de pensar. Há quem diga que a mente funciona como se fosse um *pilão*, onde a gente vai ter que amassar e triturar matéria--prima para tornar essa matéria-prima nutritiva para nós e para as pessoas com quem nos relacionamos. Então, a atividade mental é atividade que envolve capacidade de trabalho.

Quando Freud escreveu "Formulações sobre dois princípios do funcionamento mental", ele destacou dois princípios básicos. Um princípio chamado **princípio de prazer e dor** e o outro chamado **princípio de realidade**. O princípio de prazer e dor é aquele que nos dirige para que nós, preferencialmente, evitemos todo contato com aquilo que implique em dor e aproveitemos o máximo possível aquilo que desencadeia prazer. Se ficássemos funcionando dessa maneira, continuaríamos sendo bebezinhos para o resto da vida. A passagem para o chamado princípio da realidade implica em lidar com frustração. Isso quer dizer que a frustração vai estar diretamente ligada com este retardo de descarga. Então, existe uma ligação direta entre princípio de realidade e capacidade de pensar.

Falando em bebezinho humano, ele tem que lidar continuamente com a relação primária (mãe e pai); se a gente quisesse esquematizar dentro de uma vivência ligada à relação nutritiva com a abordagem kleiniana boca/seio e pênis. Costuma-se dizer que os pais sempre atrapalham, pai sempre atrapalha. Porque, de alguma maneira, nós, enquanto bebezinhos, queríamos ficar nesta relação de duplicidade ou de cumplicidade, de maneira que o pai vai ser como o psicanalista, sempre atrapalha: se é bom atrapalha, se existe atrapalha, se não existe atrapalha. Porque, de uma certa maneira, nesta relação idílica a dois (paradisíaca), o pai entra como aquele que interrompe essa ligação e que, no nosso desejo mais arcaico, corresponde a querer encontrar um dia esse objeto de amor perdido, de a ele nos ligarmos e sermos felizes para todo o sempre: os objetos da atração fatal. Assim, "cria-se o paraíso" na vida, mas acontecem algumas outras coisas, porque essa outra pessoa também pode estar querendo uma coisa muito parecida (conluio narcísico maligno).

Assim, essa questão do princípio do prazer e dor e princípio de realidade vai ter a ver com a vida de fantasia. Mas não é só vida de fantasia no sentido do imaginário, é vida de fantasia no sentido também do inconsciente.

É uma maneira pouco sucinta de colocar aqui, de imediato, a questão de que o suporte na nossa vida mental é a relação edípica. Quer dizer, o nosso funcionamento mental está apoiado na maneira como nós encontramos ou não encontramos soluções para os nossos conflitos edípicos. E disso ninguém escapa, pode acreditar ou não em psicanálise. O problema não tem nada a ver com crença. Não é questão de crença.

Este texto do qual estamos tratando surge como uma tentativa de balanço metapsicológico, exatamente porque ele vai se inscrever entre as duas teorias dos instintos na época em que Freud pretendia fazer uma série de reformulações ligadas à metapsicologia. Freud, de imediato, vai se referir à questão daquilo que se chama *alienação*. Etimologicamente, *alienar* quer dizer *ceder*, transferir os bens de uma pessoa para outra pessoa, então Freud, como está num trabalho clínico e num trabalho teórico em andamento, se interessa pela questão da alienação nas neuroses e nas psicoses, isto é, com as perdas de aspectos de realidade interna e de realidade externa em consequência da neurose e da psicose.

Às vezes, quando se quer xingar alguém aqui no Brasil, se diz assim: "Você é um alienado!". Isto é, aquela pessoa está "alheiada". Esse termo também é utilizado em relação às pessoas que estão hospitalizadas em hospitais de doenças mentais que tratam exatamente dos alienados. Os psiquiatras antigos e atuais dizem que os pacientes, às vezes, os chamam de alienistas. Mas esperamos que os alienistas não sejam alienados e que os analistas e os terapeutas também, porque uma boa conduta para uma não alienação é a terapia ou a análise pessoal.

As coisas começam por aí, em termos de princípio de realidade. A ideia de alienação já traz subjacente o instrumento que é a descoberta do fenômeno da *transferência*. Quer dizer, quando eu transfiro alguma coisa, eu necessito, por parte da pessoa que está recebendo esta transferência, ou seja, um pedaço da minha alienação, que essa pessoa faça a gentileza de receber esta minha alienação. E se essa pessoa estiver equipada, ela vai decodificar e, através de interpretação e de trabalho, vai devolver a mim aquilo que me diz respeito. Esse é o trabalho essencial da psicanálise; sem esse tipo de trabalho, sem esse instrumento, não teria sido possível a abordagem de pesquisa e de tratamento das chamadas situações psicóticas.

Freud não acreditava que existissem transferências em psicoses, mas, quando relemos os casos clínicos ou os trabalhos dele, encontramos a toda hora trabalho na área psicótica. Alguns contemporâneos de Freud, alguns analistas, trabalharam intensamente a análise dos psicóticos. E esse trabalho continua, mas, possivelmente, essa formulação feita por Freud numa época retardou algumas investigações, porque algumas pessoas se submeteram a uma autoridade que dizia que não existe transferência na psicose. Ela existe, mas é diferente daquela que ocorre na neurose e requer instrumentação específica em nível de teoria da técnica.

Os trabalhos principais que tiraram a psicanálise desta espécie de beco sem saída são trabalhos da escola kleiniana, principalmente suas descobertas e suas conceituações ligadas à relação de objetos parciais e de funções ligadas às relações desse objeto parcial, ou seja, a discriminação feita entre objeto parcial e objeto total. Estou aproveitando para tratar um pouco dessa questão porque, a rigor, na obra de Freud, nunca houve uma especificidade dele em se deter a fazer um trabalho sobre teoria de objeto interno. Não quer dizer que ele não cuidou disso, ele não cuidou no sentido de sistematizar. Ele fala em superego, que é objeto interno e de introjeção.

Isso tem a ver com objeto interno, mas, em termos de estudo mais direto de uma teoria, ele não o fez. Ele deixou para outros analistas desenvolverem. Poder-se-ia dizer que *Luto e melancolia* só trata disso, e só trata disso mesmo.

Então, é a escola inglesa, com Winnicott, com Melaine Klein, com Fairbairn, que vai desenvolver em nível de teoria esta especificidade na questão de relação de objeto interno. Por que eu estou falando de relação de objeto interno? Porque, quando se fala na questão de princípio de realidade e princípio de prazer e desprazer, algumas pessoas esquematicamente esquecem que esses princípios de realidade não têm a ver só com a realidade externa, tem a ver com a realidade interna, também. Tampouco vamos cair no outro exagero de algumas pessoas que acreditam que só existe realidade interna e que não existe realidade externa. Quer dizer que estou sentado aqui no vácuo, e não na cadeira?! Também que eu vim voando de São Paulo com o meu tapete voador, e não com um avião da TAM?! Eu espero que a equipe de aviação da TAM respeite a realidade externa e verifique os motores! Porque não é só realidade interna que existe.

Princípio de realidade significa respeitar a realidade interna e externa. E nós sabemos que realidade externa e realidade interna impõem um tipo de trabalho para lidarmos, e esse trabalho tem a ver com a frustração. Por exemplo: eu estou com sede. Ponho a água aqui nesse copo, mas, se eu quisesse funcionar só com a minha onipotência, sem mexer no copo e sem beber água, pronto! Já matei a sede, mas eu vou beber um pouquinho de água porque a realidade externa e realidade interna requerem. Em primeiro lugar, é preciso que eu perceba que estou com um pouquinho de sede; daí, eu pego a minha percepção e vejo onde está a gentileza da garrafa com água geladinha e ponho no copo. E se eu quiser ser um pouco maldoso e perceber que vocês estão com sede, eu digo que a água está muito agradável e vocês vão ficar com a boca seca, a não ser que fossem até a água e lidassem com a realidade externa. Porque, se vocês fossem funcionar utopicamente, eu bebo água aqui e vocês se satisfazem sem precisarem beber água. Eu bebo água e é como se todos bebessem a água também.

A realidade externa e realidade interna nos colocam diante de frustração. Na área psicótica, a maneira que eu tenho de lidar com frustração é alucinar. Basicamente, é alucinar ou delirar e, se os meus métodos mágicos, alucinatórios e delirantes não funcionarem, eu vou ter, em algum nível, um ataque! Um ataque de ódio. Por isso, se diz que todos têm uma parte psicótica na personalidade e que não tolera frustração.

Quer dizer que, em nível arcaico, todos somos bissexuais, onipotentes, onisciêntes e mágicos. Porque, se não formos mágicos, o que é que a realidade externa e a realidade interna estão nos impondo? Sabemos que, no nosso trabalho chamado clínico, enquanto os métodos de onipotência, onisciência e alucinação não sofrerem um abalo tremendo em nível de funcionamento, teremos nossa capacidade de pensar intensamente prejudicada.

O trabalho de Bion (falando um pouco agora dessa ponte entre o ponto inicial de Freud e do trabalho desse psicanalista) lida com diferenças também dialéticas entre o funcionamento da parte não psicótica e o funcionamento da parte psicótica da nossa personalidade. No funcionamento da parte não psicótica ou da parte sadia em cada um de nós, prevalece o princípio de realidade sobre o princípio de prazer e dor; e na parte psicótica é o contrário, prevalece o princípio de prazer e dor em relação ao princípio de realidade. Então, a rigor, os chamados distúrbios da capacidade de pensar têm a ver com essa luta entre os métodos alucinatórios e delirantes e os métodos ligados à transformação e à simbolização dos mesmos conteúdos: fantasias inconscientes e as implicações das fantasias inconscientes splitadas e projetadas no mundo externo.

Esse é o pão nosso de cada dia nos consultórios (se fosse só no consultório!). Por exemplo, se algum paciente que faz análise no consultório chega e diz:

— Não vou mais fazer análise, estou com alta, estou livre. Tirei férias e passei muito bem, está provado que a análise é que me perturba.

— Está provado apenas que você passou bem um período da sua vida sem análise. Mas o que você andou fazendo lá em Ubatuba? Por que você passou tão bem, eu não sei, se você quiser conversar, vamos ver o que é o seu tão bem assim — o paciente pode estar em surto maníaco.

— Tudo está bem! O país está bem! — Ou então, alguém diz que não está bem e outro oferece uma droga qualquer. Ele dá uma cheirada e tudo está bem. Então, é só cheirar. Vamos ficar um país de cheiradores. Mas, como nós não somos gente de cheira-cheira, nós estamos aqui no sábado à tarde. Vocês saíram dos recantos dos familiares, dos amigos, dos namorados etc., eu também, e estamos aqui.

Vamos, então, cheirar pó? Esta é a questão que vai existir para todo ser humano desde que nasce até que morre. Há ainda alguns analistas que dizem que, antes de nascer, já existe vida mental: o feto já teria condições de lidar com alguns impactos que vêm do meio externo e do meio interno. Mas esse é um outro assunto, sobre o qual podemos conversar um pouquinho porque vai ter algumas implicações em alguns fenômenos que vão aparecer na clínica, se é que a gente acredita que o inconsciente não perde nada e registra tudo.

Nesse trabalho, "Formulações sobre dois princípios de funcionamento mental", Freud fala de funções do ego e enumera-as: consciência, notação, atenção, julgamento, pensamento, ação e memória. É interessante observar que Freud, quando faz esta enumeração, se detém um pouco em descrever de que maneira estas funções se desenvolvem. Ele parte da ideia de que o bebezinho humano, de início, funciona de acordo com o princípio de prazer e desprazer e que é a incidência da realidade externa que obriga o bebezinho a desenvolver funções do ego. Esse não é o ponto de vista de Bion. Freud dá uma ideia de uma sucessão temporal, isto é, nós funcionaríamos num determinado instante ou época da nossa vida sob o princípio de prazer e dor e, aí, a realidade exterior vem e se impõe.

Não adianta ficar com o dedo na boca e alucinar o peito da mamãe, fazendo de conta que o dedo é o seio, ou ficar chorando e imaginando que o peito já vem. É preciso aparecer o peito com o leitinho, a aguinha ou os cuidados necessários; pode-se ficar alucinando à vontade que de nada adiantará. A onipotência precisa fracassar (em algumas pessoas, isso não fracassa) porque, se não fracassar, a pessoa entra em anorexia. Ou, se isso não fracassa e a pessoa desenvolve métodos para impedir que haja esses fracassos, ela fica consumindo drogas em grandes quantidades para não fracassar. Mas qual é a consequência? É que a pessoa vai se desvincular de realidade interna e de realidade externa, como se vagasse num campo de mentiras e alucinação, e vai acontecer o mesmo que com aquela que entra em anorexia: vai morrer, se desnutrir, se desvitalizar. Quer dizer, vai pagar um preço. Algumas pessoas vão pagar um preço com a própria vida no sentido global. Outras vão pagar um preço com a deterioração mental. Nessa vida, a gente sempre paga preço. Para ter sanidade ou tentar desenvolver sanidade, paga-se um preço também.

Então, essa é uma das funções dessa qualidade chamada consciência e que está basicamente conectada a toda contraparte mental do nosso sistema de sensopercepção: visão, audição, tato etc., não só no sentido concreto, anatômico ou fisiológico, mas no nível interno também, ou seja, de realidade psíquica. As outras funções (não vou me deter nesta dinâmica, mas se vocês quiserem, depois nós podemos voltar nisso) do ego têm a ver com qualidades daquilo que vai permitir o desenvolvimento e o funcionamento da memória, a atenção, que é uma qualidade sem a qual eu não sei de onde vim, para onde vou, com quem estou falando, o que é que eu pretendo. Então, não é só atenção no sentido externo, é atenção também no nível interno. Julgamento é para poder ter uma condição de avaliação daquilo que se está apresentando em nível externo e interno e que tem qualidades de falso ou verdadeiro, feio ou bonito, moral ou imoral, dependendo do vértice em que se estiver lidando. Pode ser um vértice técnico, pode ser um vértice científico. A capacidade de ação é derivada da capacidade de pensar. É diferente de *acting out*, em que se descarrega algo porque não se consegue pensar.

É bom também perceber essa diferença porque tem pessoas que não veem esta diferença e ficam achando que viver é só pensar. Aí ficam "grandes pensadores", mais do que o pensador Da Vinci, que pensava, mas que também agia. Era escultor, um belo escultor, um belo pintor. Se eu fosse uma pessoa atrelada a só pensar e não agir, eu ficaria em São Paulo e vocês também poderiam ficar onde vocês estavam, e nós íamos nos comunicar provavelmente por algum meio estranho, desses diversos que algumas pessoas parecem que usam ou que parecem que têm poderes sobrenaturais. Como eu não estou dotado desses poderes, e suponho que vocês também não estejam muito crentes de que tenham esses poderes, nós estamos aqui reunidos para tentar conversar e agir. Esperamos que não seja um *acting out* coletivo!

Nessa sequência de funções de ego, Freud destacou a função do pensar como sendo a função de ego. A proposta de Bion vai ser a de que existem pensamentos primitivos em todos nós. Esses pensamentos primitivos existem para serem pensados. Então, se eu tivesse uma máquina de pensar, poderia largar minha namorada num determinado dia, receber os estímulos, e aí é que eu iria pensar nos impulsos que eu tive com aquela transa, que eu tive com aquela pessoa. Mas não é assim, é continuamente que se está acontecendo. Continuamente somos pressionados por impulsos e por fantasias que requerem ser pensados. Pensar quer dizer cuidar, curar. O radical dessa palavra significa cuidar, fazer curativo. Na medicina, há o termo "fazer um penso" quando uma pessoa faz uma fratura. Há os "dispensários" em todo o interior, é onde se faz "pensos". Essa exigência é permanente.

Quando vamos dormir, não ficamos completamente adormecidos, porque, se ficássemos, não teríamos sonhos. Também, quando não temos sono e vamos dormir, reclamamos. Se nos entregamos em análise e dormimos, sonhamos e contamos isso para o analista, gostaríamos que ele não falasse absolutamente nada, mas acontece que o analista, às vezes, tem a veleidade de fazer algum comentário sobre essa atividade que eu tenho quando estou sozinho, dormindo lá no meu canto.

Quando estamos acordados, a rigor, há alguma coisa em nós que pode não estar plenamente acordada. Se eu estivesse plenamente acordado agora, por exemplo, eu não ia poder ter contato com o que está acontecendo comigo, e vocês acham que eu estou falando porque baixou algum espírito em mim? Não é, absolutamente. Eu também não sou "porta-voz" de ninguém, eu garanto para vocês. Esta voz está saindo de dentro de mim, não está saindo de algo equivalente a Chico Xavier, nem de ninguém. Eu juro, dentro da minha sanidade, que o que estou falando é aquilo que estou pensando. Por isso, quando algum analisando fala assim: "o que você quis falar com o que está falando?", se você tiver clareza de que está bem acordado, pode dizer o seguinte:

— O que falei!

— O que você quis falar com isso que você falou?

— O que eu falei. Nada diferente do que eu falei.

— Você falou isso porque queria falar aquilo?

— Não, eu falei isso porque queria falar isso.

O fracasso nessa capacidade de pensar vai nos colocar em outras dimensões de realidade interna e de realidade externa. Algumas pessoas vivem isso de uma maneira mais harmônica, e algumas pessoas vêm nos procurar exatamente porque se dão conta de que estão vivendo determinadas situações cujas dimensões a pessoa não está tendo clareza do que se tratam. Ela está "viajando". Acontece que a análise também é uma viagem, mas é feita a dois. É diferente de fazer uma viagem sozinho. Então, o analista vai receber também uma demanda de fenômenos transferenciais de questões que são do mundo interno e do mundo externo do paciente e do analista. Se o analista não tiver o equipamento e as condições para lidar com tais situações, ele também não terá condições de trabalhar com o analisando ou a analisanda. Quer dizer, este é um dos suportes, dos tempos e dos investimentos de empenho, de esforço etc. Não existe dúvida de que os analistas devem ter uma boa experiência de análise pessoal. Ele tem de estar equipado para fazer uma viagem com outra pessoa. Agora, não quer dizer que, com uma boa análise pessoal, uma boa formação teórica, uma boa formação de supervisão e um bom treinamento, a pessoa fica invulnerável. Ninguém vira Super-Homem, nem Mulher-Maravilha. Esse tipo de trabalho vai continuar existindo, não poupa ninguém. A necessidade de pensar fundo o mundo interno e o mundo externo não poupa nem criança, nem adolescente, nem adulto, nem pessoa idosa. Essa é a vida.

Nesse texto de Freud, há determinados momentos em que ele desenvolve algumas questões em torno de educação e arte. Foi uma maneira que Freud teve, naquela ocasião, de destacar o modo de cada um de nós. Winnicott diz *self* (essa é uma palavra que Freud não usa, ele dizia "ego"). Às vezes, ele usa ego para se referir àquilo que chamamos de *self*, quer dizer personalidade total, e às vezes para se referir à estrutura de personalidade na teoria estrutural do aparelho psíquico, que ele vai desenvolver bem depois deste trabalho com o qual estamos lidando.

Quando ele está se referindo à questão educacional, pode-se pensar que é a relação de *self* (o ideal de *self*) com a estrutura que ele descreve mais tarde com o nome de "superego".

Uma boa parte das questões educacionais, dos bons comportamentos e de tudo aquilo que diz respeito a "adequação" tem a ver com polaridade de *self*, ideal de *self* e superego. Os pais tentam educar seus filhos. Freud diz que educar alguém é uma profissão impossível; a outra é analisar; e a outra é governar. Três profissões impossíveis: educar, analisar e governar.

Professores de universidade, analistas didatas e professores de institutos às vezes têm de lidar com essas três profissões impossíveis: educar, treinar residente, governar para não permitir que "xeretas e enxeridos" invadam os pedaços que não os competem. Se a gente quiser pensar como *self*, cada um de nós tem problemas nas relações com os outros que são iguais aos das nações. A convivência com uma pessoa, pode ser na análise e pode ser fora da análise; se for em análise, vão existir algumas questões um pouco diferentes: tem um tempo (cinquenta minutos), para, volta, às vezes não volta, não sei... Mas, no dia a dia, são as mesmas questões que existem num nível de nação. Há governo, oposição, guerrilha, ministro, ministra, às vezes o ministro é competente, às vezes a ministra não é tão competente, às vezes há queda de ministro, substituição de ministro, problema de inflação. O paciente chega e fala: "Eu vou parar a análise porque não tenho mais grana. Eu vou fazer análise na Bolívia". Ou então: "No Brasil não tem ninguém que pode me analisar. Eu acho que vou fazer análise na Suécia. Acho que só na Suécia tem analista bom. Eu vou para a Suécia". Aí vai para a Suécia, volta e diz: "Bom, agora eu vou mostrar para vocês qual a análise verdadeira. Vocês ainda não a viram, essa é a análise verdadeira".

Eu estou entrando com essa ironia na questão religiosa porque, quando a gente pega essa dinâmica de *self*, ideal de *self* e superego, vão aparecer questões ligadas também a fenômenos religiosos. Isto é, questões de crenças, talvez tenha sido uma das novas missões que a psicanálise recebeu de Jeová, por ousar começar a criar uma torre para invadir os domínios dos mistérios do inconsciente. Os mistérios do inconsciente estavam lá, dormindo na humanidade, e os deuses, os tabus não queriam que ninguém descesse. Aí Freud começou a ousar a fazer a torrinha, a subir, a levantar a torrinha. Vê-se que Jeová ficou bravo e falou assim: "Oh! Vou dar para vocês uma confusão miserável". Então, a confusão vai ser o seguinte: lacaniano não vai entender kleiniano, kleiniano vai maldizer winnicotiano. Mas claro que a Igreja de Cristo Presbiteriana não pode enxergar católicos, católicos querem fazer a noite de São Bartolomeu. Quer dizer que, quando há uma ousadia de investigar algo que é misterioso, alguma coisa em nós, ou alguma coisa no mundo, diz: "Vocês vão sofrer um castigo". Talvez um dos castigos que os analistas estejam sofrendo ainda hoje seja esse: em lugar de fazer torres, em diferentes lugares do mundo, aí começa a luta, a bagunça e a dúvida também.

O problema nosso vai ser o de ter que lidar com mudanças. Aquilo que existe em cada um de nós e que é relativamente organizado pode ser chamado de "*establishment*", quer dizer aquilo que já está estabelecido, aquilo que cada um de nós tem já organizado e que nós gostaríamos que fosse como o casamento: encontrei, realizei e espero que nós sejamos felizes para sempre. Se fosse assim, seria bom. Fernanda Montenegro diz assim numa peça: "E assim nós fomos felizes para sempre, durante alguns momentos". Ela não tira o romantismo, "durante alguns momentos". Então, há o *establishment*, e se conseguíssemos essa condição, provavelmente ficaríamos no reino encantado do princípio do prazer.

Todos querem encontrar uma pessoa com quem se tenha uma harmonia, com quem se tenha uma relação produtiva. Mesmo os maiores delinquentes e os bandidos da luz vermelha têm esse ideal; se eles não tivessem, eles não iriam liquidar algumas pessoas. Então, há o *establishment*, mas acontece que, do ponto de vista de forças internas e externas, existem movimentos de mudar. Se ficássemos só nos dois princípios, princípio do prazer e princípio da realidade, estaria tudo bem e confortável.

Quando Dr. Freud começou a querer entender um pouco mais de nós, algumas questões começaram a chamar a atenção: eram as doenças psicossomáticas, as neuroses de fracassos (ou de sucessos, depende do que vocês quiserem chamar), as neuroses traumáticas e os impulsos que existiam em algumas pessoas se destruírem. E não havia, dentro do equipamento teórico que Freud tinha desenvolvido, algo que desse respostas. Ele começou a "cavocar" um pouco mais. Em 1920, ele escreve "Além do princípio do prazer", o que quer dizer que existe o princípio do prazer, mas existe o "além do princípio do prazer".

Existem forças em cada um de nós que querem nos conduzir para virarmos poeira cósmica antes do tempo – porque, no tempo devido, é bom que a gente vire poeira cósmica mesmo. Senão, a gente vai virar monumento, algum faraó de não sei das quantas. Se só eu existisse e encontrasse um objeto com o qual eu fizesse uma ligação e pudesse ir para o Egito, lá me enfiaria na minha pirâmide e ficaria dois ou três mil anos. Estaria tudo bom, estaria tudo resolvido. Mas, se eu fizer isso, as coisas não vão parar por aí, a não ser que eu me mumifique. Então, em 1920, Freud vai chamar a atenção para o fato de que, além de impulsos de vida, existem os impulsos de morte no ser humano. Esses impulsos também querem se realizar. Seríamos muito ingênuos se achássemos que só os impulsos de vida querem se realizar. Os impulsos de morte querem se realizar, mesmo quando encontram a criatura mais graciosa, mais amorosa, mais admirável. Em algum nível, há alguma coisa de morte que quer se realizar.

Winnicott chamou isso de amor primitivo. Freud chamou de amor canibalesco. "Isso é tão bom... Você é tão boa... Você é tão gostosa... que eu queria comer você." Não é assim que as mamães falam para os filhinhos?! Ou então as madrinhas: "É tão fofinho que eu queria dar uma mordida", "se eu pudesse comeria inteirinho". Os analistas e os terapeutas conhecem aquilo que chamam de transferência erótica: "Eu gosto tanto de você..." É amor de carcará. "Ah! Como eu gosto de você, gosto tanto de você... Estava gostosa você, estava bom". A gente não tem que ter medo disso, acontece no dia a dia. Esses impulsos de morte são mesclados com impulsos de vida. O problema é quando eles ficam separados.

Se eu fosse, na minha área psicótica, um "bom esquizofrênico" (todo psicanalista tem de ser, conhecer bem dessa coisa), queria encontrar alguém que só tivesse instinto de vida. Então, eu preciso estar rachado e achar que a outra pessoa também está rachada. Então, eu poderia fazer assim: com essa aqui eu vou ter instinto de vida, com a outra, instinto de morte, então eu arranjo uma para achar que eu vou só amar e outra com quem eu só vou brigar. Mas, se eu achar que estou brigando na hora que deveria estar amando e vice-versa, uma grande confusão se estabelecerá.

Este *splitting* vai se fazer em situações unânimes que são favorecidas pela guerra. Então, quando há uma guerra, nós, em geral, ficamos solidários com os que são nossos companheiros e, às vezes, ficamos cegos para os defeitos deles e eles também para os nossos, porque estamos interessados em destruir os inimigos ou aqueles que querem acabar conosco, ou com nossos pais, nossos filhos etc.

Mas o outro lado está pensando a mesma coisa. E a guerra, talvez, tem sido um exercício de rivalidade, inveja e destrutividade em massa. No tempo de Freud, não havia bomba atômica, existiam sonhos esquizofrênicos (Schreber) de acabar com o mundo. Agora, existe a bomba atômica. A televisão nos presenteou recentemente com algumas cenas de violência e crueldade maciça. A rigor, estes instintos também podem querer se realizar, e, quando eles se realizarem de uma maneira maciça, os sobreviventes vão ter que continuar a lidar com a vida. Quando se fala em guerra no Golfo Pérsico, a gente pensa que a guerra é **só** no Golfo Pérsico. Eu estou dando um pouco de volta pelo seguinte: o bebê humano, e a mãe do bebê e o pai do bebê (voltando um pouco na questão mãe--pai-bebê), tem esses impulsos de vida e morte. Então, a rigor, a questão é que, subjacente a todo clima de amor ou de cordialidade, ou de busca de entendimento, existe um nível em que está armada uma guerra potencial. A relação do bebê com a mãe é assim, e a da mãe com o bebê é assim também.

É ingênuo quem imagina que o bebê é uma entidade para ser moldada. Você pode, como pai e como mãe, colaborar para tentar desenvolver a capacidade de pensar naquela pessoa, mas o bebê, do meu ponto de vista e do ponto de vista de algumas pessoas que estão trabalhando com isso, o bebê é uma central atômica, e as mães sabem bem disso. Estamos entrando no terreno da agressividade, da firmeza. O que é ser continente? Na análise nós vivemos isso, conter é segurar, muitas vezes fisicamente, como em análise de crianças, depois analisar.

Bion dizia que, entre o suicídio do paciente e o paciente, enquanto ele estiver com você em análise, está o analista: temos de ficar entre o paciente e a morte dele. Assim como na vida do bebê, se a gente puder imaginar, realizar mesmo, quando ele (bebê) faz uma identificação projetiva e a mãe é continente e capaz, em algum nível, ela é a representação da morte do bebê. Porque a morte do bebê, o que ele não aguenta, está na mãe.

Vamos tentar, na vida, funcionar de maneira realística, que é o princípio da realidade. Se quiser funcionar de forma não realística, pode funcionar se a outra pessoa também quiser. Com relação à psicanálise, querer funcionar também de maneira não realística, pode funcionar de maneira não realística, mas não será psicanálise mas sim outra coisa. Pode ser tudo, até uma festa, mas não é psicanálise. É outra coisa.

Outra questão antes de eu parar para ouvir um pouco vocês, é a da mudança. Aquilo que é conhecido ou estabelecido vai exigir, por parte do paciente e do analista, um contato com os problemas que existem quando há mudanças. Da parte do analista e da parte do analisando (falando agora só de psicanálise), existe um desejo de que haja mudanças, senão seria melhor que cada um ficasse na sua casa.

Freud, desde o início, diz que há resistência a mudança no analisando e no analista e há desejos de mudanças. Porque, se não houvesse desejos de mudanças, o analista e o analisando não viriam à sessão, pois a única razão para duas pessoas estarem juntas numa sessão de análise é para lidarem com mudanças e com as dores mentais que são intrínsecas às mudanças. Assim, aprender emocionalmente sempre vai machucar não só o narcisismo, mas também o *establishment*, porque vai desencadear uma desorganização.

Vocês podem dizer: "há pessoas que são bem desorganizadas e caóticas". Elas correm o risco de ficarem organizadas, sofrerem uma dor mental e se matarem. Quer dizer, entrar em uma depressão e não suportar. Então, as mudanças, em cada um de nós, ameaçam com catástrofe, porque esperamos (falando em análise) que a dupla transpasse o medo das mudanças catastróficas e encontre soluções criativas. As mudanças que existirem, em lugar de serem catastróficas, que sejam mudanças de natureza criativa. Mas, para haver mudanças criativas, a dupla tem de lidar com angústias inerentes às mudanças catastróficas. Não há como escapar disso, é o preço que se paga para crescer.

Essa ideia aqui, basicamente, é o cerne da questão ligada à capacidade de pensar e distúrbios de pensamentos. No início, as questões de análise estavam muito voltadas para a questão do recalque e do recalque dos instintos e das fantasias. A proposta básica de Freud era tornar consciente o que é inconsciente. Não que isso não se persiga numa análise, isso continua a ser perseguido. Acontece que há uma continuidade disso que se chama analisar o que é consciente. E isso é tarefa também do analista.

Sabemos que, em algumas escolas, psicanalistas param na questão de tornar consciente o que é inconsciente. E eu ainda posso me opor (se for um representante digno ou indigno dessa escola), fazer um corte e dizer: "Você fez um **insight** e decido que a sessão está terminada". Sessões de dois, três ou quinze minutos, mas não mais que cinquenta... Então, supõe-se que, se a pessoa tiver um equipamento bem balanceado do que é consciente e do que é inconsciente, e quando o trabalho de análise do que é chamado de inconsciente para tornar consciente acontece, a necessidade de lidar com: atenção, capacidade de pensar, julgamentos e questões mitológicas que existem para aquela pessoa vai continuar. Quer dizer que o trabalho analítico não para na questão só do que é consciente. Essa é uma ingenuidade. É isso que Bion chama de análise do que é real.

Um exemplo clínico para ilustrar isso seria:

Suponha que um de vocês tenha um analisando que é cirurgião e vem e começa a dizer o seguinte:

— Eu tenho um pequeno problema há mais ou menos dez dias, e só hoje resolvi falar. Eu estou com uma hemorragia anorretal. O que você acha disso?

Então, alguém poderia dizer algo assim:

— Por que não foi para um clínico?

É uma maneira de lidar. Também poder-se-ia dizer assim:

— É, mais uma vez, estou percebendo que você tem impulsos de se destruir... blá, blá, blá... fase anal.

Ou ainda:

— Doutor, se o senhor recebesse um paciente em seu consultório com esse sintoma, qual orientação o senhor daria?

— Procurar imediatamente um proctologista!

— E o que você está propondo para o senhor?

— Vim conversar com você porque acho que é um problema psicossomático.

— Ah! E vai ficar com hemorragia durante dez dias porque é psicossomático?!

Isso quer dizer que você vai lidar com a crença que essa pessoa está atribuindo à psicanálise de que a interpretação fará parar a hemorragia! Se o analista também acreditar que a interpretação faz parar hemorragia, pode ser que o paciente vá parar na história do evangelho daquele psicanalista, como a hemorroíssa foi parar na história de Jesus, mas pode ser que não dê certo.

O que estou querendo destacar com isso é a questão de que, fundamentalmente, o nosso trabalho, como analista, é tentar chamar a atenção da pessoa quando ela está usando ou não está usando a capacidade de pensar. Porque, às vezes, a pessoa usa a capacidade de pensar para os outros e se coloca numa condição além do bem e do mal, em que ela, não sendo humana, porque é médica, é cirurgiã, e tendo hemorragia, não precisa ir ao médico, vai conversar com um guru em algum lugar.

Mas, se o analista também achar que é um guru, então vão acontecer coisas nesta chamada situação analítica e isso vai requerer muita prontidão e muita capacidade de atenção por parte do analista. Provavelmente, se quiséssemos fazer um adendo à proposta de Freud, "princípio do prazer e dor" e "princípio da realidade", poderíamos modular isso com aquilo que Bion chama de "princípio da incerteza". Há certos momentos em que você precisa tolerar que você não sabe, que você não pode, e há certas situações em que o paciente também não sabe, que o paciente também não pode. E lidar com a incerteza não é fácil, porque vai existindo o estímulo e, quando a gente não sabe e não pode, existe alguém, que a gente cria, que imagina que sabe e pode. Então, possivelmente, as chamadas angústias catastróficas, que acompanham uma vida humana desde o início da vida, requerem que exista alguma representação daquilo que aguente essa angústia catastrófica.

Para um bebezinho poder nascer, possivelmente, há uma pre-concepção de que no mundo externo vai ter uma mãe que, na travessia do parto, vai dar um bom acolhimento e que dispõe de uma capacidade de lidar bem com este bebezinho. E, na angústia catastrófica de todos nós, há momentos em que esta entidade chamada mãe (eu estou chamando de entidade, não estou chamando necessariamente a mãe biológica ou a mãe que existia concretamente na história), porque pode ser o pai também. Fico meio bronqueado porque as pessoas falam demasiadamente **Mãe**, "maternagem". Por que não falam um pouco em Paternagem? Podiam falar Paternagem, só Maternagem?! Ha área mística e religiosa de todos nós, esta entidade é **Deus**.

Não necessariamente em instituição senão a gente não sai do lugar. Por isso, nas horas de terror, quando estamos tendo aqueles "belos" pesadelos, acordamos em geral gritando "mãe!" (ou, às vezes, gritando o nome de alguém que você vai encontrar na segunda-feira) e vai já chegar na segunda-feira e dizer: onde é que você estava hein? E o analista: em São José do Rio Preto. Agora eu quero ouvir um pouco vocês. Nós temos 40 minutos para conversar. Eu falei demais. Eu sou descendente de italiano e italiano gosta de falar, mas também gosta de ouvir. Quero ouvir vocês. Pode ser algo ligado ao que nós conversamos, pode ser algo ligado à clínica... Obs. a psicóloga Janete (de Uberaba) pede para que fale alguma coisa sobre o pensamento primitivo de Bion.

Sobre o pensamento primitivo de Bion, esta é uma questão básica dentro do que estamos conversando hoje. Vou ter que fazer um apanhado dentro da exposição. Isso pode ser um modelo esquemático de uma membrana ou de uma barreira chamada por Bion de **barreira de contato**. Basicamente, é o suporte no trabalho de Bion. Vocês veem isso em "Aprender com a experiência", onde ele chama de *função alfa*, é o que separa a atividade consciente da atividade inconsciente. Esquematicamente ainda, só para tornar um pouco mais clara a conversa, existem forças que vêm nessa direção e forças que vêm nessa outra direção. Quando essa membrana faz essa separação de uma maneira suave, pode-se falar que os chamados pensamentos inconscientes estão tendo uma tradução modulada em nível consciente.

Vou fazer uma outra crítica em relação a mim. Se eu não estiver funcionando muito psicoticamente (eu espero que não esteja), aquilo que estou apresentando em nível de fala deve estar articulado com aquilo que está acontecendo comigo em função, por exemplo, de sua pergunta. Isso implica em eu estar tendo de lidar com o material estimulado pela sua pergunta e que vai corresponder a um equipamento dentro de mim, que vai permitir que eu faça essa proposta aqui e esses chamados pensamentos primitivos encontrem uma tradução através também de palavras, e a nossa comunicação se torne uma comunicação inteligível. Quando eu estou desarticulado, essa membrana não vai funcionar dessa maneira, ou porque ela não existe na área em que fui acionado, ou porque não consigo me articular. E uma pergunta sua, por exemplo, vai fazer com que eu comece a expulsar na direção, uma fala em que eu possa ficar perseguido. Por exemplo, vamos dizer que eu fique perseguido:

— Mas como? Pensamento primitivo? O que eu vou falar do pensamento primitivo? Eu nem sei mais o que é pensamento primitivo.

Ou eu poderia começar a falar de um pensamento primitivo que possa ter me ocorrido quando vinha de avião hoje para São José do Rio Preto. Na hora em que eu estava lá, em cima das nuvens, e vi a sombra do avião, o Sol projetou a sombra do avião nas nuvens, e eu pensei: "eu não vou lá conversar com os meus colegas para me enriquecer e tentar enriquecer os participantes desse encontro. Ah eu vou lá 'saquear' os meus amigos!"... risos (Não estou fazendo confissão contratransferencial).

Essa é a questão de pensamento primitivo. Se vocês quiserem ver em nível de um exemplo, existe um no texto (que eu espero que não passe para a posteridade) de Hanna Segal, quando ela fala que um paciente seu estava com inibição de tocar violino em público. A pergunta da analista:

— Porque você não toca?

O paciente respondeu mais ou menos como aquela personagem do Chico Anysio:

— Você só pensa nisso! Só pensa naquilo! — Porque, para esse paciente, tocar violino em público era se masturbar. Não podia tocar.

Se eu achasse que vir falar aqui com vocês era tocar violino em público, eu ia ter um problema de nódulo na corda vocal, daí alguém ia falar:

— Sapienza, vá fazer um tratamento de fonoaudiologia, pois você anda periclitando.

Ainda pode acontecer o seguinte: vamos dizer que eu não aguente ser um expositor numa conversa como essa e tenha esses pensamentos dentro de mim. Então, quando me convidaram para vir aqui, eu poderia ter pensado: "Eu não vou lá, eles estão querendo me psicotizar e me levar para o inferno, ainda me obrigar a falar, a tirar a roupa na frente de todos e ficar falando com sessenta pessoas na sala. *Strip-tease* é lá na Avenida São João".

Há também pensamento primitivo funcionando na relação analítica. Existem analisandos que acham que analista é *voyeur*, que gosta de novela. Perversamente, tem gente que acha que analista gosta de ouvir aqueles "causos" todos ali para se excitar. Porque as pessoas, às vezes, saem excitadas e dizem assim: "Você está vendo, vocês estão doentes, ficam aí oito horas sentados. Ficam aí se divertindo às custas do nosso sofrimento". Mas acontece que nós, os analistas e terapeutas, na verdade aprendemos com os pacientes.

Vamos dizer que os pensamentos primitivos que o analista ou o terapeuta tenham seja o seguinte: não devia aprender, eu já devia saber. "E você está aprendendo, seu cara de pau. Ainda cobra do paciente! Devia pagar." É por isso que alguns analistas e terapeutas cobram barato (têm culpa no cartório). Acham que estão ganhando muito. O sujeito pode ter esses pensamentos primitivos: o analista deve ser um "sabe-tudo" e não deve aprender nada com o paciente. Enquanto não chegar lá, está aprendendo. Tem de cobrar baratinho. Mas, se não cobrar muito, depois fica em depressão, chora e reclama (quer fazer formação, não tem grana para pagar e não tem dinheiro para ir para São Paulo).

Então, não é só pensar que pensamento primitivo é só questão do íntimo, é questão também de superego e essa é a área, a rigor, mais difícil e complexa nas análises, as questões de culpabilidade. A questão da pessoa não se sentir com o direito de se desenvolver, de se expandir, de amadurecer. Tem gente que inveja a si mesmo e tem medo de amadurecer. Aí entra a questão primitiva de realização de impulsos destrutivos, autodestrutivos. Às vezes, a pessoa não precisa se matar. Mata-se porque já foi se desmoronando, se esvaziando tanto que não precisa se matar, já está morta-viva.

A atividade de pensamentos primitivos tem a ver com a questão de fantasias inconscientes e também com algumas configurações que ficam ou "splitadas" ou encistadas dentro de nós e que a realidade dos fatos externos ou de acontecimentos vão acionar e obrigar aquela pessoa, por várias razões, a reter ideias primitivas. Várias ideias primitivas podem existir dessa maneira em nós.

Obs. Alguém da pláteia faz uma colocação e o Dr. Sapienza explica:

Voltando a este esquema aqui, poder-se-ia dizer que esses pensamentos primitivos, se eles fossem apresentados de uma maneira direta e crua, criariam o suporte da incontinência. Essa reserva que Freud denomina na concepção dele de separação de inconsciente e consciente e que Bion traduz como sendo barreira de contato, essa reserva feita à custa de pensamento-sonho. Quer dizer que, quando um bebê bombardeia o continente materno, diz-se que a mãe tem condições de receber e transformar aquilo em pensamento tolerável para o bebê em função desta capacidade de **revêrie**, que tem a ver com o sonhar. Esse **revêrie** é uma reserva de pensamento sonho. É um pouco diferente do sonho entendido dentro da teoria de Freud. Por isso, se fala que nós, em vigília, temos atividades de pensamentos inconscientes.

Freud escreve, em 1900, *A interpretação dos sonhos*. Ele dá muitos depoimentos não tão diretos, não tão anedóticos como estes que eu estou fazendo da minha viagem de São Paulo para São José do Rio Preto, mas ele se expõe mais do que estou me expondo. Na interpretação dos sonhos, ele conta as articulações, por exemplo, de fantasias primitivas de impulsos filicidas quando seu filho estava no *front* de guerra (o sonho em que ele vê seu filho se transformar em cadáver).

Bion, no fim da vida, escreve *Uma memória do futuro* e diz que, se tivesse tempo (e ele não teve tempo para isso, mas convida a geração de analistas futuros), gostaria de escrever um livro chamado "Interpretação dos fatos", porque existem fatos que acontecem conosco desde crianças.

Alguns sofrimentos são entretidos não pelos fatos, mas pela interpretação que demos aos fatos. Por exemplo: se morre uma mãe numa família, há uma interpretação daquela morte. Às vezes, essa interpretação vai se entreter e não ocorre uma reatualização de significado, mantendo-se significados apenas do ponto de vista mítico-afetivo. Pode-se entreter, por exemplo, a situação de que aquilo é um sinal de impulsos de morte que existiam em relação àquela mulher. Assim, a pessoa pode ficar com aquela interpretação até o fim da vida e não conseguir ser mãe, porque fica esperando a volta retaliativa daquele fantasma. Assim, muitas coisas podem ser entretidas dessa maneira. Numa análise, espera-se que um analista (e é para isso que eu estava tentando chamar a atenção) faça também uma reinterpretação das interpretações já feitas e mantidas como pré-conceitos.

As crianças, por exemplo, interpretam os fatos de maneira dramática, distorcida e, às vezes, não distorcida. Um exemplo: por que a mamãe caiu da escada? "É que ela estava com vontade de dar um tapa no meu pai, ele não deixou e ela se machucou".

Às vezes estão acertando, por isso se diz assim: "As crianças têm um bom poder de observar e interpretar os fatos em geral se não forem sufocadas e distorcidas". Acontece que os fatos mais frequentes que as crianças observam são o funcionamento mental dos pais, se quisermos voltar aos dois princípios (pai e mãe como dois genitores).

Alguns pais estão interessados em saber o que as crianças pensam deles, e, às vezes, a criança percebe perfeitamente o que está acontecendo com a mãe e com o pai. Mas, na hora em que a criança diz o que ela está percebendo, pode acontecer que aquilo que a criança diz e que corresponde à realidade mental daquele pai ou daquela mãe vai receber como resposta alguma coisa que não é muito agradável para ela, e aí ela pode aprender a distorcer os fatos e a interpretação dos fatos.

Há aquela historinha de criança (e que não é de criança como se diz): a criança viu o rei nu e falou: "Está nu!", enquanto todos diziam que ele estava com roupas maravilhosas. Há ainda a da mãe que estava completamente psicotizada e estraçalhando verbalmente e fisicamente um irmão ou uma irmã da criança, e esta falou: "Mãe, para porque você está louca. É, está louca mesmo. Pode parar, está louca". Mas tem mãe que ouve isso e diz: — Louca? Chamar tua mãe de louca?

— Não, mãe, você é santa, você é santa, você é sana, eu é que sou a rebelde, eu é que não deveria falar que está louca! — Interpretação dos fatos.

Há alguns analistas que também acham que análise é só conteúdo verbal, que análise só começa se o paciente falar; se o paciente não falar, não tem análise. Por exemplo, o paciente já entra naquele dia cambaleando desde a sala de espera, se deita e o analista fica mudo, em silêncio. (Eu não estou criticando ninguém que funciona assim.) O analista pode achar que comportamento ou manifestação não verbal não são para serem analisadas nem observadas.

Outro exemplo: o analisando pode bater com a porta na cara na hora de entrar. Ou ainda, como no seguinte caso: um dia, eu estendi a mão para cumprimentar um paciente que estava com um charuto aceso na sua mão. O analista tem de estar em estado de atenta prontidão. É como todos os profissionais que lidam com emergências. Alguns de vocês são médicos ou psicólogos, e poderiam ser enfermeiros ou bombeiros. Você deverá estar em estado de prontidão, estar acordado na sessão, atento para o que está acontecendo. Se você estiver com soninho, não quer dizer que isso seja um pecado mortal, mas, a rigor, se espera que o analista não durma em serviço (não é assim que se fala no interior?).

Essa função de sonhar pode também ter uma contraparte. Por exemplo, o analisando pode estar falando, contando um caso, e você está quietinho; ele pode querer contar outro caso, ou fazer outra articulação, e você lá quietinho; ocorreu outra ideia, e você lá quietinho, nada lhe ocorrendo, em estado de branco total. O analisando pode falar assim:

— Como é? Não vai falar nada? Não gosta de mim? — Ou então: — Que barulho é esse aí? Está morto?

Se a pessoa for delicada, fala assim:

— Tenho sentido como se estivesse falando com um surdo.
— Ou pode ser mais direta e falar assim: — O senhor não vai dizer nada?

Vamos dizer que eu seja um paciente muito delicado e diga para meu analista:

— O senhor (ou a senhora) não vai falar nada?

E o analista responde:

— Estou aguardando, não tenho nada a acrescentar ao que você já falou. Estou pensando, estou ouvindo você. Estou pensando, mas, por enquanto, não tenho nada a dizer.

Há pessoas que acham que a fala é que movimenta a mente do outro e aí ocorrerá uma sessão "joinha". O sujeito acha que sua fala é que me faz pensar, quer dizer, se ele não falar, eu não pensarei. Fica perseguido porque pode achar que ele é que está "acionando" uma máquina de vídeo. Se ela não funcionar, é porque não sabe se a máquina, naquele dia, está desconectada ou se ele não está dando material interessante. "Se eu não tiver nada para falar, o analista pode não falar". Então, o sujeito vai entender que o silêncio possa ser uma forma de não falar "abobrinhas".

O paciente pode ainda dizer:

— É que eu não sabia se vinha na sessão... Só tem desgraça e você também não presta para nada.

E, não sendo ironia, o analista pode dizer:

— Posso chorar com você.

— Você também?

Há analista que está livre para dar risada com o paciente. Existem uns que nem para isso estão livres, nao têm liberdade nem com filho, nem com mulher e nem com paciente. Também não choram com o paciente. No livro de técnica não falava: será que pode chorar? "O que o meu supervisor vai falar quando ele perceber que eu chorei?" Por quê? Tem alguém tomando conta da análise agora que não sejam as duas pessoas presentes?

Quem toma conta da análise é analista e analisando, não é nem supervisor, nem Freud, nem Bion, nem alguém que não esteja lá. É como casamento, não é sogro, não é sogra, não é filho e não é filha que cuida de casamento. Quem cuida de casamento é marido e mulher. E, se filho vier palpitar, o que falamos? "Não. Cresça e, quando você for casado, vai ver o que é bom para tosse. Este aqui nós vamos lidar." E se seus pais vierem palpitar no casamento dos filhos, estes podem falar: "Cuidem do seu". Ou, então, o terapeuta começa a perguntar: "o que você acha do meu trabalho?", e aí força a intrusão de um terceiro para meter o bedelho na relação íntima com o paciente!

Eu tenho de ter uma disciplina de memória e desejo de ouvir **como** aquela pessoa está lidando com a vida dela, pois não me proponho a dirigir sua vida. Talvez, isso corresponda ao que se chama de preservar a própria autonomia e a alheia. Se existe um princípio fundamental numa análise ou numa terapia, a meu ver, é a preservação de autonomia, o respeito da individualidade daquela pessoa, seja criança, velho, adulto, psicótico, não psicótico. Dentro da minha capacidade e disponibilidade de trabalhar e servir, eu me proponho a isso.

Mas vocês acham que conseguimos isso funcionando só no consultório? Alguns acham que sim, que é só uma questão de aprender técnica. Então, fazem um curso para aprender técnica. Fazem uma bagunça na mente fora do consultório, e aí chegam no consultório e dizem: "Agora eu sou terapeuta, agora eu sou analista". Se você achar que se disciplina mentalmente assim, você está dividido. Pensa que, no consultório está numa função. Não que não esteja numa função, é que, a rigor, uma boa teoria de técnica psicanalítica se chama personalidade do analista. É por isso que as análises chamadas de formação de analistas duram bastante tempo para afinar bem o instrumento. O regulamento é de cinco anos, mas, no geral, estão durando oito a dez anos, mais ou menos. O nosso aparelho mental é muito delicado e tem de lidar com material emocional mais explosivo que substância radioativa. Precisa de proteção.

3. Mudança catastrófica[1]

J (Jansy B. S. Mello) – Vamos dar prosseguimento à palestra com tema continente/contido e mudança catastrófica.

S (Antonio Sapienza) – A ideia é a seguinte: vocês têm aí um pequeno roteiro de três tópicos, que eu vou procurar abordar em, talvez, uns 30, 40 minutos. O primeiro é uma breve revisão conceitual e epistemológica. O segundo tópico é sobre ameaças de *mudança catastrófica*, levando em conta a oscilação das duas posições e a relação de continente/contido. Também, o sentido "catastrófico" nas tragédias gregas, focalizando o tema do parricídio e do incesto e o tema da arrogância, tratado por Bion em 1958, e também as *Orestíades*, de Ésquilo, Agamenon, Coéforas e Eumênides, e um artigo do fim da vida de Klein, em que ela faz uma revisão e uma correlação dos elementos da escola kleiniana, num

---

[1] Sapienza, Antonio. Mudança catastrófica. *Alter Boletim*, v. 1, p. 244-65, 1991. (Apresentado em Reunião Científica; Brasília, 12 out. 1991. Transcrição de fita gravada em seminário teórico).

trabalho com o título de "Algumas reflexões sobre as Orestíades", de 1963.

Como desdobramento da questão da culpa, abordarei o terceiro tópico "culpa persecutória e culpa depressiva face a mecanismos de regeneração e reparação". O livro de Grinberg *Culpa e depressão*, de 1963, traz várias questões ligadas a luto patológico, e ele distingue conceitualmente esse tópico de culpa persecutória e culpa depressiva. No final do livro, ele vai se referir, em particular, ao tema das Orestíades, como tratado em *As moscas*, de Jean-Paul Sartre, que é o enfoque em linguagem moderna dessa trilogia de Ésquilo. *Hiroshima mon amour*, livro e filme conhecidos, conta a história do amor de uma mulher por um nazista na França ocupada. A segunda parte, depois da experiência de uma explosão atômica (o bombardeio de Hiroshima) trata do envolvimento dela com um médico japones no tratamento dos sobreviventes e das vicissitudes do que significa Hiroshima. É um filme de Alain Resnais baseado em um livro homônimo de Margueritte Duras.

No último item, tento abordar os chamados mecanismos de regeneração e reparação, a linguagem de realização, o místico e o grupo (esses são dois artigos do texto *Atenção e interpretação*) e as dificuldades para o interjogo de ideias, das ideias messiânicas e das formas messiânicas, na relação *comensal* e *simbiótica versus* tendências a relações parasitárias, narcísicas e esquizofrênicas. Bion trata isso de uma maneira detalhada em *As mentiras e o pensador*, em que ele vai focalizar a questão das invariantes do mentiroso, no sentido de que quem mente, frequentemente, está visando preservar algum prazer para si e lesar o próximo. A título de exercício, vou apresentar duas pequenas vinhetas clinicas e, dentro destas, os movimentos que vêm pós-cesura e os destinos da turbulência emocional. Bion, no Seminário Clínico nº 5, no Rio de Janeiro, citou um poeta, Bridges: "A sabedoria consiste em procurar administrar com maestria os filhos não nascidos", os filhos imprevistos.

Para dar início, vamos a essa breve revisão conceitual. Bion começa a falar de mudança catastrófica em *Transformações*, que é um trabalho de 1965 no qual ele se refere a uma tríade de sinais ligados à mudança catastrófica: a invariância, a subversão do sistema e a violência emocional. Essa tríade é destacada no capítulo primeiro, em que ele focaliza, numa análise, o que chama de período pré-catastrófico, período catastrófico e período pós-catastrófico. Então, no período pré-catastrófico, ele diz que há sintomas hipocondríacos ou psicossomáticos. Quando existe uma catástrofe, aquilo que era hipocondria – portanto, alguma coisa no nível de objeto interno – vai se externalizar na erupção psicótica sob forma de alucinações e delírios.

Numa análise, a relação que era a dois, quando há uma erupção catastrófica, passa a ser uma relação de explosão em cadeias. Então, outras pessoas começam a ser envolvidas. Você, como analista, começa a receber telefonemas do parceiro ou da parceira da pessoa que está em análise. Como é uma explosão em cadeia, há contágios emocionais. A análise, que é, por seu próprio caráter, uma relação bipessoal, passa a ser uma relação em que entram mais de duas pessoas.

Em 1966, Bion escreve um trabalho com o nome de "Mudança catastrófica", e esse trabalho foi apresentado na Sociedade Britânica de Psicanálise, no Boletim nº 5. Quando ele escreve *Atenção e interpretação*, ele já está em Los Angeles, vindo de uma experiência de ruptura com a Sociedade Britânica e com tudo aquilo que ficar na Inglaterra significava. Ele se instala em Los Angeles em 1968. Então, ele vai reescrever "Mudança catastrófica", que, em *Atenção e interpretação*, aparece com outro título, "Continente e contido transformados", e com uma reescrita na parte final. Se vocês lerem *Atenção e interpretação* como um todo, vão observar que o núcleo em torno do qual se organiza o texto é mudança catastrófica.

Isso dá um certo encadeamento para os vários títulos dos capítulos de *Atenção e interpretação*.

Aqui, já vão aparecer novos elementos conceituais que não apareciam nos textos iniciais de Bion. Reaparece a ideia de invariância – aquilo que, na nossa vida mental, funciona como o que dá constância a configurações, aquilo que não muda. Na teoria de transformações de Bion, corresponde ao que ele chama de transformações rígidas, ou superposições de memórias. Um analisando pode dizer "isso é uma repetição", mas, na verdade, não é uma repetição porque a nossa vida é uma espiral, é uma reapresentação de algo que está rigidamente consolidado e que fica ressurgindo, como uma réplica. Então, temos a invariância ligada à questão das transformações rígidas.

O segundo ponto é que há, por parte do analisando e do par, uma noção ou um pressentimento de que existe um desastre pendente, que vai acontecer um desastre. Às vezes, a pessoa que está vivendo uma mobilização de angústia catastrófica pode ancorar esse desastre em pequenas coisas que existem na vida. No nosso país, por exemplo, a variação da moeda, com a qual já nos acostumamos. Mas há pessoas que podem pegar uma pequena situação da vida real e externa, pode ser uma doença ou outra situação bem objetiva, e viver a seguinte angústia: "vai começar tudo de novo, vai haver um aniquilamento".

Outro elemento desse trabalho é que aquilo que estava se apresentando como violência emocional vai girar em torno de turbulência emocional. Se vocês observarem, vão perceber que, quando há essas transformações rígidas – e, como analista, você vai lá e desmancha a defesa –, necessariamente vai haver turbulência emocional e, junto com a turbulência emocional, vai existir ameaça de catástrofe. Uma das condições ligadas à passagem de transformações rígidas para transformações que buscam simbolização tem a ver com cesura e com turbulência emocional. As análises, em geral, acontecem desse jeito, sessão após sessão. Então, essa é a questão de uma breve revisão conceitual. Como instrumento para o analista, para poder existir o que se chama de regeneração da ameaça catastrófica, há a importância das formulações e da linguagem de realização, para todos nós. Essa linguagem de realização, se fôssemos pintores, seria a pintura, ou se fôssemos músicos, seria a música. Como somos analistas, é a psicanálise. Esses artigos, todos ligados a essa passagem do que ele retoma em Los Angeles, em 1970, são artigos que ele escreveu ao longo de 1977. Bion faleceu em 1979. Há artigos sobre violência, turbulência emocional, cesura, e essa sequência de artigos vai culminar em *linguagem de realização*.

Eu procurei focalizar a questão dessas ameaças de mudança catastrófica sob dois ângulos diferentes: o primeiro levando em conta a oscilação das duas posições psicóticas, a posição esquizoparanoide e a posição depressiva, e o outro levando em conta o sentido do termo "catástrofe" nas tragédias gregas. Seria assim: existe uma oscilação da posição esquizoparanoide para a posição depressiva. Toda vez que houver uma ruptura de campo, portanto, toda vez que há uma mudança, vai haver ameaça de mudança catastrófica. Então, a passagem do esquizoparanoide para a posição depressiva vem acompanhada de uma viagem que busca uma reintegração de conteúdos. Mas isso implica em uma ruptura do que é familiar. Vamos dizer que o paciente, focalizando isso só no paciente por enquanto, esteja vivendo nesse mundo esquizoparanoide. A passagem para a posição depressiva vem acompanhada de um nível de alívio, mas também de uma dor, que é aquela de entrar em contato com alguma coisa que você não conhece. Então, podem surgir questões do seguinte tipo: "Eu vou aguentar?" "Você vai aguentar?" "Nós dois vamos aguentar?" Porque, na posição esquizoparanoide, os significados emocionais estavam estilhaçados.

Na posição depressiva, vai haver uma reintegração de significados. Não vai haver, necessariamente, diminuição de dor mental, vai haver aumento de capacidade de tolerar a dor mental. Porque nós não estamos propondo soluções maníacas para os pacientes.

Já a passagem da posição depressiva para a esquizoparanoide é uma viagem de regressão, se quisermos utilizar a linguagem freudiana. Eu não sei onde eu vou parar; aqui, eu tenho que tolerar um não saber. Em algumas supervisões, estávamos vendo que, às vezes, existem formas de se evitar essa incursão, jogando, por exemplo, para uma fixação paranoide. Os trabalhos que John Steiner está escrevendo sobre a questão das organizações patológicas defensivas tratam disso. Mas há também um movimento que é uma incursão num mundo de estilhaçamento, de enclausuramento, de ossificações, de petrificações autísticas, e em estados de dispersão, tipo choque, em que não se acha o continente. Em parte, é por isso que eu estava dizendo, naquela nossa conversa sobre clínica, que a paranoia dá continente. Dá uma *casamata*. Se você é o Kadaffi, você sabe onde é que vai ficar, você se organiza paranoicamente. Você vai evitar choques e diluições de despersonalização, por exemplo.

Existe também a questão de mudança catastrófica da posição esquizoparanoide para a depressiva. Por quê? Porque de uma para a outra, você vai ter as questões do uso que faz da simbolização. Para nós, analistas, desdobramentos dessas funções seriam escrever um livro, por exemplo. Ou visitar os colegas em Brasília. Correr o risco de ser tomado por representante do Bion. Achar que é mesmo, delirar. Então, aqui vai entrar a questão do que Bion chama de místico, as interações do místico com o grupo, que é você se responsabilizar pelo que pensa, pelo que sente, sem ficar fanático. Sempre se corre o risco de ficar megalomaníaco, isso faz parte. Dizem que, no depoimento que Frances Tustin escreveu (ela fez catorze anos de análise com Bion, e ele pediu que ela escrevesse um depoimento sobre a viagem que fez com ele), num certo momento, ela diz que estava meio "água morna", meio perseguida, meio deprimida, e estava para escrever uns livros que não escrevia. Então ele disse assim:

— Escreva o livro. Aí você vai ver o que é perseguição real.

Tem gente que vai querer o livro para ler e tem gente que vai querer o livro para destruir, por na fogueira, como fizeram com Freud. Como se você ficasse *mezzo aliche*.

— Faça-me uma gentileza: quando terminar a análise comigo, escreva contando como foi. Eu quero ler isso.

Aqui, vamos abrir vários desdobramentos, dentro e fora da sessão de análise, nas instituições, que são lugares onde temos contato com grupos, analíticos e não analíticos. Nelas também existem ameaças de mudança catastrófica. A Jansy estava lembrando que existe um analista que está propondo a posição chamada autística-contígua, Thomas Ogden. Então, você vai ter problemas de mudança catastrófica em ambas as direções. Um paciente pode contar um sonho que, na verdade, é a memória de um fato que aconteceu com ele antes de ir dormir. Você fica esperando associações livres e elas não existem, porque a passagem está se fazendo muito próxima do fato real. É unidimensional ou bidimensional. Não há tridimensionalidade. Então, temos de levar em conta essa oscilação, porque ela não termina nunca.

Vamos supor que, idealmente, uma pessoa achasse que está apenas na posição depressiva. Para poder estar só nela, a pessoa tem de interceptar vivências esquizoparanoides. Se a pessoa conseguir fazer isso, fica curada, mas fica superadaptada e desvitalizada. Por quê? Porque a central atômica está na posição esquizoparanoide. Se não houver permeabilidade e amplitude mental para tolerar incursões na esquizoparanoide, você vai ficar curado e vai entrar em desvitalização. As pessoas provavelmente veem que você é uma pessoa muito sofisticada, que tem um tônus de uma certa depressão, mas que não sai do lugar. Você começa a murchar. Por quê? Porque resolveu se aposentar e aguentar. Na trilogia *Uma memória do futuro*, Bion diz assim: "abençoada posição esquizoparanoide!".

J – Num dos seminários, ele conta uma história que também é interessante: na universidade, havia a anedota de os atletas não serem muito inteligentes. Parece que ele era atleta também. Aí ele diz: "Pois é, é possível ter muita saúde física, mas eu noto que esses analistas tão constantes correm o risco de ficar com um excesso de saúde mental". Quer dizer, com esse corte de que você está falando.

S – Exato.

L (Lucília Hugheney) – A família e as instituições poderiam funcionar como uma organização patológica? Aí, a pessoa não oscilaria para o lado esquizoparanoide, mas tampouco sairia do depressivo para frente. A família e as instituições em geral.

S – Sim, mas aí temos que ver o que se está chamando de família ou de casamento. Às vezes, é uma estereotipia. Alguma coisa a respeito da qual a pessoa diria assim: "Nós casamos e vamos ser felizes para sempre, na vida e na morte etc. e tal". Dizem que a Fernanda Montenegro, numa peça de teatro que foi levada ao Rio de Janeiro, dizia uma coisa assim: "E assim, temos sido felizes para sempre e durante alguns momentos". Está bom? Se conseguir, está bom, porque aí vai entrar toda a nossa questão narcísica.

L – Eu estou falando que, se a família funcionasse como uma organização patológica, o resultado poderia ser esse, o de impedir a oscilação.

S – Mas não é só a família, é no sentido de que a nossa inércia na área psicótica nos convida a não ficarmos atentos às mudanças. Queremos ficar sempre no que é familiar, no que é conhecido. Talvez, num segundo momento, quando essa alguma coisa que não é familiar nos toca, aí vamos olhar e ver o que é.

T (Tito Nícias) – Você acha adequado o termo "catastrófico"? Porque a vivência, o receio, é esse, mas não quer dizer que alguma catástrofe vá ocorrer ou esteja ocorrendo, é mais a ideia de uma mudança irreversível, de não poder voltar atrás. Mas essa mudança, como ocorre na análise, é em direção ao crescimento, não é só regressiva. O termo "catastrófico" dá uma ideia...

S – Isso que você está destacando eu vou procurar abordar na segunda parte, que eu chamo de sentido "catastrófico" nas tragédias gregas. Então, antes de entrar nesse campo que o Tito está sinalizando com bastante propriedade, há aqui alguns referenciais de natureza bibliográfica para quem se interessar em ver essas questões por outros ângulos. Um autor francês faz um estudo de natureza epistemológica da produção analítica de Bion, que ele subdivide em períodos. No primeiro período, Bion se interessa por fenômenos de dinâmica de grupo, de comunidade terapêutica. Depois, ele passa a estudar essencialmente os aspectos psicóticos e os aspectos não psicóticos da personalidade. Em seguida, vem um período que ele chama de período epistemológico. E o período final, em que ele está envolvido com as questões da pesquisa, da busca da realidade última, em que há muito colorido de linguagem mística. O autor chama-se Gérard Bléandonu, e o livro foi publicado pela Editora Bordas, de Paris, em 1990. Chama-se *La vie et l'oeuvre de Bion*. Há um capítulo que trata só da questão de mudança catastrófica. Dois analistas argentinos publicaram um livro chamado *Cambio catastrófico*, o subtítulo é "A psicanálise do dar-se conta". Um deles é conhecido, é o Dario Sor, uma das pessoas que trabalhou no grupo do Grinberg em *Introdução às ideias de Bion*. A outra analista que colabora no trabalho chama-se Maria Rosa de Gazano. Esse livro é da Editora Kallerman, Buenos Aires, 1988. Frances Tustin lida também com esse tema no *Memorial de Bion*, num artigo que ela chamou de "Nascimento psicológico e catástrofe psicológica". É importante que se faça a análise dos fenômenos e dos refúgios autísticos para tentar reverter os processos autísticos patológicos. Quer dizer, incursões nessa área.

N (José Vieira Nepomuceno) – Você falou de oscilação da posição depressiva à esquizoparanoide. Se eu ouvi bem, você disse que, na posição esquizoparanoide, é preciso suportar o saber.

S – Não, suportar o não saber. Quer dizer, quando estou equipado, quando estou ancorado numa situação de relativa estabilidade, e a passagem é para uma ameaça esquizoparanoide. Porque o acidente esquizoparanoide já existiu para todos nós.

Agora, eu vou tratar da questão que o Tito sinalizou. O sentido de catástrofe no teatro grego não está ligado, necessariamente, a um desastre. É uma reviravolta decisiva na trama que está se desenvolvendo, que vai dar num significado emocional e moral para o que estava se desenvolvendo, sem que houvesse consciência disso. Então, catástrofe não quer dizer necessariamente desastre, mas é uma reviravolta. Quer dizer, cada um de nós tem, não apenas em análise, mas também fora da análise, experiências humanas pelas quais se passa e nunca mais a vida volta a ser a mesma.

J – *Trófico* quer dizer crescimento, *cata*, de cima para baixo. Então, o crescimento está implícito na palavra "catástrofe". Eu estava pensando nisso porque, no original inglês, Bion toma a palavra *breakdown*, que em português é colapso, e usa várias outras preposições, questionando o sentido desse colapso. Ele diz: é um *breakdown*, é um *breakthrough*, é um *break-up*? Quer dizer, ele quebra a palavra colapso, mostrando que o colapso pode se dar em várias direções.

S – Isso. E mesmo com modelos da natureza, as chamadas catástrofes naturais podem ser utilizadas para regenerações. Por exemplo, uma erupção vulcânica mata muita gente, mas vem terra de primeira qualidade para ser arada. Você pode usar um vulcão para esquentar a água da cidade inteira, não pode? Não é uma coisa que se faça sem ordem, não é caos. Mesmo no caos, há ordem: numa erupção psicótica, há ordem. Há leis para serem apreendidas e estudadas. Nesse trabalho de Bion, ele toma o termo "catástrofe" no mesmo sentido usado nas tragédias. Aqui, coloco em primeiro lugar o *Édipo-Rei* e a correlação com essa tríade, que Bion propôs em 1958 no trabalho sobre arrogância. Nesse trabalho, ele diz, diferentemente de Freud, que, quando você vai fazer reconstruções nessa camada, vai ter sinais de que houve o desastre de uma civilização. O que quer dizer isso? Se não formos rígidos, em nível de propostas de oscilação esquizoparanoide e depressiva, podemos, nessa oscilação, tomar como ponto de partida não a posição esquizoparanoide, mas a posição depressiva.

Um autor analista que estava entrando com isso em área estética é Meltzer. Quer dizer, quando há uma vivência de estado de harmonia, pode surgir uma ameaça de que, em algum lugar, um olho carregado de inveja vai te desastrar. Em teorias de universo, frequentemente, se diz que o mundo começou com uma explosão, um Big Bang. Há quem imagine que é só da posição esquizoparanoide para a depressiva. Não, como modelo, isso pode se dar da posição depressiva para a esquizoparanoide. Uma família pode estar relativamente harmonizada e, de repente, surgir, em todo o grupo, um desconforto de que vai acontecer alguma coisa que vai causar uma desorganização. Mas será que é desorganizar ou por em evidência alguma coisa que não estava sendo percebida? Um filho seu, uma filha sua vai casar, no casamento moderno ou no tradicional. Aí, vão acontecer algumas coisas com o grupo familiar. Começa a haver inquietação e surge a ideia de catástrofe.

Bom, só para efeito de exercício, eu tomei o *Édipo-Rei* e fiz o seguinte (é que, fora da sessão, é preciso fazer algumas brincadeiras com modelos, porque na sessão não dá tempo): Tebas/Corinto, Corinto/Tebas. Então, aqui você tem uma maldição dos deuses a respeito do casal Laio e Jocasta, dizendo o quê? Que eles deveriam permanecer estéreis, porque, se ousassem ser férteis, nasceria uma criança que destruiria o pai e se casaria com a mãe. Nós estavamos antes falando a respeito da Jocasta, mas a Jocasta, para conseguir essa gravidez, embebedou Laio. Vai surgir, então, a seguinte situação: a criança vai ser destinada a um sacrifício, um caçador fica em parte compadecido da criança. É bom irmos prestando atenção a essas figuras, porque, na transferência, às vezes, somos esse caçador. Não é só pai, ou mãe, ou Tirésias, é também fazer uma marca na perna. Édipo, então, é abandonado e vai ser adotado em Corinto. Ele vai crescer, ficar adolescente e consultar o oráculo, porque havia uma série de indagações a respeito de quem eram seus verdadeiros pais. Então, o oráculo repete a profecia já feita em Tebas. Édipo, em vez de voltar para Corinto, porque ele não queria ser parricida e não queria cometer incesto, vai fazer o caminho na direção de Tebas. Aqui, podemos desenhar uma encruzilhada, onde ele encontra seu verdadeiro pai, um rei fora do lugar. E num carro de último tipo, não cedendo passagem. Então, aparece um rapaz que diz que ele não tem razão. Sai uma briga, ele mata uma, duas, três pessoas e um sobrevive. Ele continua a trajetória e encontra a Esfinge, que era um monstro que já tinha destruído vários jovens de Atenas. Ele topa o desafio e ela se suicida. Ele entra em Tebas como herói, amado, e se casa com Jocasta, com a qual ele tem filhos e filhas. Aí, aparece a peste e ele vai investigar: por que está havendo inflação, por que todo mundo está querendo sair do país, por que não chove há tanto tempo... Então, ele começa a fazer análise. Quer dizer, nessa caminhada aqui, você tem uma trajetória de atos sem muito significado emocional para a pessoa que os está vivendo. Aí, reaparece Tirésias, que adverte Édipo de que ele não deve fazer análise, não deve investigar, mas ele resolve ir até as últimas consequências e manda publicar um castigo em relação ao criminoso. Bom, cada um desses pedacinhos são de questões que têm a ver com mudança catastrófica. No final da tragédia *Édipo--Rei*, que depois vai continuar em *Édipo em Colono* e também em Antígona, o resultado do *insight* é um enforcamento, uma cegueira e um exílio. Situações desse tipo existem em análise. O que podemos dizer para o analisando é que, por enquanto, ninguém furou os olhos e ninguém se enforcou. Esse tema do *Édipo-Rei* visto pelo ângulo da mudança catastrófica ocupa uma boa parte do livro *Elementos de psicanálise*, de Bion.

O próximo tópico está relacionado com este, porque é uma tentativa, no meu viés de leitura, de apresentar quando a culpa vai ser tratada numa direção esquizoparanoide, e quando vai ser tratada numa direção de posição depressiva. Quer dizer, alguns problemas que existem nessa incidência não têm tanto a ver com conteúdos de fantasia, têm a ver com a questão do superego. Se repensarmos essa questão, vamos ver que faz certo sentido Melanie Klein ter, no fim de sua vida e de sua obra, se ocupado com as Orestíades, porque o tema das Orestíades é a matança de uma mãe que havia assassinado o pai. Clitemnestra vivia com um amante quando Agamenon volta de Troia com outra mulher, Cassandra, que era uma profetisa. Então, vai se desencadear o assassinato do general grego vitorioso. Depois, os filhos vão cometer um crime de vingança em relação à própria mãe. Orestes entra em um estado chamado maníaco, que em grego quer dizer "eu estou louco", e vai ser perseguido pelas Erínias, que são as cadelas dos fantasmas dos mortos. Essa trilogia de Ésquilo vai desembocar exatamente na passagem quando as Eríneas se transformam em Eumênides, isto é, aquilo que era representação de culpa persecutória passa a ter uma tonalidade benigna. Aí, você tem elementos de abrandamento do superego. São mudanças catastróficas.

J – Posso interromper? Eu não entendi muito bem, mas vi que você distinguiu o superego dos conteúdos de fantasia. Há essa distinção? Eu nunca tinha pensado nisso. Como é que você situaria, nesse universo, o superego? Não é usando o termo "imago paterna". Como seria esse superego distinto de um objeto do mundo interno, uma parte diferenciada do ego? Como você faria essa definição do superego?

S – Eu tentaria abordar essa questão, na prática e também em nível de teoria, retomando os trabalhos iniciais de Klein, quando ela fala das tendências criminosas nas crianças. Quer dizer que, em todos nós, há um nível arcaico em que não somos diferentes dos delinquentes, dos assassinos. Porque as fantasias de atacar o objeto, invadi-lo, controlá-lo, arrasá-lo, e assim por diante, são assassinas. Mas, se o bebezinho, nesse nível arcaico, não fizer isso, ele não tem saída. A única saída que ele tem é o suicídio, ou uma implosão. Então, é muito diferente quando existem essas evidências de identificações projetivas de violência em relação ao analista que está funcionado como continente. Se o analista ficasse só interpretando como um ataque, ele correria o risco de entrar com um julgamento baseado em uma ética de posição depressiva, em cima de alguém que está funcionando como um tubarão e, se não funcionar como um tubarão na sua direção, implode. Se houver modificação, rearticulações na área simbólica e rearticulações de regeneração, o que se espera é que haja um contato com culpa de natureza depressiva.

A respeito dessa questão superegoica, Bion diz que, em vivências primitivas, existe um superego que é perseguidor do ego.

Quer dizer, se o analisando está tendo uma incipiência, uma coisa muito pequena, de fantasias dessa natureza, sem querer ser bonzinho nem mauzinho para o analisando, é preciso que o analista destaque que aquilo, para ele, tem um significado de sobrevivência. Se um delinquente que descarrega sua violência em cima de uma mulher, ou em cima da família, não fizer isso (e ele está realizando instintos de alta violência), provavelmente ele vai morrer, vai implodir. O problema é que, se a pessoa vai simplesmente repetindo esse padrão, não há aprendizado. Aqui, vão entrar algumas questões de quando há introjeção, quando não há introjeção, por que não há introjeção. O referencial kleiniano fala de fantasias sádico-orais, canibalismo. Acontece que, em nível arcaico, o superego também é canibal.

J – Bion até diz que o termo superego engana, porque ele é um infraego, na realidade.

S – Sim. Quer dizer, é uma moral, hipermoral, de muita violência. Eu penso que, nesta faceta das análises, existem questões cruciais.

J – Em outra conversa, você trouxe um dado possível de conectar com esse que eu acho que é de grande importância para quem está atento à clínica: você destacou a questão de o analista marcar que não se trata de uma identificação projetiva quando há uma coincidência entre a fantasia do analisando de que o analista está louco e o analista até ser louco mesmo. De o analista poder dizer: "está bom, eu sou louco, mas a sua loucura é diferente da minha", marcando que é importante que o analista caracterize que aquilo não foi uma identificação projetiva do analisando. Nesse ponto, você está se referindo àquela pontinha do superego incipiente?

S – É, porque o analista poderia com facilidade se identificar com alguém que diz assim: "Esse aspecto eu não tenho, é você que está sempre em esquizoparanoide". O analista tem sempre razão, há analistas que acham que é assim, mas há analistas que não acham que é assim. Há também pais que se acham perfeitos, mas há pais que sabem que não são perfeitos. Aqui, temos uma conexão com questões narcísicas, porque temos de pensar o seguinte: o mundo da posição esquizoparanoide é o mundo do objeto parcial, o mundo narcísico. O mundo da posição depressiva é o mundo da separação, há duas pessoas numa análise. Eu não sou você, você não é eu. Aqui, vai haver questões de impulsos amorosos, de inveja e de hostilidade muito mais intensos do que quando a pessoa está fazendo tentáculos, ou tentando viver a vida como se um fosse extensão do outro. Por isso se diz que o que as nossas áreas esquizofrênicas mais temem é a confrontação, porque, se houver confronto na área esquizofrênica, um dos dois vai morrer, ou os dois. Mas o confronto é um dos selos da posição depressiva. Na posição esquizoparanoide, só pode haver conluios.

J – Sim, um é um confronto narcísico de semelhanças e elas se devoram, e outro é um confronto de respeito por diferenças.

S – Isso, e de aprendizado. Então, quando você está falando em nível grupal, protomental, a ideia que existe é de que, se estamos reunidos numa sala e somos um grupo de psicanalistas, temos só harmonia entre nós. Será? Nós temos diferenças, e o problema que vai existir aqui é conviver com diferenças. Na posição esquizoparanoide, a tendência é abolir as diferenças, ser mestre e fazer discípulos. Mas discípulos no sentido de réplicas, de não haver confronto. Então, esse é o problema que surge quando um analista se torna autor, escritor. O sujeito pode se deixar envolver por súditos que, narcisicamente, também vão ganhar as benesses do supremo sacerdote ou sacerdotisa. Isso vai formar ossificações. Algumas pessoas têm por compromisso, por exemplo, fundar e desfundar grupos. Lacan ficou chefe de escola, saiu da escola, mas estava sempre fundando escolas. Ou um tipo de pai ou de mãe que consegue ficar bem com o filho ou com a filha enquanto eles são pequenininhos, mas não conseguem ficar com os filhos, sejam crianças, adolescentes ou adultos, quando têm autonomia. Porque isso, provavelmente, vai ferir, em algum nível, a ideia de coesão de família ou de casal, ou de análise, ou de instituição psicanalítica.

Nesse texto de Sartre chamado *As moscas*, há um diálogo que se passa no momento em que Orestes está se preparando para ir fazer justiça em relação a Clitemnestra. Zeus, então, diz: "Boa viagem. A ordem numa cidade, como a ordem nas almas, é instável. Se lhe tocais, provocareis uma catástrofe, uma terrível catástrofe que sobre vós recairá". Quer dizer, é uma advertência, como se tivesse que existir uma ordem a qualquer preço. Não se faz análise sem desordem. Em algum nível, você está desmontando defesas; em algum nível, você é o agente de uma subversão, e se a sua proposta, dentro de seu treinamento como analista, é seguir com o faro clínico na direção da angústia, você vai exatamente na direção de onde está existindo a maior dor do paciente. Mas, é claro, você não está fazendo isso por ser sádico, nem para ser intrometido.

T – Isso se vê em nível social e político? O medo da turbulência, porque essa é uma advertência de que não pode haver turbulência, porque a ordem poderia mudar. Então, temos uma história de golpes militares, principalmente na América Latina, devidos sobretudo ao medo da turbulência.

S – Esse medo está sempre latente, diz Bion. O que está latente na latência? É a turbulência, sempre a turbulência. Vou fazer um pequeno desenho. Imagine uma explosão nuclear. Cada vez que é realizada uma cesura, você tem uma explosão, ou uma turbulência emocional. Às vezes, o paciente já vem com a turbulência sem cesura, porque a cesura já havia ocorrido. Estamos nos referindo aos casos em que a cesura é feita na situação de análise, nas sessões. Essa turbulência gerada, que é latente, vai ou para transformações do grupo, transformações em simbolização (e a psicanálise faz parte desse grupo, como a arte, a ciência, a religião etc.), ou vão existir outras transformações. Podem existir transformações em alucinose, podem existir somatizações, podem existir bloqueios psicossomáticos, podem existir neurose, perversão, psicose. Então, quando se fala em destino da turbulência emocional, está implícita a busca de um continente que favoreça transformações em simbolização.

Existe um preço. Mas as outras possibilidades também têm um preço. Para fazer transformação em alucinação, você paga um preço. Em somatização, você também paga um preço. Em psicose, também. Tudo tem um preço na vida. Como a turbulência emocional não para, a não ser que a pessoa faça uma osteoartrite mental. Conheço uma criança de doze anos que é assim: não tem mais nada que aprender, emocionalmente, com ninguém. Mas tem gente com setenta, oitenta anos, tentando lidar com turbulência. Há analistas que, com oitenta anos, ainda estão lá, não querem nem saber de "estou cansado". E há gente muito nova na vida que já se aposentou. Mas esses também pagam um preço.

J – Existe também um pouquinho de castigo? Bion diz que a vantagem da psicanálise é sempre mais psicanálise. Parece que isso está ligado ao que você está colocando: a transformação em simbolização produzindo sempre mais turbulência e, portanto, um convívio com essa turbulência.

S – É, esse ângulo que você está trazendo é interessante para se pensar que, quando uma pessoa quer conter a psicanálise dentro de uma definição e responder à pergunta "o que é a psicanálise?", provavelmente essa pessoa vai estar matando a psicanálise. Há pessoas que perguntam: "quem vai conter a psicanálise?". Ora, a psicanálise não existe para ser contida. Ela te arrebenta, te humilha, te fere. Narcisicamente, você está sempre se ferindo. Então, o modelo de psicanálise que Bion propõe é uma sondagem, uma sonda. Você enfia sonda cirúrgica, você enfia sonda para obter petróleo, você manda sonda para tirar fotografias de Marte e da Lua. Sonda. Agora, você fica conhecendo totalmente o que está sendo sondado? Provavelmente, o que se consegue são amostras significativas. Mas o mundo que fica de desconhecimento é sempre muito intenso, e não podemos esquecer também o seguinte: aquilo que é sondado tem as características de ter estado negado, recalcado ou comprimido. Quando existe um espaço para expansão, há também a ampliação dos problemas a serem conhecidos, e a nossa velocidade de linguagem não acompanha a velocidade de expansão.

Eu tenho duas pequenas vinhetas clínicas para falar um pouquinho a esse respeito. A primeira é um caso hipotético que inventei, de uma moça que veio para uma sessão de análise e que está com esse analista há cinco anos. Ela é virgem, diz que continua virgem e vai ser virgem até o fim da vida. Mas ela quer se casar e está constantemente atrasada para as sessões, com argumentações sempre diversificadas, ou porque precisou pagar contas no banco, ou porque o leiteiro não trouxe o leite naquele dia, *n* explicações. Ela tenta vender para o analista a seguinte questão:

— Eu tenho pensado em me suicidar, eu quero morrer. Você lembra que eu já falei isso para você há dois anos?

Suponhamos que o analista, nessa hora, não note a isca e diga assim:

— Mas como? Você, uma pessoa que está em franco desenvolvimento! — Eu estou exagerando, caricaturando um pouco.

— É, porque você lembra que eu sou de uma família em que as mulheres têm problemas de coagulação de sangue? Eu tenho muito medo de engravidar, imagine o que vai acontecer comigo no parto, eu posso morrer.

Mas esse dado é real e a conversa pode ficar girando em torno só de questões dessa natureza. Isto é, a analisanda está vivendo uma situação que contém sofrimento, mas tenta induzir o analista a ficar cheio de memórias sobre a vida dela. Aí não vai haver análise.

Uma segunda vinheta: um homem que se divorciou e está vivendo uma terceira análise, na qual a questão principal é bloqueio de vida amorosa. Ele diz que não tem amigos, não conta com ninguém, mas que tem pensado continuamente numa mulher que poderia compreendê-lo inteiramente, mas ele nunca encontra essa mulher. Na análise, essa pessoa se mostra extremamente desafiadora e bastante determinada. Quando é desfeito esse tipo de bloqueio em comunicação, que tem a ver com categorias e formulações de amor, imediatamente o sujeito se põe a elogiar o analista, para que ele se considere um "fazedor de milagres". Assim, ele nunca vai largar o analista e, dessa forma, nunca vai encontrar aquela mulher.

J – Há uma coisa que ficou prometida, sobre o filho não nascido, e eu estava refletindo sobre Édipo e pensei na maldição que recaiu sobre Laio. A causa da maldição foi ele, além de ter quebrado as regras da hospitalidade, ter tido uma ligação homossexual, ou seja, uma ligação não fértil. Portanto, o casamento dele teria que ser também não fértil, quer dizer, de filhos não nascidos. Até que, finalmente, todo o percurso permite uma retomada, e Jocasta, que não cometeu o crime de Laio, se torna fértil, mas de uma forma marcada. Como isso está no mito, eu pensei em explorar como mais um dos elementos que poderiam estar contidos ali. Eu estou implicando, dizendo assim: "traz mais, será que tem mais alguma coisa?".

S – Há muitas coisas. Uma questão que fica subjacente é a questão do que é uma guerra sexual. Freud, em *O mal-estar na cultura*, diz que nós, os humanos, temos a capacidade de destruir as melhores coisas que criamos. E que, na visão que ele traz, em teoria e em observações de fenômenos grupais e analíticos, o suporte dessa destrutividade tem a ver, em primeiro lugar, com um amor primitivo chamado canibalismo e com outra característica do ser humano, que se chama homossexualidade. Quer dizer que, quando um homem ama uma mulher e uma mulher ama um homem, pode haver a geração de um bebê, mas, em outro nível, há ódios, porque aquela mulher não sou eu. Ou aquele homem não é a mulher. Pode haver tentativas de soluções homossexuais por parte do homem e da mulher. Talvez esteja aí uma questão importante para nós, analistas: como estamos lidando com os nossos núcleos homossexuais?

A Taíza estava perguntando o seguinte: como lidar com essa questão da figura da Jocasta, no mito de Édipo? Quando lemos com vagar essa trajetória, vemos que, primeiro, há uma gravidez obtida pela indução a uma bebedeira. Depois, há todo o movimento para desqualificar o rei e transformar o príncipe, que saiu de dentro dela, num poder não legítimo. A história do Édipo pode ser vista da seguinte maneira: ele é filho daquele casal. Então, a rigor, ele é o príncipe herdeiro legítimo. Ele é afastado e, quando volta, usurpa o lugar que é dele por direito, ele é o legítimo sucessor do rei. Qual é o conluio entre Jocasta e Creonte? São dois irmãos. O que há com esse homem chamado Creonte? É outro elemento transferencial do qual devemos nos lembrar. Às vezes, ele vai aparecer, na análise didática, deslocado na figura do supervisor. O tio ou a tia, as eminências pardas.

Há várias coisas. Se quisermos nos deter, pedaço por pedaço, nessas configurações, vamos ver se a análise está sendo fértil, se a análise está sendo estéril, se há *insight*, qual é o destino do *insight*, se o *insight* enlouquece a pessoa, se a cega, ou se é utilizado para um amadurecimento da pessoa. Ou se a pessoa tem *insight* e você, supostamente, imagina que basta ter *insight* que a coisa está resolvida. Se vocês lerem com cuidado a proposta de Bion, verão que ele não ficou satisfeito com aquilo que Freud dizia: que a análise é tornar consciente o que é inconsciente. Porque, depois de tornar consciente o que era inconsciente, você vai ter de continuar analisando o consciente; é isso que se chama, dentro da proposta de Bion, análise do real. Mas há analistas que acham que a questão é assim: passou para o consciente o que era inconsciente, corte e mande o analisando embora. Alguns não fazem isso lacanianamente, com o corte, mas alguns fazem isso, mesmo ficando cinquenta minutos com o paciente, e não observam o destino das vicissitudes de um *insight*. Eu acho que esse é um campo importante para ser investigado na prática.

T – O analisando costuma reclamar também que, apesar de ele ter ficado consciente, as coisas não mudaram. Ele esperava que, tendo ficado consciente, automaticamente as coisas mudariam.

S – É como o casal que diz assim: "Bom, agora sabemos que podemos ser pai e mãe e temos um bebê. E agora?". Agora, a vida vai ficar mais complicada, porque a posição depressiva é mais complicada que a posição esquizoparanoide, ou você não sabia disso? Quer dizer, na teoria, você sabia. Mas, quando chega na hora do "vamos ver", você queria o quê? Uma folga? Nunca te prometi um jardim de rosas, pelo contrário, prometi também uns espinhos. Outro dia, estava brincando com o meu filho, que é médico. Eu estava estudando italiano, fazendo lição de casa, e tinha uma lição que era: *"Una visita al dentista"*. Em certo trecho, o dentista, um pouco para aliviar o sofrimento da boca de *una signora chiamata* Teresa, que não queria abrir a boca, a consolava dizendo assim (não vou falar em italiano porque é muito comprido): "se você quer ter uma boa boca, você vai ter de sofrer um pouquinho". Então, esse meu filho, que é bem-humorado e costuma fazer umas brincadeiras com a mãe dele (comigo ele faz também, mas faz mais com a mãe), falou assim: "A mamãe sempre dizia que, sem o sofrimento, a glória não se alcança". Então, é aquilo que a minha professora de inglês falou e eu digo para vocês: "Não fui eu quem inventou o inglês". Não fui eu quem inventou a psicanálise, garanto que não fui eu. Não fui eu quem inventou o gênero humano, que tem dores inerentes ao crescimento, as quais eu também não inventei, garanto.

J – Mas que todo mundo quer ter a coisa fácil, gostosa e prazerosa, também não foi você quem inventou.

S – É. Porque se eu quiser, paranoicamente, encontrar uma explicação do que está acontecendo comigo, é relativamente fácil. Mas, para ser um bom paranoico, eu tenho de ser muito inteligente, muito sofisticado em relação às pessoas com quem vou me ligar. Para ser paranoico, não basta querer, precisa ter talento. O Schreber, também, achou que, se submetendo à avaliação de candidatos ao cargo de *Senatspräsident*, não se exporia ao contato com psicose pessoal. Bom, ele acabou escrevendo um livro para ensinar psiquiatria aos psiquiatras. Na primeira etapa do contato de Schreber com o Dr. Flechsig, ele curou sua hipocondria em dois meses. Então, até puseram um retrato do *Doktor* na sala, a mulher de Schreber venerava o *Doktor*, aparentemente tinha mesmo havido um milagre. Mas dali a oito anos, depois de algumas situações de suicídio de irmãos do Schreber e da promoção dele ao cargo de presidente, ele "fez" um "surto paranoico". E voltou para o Dr. Flechsig.

Flechsig trabalhava bem com transferência idealizada, mas não estava preparado para trabalhar com transferência persecutória.

Então, Schreber, conforme conta em suas memórias, gritava: "Deus só entende de cadáveres". E foi tomando cloral, e foi passando para a camisa de força. A revolução psicanalítica começa com Freud dizendo que, em cada um de nós, existe uma atividade mental que escapa a nosso controle consciente. A partir daí, as situações ficam mais complexas, porque agora há uma proposta que diz que todos temos uma parte psicótica da personalidade, que tenta ser absolutamente rebelde à análise e a transformações em não psicose. O que não quer dizer que a análise seja interminável. Há de chegar um momento em que os dois, de comum acordo, possam dizer: "estou relativamente satisfeito". Alguns analisandos dizem que, além de estarem relativamente satisfeitos, nunca mais vão querer viajar com ninguém.

Z (Zélia Barreto) – Quando você falou alguma coisa sobre suportar o não saber, o Nepomuceno teria escutado "suportar o saber". Você acha que seria muito diferente?

S – Não, eu acho que nós temos que aguentar também o que sabemos.

Z – Pois é, estariam inclusive...

S – Cruzados. É, penso que sim. Aí, você está entrando na questão de quando a pessoa tenta, a todo custo, se especializa, a cada sessão, em dizer ao analista não o que foi realizado, mas o que está ainda por ser realizado. No material clínico sobre o qual nós estávamos conversando hoje, havia uma questão desse tipo. Bom, é verdade que sempre há muito ainda a ser feito. Mas que foi realizada alguma coisa, foi. Quer dizer, se estamos num mar de ignorância e aparece uma ilhazinha, se dá para eu fazer o caminho das pedras, ótimo. Se dá para eu ficar lá na Academia de Tênis e tomar um solzinho, batendo uma bolinha, está bom. Não está tudo assim tão catastrófico, há algumas situações em que dá para nos mexermos.

A não ser que os analistas sejam todos "pancadas" e queiram viver só "levando ferro". Ninguém procura ser analista para pagar pecado. Eu, pelo menos, não tenho essa proposta. Estou lá para ganhar, e espero que o analisando venha me procurar, também, para ganhar, para se enriquecer e me enriquecer. Vocês não esperam isso, também? Por que estamos aqui? Para nos enriquecer mutuamente, não para fazer sacrifício. Eu não vim de São Paulo para fazer sacrifício e acho que, se vocês estão aqui, também não é por sacrifício. Se alguém diz que é por sacrifício, então, bom, da sua parte é, da minha parte é um prazer. Ou então, há pessoas que dizem assim: "eu sou uma coitada, eu só tenho sofrimento". Eu não acho que você seja uma coitada, eu não te concebo assim. Quer dizer que confronto não significa maltratar, significa "eu não te vejo assim". Agora, se por acaso acontecer de eu também te ver assim, "maria--mole sangrenta", eu vou dizer: "não conte comigo para fazer seu jogo". No meu tempo de estudante de Medicina, em São Paulo, tinha um quadro no grêmio que era mais ou menos assim: a associação de um masoquista com um sádico. Formavam uma dupla "do barulho". O masoquista dizia: "me estupra", "me arrebenta" e o sádico respondia: "hoje, não".

N – Daria para você dizer uma palavrinha sobre esse tão famoso "sem memória, sem desejo"? Essa coisa de que se fala tanto e que, para mim, pessoalmente, é tão confusa.

S – Podemos abordar essa questão a partir do próprio texto de Bion e a partir da prática. A rigor, no texto de Bion, ele não fala em "sem memória, sem desejo". Ele fala de opacificação. Ele fala de perda de concentração de memória, de desejo e de teoria. Mas, para que possa haver essa opacificação, é preciso que o analista tenha uma boa memória, boas teorias e clareza a respeito de quais são os desejos que ele tem em relação ao analisando ou à analisanda. Porque não é por decreto que, na segunda-feira, eu vou entrar no meu consultório, sem memória, sem desejo e sem teoria. Vai nessa.

Se, na minha vida particular e na minha vida fora do consultório, eu só trabalho com memória, desejo e teoria, não é na hora que entro no consultório que vou estalar os dedos e dizer: "agora, sou analista". O que também não quer dizer que eu vá ser analista aí fora. Eu não trabalho de graça, em primeiro lugar. Mas, se pensarmos um pouco na vida do cotidiano, falando agora das questões conscientes, de repente eu posso me surpreender, numa conversa com um amigo ou com uma pessoa que eu suponha conhecer totalmente, a ponto de nem dar ouvidos para o que ela está dizendo, porque já sei de antemão: "essa aí eu já conheço, só vai falar bobagem". Pode ser que a minha teoria, ou a minha experiência, se comprove. Mas pode também acontecer de eu, às vezes, cristalizar pessoas, "coisificá-las". Quanto mais eu for desenvolvendo maus hábitos mentais, a não ser que eu faça um grande *splitting*, isso provavelmente vai interferir no meu trabalho, porque não vou conseguir atravessar a porta da minha sala de análise e dizer: "bom, agora, sem concentração de teoria, de memória e de desejo". Eu não acredito nisso. Por experiência própria, eu não acredito nisso.

J – Bion tem aquela colocação instigante em que ele diz que o estofo da análise é a memória-sonho. Então, são duas memórias que precisam ser distinguidas: a sonho e a sensorial, que é sempre saber que uma cadeira é uma cadeira, que um paciente é um paciente. Uma é a base da análise. É engraçado, porque quem diz "sem memória, sem desejo", como um chavão, muitas vezes joga fora a memória-sonho também.

S – Vai tudo de embrulho. Então, ficam ideologias, *slogans*, comodismo. Ou, então, o analisando está lá, se afogando e funcionando do jeito que pode, e o analista dizendo assim: "são elementos beta, hein...". Pode até ser verdade, mas, no meu tempo de criança, tinha a fábula de um mestre-escola que é assim: dois ou três alunos que faziam gazeta fogem da classe e vão andar num brejo, um deles escorrega e afunda no brejo. A água já estava até o queixo e o menino estava afundando. Então, chega o mestre-escola, que era fiscal e bedel, e encontra o menino sozinho, porque os outros dois tinham conseguido escapar. Ele diz assim:

— Está vendo, se você estivesse na aula isso não tinha acontecido.

Aí o menino diz:

— Por favor, me ajude primeiro a sair daqui, depois o senhor faz o sermão.

É a mesma coisa se um analista fica só dizendo: "Só tem elementos beta aí, hein? Alucinando, hein?". Ajude primeiro o sujeito a sair de lá, cara! Depois você passa um sermão nele. Há analistas que são mais superego que o mestre-escola: "Então, não falei para você não se meter com aquela mulher?". Bom, eu acho que é para não curar. Não curar quer dizer "eu não tenho nenhuma responsabilidade para com essa pessoa. Estou fazendo análise abstrata". Mas é real, o sujeito está morrendo, está explodindo, está psicotizando. E o analista diz: "Está psicotizando, hein?". É, está psicotizando. Quer dizer, qualquer pessoa com um pouco de senso primeiro ajuda o paciente, faz uma "boca a boca", faz ele voltar a respirar. Depois conversa, aí pode "meter a lenha" no cara, mas primeiro tira o sujeito de lá! Então, se o seu amigo, o seu filho, está se afogando no Lago Paranoá, você fala o quê? "Está com cãibra, me desobedeceu, não falei para você não nadar aí?" Bem, nós temos que brincar um pouco com essas caricaturas para captar certas estereotipias. Esse é o modelo do superego assassino, é um bom modelo.

4. Uma leitura psicanalítica de Bion: cinco tópicos clínicos[1]

I. Introdução

As observações desenvolvidas no presente trabalho foram selecionadas a partir de leituras e reflexões pessoais sobre a obra de Bion. Foram reunidas em cinco tópicos clínicos e buscam destacar instigantes questões da prática de psicanálise:

- 1º tópico clínico: O uso da grade face à oscilação *Terror sem nome* ↔ *Sublimação*;

- 2º tópico clínico: Vir-a-ser psicanalista desse analisando específico: Mútua transformação;

- 3º tópico clínico: Preservação do vértice psicanalítico;

---

[1] Sapienza, Antonio. Uma leitura psicanalítica de Bion: cinco tópicos clínicos. *Rev. Bras. Psicanal.*, v. 26, n. 3, p. 301-12, 1992.

- 4º tópico clínico: O pensar e a capacidade negativa da personalidade;

- 5º tópico clínico: (K → O) e reconciliação da pessoa consigo mesma.

II. 1º tópico clínico:
"O uso da grade face à oscilação
Terror sem nome ↔ Sublimação"

"Uma intuição analiticamente treinada possibilita dizer o que o paciente está falando sobre a cena primária e, a partir do desenvolvimento de associações, permite acrescentar matizes de significado para completar a compreensão do que está ocorrendo."

Bion, W. R. "Transformations", p.18
(livre tradução do autor)

Bion recomenda que cada analista tenha, ou construa, uma grade como instrumento de observação de fenômenos psíquicos e com a mesma, realize exercícios, *fora da sessão de análise*, objetivando o desenvolvimento e a agilização de *atenção* e *intuição*, a serem usadas na sessão de análise. Está implícita a liberação dessas funções de cargas inibitórias e psicopatológicas via análise pessoal do psicanalista (Bion, W. R. – "The grid" – p. 9, 39).

Tomando a *cena primária* como pano de fundo da vida mental, poder-se-ia conjecturar estados de mente mais ou menos "adormecidos" ou "inconscientes" a povoar nossas personalidades.

Num polo de "Terror sem nome" predominam configurações de fantasias primitivas inconscientes, onde os impulsos de morte imperam: o casal parental apresenta-se destruído e destruidor, envolvido em jogos esterilizadores, sadomasoquistas e ataques de onipotência homicida-suicida, contendo "bebês" assassinados ou mortos. Nesse polo, concentram-se atividades mentais *predatórias* e *degenerativas*, num pandemônio de relações objetais impregnadas de desespero e malignidade vampiresca. A conjunção desses fatores emocionais tem o comando das partes psicóticas da personalidade, e é representada por Bion ("Transformations", Cap. IX, p. 123) através de um vetor

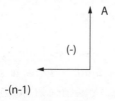

A atividade desse vetor favorece *dispersão, negativação de vínculos emocionais* e, ativamente, opõe-se à simbolização; dito de um outro modo, seus efeitos são *dia-bolizantes*. Em pacientes fronteiriços é possível correlacionar esse vetor com estados de mente que se apresentam clinicamente com alternâncias de agorafobia e claustrofobia, onde uma "confusão de objetos não-existentes procura vorazmente existência", com momentos de intenso estupor e violência impulsiva. Em análise, o paciente parece experimentar sentimentos de terror quando se encontra em espaços abertos ou espaços fechados.

Certas estereotipias defensivas, que restringem de modo automático o livre trânsito da oscilação dinâmica PS ↔ D, tornam-se mais facilmente captadas em sessão de análise, à medida que os exercícios de grade (sempre fora de sessão) tornam mais nítidas as configurações que visam a abolição ou destruição de contato com a realidade psíquica. Em "Mentiras e o Pensador" (Attention and Interpretation, p. 98-99), Bion compara as evasões alucinósicas a mísseis explosivos, com a função de negativar vínculos emocionais, principalmente os vínculos de amor e conhecimento; assim uma boa parte das "mentiras" em análise pode ser categorizada como C2 ("Sonhos" com função de barragem defensiva) ou C6 ("Sonhos" com ação), a serviço de -L (des-amor) e -K (des-conhecimento). Os exercícios de grade preconizados por Bion dão maior prontidão para o analista observar fenômenos resistenciais de natureza psicótica: *"reversão de perspectiva"*, *evasões alucinósicas e uso de refúgios defensivos psicóticos* (de natureza autista, melancólica, paranoide, maníaca etc.).

Abre-se também a possibilidade de conjecturar *vetor* mais diretamente ligado à *atividade criativa e sublimatória*, em outro polo da cena primária, onde prevalecem os impulsos de vida: o casal parental interno é criativo, vive harmoniosamente, é confiável, desenvolve relacionamento mutuamente enriquecedor e fértil; os "bebês" nascem e crescem saudavelmente e a atmosfera emocional irradia *"amor ardente"* e *crescente simbolização*. Esse vetor poderia ser representado por

onde se destaca a criatividade, a serviço das forças mentais de restauração e regeneração. Em sua vigência, no entanto, poderão surgir temores de *tantalização* dentro da experiência emocional: com "êxtase", terror fusional e medo da megalomania (Tustin, Frances – "Psychological Birth and Psychological Catastrophe – p. 191 in "Do I dare Disturb the Universe?").

III. 2º tópico clínico:
"Vir-a-ser psicanalista desse analisando específico: mútua transformação"

"*O domínio de personalidade é tão extenso que não pode ser investigado completamente. O poder da Psicanálise demonstra a qualquer psicanalista em atividade que adjetivos como "completa" ou "plena" não têm lugar em qualificar "análise". Quanto mais minuciosa a investigação, mais claro se torna que por mais prolongada que uma análise possa ser ela representa somente o início de uma investigação. Ela **estimula o crescimento do domínio** que ela investiga.*"

*("O Místico e o Grupo"
in "Attention and Interpretation")
(livre tradução do autor)*

Na prática, a experiência analítica pode ser considerada como um *grupo de trabalho* onde duas pessoas cooperam, sofrendo infiltrações passionais. As *paixões* de Amor (L), Ódio (H) e Conhecimento (K) constituem vínculos que ligam, como poderosas forças emocionais, o par analisando e analista. Os vínculos Amor e Ódio alimentam os fenômenos transferenciais e contratransferenciais. O psicanalista, ao exercer adequadamente suas funções de continente com "rêverie", desenvolve um trabalho com seu analisando, onde é privilegiado o vínculo K (conhecimento), com o qual se caracteriza o Grupo de Trabalho. Dessa maneira, a análise se apresenta como um campo de interação bipessoal, onde se visa a aprendizagem emocional e crescimento mental para o par.

As paixões amorosas e hostis, virtualmente alienantes e mortíferas e, também, potencialmente civilizadas, impregnam os movimentos da dupla analítica, a cada sessão. Contrapondo ao grupo de trabalho os grupos que funcionam com "*supostos básicos*", Bion nos oferece instrumentos de maior precisão para lidar com as forças que se opõem a mudanças psíquicas; permite uma nova abordagem de fenômenos resistenciais em Psicanálise.

Os grupos de "supostos básicos" provêm de camadas protomentais, servindo aos interesses de manter o "*status quo*" (o "*Establishment*"):

a. **Suposto básico de dependência** (ou de "ajuda"), com seus correlatos de *idealizações* e *comensalismo*, podendo se esgotar em *relações parasitárias* e *paralisações idealizantes*.

b. **Suposto básico de acasalamento** ("romances idílicos" e elitismo aristocrático), com mútua autofascinação ou autocomiseração complacente, e que, pela falta de confronto salutar e de respeito pelas diferenças, impede o surgimento real do "messias" ("gênio", "místico"). A fertilidade do casal requer consideração pelas diferenças; e a gestação de novas ideias irá romper o encapsulamento narcísico hipnótico colocando o par diante dos problemas edípicos ligados às funções materna e paterna.

c. **Suposto básico de ataque-e-fuga** (ou "guerra"), governado por inveja e destrutividade; intoxica-se em debates "polemizantes", suspeitas paranoides de doutrinações e lavagens cerebrais, *actings* de crueldade sadomasoquista, êxtases de engolfamento possessivo e pactos de morte.

A direção dos trabalhos desenvolvidos pelo par analítico é estabelecida pelo lidar com *problemas humanos universais*, que permeiam o exercício clínico, dentro de suas condições de continente-contido (♀♂) em transformação: "nascer", "viver", "casar", "morrer" etc. Analista e analisando sofrem no dia a dia, um embate para romper *acomodação*, *conluios* e *inércia psíquica*, e ambos se dispõem a lidar com seus recursos possíveis, via processos de transformação do pensar, com dor mental e questões significativas que emergem nas sessões analíticas desde três vértices:

a. **vértice estético**, contendo significantes de harmonia, beleza e horror;

b. **vértice mítico-religioso**, onde se apresentam vivências de desamparo e soluções onipotentes, desespero e esperança, face a limitações humanas, principalmente a de nossa própria *mortalidade*, ferida narcísica fundamental;

c. **vértice científico**, que requer *consideração realista* pelos *fatos, senso crítico* acompanhando de *objetividade* e *amor pela verdade*.

IV. 3º tópico clínico: "Preservação do vértice psicanalítico"

"Pergunta: A psicanálise é uma fenomenologia profunda?

Bion: Há muito para ser dito a respeito de uma frase que Melanie Klein usou comigo: 'Psicanálise é um termo sem sentido. Mas está aí, disponível'. É uma palavra em busca de um significado; um pensamento esperando por um pensador; um conceito aguardando por um conteúdo."

5ª Conferência de Bion em Nova York 1977 – p. 145
in "Conversando com Bion"
Imago – R. Janeiro – 1992

Ao propor a disciplina de opacificação de *memória e desejo* por parte do analista, Bion busca favorecer condições mentais que ampliem receptividade a comunicações do analisando, nas quais se encontram contidas "fantasias primitivas" não elaboradas, e/ou onipotentes (elementos-alfa, elementos-beta, objetos bizarros, "crenças" e "alucinoses"), que estão à procura de quem as pense.

Essa resolução voluntária do analista tem similaridade com a "cegueira artificial", recomendada por Freud como suporte da atenção flutuante (Carta de Freud a Lou Salomé, em 25 de maio de 1916).

A fim de não se deixar enredar numa complacente satisfação de analista bem-sucedido, cabe ao analista em sua prática *continuar a buscar*, mesmo quando supostamente já tenha "encontrado" verdades psíquicas. As transformações em O diferem do acúmulo de conhecer sobre O, vêm acompanhadas de angústias de mudanças catastróficas, devidas às forças eruptivas de elementos e partes splitadas da personalidade se reapresentarem após terem sido afastadas da mente em função de caesura e barragens mais ou menos impermeabilizantes.

A preservação e a ampliação da capacidade de pensar e integrar essas fantasias primitivas a níveis mais maduros da personalidade dão o *grau de liberdade mental* de cada pessoa. Não pensar e/ou falsear esse pensar terão a ver com "maus tratos" às dores psíquicas que acompanham esses saltos críticos e bruscos da vida mental. Automatismos, estereotipias, rigidez mental e imposturas surgem como proliferações de maus hábitos no lidar com as dores mentais, sob o comando das partes psicóticas da personalidade.

A procura sem fim ou não saturada de O é também salutar ao analista para não se deixar confundir com autoridade miraculosa e dogmática. Cabe ainda aos analistas que se reúnem em "escolas psicanalíticas" estarem criticamente atentos ao caldo de cultura "onipotente", onde teorias psicanalíticas e sistemas dedutivos científicos de extremo valor correm o risco de serem usados como "certezas" a serviço de absolutismos sectários e seduções fanáticas, quando então K deixa de buscar O e se transforma numa equação onde $\boxed{K \text{ (da escola)} = O}$.

A *vitalidade* e o *frescor da Psicanálise*, como método de sondagem e mapeamento dos mistérios da mente humana, estarão na dependência dessa *renúncia corajosa* à onipotência de pensamento.

V. 4º tópico clínico: "O pensar e a capacidade negativa da personalidade"

"Os cacos da vida, colados
formam uma estranha xícara.
Sem uso,
ela nos espia do aparador."
"Cerâmica" – Carlos Drummond de Andrade
em *"Lições de Coisas"*

Em 21 de dezembro de 1817, John Keats, em uma carta a seus irmãos George e Thomas Keats, refere-se à Capacidade Negativa da Personalidade como "uma qualidade que contribui para formar um Homem de Realização, especialmente em Literatura, e que Shakespeare possuía de modo amplo" e que possibilita a "um homem ser capaz de permanecer em incertezas, mistérios, dúvidas, sem qualquer esforço irritável que vise alcançar, como resultado, fato e razão".

Ao lidar com as configurações da posição esquizoparanoide, a viagem do par analítico requer um suporte afetivo, calmo e sem queixas (paciência), e qualidades de um continente capaz de lidar com sofrimento e tolerar frustração. À medida que essa contenção paciente se amplia, poderá surgir então um padrão que se torne crescentemente perceptível e que "evolua" com segurança. Estaremos então, prevalentemente em contato com momentos da posição depressiva. Essa movimentação requer qualidades de "ato de fé" (F), ou seja, uma confiança na existência de uma realidade inconsciente e desconhecida (O), que está na origem dos múltiplos fatos que se desenvolvem na sessão de análise.

Poder-se-ia sinalizar nesse instante a importância do "timing" e do tempero da interpretação analítica, pelo necessário e adequado balanceamento de *intuição* e *conceituação*. Espera-se que o equipamento do analista contenha disciplinada capacidade de observação e que a mesma se associe à liberdade de estabelecer e desenvolver conjecturas imaginativas ("sonhar" ou *rêverie*). Supõe-se que o analista tenha suficiente equipamento para suportar esses voos imaginativos, sem ficar sequestrado por temores de produção autorreferencial e fabricações megalômanas. As formulações do analista, com esse pano de fundo de conjectura imaginativa, serão então apresentadas ao analisando, aguardando colaboração crítica do mesmo.

As conjeturas racionais ("interpretações" e "comentários") também serão comunicadas ao analisando em linguagem coloquial, buscando cultivar a atmosfera de uma conversa íntima, despojada de afirmações dogmáticas e intrusões intelectualizantes.

Concisa e elegantemente, Bion encerra seu texto "Atenção e Interpretação", Cap. 13 – "Prelúdio ou Substituição para Realização" estabelecendo, a meu ver, estreita correlação entre capacidade de pensar e capacidade negativa da personalidade, uma vez que ambas estão a serviço de recuperar e reintegrar partes perdidas do próprio *self*, na infindável luta e convivência entre partes não psicóticas e psicóticas da personalidade.

Quanto às partes não psicóticas da personalidade, o crescimento mental subentende *sofrer a captação da própria inveja primária*, que se volta em ataques dirigidos contra a própria maturação e em ataques destrutivos contra os objetos que propiciam essa maturação. Além da captação dessa destrutividade, há necessidade de a inveja primária ser desintoxicada de seu poder proliferativo fragmentante, comparável a um "câncer" mental. Essa desintoxicação ocorre por meio de *recursos vitais de amor e gratidão dos objetos internos*, bem como de seus *correlatos na realidade externa*.

As partes psicóticas da personalidade têm o motor de sua atividade predatória baseado na persistente associação de inveja com avidez. Essa configuração, além de obstruir satisfação amorosa e gratidão, tende a ampliar relações objetais em bases parasitárias e devoradoras. Se o *uso onipotente* de defesas esquizoides e maníacas alcançar eficácia, haverá *repúdio aos débitos* ligados ao exercício com êxito, real e/ou fantástico, da atividade predatória das partes psicóticas da personalidade. Com isso, as vivências da posição depressiva estarão bloqueadas e será mantida rigidez de *splitting* da própria personalidade; desse modo, à deriva e clandestinamente, intensa atividade esquizofrênica solapará bases da sanidade mental, com incontível proliferação de inveja fragmentada ("fezes mentais").

A essa *violência emocional e defensiva* das partes psicóticas da personalidade associa-se mais um fator de ameaça interna, através de um superego voraz e implacavelmente persecutório. Mantido em nível interno o superego primitivo aterroriza o ego, forçando-o a aniquilamento, por meio de sacrifícios melancolizantes e trilhas suicidas. Quando, através de identificação projetiva, a fonte de terror encontra depositários no mundo externo, surgirão as relações calcadas em vivências paranoicas e soluções homicidas.

Bion (em "Attention and Interpretation – p. 129) recomenda que "*O que se deve buscar é uma atividade que seja ao mesmo tempo a restauração de Deus (a Mãe) e a evolução de Deus (infinito, sem forma, inefável, não existente), a qual somente pode ser encontrada no estado em que há **não** memória, desejo, compreensão*".

VI. 5º tópico clínico: "(K → O) e reconciliação da pessoa consigo mesma"

> *"Possuíamos a experiência*
> *mas nos fazia falta o significado,*
> *E a aproximação do significado*
> *nos restitui a experiência em uma forma diversa,*
> *Além de todo o significado*
> *que possamos atribuir à felicidade"*
>
> *"The dry salvages", parte II, in*
> *Quatro Quartetos – T. S. Elliot, 1943*
> *(tradução livre do autor)*

A ousadia requerida para investigação em Psicanálise é comparável por Bion à coragem dos ladrões, que assaltam a Cova da Morte Real, na cidade de Ur, a fim de conhecer, "saquear" e desvelar segredos, tesouros e mistérios de uma civilização, que jaziam sepultados há cinco séculos (desde 3.500 a.C.), estando violentamente encerrados e protegidos, graças a interdições, tabus e rituais da Magia, da Religião e da Morte, que se opõem a conhecimento (Bion, W. R. – "The grid", 1964).

As condições que propiciam crescimento mental estão diretamente correlacionadas à restauração e evolução de "O" que pode ser compreendido como origem (O), ponto de partida (0 = zero) e mundo dos objetos internos (O.I.).

Assim, a dinâmica da oscilação das posições esquizoparanoide e depressiva (PS ↔ D) ganha realce, permitindo que o vértice psicanalítico se desloque da direção de "cura" para a do empenho de o sujeito conseguir harmonizar-se consigo mesmo (estar "at-one--ment"). A realização dessa dimensão é útil para dar uma outra direção à atividade psicanalítica e permite encontrar *outros significados* para os fenômenos resistenciais em análise, seja nas análises intermináveis, seja nas chamadas reações terapêuticas negativas.

Vale a pena examinar atentamente essa expressão "at-one-ment", a qual guarda conexão com a palavra "atonement", que tem conotações com *reconciliação interminável*, guardando implicações de compaixão e restauração, sentimentos básicos da posição depressiva.

No Canto XXX do Purgatório, quando se faz a transição em direção ao Paraíso, destacam-se, na Divina Comédia, os versos 55 e 73:

> 55. *"Dante, não te abandones ao desespero por Virgílio ter-se ido. Reserva a disposição e as lágrimas para mais intensa dor."*
>
> 73. *"Não te enganas: sim, sou eu, Beatriz! Como ousaste subir até aqui, ao monte? Não sabes ser este sítio reservado ao homem ditoso?"*

Referências

BION, W. R. (1965). *Transformations*. London: W. Heinermann.

_____. (1970). *Attention and interpretation*. London: Tavistock Publicalions.

_____. (1977). The grid. In: *Two papers*. Rio de Janeiro: Imago.

_____. (1978). *Conversando com Bion*. Rio de Janeiro: Imago.

TUSTIN, F. (1981). Psychological birth and psychological catastrophe. In Grotstein, J. *Do I dare disturb the universe?* Beverly Hills: Caesura Press.

5. Compaixão e verdade[1]

Os sentimentos de compaixão e de busca da verdade no analista são expressões maduras da capacidade de *rêverie* face aos embates e às agonias das relações humanas de amor e ódio com o analisando.

O que passo a apresentar está diretamente conectado à *cesura de nascimento, narcisismo, amor erótico (ou amor primário) e alteridade*.

I. Um sonho pessoal, relativamente recente, e algumas anotações em estado de vigília

Uma estátua de mármore na qual se distingue uma dupla formada por um homem de meia-idade (50 a 60 anos) e uma senhora idosa (com mais de 80 anos). O homem está sentado num banco, a velha mulher, quase morta, jaz no colo desse homem, e esse tenta reanimá-la, mantendo, porém, a fisionomia muito serena. Há

---

[1] Sapienza, Antonio. Compaixão e verdade. In: Silva, Maria Cecília Pereira da, org; França, Maria Thereza de Barros, org; Della Nina, Milton, org; Titan, Samuel de Vasconcelos, org. *Em busca do feminino*: ensaios psicanalíticos. Organização Associação Brasileira dos Candidatos. São Paulo: Casa do Psicólogo, 1993. p. 65-70. Lo: As78e, 2e.

semelhança escultural com a Pietà, de Michelangelo, porém nesta, o Cristo, recém-descido da cruz, qual um herói morto, jaz no colo da Virgem Mãe.

A Pietá, obra-prima de fina execução, foi encomendada pelo cardeal francês Jean Bilhères de Lagraulas e, atualmente se encontra no Vaticano, na Catedral de São Pedro, em Roma. Foi esculpida em menos de um ano, com início do contrato em 27 de agosto de 1498, e terminada em maio de 1499. Marca o final do Renascimento Inicial Italiano e o início de uma nova era artística. Michelangelo Buonarroti tinha 23 anos quando a realizou.

A expressão de dor no rosto da Madonna é intensa, destacando-se através da inclinação da cabeça uma certa resignação desse sacrifício à vontade divina. Não se encontram, afora gestos delicados, lágrimas ou outros movimentos convulsivos e trágicos externos. A Virgem Mãe apresenta maior juventude que a de Jesus.

Há quem valorize nessa belíssima execução do escultor não tanto a dor como condição de redenção mas, antes de tudo a beleza estética como sua consequência. No dia de Pentecostes, em 1972, um pintor desvairado tentou destruir a estátua com golpes enfurecidos. A estátua foi restaurada com excelência e atualmente, está protegida por placas de vidro de novos atos de vandalismo.

Supõe-se que Michelangelo tenha recebido intensa inspiração e influência, desde o canto XXXIII do "Paraíso" (*Divina comédia*), no qual São Bernardo pede a intercessão de Maria para habilitar o poeta Dante Alighieri à contemplação da essência divina: o amor.

(Versos 1 a 9)

Ó Virgem Mãe, ó filha de teu Filho,

Modesta ainda que exaltada sobre todas as criaturas,

Meta fixa da eterna vontade,
Em ti se tornou nobre a natureza humana,
de modo que o seu Autor
não se sentiu desprezível em fazer-se sua criatura.
No teu ventre se reacendeu o Amor
Por cujo calor na eterna paz
Esta flor assim germinou

II. De volta ao sonho

Paulatinamente, ocorre a seguinte metamorfose: a peça marmórea como que se descongela de sua fixidez, e as figuras se vivificam. A cena assemelha-se a um palco de teatro, onde o homem de meia-idade se transfigura, ainda sentado numa cadeira envelhece bruscamente e seus cabelos tornam-se brancos e desgrenhados, seus olhos ficam esbugalhados de perplexidade. Suas vestes por um momento brilham como as de um rei e em seguida tornam-se esfarrapadas e sem viço. Com fisionomia sobrecarregada de tristeza, contempla uma jovem mulher, que está sustentada em seus braços, e ambos exalam juntos um último suspiro.

Correlaciono essa parte do sonho com a cena final da peça de Shakespeare *O rei Lear*, onde o rei ancião, até então enlouquecido, morre pesaroso portando em seus braços a filha (Rainha da França), até então exilada e que, ao tentar salvá-lo, é presa e enforcada. Um reencontro fusional e mortífero com Cordélia. O sonho pode ser compreendido como uma tentativa para gerar um novo significado a partir da percepção de uma experiência emotiva.

Em *Aprendendo da experiência*, Bion nos diz que cada ser humano deve poder "sonhar" uma experiência enquanto a compreende, quer a compreenda no sono, quer a compreenda na vigília. Dessa maneira, o "sonho" pode criar o "inconsciente" (enquanto produto da função alfa, ou seja, da capacidade de pensar os próprios pensamentos primitivos).

Roger Dadoun (1982), em "A estética freudiana: arte e literatura",[2] trata especificamente do tema "a Mãe, o Amor, a Morte" com as seguintes palavras que passo a transcrever com leves cortes:

Freud retoma, pois, em "O tema dos três cofres", artigo de quinze páginas que publica na revista *Imago*, em 1913, o motivo da deusa-mãe. Formula a forte e fundamental ligação existente entre a Mãe e a Morte, que se encontra atestada em diversas mitologias.

Mas a mitologia é evocada e explorada por Freud para esclarecer aquilo que a seus olhos constitui o ritmo vital do psiquismo, o movimento essencial do destino humano, avaliado pelas "três inevitáveis relações do homem com a mulher", passando pela experiência das "três figuras femininas": "a geradora, a companheira, a destruidora", quer dizer, a mãe, a amante, a morte.

Dois textos de Shakespeare, em que se trata da escolha a efetuar entre três objetos, servem para a demonstração de Freud.

Em "*O mercador de Veneza*", Freud resume a cena assim: "A jovem e ajuizada Porcia é obrigada, pela vontade do pai, a não tomar por esposo entre os seus pretendentes senão aquele que, dos três cofres que se apresentem, souber escolher o bom. As três caixas são de ouro, de prata e de chumbo". A boa escolha é a de chumbo. Recordando que o estojo, como todos os objetos do mesmo gênero vistos em sonho, simboliza a mulher, e explorando o mecanismo onírico da inversão, Freud propõe interpretar a cena como representando a escolha que um homem faz entre três mulheres.

---

[2] Dadoun, Roger, *Freud*. Publicação Dom Quixote, Lisboa, 1ª ed. 1986, pp 377-9.

Tal é precisamente o tema de uma outra cena, extraída do drama *O rei Lear*, descrita por Freud nestes termos:

> *O velho rei Lear decide, ainda em vida, repartir o seu reino entre as suas três filhas, e isso na proporção do amor que elas soubessem lhe manifestar. As duas mais velhas, Goneril e Régane, cansam-se em protestos de amor e em fanfarronadas; a terceira, Cordélia, recusa-se a tal. O pai deveria reconhecer e recompensar esse amor silencioso e apagado da terceira, mas desconhece-o, rejeita Cordélia e partilha o reino entre as outras duas, para sua própria infelicidade e para a de todos.*

Dedicando-se a um estudo comparado entre objetos ou personagens shakesperianos – o chumbo, Cordélia – e de figuras mitológicas ou lendárias, tais como Afrodite, Psique e Gata Borralheira, também de outros contos ou lendas como "Os seis cisnes" e "Os doze irmãos", de Grimm, Freud põe em destaque esta notável característica: todos esses objetos e personagens, em que domina a figura da mais jovem das raparigas, se distinguem por um aspecto comum, o *mutismo* (o chumbo é mudo como Cordélia, na verdade, que "ama e se cala"). Ensinando-nos a psicanálise do sonho que o "mutismo [...] é uma representação usual da morte", pode deduzir-se daí, com Freud, que as figuras dos dramas como as das mitologias e dos contos, são representações da Morte.

Pela sua intuição e pela sua arte, Shakespeare consegue reencontrar, retomar e tornar sensível essa estranha e fascinante aderência do amor e da morte, fazer-nos escutar, na voz do próprio Amor, a voz da Morte e, "por esse regresso parcial ao que era primitivo [...] exercer sobre nós a sua ação profunda". E dá-nos uma lição de sabedoria, que Freud ilustra evocando de novo *O rei* Lear:

"Lear traz o cadáver de Cordélia para a cena. Cordélia é a Morte. Invertendo a situação, esta aparece-nos compreensível e familiar. É a deusa da Morte que transporta do terreno do combate o herói morto [...] A sabedoria eterna que ornamenta a veste do mito antigo aconselha o ancião a renunciar ao amor, a escolher a morte, a familiarizar-se com a necessidade de morrer."

Mas como poderá o homem alguma vez, entre nascimento e morte, esclarecer realmente a assustadora e elementar cumplicidade que liga Mãe e Morte e que se revela o último refúgio da "Terra-Mãe"? Todo ser humano, refazendo implacavelmente o percurso do destino entre as "três mulheres", nunca será mais que esse "ancião" que Freud põe em cena no fim do seu estudo, para deixar a última palavra, se assim se pode dizer, ao mutismo da Morte: "O ancião procura em vão retomar o Amor da mulher tal como o recebeu primeiramente da sua mãe; só a terceira das filhas do Destino, a silenciosa deusa da Morte, o aconselhará nos seus braços".

III. Elegias de Duíno

Encerro a presente exposição com três trechos da "5ª Elegia de Duíno", de Rainer Maria Rilke, mobilizado pela presente leitura dos trabalhos de Elizabeth Young-Bruehl (1988): *Anna Freud: uma biografia*, e o excelente trabalho de O. Blomfield (1991) do *Int. Rev. Psic.* (18:37) "Anna Freud: Creativity, Compassion, Discipline".

1. "Mas quem são eles, os saltimbancos, esses homens um pouco

mais fugidios que nós mesmos, que

tão urgentemente, desde a infância são

torcidos por alguém – de qual vontade
de amor jamais associada?
Essa no entanto os torce, curva-os,
entretece-os, vibra-os, lança-os e os
retoma, como do ar untado
e liso, eles resvalam sobre o tapete
gasto, tornado adelgaçado pelo eterno salto,
esse tapete perdido no universo"

2. "Anjo, toma, colhe a erva medicinal
de flores singelas!
Modela um vaso e dá-lhe abrigo!
Preserva-a entre as alegrias não desabrochadas,
celebra-a em carinhosa urna,
com uma inscrição florida e inspirada:
O sorriso dança" *(São Jerônimo, século IV d.C.)*

3. "Anjo, talvez haja uma praça, que não conhecemos,
e lá, sobre um tapete inefável, os amantes, incapazes aqui,
mostrariam lá suas ousadas e altivas figuras do ímpeto
amoroso, suas torres de alegria, suas trêmulas escadas
que há muito se tocam, onde nunca houvera apoio:
e poderiam, rodeados por espectadores mortos,
incontáveis, silenciosos.

> E esses lançariam suas últimas, sempre poupadas, ocultas
> e desconhecidas moedas de felicidade, eternamente
> valiosas,
> diante do casal enfim sorridente, com um verdadeiro
> sorriso,
> sobre o tapete apaziguado?"

Trata-se de uma evocação dos saltimbancos, que Rilke encontrou em Paris. A fonte inspiradora é também resultante dos impactos de um quadro de Picasso "Os saltimbancos", bem como de Baudelaire (o velho saltimbanco), em *Spleen de Paris*.

Em uma carta a Lou Andreas Salomé, em 20 de fevereiro de 1922, Rilke coloca a "5ª Elegia" como ocupando o centro de sua obra, qual pirâmide edificada pelos acrobatas entre o céu e a terra, entre o anjo e o ser humano. Rilke estava convencido de que "o verdadeiro significado do amor somente se compreendia em relação à morte e ao Todo", parecendo serem os acrobatas, no exercício de sua profissão e em suas relações com um outro, a representação simbólica da atividade humana como um todo. Penso na validação disso também para nós, os analistas, na constante busca do empenho em continuarmos a vir a ser analistas.

No *Livro das horas*, "6º poema", Rilke escreve:

> "Senhor dá a cada um a própria morte,
> verdadeiro morrer que venha dessa vida,
> em que se encontrou amor, sentido e
> dor. Pois pobreza é um grande brilho
> a partir do interior"
>
> (*Livro das horas*, "6º Poema", Rainer Maria Rilke,
> trad. de Paulo Quintela)

6. Os dois princípios do funcionamento mental[1]

S (Antonio Sapienza) – É um prazer estar aqui, e uma honra poder dialogar com os colegas de Brasília. Eu, de início, tive certa dificuldade ao me decidir sobre qual caminho seguir para esta nossa conversa. Conversei com o Carlos de Almeida Vieira a esse respeito e ele sugeriu que nós falássemos sobre "Formulações sobre os dois princípios do funcionamento mental". Esse é um texto fundamental de Freud, escrito concomitantemente ao trabalho sobre Schreber, quando Freud estava interessado em estudar o que distingue o funcionamento psicótico do funcionamento perverso, do funcionamento neurótico e do chamado funcionamento normal. Então, a ideia inicial estava voltada à psicopatologia das psicoses. Ainda não havia sido escrito o trabalho de 1914, "Introdução ao narcisismo".

---

[1] Sapienza, Antonio. *Os dois princípios do funcionamento mental*. Brasília, DF: SBPSP. Instituto de Psicanálise, 1993. 17 p. (Apresentado em: Palestra, Brasilia, DF, 12 jun. 1993). Lo: WS643.

Algumas das coisas que eu pretendo expor têm a ver não só com esse artigo em si, que é bastante conciso, escrito numa linguagem bastante condensada, mas também com uma maneira de reler os textos, principalmente os do Freud, que tenho adotado e que passo como sugestão para vocês também, porque para mim tem sido de valor. É uma ideia que li, recentemente, no Winnicott, sobre uma leitura a partir das notas de rodapé. Quando já temos uma certa experiência de leitura de paisagem dos textos de Freud, principalmente, é muito útil fazer uma leitura a partir das notas de rodapé, nos perguntando o que teria levado o autor, ao longo do tempo, a fazer uma crítica a respeito do próprio trabalho. Isso não é novidade em relação a outros autores que conhecemos, o próprio Bion, por exemplo. Mas reler Freud, Klein ou outros autores a partir de notas de rodapé é uma prática que vai nos permitir, sem sermos subversivos ingênuos, seguir a trilha do que levou aquela pessoa a fazer uma reescrita do próprio texto.

Então, vou começar a partir de um acontecimento recente que, de certa maneira, pertence à área do terror. Todos nós fomos surpreendidos, há pouco tempo, pela explosão de um carro-bomba na Galeria dos Uffizi, em Firenze. Essa galeria guarda quadros que estão entre os mais preciosos da arte ocidental. Esse carro-bomba foi colocado num local chamado Torre das Pulgas e destruiu os vitrais do terceiro andar, impregnou alguns dos quadros e destruiu outros. Abalou a maior parte dos alicerces da galeria e causou vítimas, houve mortes, cinco pessoas morreram e perto de trinta pessoas ficaram gravemente feridas. Supostamente, um grupo de pessoas, num protesto em relação a certos acontecimentos que estão tendo lugar na Itália questões sociais, políticas e econômicas não muito diferentes daquilo que acontece no nosso país, praticou esse atentado, no sentido de chamar a atenção para algo, atingindo o patrimônio cultural e artístico da humanidade. Essa é a situação que os jornais estampam.

Agora, uma particularidade. No dia em que aconteceu essa explosão, eu, por uma série de circunstâncias, não tinha ouvido o jornal da noite, não tinha lido o jornal da manhã e tomei contato com o fato numa sessão de análise com uma determinada paciente. Eu não vou contar os detalhes, que têm implicações na sessão propriamente dita, mas vou deixar isso como pano de fundo. Eu estou contando essa história um pouco prolongadamente porque a questão psicótica, para nós, é sempre uma questão de estupidez. Estupidez se opondo a algo que tem a ver com sabedoria. Então, onde há estupidez, seja no nível de uma pessoa para com ela mesma, seja de uma pessoa para com outra pessoa, seja de um grupo de pessoas para com outro grupo de pessoas e assim por diante, nós podemos suspeitar, *sem* colocar a mão no fogo, que há fenômenos psicóticos intensos em jogo. Mas, no terrorismo, essa estupidez fica macroscopicamente em evidência.

Quando eu cheguei em casa, depois do trabalho, estava lá um dos meus filhos e nós fomos ler, juntos, o noticiário que saiu no *Estado de S. Paulo*. O correspondente brasileiro em Firenze trazia uma declaração do Ministro da Cultura italiano. O Ministro da Cultura italiano diz o seguinte, numa declaração pública da qual a primeira parte era plenamente objetiva: que para começar a reconstrução e tornar a galeria visitável, vai ser necessário um levantamento que vai custar 30 milhões de dólares. Vocês sabem que a Itália está numa situação de muita precariedade, embora faça parte do Mercado Comum Europeu, e com todas essas questões que estão explodindo como máfia, antimáfia, anti-antimáfia etc. A segunda parte da declaração e aí já começa uma outra área de estupidez que não é propriamente a de explosão de bombas é a seguinte (se é que ele disse isso, mas os jornais dizem que ele disse, então temos de acreditar que ele disse o que disse, senão ele desmentiria): que os terroristas que colocaram esse carro-bomba são amadores e incompetentes, porque, se eles fossem profissionais e competentes, teriam colocado o carro-bomba na Piazza della Signoria, e o estrago seria o desabamento do Uffizi inteiro e do Palazzo Vecchio também. Se o Ministro da Cultura tivesse dito isso num contexto que envolvesse o prefeito, a polícia e a agência de segurança de Firenze, no sentido de fazer uma advertência para que fosse tomada uma série de cuidados em relação ao patrimônio, tudo muito bem. Mas a declaração não tem esse teor, a declaração é provocativa e corresponde àquilo que, nos jogos chamados psicóticos e psicopáticos, visa estimular mais psicose.

Então, o Ministro da Cultura tem uma atitude que, psicanaliticamente, nós consideramos como estupidez mental. Quer dizer, a estupidez que não é a violência física propriamente dita. A imprensa, que publica, sem filtrar, aquilo que foi falado, também faz o seu ato terrorista e, provavelmente, sem nenhum moralismo de minha parte, estimula outras pessoas a fazerem o mesmo. Porque, inclusive, o Ministro da Cultura deve ter outras ideias ainda mais interessantes a respeito de outros lugares ainda mais vulneráveis, na Itália e, *chi lo sa*,[2] em outros países. Eu tenho conversado com alguns colegas de São Paulo, no curso que coordeno sobre o trabalho de Bion, sobre uma emissora de televisão brasileira que dá aulas, com croquis, de como é que se faz resistência à polícia em sequestros. E, também, aulas científicas, a cores, de como é que se pode assaltar e estuprar dentistas no fim do expediente. Por enquanto, eles não chegaram ainda aos analistas, nem aos homens nem às mulheres, mas logo, logo, teremos um "plim-plim" dando algumas dicas de como essas coisas se passam. Bom, isso tudo em função de quê?

Eu vou tentar fazer uma correlação desse texto de Freud com aquilo que se chama "memórias ideográficas". Nos Institutos, quando se lê *A interpretação dos sonhos*, do Freud, costuma-se dar uma importância bastante grande ao trabalho de interpretação dos sonhos. Em geral, não se dá a mesma importância à construção

---

[2] Em italiano, *chi lo sa* significa quem sabe [N.E.].

dos sonhos, que Freud chamava de trabalho do sonho. Quer dizer, para uma pessoa poder desenvolver sonhos, ela tem de ter uma reserva de pensamentos e sentimentos inconscientes. Essa reserva pode ser chamada de "memória ideográfica". No trabalho de Bion, é o que corresponde à categoria C da grade, isto é, pensamentos inconscientes. Pois bem, em função dos acidentes psicóticos, seja por violência das fantasias precoces, seja por falta de receptividade por parte do continente que acolhe as angústias de terror do bebê, quando falham as funções de continente e de *rêverie* maternas, vai haver uma hipertrofia da expulsão dessas memórias. Essa hipertrofia vai fazer com que a pessoa que está funcionando nesse nível de vibração experimente alguma coisa que, psiquicamente, equivale ao atentado da Galeria Uffizi. E, como analista essa é uma imagem, um modelo utilizado por Bion, você vai acompanhar os painéis, as cenas que se desenvolvem nos diferentes contextos e camadas psicossomáticas daquela pessoa. Existem, nessa galeria, alguns quadros e algumas esculturas que são de uma beleza deslumbrante. Ligados, por exemplo, a nascimento como os quadros da *Madonna com o bambino*, a *Anunciação*, de Leonardo da Vinci, e por aí afora. Supõe-se que as pessoas que conseguiram pintar ou esculpir tiveram condições de sonhar e trazer para nós elementos de representação, que então ganham universalidade. São as obras-primas que ficam como patrimônio da humanidade.

Mas não é só isso que existe nas galerias de pintura, existem também cenas de terror. Há pintores que conseguiram pintar, por exemplo, o assassinato dos inocentes, que é um massacre de bebês. Como também existem cenas que podem ser de decapitação de um rei, suicídio de uma rainha, e assim por diante. Então, no funcionamento psicótico, em função da alta violência das situações das camadas precoces e primitivas, há um esvaziamento exatamente dos conteúdos sem os quais não é possível a pessoa sonhar, ter atividade do pensamento consciente e inconsciente e exercer todas as funções do ego que se passam em nível inconsciente. Nesse texto, Freud mostra como o princípio da realidade incide e vai conflitar com o princípio do prazer/desprazer, para que possa haver um desenvolvimento, que se supõe crescente, do princípio da realidade. Na psicose, há a continuação do estilhaçamento, da expulsão dessas memórias ideográficas. É por isso que, dentro do funcionamento clínico, vão existir, frequentemente, perturbações do sonho e da abordagem dos sonhos, que, na verdade, não são propriamente sonhos, porque são apenas pedaços mutilados daquilo que poderia ser um quadro ou uma pintura.

Se não tivermos essas questões presentes, nós vamos trabalhar com esses analisandos supondo que é possível solicitar, de quem está funcionando dessa maneira, que faça associação livre. E o paciente, frequentemente e com toda razão, diz que não tem o que dizer, e aí não se trata de resistência. É que ele não tem o que dizer, mesmo. Ou uma sessão de análise pode começar da seguinte maneira: uma pessoa chega e diz que teve, naquela noite, um sonho do qual ela ainda conseguia lembrar alguns detalhes ao acordar, mas que agora não se lembra mais de nada. Se começar a cutucar essa pessoa, na crença de que ela está resistindo à análise, você provavelmente vai se colocar no papel de torturador dessa pessoa. Não é que não possam haver fenômenos de resistência, mas o que a pessoa está contando, *ipsis literis,* é que existe o esvaziamento de uma função e uma incapacidade de reter, ou de preservar, o equivalente disso que seriam pedaços de painéis ou de esculturas. Pedaços que sempre têm a ver, se quisermos pensar tecnicamente, psicanaliticamente, com cena primária. Não vão faltar elementos daquilo que aponta para a situação de casal, paternidade, maternidade, filiação, bebês, mesmo porque aquela pessoa está ali, junto de você, no seu consultório, fazendo parte de um casal com você. Esteja ou não em estado hostil, esteja ou não em relação amorosa com você.

Freud, em vários trabalhos, chama a atenção dos analistas para essa camada de memória ideográfica. São os ideogramas, vocês se lembram disso? Particularmente em "O ego e o *Id*", ele vai mostrar que o sonho, o chamado conteúdo manifesto, sofreu deformações para poder atravessar a censura, para que os pensamentos inconscientes se tornem toleráveis; então, a função dos sonhos é a de driblar a censura, cuja camada principal ficaria na instância topográfica do pré-consciente. Não é que isso não continue tendo validade! Continua tendo validade, mas com outro nível de complexidade, porque se, desde o início da vida, há ataques contínuos a essa camada, o resultado é que nem mesmo atividade de repressão vai existir, e os pacientes nos contam isso, é só prestar atenção. Ou nós mesmos podemos nos contar isso, se prestarmos atenção ao nosso funcionamento. Então, o resultado é um esburacamento.

Isso pode ser observado, em escala mais macroscópica, em pessoas que têm, de uma maneira mais marcada, um funcionamento autístico. Mas em nenhum de nós, as chamadas personalidades normais com ou sem aspas, deixam de existir resíduos e ativação desse funcionamento. Então, uma boa parte do trabalho de análise vai ter a ver com o funcionamento do chamado princípio do prazer/desprazer que, como vocês devem estar lembrados, visa a diminuição ou a abolição do fenômeno da dor mental. Com isso, basicamente, a pessoa vai se esvaziar do contato com a posição depressiva e, sem esse contato, não é possível haver reparação nem simbolização, a nível clínico e analítico. E, ao tratar dessas questões, o analisando e o analista vão se ver em situações de muita aflição, por mais experiência que o analista tenha com as próprias áreas de catástrofe. Porque, com aquela pessoa em particular, você não tem experiência, e aquela pessoa também não tem experiência com você. Então, isso vai acontecer sessão após sessão, para que a análise tenha sempre a característica de algo particular, privativo e específico daquela dupla. E sempre com a esperança de que, entrando nessas camadas, as chamadas "camadas de mudanças catastróficas", possa prevalecer, dentro da aprendizagem emocional do analista e do analisando, uma fertilização mútua, uma restauração mútua.

A restauração, em análise, não pode ser, e nunca é, unilateral. Se ela for, devemos desconfiar. Caso a restauração esteja acontecendo unilateralmente, você deve desconfiar, seja você analista ou analisando. É como supor uma situação bizarra de um casal na qual só um dos dois vive a gravidez. Isso porque cada um de nós tem, dentro de si, algo materno e algo paterno, algo masculino e algo feminino. Não é uma questão de sexo anatômico. Bion diz isso de uma maneira um pouco mais elegante, usando para o continente um símbolo feminino e para o contido um símbolo masculino. Então, são as questões das interações entre o continente/contido do analisando e o continente/contido do analista.

Atenção para não cair nas ciladas dos que acham que funções de continente e *rêverie* são propriedade do analista. Não são. Como também a função analítica não é propriedade dos analistas. Função analítica é patrimônio universal das pessoas. Nós, como analistas, podemos perder funções analíticas na própria sessão, não apenas fora dela, e o analisando pode sinalizar, em nível de colaboração, quando você está funcionando de maneira um tanto ou quanto estranha. E, se quisermos levar essa questão às últimas consequências, nós temos de lembrar que o problema das "partes psicóticas da personalidade/partes não psicóticas da personalidade" pode continuar existindo até o fim da vida, e para todos nós. Quer dizer, o trabalho do analista não visa unicamente restaurar o analisando. Não se fala que análise é um aprendizado de experiência emocional? Mas é um aprendizado para os dois, e não para um só. Assim como quem é mãe, quem é pai, quem é marido, ou quem é mulher, está sempre aprendendo junto com o outro. Mas não é só para o outro. Vai ver que há analistas que acham que análise é só para o outro. Aí, fica cheio de culpa, ou muito ferido em seu orgulho, quando começa a perceber que não é, quando se dá conta de que está ali, muito interessado na própria sanidade mental, e que é por isso que está trabalhando como analista. Velhinho do cabelo branco, ou mocinho do cabelo preto, mas está trabalhando também para cuidar da própria sanidade mental.

Outro dia, eu estava relendo um trabalho de Bion, que foi traduzido como "Como tirar proveito de um mau negócio" (*Making the best of a bad job*). Há ali uma coisa curiosa, que pode ser correlacionada com esse texto de Freud. Bion era um pouco irônico, mas com um sentido de humor muito fino, e ele diz, num certo momento, que, em lugar de dois princípios de funcionamento mental, gostaria de propor três princípios *of living*, "do viver". O interessante é que ele consegue fazer essa proposição sem nenhum tom de oratória sacerdotal ou coisas do gênero. Primeiro princípio: *feeling*. Como nós poderíamos traduzir isso? Capacidade de sentir? Sentimento? Parece que não é suficiente, então fica *feeling*, mesmo. Porque também para nós, brasileiros, *feeling* quer dizer outras coisas. Às vezes, se diz que fulano de tal tem um bom *feeling* para perceber se ali, naquele rio, "dá pé". Ou, então, que fulano de tal tem um *feeling* comercial que é uma coisa de louco. É esse *feeling* que é o primeiro princípio. Mas isso seria ligado a quê? Na proposta de Bion, isso significa que o analista deve estar disposto, desde o início, já na sala de espera, a ser permeável, em níveis sensorial e afetivo, para receber o analisando. Aquela questão do esvaziamento de teoria, desejo e memória visa, exatamente, aguçar essa disponibilidade.

O segundo princípio proposto ele chama de *anticipatory thinking*, quer dizer, um pensamento que tenha a qualidade de ser antecipatório. Então, não se trata de um pensamento, ou de uma capacidade de pensar desvinculada da capacidade do sentir. Ele está dizendo: *feeling + anticipatory thinking*. E aí vem uma coisa que, até hoje, eu não consegui alcançar, e eu vou pedir a gentileza de vocês, os que já leram e os que não leram, também, para que me ajudem a entender. Ele diz o seguinte: *feeling + thinking + Thinking*, só que esse terceiro termo é com letra maiúscula. Na tradução, na nossa revista, não saiu o T maiúsculo, e ficou: sentir + pensar + pensar. Então, quem lê da maneira como está ali pensa que o homem está colocando coisas um pouco obsessivas. Não, não se tratava de obsessividade.

A respeito desse chamado terceiro princípio, ele diz que seria um sinônimo de sentir e pensar com prudência, ou de uma antevisão que conduza à ação. Freud, também, quando se refere às funções de ego, fala de uma ação que tem a ver com o sentir e o pensar. É diferente de *acting out*. Mas tem muita gente que não distingue ação de *acting out* e fica numa dinâmica daquilo que, um pouco caricaturalmente, é chamado de "as pessoas que estão sempre pensando". Se você convida a pessoa para fazer parte de um grupo, ela responde: "Eu vou pensar". Depois, quando essa pessoa, finalmente, resolve fazer parte desse grupo que pode ser da área institucional, pode ser comissão de ensino, comissão de professores, qualquer decisão que tenha de ser tomada esbarra com essa pessoa, sempre querendo pensar um pouquinho mais. E quando você vai ver o que é esse pensar, percebe que é exatamente para não acontecer nada. Aliás, Getúlio Vargas, no tempo em que ele era um bom ditador, já havia dito isso. Ele dizia que, se você quiser impedir que aconteça uma mudança que a oposição está querendo, tudo o que você tem de fazer é formar uma comissão, convidar os cabeças do movimento para fazer parte dela e pedir que eles pensem no assunto e tragam um projeto. Alguns desses projetos, e ele ficou quinze anos no poder, não chegaram até hoje.

Porque era uma maneira de apanhar as pessoas dentro da dinâmica dos intelectuais obsessivos, que ficam pensando: "Mas se nós fizermos isso, vai acontecer aquilo, e se acontecer aquilo, vai acontecer aquilo outro. Então, vamos fazer o seguinte: vamos marcar uma reunião para daqui quinze dias".

T (Taiza Andrade Calil Jabur) – Mas aí tem uma coisa.

S – Várias coisas.

T – Também há as pessoas que só agem por impulso. Naquele momento ela vai, mas é só naquele momento, depois acaba.

S – É isso mesmo. É o que se chama "fogo de palha". É por isso que os argentinos distinguem as pessoas que são fogo de palha, as que são fogo de artifício e as que são fogo de Santelmo, vocês conhecem essa história? Nos navios que estão afundando, o fogo de Santelmo é uma sinalização que mantém uma chama acesa. Isso que você está dizendo é muito importante, dentro da dinâmica de uma qualidade que, para nós, é essencial, onde quer que estejamos, que se chama paixão e entusiasmo, e deve ser distinguida de impulsividade maníaca ou de elação. Aliás, um colega, em São Paulo, está escrevendo um trabalho exatamente sobre isso de uma maneira muito sofisticada, ele se chama Hélio Amâncio. O trabalho vai ser discutido em breve e procura, exatamente, distinguir essa dinâmica no campo da passagem das fantasias inconscientes ou dos impulsos, quando eles vão para uma ação caótica, impensada. Provavelmente, as chamadas técnicas desse outro tipo de pensar, que não é um pensar, visam compartimentar situações ou imobilizar alguma coisa que o sujeito percebe como sendo de natureza altamente perigosa, e é por isso que ele não as transforma em ação. Bion, brincando, dizia: "Ah, é tão bom andar de bicicleta sem segurar no guidão!". Agora, ele quebrou o fêmur, é verdade, e não foi em bicicleta. E isso também não quer dizer: "Ah, então o negócio é soltar a mão da direção". Ninguém está convidando ninguém para ser "porra-louca", não é isso. Mas o que dá essa modulação, inclusive em nível inconsciente? Porque não é só em nível consciente, é inconsciente, também.

T – Bion diz uma coisa muito importante: que há pessoas que, na hora que têm de agir, pensam e, na hora que têm de pensar, agem.

S – Pois é. É uma questão de modulação. E essa questão vai nos remeter de volta àquilo que eu venho tentando apresentar, desde o início dessa nossa conversa: às memórias ideográficas. Porque, se a pessoa tem uma espécie de "supervisor interno" egoico, não um superego perseguidor, essa modulação vai-se fazer de uma maneira suave, firme e delicada. A pessoa não vai ter tanto medo de improvisar. Porque há momentos, em análise, nos quais você vai ter de improvisar, mesmo. Vocês sabem disso tão bem quanto eu. Nessa hora, não adianta eu ficar pensando nos meus pais de santo, nem nas minhas mães de santo, porque ninguém vai poder me ajudar. Aquilo que está aparecendo ali, com aquela pessoa em particular, naquela hora, é tão específico que aquela pessoa também vai ter de aprender a improvisar junto com você. Se vai sair uma sonata a quatro mãos, ou se vai sair uma pintura que nem sempre vai ser agradável, ninguém sabe. Ou pode sair alguma coisa muito interessante e muito bonita, mas que pode dar terror.

J (Jansy Berndt de Souza Mello) – Eu estou achando interessante o seu viés, porque eu tenho percebido que Bion enfatiza bem mais o lado do pensamento, naquelas famosas frases "o pensamento como substituto para a ação" ou "o pensamento como prelúdio para a ação". E você, agora, está introduzindo mais o lado "ação". É uma enfatização que nos permite sair dessa dualidade, "substituto" ou "prelúdio" de ação.

S – É isso mesmo. E foi por colocar essa dinâmica que esse trecho de "Como tirar proveito de um mau negócio" me chamou muito a atenção.

T – Porque aí não há *acting*, não é?

S – É, porque o *acting* passa diretamente da fantasia inconsciente, através do esburacamento daquilo que é a camada de função alfa. Quando se está falando de trabalho de sonho, pensamento inconsciente, preservação de memórias ideográficas, estamos falando do equivalente à reserva, ao santuário de cada um. E esse santuário não é para ser mexido pelo analista, não. Não é para ficar fuçando lá. Eu chamo essa reserva de santuário. Se quisermos usar a linguagem filosófica de Bion, nós podemos falar de número. Não se mexe no número, na coisa-em-si, na realidade última da pessoa, a não ser que você seja místico e esteja em contato com a divindade daquela pessoa, e isso se a pessoa permitir que você entre no santuário dela. Se formos para o nível místico-religioso, em algumas religiões isso é chamado "o templo do Espírito Santo". Em outras religiões, é "uma camada de divindade". Se você usar um modelo ecológico, é o "santuário de preservação de fantasias inconscientes", e nós esperamos que nenhum analista, nenhum supervisor, nenhuma autoridade "cure" você disso. Agora, você vai pagar o preço por ter essa reserva de espécies raras não extintas até o fim da sua vida. Se você tolerar, se não quiser que alguém venha curar você e construir, naquele lugar, só prédios de concreto e coisas muito bonitinhas e confortáveis, você vai aprender a conviver com o seu santuário. Quer dizer, você vai ter de aprender a conviver com determinados aspectos das fantasias inconscientes. Agora, se preferir se curar, você pode sempre tentar ingressar na posição depressiva e nunca mais sair de lá, se é que você acha que isso é possível.

Antigamente, tinha gente que pensava tão esquematicamente a teoria kleiniana que a posição depressiva era vista assim: a posição esquizoparanoide é o inferno, a posição depressiva é o céu. Eu vou lá para o céu, aí eu fico analista curado e vou só simbolizar. Está bom? Eu, graças ao bom Deus, ou aos bons analistas, ou sei lá a que diabo de coisa que me protegeu, nunca quis ser curado e acho que ser curado é uma desgraça. É uma desgraça em vários sentidos. Eu não sou conformista, mas tive a graça de ninguém ter querido me curar, felizmente. Desde criança, felizmente, consegui escapar de todos os curadores. Conheci muitos curandeiros, também, mas me curar eles não conseguiram. Mas a questão, pelo menos até agora, é esta: se você conseguisse, por obra de uma divindade ou de uma análise, ser levado de uma vez por todas para a posição depressiva e supondo que você conseguisse continuar vivo, eu pergunto a você, será que valeria a pena?

Em primeiro lugar, você perderia contato com tudo o que é esquizoparanoide, e você sabe que, teoricamente e tecnicamente, a central energética é esquizoparanoide. A central atômica da sua vida é a sua permeabilidade à posição depressiva e à posição esquizoparanoide. Nós temos de reconhecer isso não só por uma questão de humanidade, mas por uma questão de sabedoria, mesmo. Contam que Bion, às vezes, dizia: "Bendita posição esquizoparanoide!" "Eu, às vezes, me sinto como um cachorro, com uma mãe cadela" – ele não falava nesse tom, porque ele era inglês, e inglês não fala assim. "Eu ia lamber o resto dos vômitos esquizoparanoides para, dali, tirar proveito." A posição esquizoparanoide é a sua central energética. Agora, você não vai ser ingênuo, ou idiota, de enfiar a mão na central atômica para ver se lá dentro tem césio que brilha. Lá em Goiânia, enfiaram a mão. Você vai lidar com questões de modulação das fantasias inconscientes, esperando que ninguém venha tentar aboli-las. Todo mundo aqui conhece uma certa estereotipia dos artistas quando eles entram em análise.

Vários deles dizem assim: "Você vai me curar, e aí eu vou ficar um bobão igual a muito bobão que eu conheço por aí. Não corro mais o risco de ficar nem psicótico, nem psicopata, nem perverso, mas fico bobão". O que quer dizer que o artista tem medo de que façam nele uma leucotomia da posição depressiva, fazendo com que ele fique desvinculado.

Então, uma das qualidades da abordagem de Bion é que ele, partindo do que Freud coloca em "Formulações sobre dois princípios de funcionamento mental", toma uma posição diferente da de Freud. Eu não sei se vocês observam isso. Ele não diz que há, de início, uma prevalência do princípio do prazer/dor e, daí, a partir do contato com a realidade externa, vai surgir o princípio de realidade. Não. No funcionamento da parte psicótica, vai prevalecer o princípio do prazer/dor, e no funcionamento da parte não psicótica, da parte sana, vai prevalecer o princípio de realidade. Então, você vai ter conflito em dois níveis. Não é que um seja superior ao outro. Também a posição depressiva, a posição onde vamos conseguir restaurações e simbolizações, a rigor não é superior à posição esquizoparanoide. Se conseguirmos, pelo menos conosco mesmos, nos livrar dessas rivalidades – o que é superior a que em *nós* – já é uma bela duma coisa. "Sabe que eu estou melhorando?" *Chi lo sa?* "Sabe que eu estou piorando?" Também, *chi lo sa?* Eu fico um pouco como o chinês: "pode ser que sim, pode ser que não". Vamos ver o que você diz que é piorando? "Eu estou tendo uns pesadelos". E eu, como pesquisador, posso dizer: "Então, vai ver que está melhorando. Antes não havia nada!" Ou pode ser o contrário. Qual é a direção do processo? O que Bion faz? Bion propõe que mantenhamos uma atenção contínua para as oscilações.

Suponhamos que você tenha um analisando que esteja tendo o desenvolvimento mais harmonioso que você já viu, que nenhum analisando jamais teve. E, de comum acordo, por já estarem juntos há dez anos, vocês marcam uma data para o término da análise. De comum acordo. No dia da última sessão, em razão de algum fato novo, ou de alguma coisa que aconteceu na madrugada, ele pode fazer um surto psicótico, não pode? Pode. Vocês vão manter a análise ou não vão manter a análise? Vai depender dos dois. Porque ele podia ter, dentro dele, uma mina explosiva que ficou esperando para estourar exatamente no dia da despedida, por obra do Espírito Santo ou do demônio. Então, é preciso estar atento até o fim, do começo ao fim da sessão, do começo ao fim do processo analítico, mesmo quando os dois chegam a um acordo realístico de que vão se separar.

Uma última coisa, e aí eu vou parar de falar para ouvir vocês. É a questão de superego. Junto com a expulsão e o estilhaçamento das memórias ideográficas, frequentemente, a área superegoica também é expulsa para a realidade externa. E a realidade externa, no consultório, frequentemente é o analista. De maneira que o analista necessita estar treinado para ter a capacidade de contenção, quando está identificado com um superego benigno e quando está identificado com um superego assassino, filicida, esterilizador e psicotizante. Muitas análises embatucam, ou ficam intermináveis, devido a um desejo nosso, do analista porque o paciente está fazendo o jogo dele, é um direito e é uma colaboração, para ver se o analista consegue conter as vivências paranoides ou de terror quando elas acontecem na análise. Embora eu esteja chamando isso de um problema de superego, poder-se-ia falar, igualmente, de uma análise funcionando a nível de idílio. E, vamos e venhamos, se há um crescente estilhaçamento dessas memórias ideográficas, a relação tende a ser só diádica.

Há camadas em que a pessoa não entra, ou entra apenas de maneira mutilada, em contato com as questões edípicas. Classicamente, no referencial de Melanie Klein, a questão edípica aparece próxima da posição depressiva, mas, se você tem esburacamentos e estilhaçamentos crescentes, ou ativos e fortemente ativos, então a situação do analista junto àquela pessoa é sempre uma situação de limites. Questões de *timing*, de percepção de quando surge o fenômeno paranoide na análise, de como é que se lida com isso no dia a dia. Eu penso que não é uma questão de idealizar o analista, porque o analista só é idealizado quando o analisando está perseguido. Espera-se que os analistas não precisem ser idealizados, se precisarem, paciência, problema de quem precisa. E é bom ele saber que, mais cedo ou mais tarde, vai ter que trabalhar a situação na área de terror, que é o que está, geralmente, subjacente à idealização. Como é que isso vai se fazer, cada um sabe a partir da própria experiência clínica, se o paciente virá ou não armado com um revólver.

(Intervalo)

A (Avelino Ferreira Machado Neto) – Agora, nós estamos abertos a discussão.

J – Eu gostaria de pedir que você voltasse ao que falou no início e falasse um pouco mais sobre estupidez mental. Eu queria saber como é que você conecta estupidez com a posição esquizoparanoide e com a posição depressiva.

T – Eu posso falar uma coisa? No *Rei Lear*, há um momento importante, quando ele quer que as filhas sejam mães, e não filhas. Então, Kent lhe diz que ele ficou velho, mas não ficou sábio. E o Rei Lear é um estúpido, ele quer ficar só com o bônus de ser rei, mas não quer o ônus.

J – A minha pergunta tinha um colorido diferente, porque eu estava pensando na estupidez mental como sempre implicando em destrutividade e ruptura da elaboração onírica, da memória ideográfica e do trabalho de sonho, não é isso? E a posição esquizoparanoide como estando muito próxima desse nível de destruição e, ao mesmo tempo, sendo a matriz energética de tudo. Portanto, quando é que a utilização da posição depressiva ou, principalmente, da posição esquizoparanoide implica estupidez, e quando implica em saída dessa estupidez, sabedoria?

S – Há várias questões muito intrincadas, aí, e vou começar por uma delas. O primeiro ponto: Freud sempre procurou se desvencilhar da ideia de uma visão filosófica do mundo para analistas. Ele foi bastante explícito em dizer que fugia de um senso de cosmovisão como o demônio foge da cruz. Ele evitava propostas que tendessem a levar à qualificação de certas virtudes, ou de certas qualidades, que pudessem rapidamente se transformar numa ideologia, que é o funcionamento mais paranoico que existe. Isso era o que ele mais temia vindo do campo da filosofia. Outro ponto para se ter presente é a não saturação da mente, isto é: quando um analista se torna muito satisfeito consigo próprio, pode-se esperar que, a partir daí, as qualidades analíticas dessa pessoa vão começar a entrar em deterioração.

Um dos nossos problemas de estupidez é que nós, frequentemente, transformamos propostas boas e significativas em soluções estereotipadas ou rígidas – essa é uma artimanha do nosso funcionamento psicótico. Bion propõe que um analista tem de, até o fim da vida, continuar tentando vir-a-ser-analista. Aí não há nenhuma jogada ideológica, a meu ver. Eu, às vezes, gosto de trazer essa situação para mais perto do cotidiano. Esse chamado O, que algumas pessoas tendem a colocar unicamente dentro do vértice místico da realidade última, por exemplo. Às vezes, precisamos tentar fazer pequenos exercícios de microscopia, e isso tem de ser feito fora de situação de análise.

Vamos tomar uma situação que é relativamente simples, mas que, na verdade, é muito complexa: é muito diferente, para uma mulher, biologicamente, psicossomaticamente mãe, ser mãe de um feto – porque, a partir do momento em que ela gera dentro de si um bebê, ela é uma mãe – de ser mãe de um recém-nascido, depois ser mãe de um bebê que chora a cada três ou quatro horas, ou ser mãe de um bebê que tem terror noturno, depois ser mãe de uma menininha ou de um menininho de dois anos, depois ser mãe de uma adolescente, ser mãe de uma moça que se forma em uma universidade ou que está trabalhando numa fábrica, ou que está num curso de pós-graduação, ou ser mãe de uma mulher que se tornou mãe, ou de um homem que se tornou pai. A rigor, se esse "ser mãe" for entendido como uma qualidade "mãe", ela não vai deixar de ser mãe, mas a questão é se ela está disposta a continuar a aprender a ser mãe até o fim da vida. Isso também se aplica a ser pai, ou ser filho. Eu posso aprender a ser filho da minha mãe quando ela é quase que bondade pura. Será que eu consigo aprender a ser filho da minha mãe quando ela está psicótica, ou quando ela está tendo quadros de deterioração? É um aprendizado, se eu quiser continuar a aprender. Qual é a condição de permeabilidade que nos permite continuar a aprender as vivências emocionais da realidade onde estamos inseridos, no contexto em que estamos? Oportunidades de desenvolver maturidade, suponho que todos nós temos, o dia inteiro, desde a hora de acordar até a hora de dormir. Se eu, como analista, supuser que vou exercer essa função só enquanto estou no meu consultório, vou estar ficando estúpido ou supondo que é possível ter um *splitting* bem organizado. Quanto a isso, eu também não tenho nada nem a favor nem contra, nem digo que sou assim ou não sou assim. Nós estamos conversando a respeito de estupidez e de sabedoria.

Outra questão, face à pergunta que foi feita: quando estudamos como essa questão se articula com a dinâmica das posições, eu diria que a articulação é que, desde o momento em que nascemos até o momento em que morremos, nós temos um sentimento de Solidão. Uma certa crítica que se poderia fazer a Melanie Klein é que ela lidou com esse sentimento do ponto de vista da patologia, nos estados esquizoides, nos estados melancólicos ou nos estados maníacos. Winnicott vai valorizar a capacidade de a pessoa ser só e vai fazer observações extremamente pertinentes sobre a situação de uma criança com a mãe, ou de uma criança com outra criança. Bion também chama atenção para o fato de que nós somos sós e, no entanto, tão dependentes um do outro, por toda a vida, diante do nascimento, diante da doença. Por mais que você vele por uma pessoa a quem quer bem, ou por mais que outra pessoa vele por você, há sentimento de solidão. Se não prestarmos atenção suficiente à coisa chamada posição depressiva, que tem a ver com a capacidade de autoconsciência da pessoa em relação à própria vida, vamos nos meter na vida de outras pessoas, onde não deveríamos nos meter. E também vamos permitir que algumas pessoas venham "meter o nariz" na nossa vida, onde elas não deveriam. Então, sentimento de solidão não é um defeito, é inerente ao ser humano, é uma qualidade.

Acontece que, às vezes, em nível de pedagogia e em nível de alguns tipos de estupidez, se supõe que ficar sozinho é muito perturbador. Com isso, não se permite a uma criança, ou a um adolescente, ou a um adulto, ficar sozinho em algumas situações, o que é lamentável. Porque ficar sozinho, às vezes, é um privilégio. Não é porque há más companhias, ou por medo de que o outro me contagie, mas por uma questão até de sanidade. Por quê? Porque sabemos que fazemos análise exatamente para tornar a nossa convivência conosco mesmos mais tolerável, mais confortável. Porque se eu não estiver relativamente confortável e harmonioso comigo mesmo, pode chegar a criatura mais linda e harmoniosa do mundo que não vai ser suficiente. E se essa criatura que chega achar que vai conseguir me fazer conviver harmoniosamente com ele ou com ela, ou vai ter de me dar cocaína ou vai ter de virar cocaína. Se a pessoa tiver desejo de ser minha missionária, ou meu missionário, eu também não tenho nada a opor, mas se eu estiver bem acordadinho, não vou me permitir, nem vou querer, ser missionário da outra pessoa. Pelo menos enquanto eu estiver bem acordado.

Então, um dos tipos de estupidez que existe é forçar, em certas situações, em nome da necessidade de a pessoa estar bem socializada, que ela esteja sempre em companhia de alguém. Isso se chama promiscuidade. Há uma escritora, chamada Marguerite Yourcenar. Foi publicado um livro com entrevistas que ela deu, chamado *De olhos abertos*. Nesse livro, há um capítulo, que se chama "Da solidão para ser útil", em que isso de que estamos falando é tratado de uma outra maneira. Freud já dizia que a análise necessita ser desenvolvida dentro de privação e privacidade. Todo mundo sabe isso de cor e salteado, faz parte da técnica psicanalítica. Mas não é uma questão de técnica psicanalítica, porque, na verdade, a técnica psicanalítica em si não existe. O que existe é uma pessoa chamada analista que está ali com você e que se supõe que tenha tido um treinamento, aprendido teoria e técnicas analíticas. Mas, que isso não é o fundamento da análise, todos nós sabemos muito bem. O que não quer dizer que eu não vá ter de fazer cursos de T1, T2 e o "diabo a quatro". Porque, se quero ser médico, se quero ser cirurgião, eu vou ter de aprender a dissecar, tenho de saber fazer microscopia, tenho de ler tratados sobre esses assuntos. Mas, certamente, não é isso que vai resolver o meu problema na relação direta com a minha analisanda.

Bom, eu estou procurando chamar a atenção para as ciladas que, para nós, são as mais frequentes, embora não sejam as únicas. Em particular, tenho de conseguir ser uma companhia suficientemente satisfatória para mim mesmo. Eu penso que a função da análise é, dentro do possível, me tornar mais consciente do que acontece comigo, dos meus sonhos, das minhas ideias, dos chamados pensamentos inconscientes, dos sonhos que foram enxertados em mim pelos meus pais, pelos meus avós, pelos meus bisavós, por toda a situação em que vivi, ou vivo ainda, seja na Sicília, no Brasil, em São Paulo ou em Maceió. Supõe-se que o objetivo é fazer com que eu me reaproprie da minha consciência de *self*. Bonita essa palavra, não é? *Self*. Mas *self* quer dizer si mesmo. Porque, felizmente, ou infelizmente, não dá para eu ser outra pessoa que não seja eu mesmo. Nenhum de vocês imagina que vai poder ser alguém que não si mesmo.

Então, a primeira estupidez seria tentar ser o que não se é. A "não estupidez" é tentar saber quem sou e como vou me harmonizar com essa pessoa. É isso que Bion, de uma maneira mais elegante, quer dizer com *at-one-ment*. É eu me casar comigo mesmo. Agora, é como o casamento: a pessoa não está casada só porque um dia disse: "Prometo não sei o quê, não sei o que lá, na vida e na morte". O casamento é no dia a dia. O nosso casamento conosco mesmo também é no dia a dia. Com o seu analisando ou a sua analisanda, também não é no dia a dia? Com a sua mulher, também não é no dia a dia? Vai ver que é por isso que investimos tanto para tentar conhecer quem é essa ilustre criatura que merece muito respeito, primeiro de nós mesmos. Eu tenho que me considerar, ter auto--respeito pelos meus chamados talentos, pelas minhas qualidades negativas, pelos meus aspectos benignos, pelos meus aspectos malignos. Se isso for possível, talvez eu vá fazer menos transferência em cima das pessoas, menos identificação projetiva, talvez eu vá ficar menos persecutório e menos reivindicador. Atualmente, estou aprendendo a linguagem do menos. Talvez menos otimista, também, e, para dar uma "colher de chá" para o nosso amigo Freud, mais realista. Vocês lembram o que ele dizia que acontece quando vamos ficando mais realistas? Você se sente expulso da casa do seu Pai Eterno. Expulso. Para viver a sua vida.[3]

---

[3] Nota do autor após leitura do texto: penso que nessa configuração estejam contidas questões nucleares de identidade de cada analista e pessoa e que irão requerer precisa e fina elaboração para diferenciar invariantes e resistências a mudanças psíquicas.

— Eu estava andando outro dia na praia e vi umas pegadas. Era o meu mestre que havia passado por ali.

— Ah, era o seu mestre?

— Era, era a minha mestra, a Virgínia Bicudo, que tinha passado por lá, e eu queria seguir as pegadas dela, ou as do Bion.

— Pode seguir, mas você sabe que quem vai por o pé lá é você, não é? E tem uns buracões lá que talvez não existissem no tempo dela. E tem uns bichos, também, uns bichos-grilos que também não tinham, os da época dela eram diferentes. Olha bem onde é que você anda.

— Mas eu já sou analisado.

— Ah, você já é analisado?! Tem um S de Super-Homem por baixo da camisa? E aí você acha que pode meter a cara em qualquer lugar que vai se sair sempre bem? Porque é analisado, nunca vai correr risco de psicose? Cuidado quando você for tomar vinho em algum lugar, pode ter ali uma mulher que não goste muito que você tome vinho.

— Ah, mas isso é inveja.

— É, pode ser inveja, mas também pode ser estupidez. Eu também preciso ver a estupidez do outro.

Mas não eu. Eu sou inglês! Fiz vinte anos de análise com Melanie Klein, nunca que eu vou cometer uma estupidez!

Isso é estupidez. É claro que eu vou admirar aquela pessoa, e vou observá-la, também. Mesmo que ele seja o meu melhor amigo, ou a minha melhor amiga, vou continuar observando, mesmo que ela tenha trinta anos de análise. Porque, mesmo assim, ele(a) pode psicotizar. Vocês lembram que Bion nos dizia que o que separa a nossa sanidade da nossa psicose é um fio de cabelo, para quem ainda tem cabelo. Vincent van Gogh, por exemplo, pintava coisas maravilhosas, mas, quando teve uma ruptura dos mecanismos criativos que o permitiam pintar, ele decepou uma orelha e depois se matou. Se você for, para alguém, a pessoa que está sendo o melhor amigo, ou a melhor amiga, a melhor mulher que aquela pessoa jamais encontrou, pode ser que ela comece a achar que você manda mensagens telepáticas com orgasmos e comece a telefonar para você de madrugada. Quer dizer, a qualidade de "não estupidez" é um senso de observação contínua a respeito de onde se está, no contexto em que se está e do que está acontecendo. E o funcionamento psicótico, nosso e do outro, vai exatamente tentar destruir essa capacidade de observação, de atenção e de interpretação. Não foi à toa que Bion deu a um de seus últimos livros o nome de *Atenção e interpretação*. Espera-se que isso não fique apenas na capa do livro. Bion, provavelmente, não quis ficar só na capa, ou ser só *capo*,[4] para não ser "descapado". Então, a psicose é para ser levada a sério.

Recentemente, saiu uma biografia do Charcot, chamada *Monsieur Charcot de la Salpêtrière*, de Jean Thuillier. Charcot era uma pessoa muito interessante e carismática. Eu estava interessado em encontrar alguns elementos para descobrir o que atraiu Freud em Charcot. Freud, com trinta anos de idade, foi para a Salpêtrière e ficou seis meses como estagiário de Charcot. Charcot foi uma das pessoas que mais se revoltou contra as vivissecções de animais em experimentos, algumas inúteis. Na casa dele, ele tinha um burrinho, uns bichos de que ele gostava e, para a minha surpresa, um macaco. Uma das fotografias que o livro traz mostra o Charcot

---

[4] Em italiano, *capo* significa chefe [N.E.].

aconchegando um macaquinho dentro do casaco. E descobri que aquela macaca, de nome Zibidie, tinha sido presente de D. Pedro II, que era uma das pessoas que frequentavam Charcot. Aí, eu pensei: "Que coisa interessante. Se eu conseguir cuidar do meu macaco, ou da minha macaca, dessa maneira, já imaginou que maravilha?". Então, se aparecer uma pessoa que é um macaco, eu vou tratá-la ou como eu fui tratado ou como eu introjetei aquele tratamento. Supõe-se que uma das funções da análise é nos ensinar a lidar com os nossos bichos. Isso, sem nenhuma ingenuidade, porque tem uns bichos com os quais não dá para brincar e nem cabem dentro do casaco e estão *splitados* lá no Himalaia, como o "Abominável Homem das Neves". Esses, quando começam a poder aparecer nos sonhos, já está muito bom.

Nesse pequeno depoimento da Marguerite Yourcenar sobre solidão, o entrevistador, que também é um escritor, pergunta a ela qual a função de quem escreve. E ela responde: é tentar ser útil. Porque, às vezes, nós escrevemos para tentar escandalizar as pessoas. Mencionando um livro que havia escrito, chamado *Souvenirs pieux* (Lembranças piedosas), a respeito do massacre de elefantes na África, ela diz que, se conseguir fazer com que um leitor, um homem rico e desocupado, depois que ler esse livro, deixe de matar um elefante, o livro já está justificado. Ou se uma madame não quiser mais usar bugigangas de marfim, o livro já está justificado. E nós, analistas, que escrevemos, ou que fazemos análise, ou que damos supervisões, como vamos realizar e ver o nosso papel sem ficarmos excessivamente sobrecarregados por essas responsabilidades? Supõe-se que a função analítica seja a função de desenvolver respeito por realidades, internas e externas, e se supõe que a nossa área psicótica odeie senso de realidade, interno ou externo. O que precisamos é de um estado de atenção chamado prudência. Prudência não quer dizer paranoia, prudência quer dizer prudência. Se bem que Kernberg dizia que seria interessante se os analistas desenvolvessem "uma certa paranoia saudável" o que, provavelmente, no Brasil, seria chamado de "desconfiômetros ligados", mesmo nos casamentos mais felizes e harmoniosos, nas famílias que estão vivendo maravilhosamente bem. Não que se deva desconfiar de que aquilo não é real, o que não se deve fazer é usar aquilo para desligar a capacidade de observar, pensar, sentir, prestar atenção. Porque, se eu deixar cair o cachimbo, depois vou ter que ir buscar o cachimbo, se der.

Falando da distinção entre *ação* e *acting out*, Bion trata da questão de uma maneira mais explícita, mostrando quando a ação está voltada para o fenômeno da estupidez. Ele chama a atenção para os vínculos negativos, quando há, na relação da pessoa com ela própria, ou da pessoa com outra pessoa, o que ele chama de "negativação de vínculo": des-conhecimento, des-amor, des-ódio. É interessante pensar em des-ódio. Porque o ódio é um vínculo poderoso. E há analistas que acham que odiar é um grande pecado. Não é. Não é nem grande pecado nem grande virtude, é uma condição humana. Havia um analista que dizia: "Vamos investigar, até as últimas consequências, na contratransferência, a capacidade que o analista tem de odiar o analisando", era Winnicott. Mas há analistas que, quando sentem que estão odiando, entram em pânico. Ah, não pode? Não pode odiar, tem de ser sempre benigno, tem de ser sempre bom, sempre amoroso, só aprendeu a amar. E na hora em que começa a odiar, odeia feito um bicho louco. Primeiro porque nunca fantasiou até onde pode chegar o seu ódio. Às vezes, com nossos pacientes, é bom nós perguntarmos até onde o ódio pode chegar. Quando um sujeito começa a dizer que odeia a sogra, porque ela está dando muito palpite na vida dele, você diz:

— Sim, é um sentimento que existe, experiência de vida. E aí?
— Porque provavelmente o sujeito imagina que não é para odiar a sogra que fica enchendo o saco. — Ah, você odeia? E aí?

— E aí o quê?

— E quando você odeia, o que acontece?

— Não acontece nada, eu só odeio.

— E você nunca pensou em alguma ação, em alguma fantasia, quando você odeia a sua sogra?

— Não, até hoje nunca pensei, só odeio.

Mas tem gente que vai mais adiante:

— Realmente, de vez em quando, lá nuns pesadelos, eu já fiz picadinho dela.

— Picadinho? E aí? — Bem, aí você vai ver se ele é Jack, o Estripador. — Então, vamos levar adiante. E aí? Que mais?

— Chega, chega!

Você não está induzindo nada. Você pode perguntar a uma mulher que diz que odeia tanto o marido, que tem vontade de assassiná-lo, por que, então, ela ainda vive com ele. "Não sei, nunca pensei nisso, ainda". Quer dizer, não sabe porque não assassina, ou porque não vai embora. E pode ser que a pessoa aí comece a perceber: "Ah, até que ele tem umas qualidades...". Aí vai sair uma conversa. Essa é uma questão que algumas pessoas entenderam mal na proposta de Bion e do próprio Freud, quando eles diziam que a análise visa tornar consciente o que era inconsciente. E depois que você tornou consciente o que era inconsciente, o que acontece? Não é para dar uma de lacaniano, ou "sacaneano", dar um "pé na bunda" do sujeito e mandar ele embora. Não, agora, vamos fazer a análise do consciente. Você tem de fazer análise do consciente, é isso que me parece, se eu não estiver muito equivocado, que Bion chamava de análise do real, ou análise real, que não quer dizer análise verdadeira. Não é isso. É análise do real, para você levar adiante, agora que você sabe o que sente, os seus pensamentos inconscientes.

Freud disse: "Você não chamou os seus fantasminhas? Eles estão aí. Agora você sabe". E agora? Agora, vai começar a análise do consciente. Mas há analistas que não querem fazer a análise do consciente. Eles provocam o *insight* e põem o sujeito para fora. Primeiro, temos de ter certeza de que o sujeito não vai abortar o *insight*. Porque pode ser um *insight* magnífico, mas pode ser um *insight* doloroso. É como gravidez. Eu tenho um amigo que fazia psicoterapia e, numa sessão, começou a contar uma historinha dessas de fazer inglês ficar babando. E o psicoterapeuta foi em cima, feito uma espada "zás!", e acertou. Cinco minutos de jogo, 1x0. Sabe o que o meu amigo fez? Se levantou do divã, cumprimentou o terapeuta e disse: "Por hoje, estou satisfeito. O senhor merece o que fizeram com o Pelé, no Maracanã: uma placa. Gol de placa. Até amanhã. Porque, se com cinco minutos de sessão, o senhor me pega assim, é porque o senhor é mesmo uma maravilha. *Ciao, bello*". Depois, ele voltou. Então, não é uma questão de o analista simplesmente tornar consciente o que é inconsciente, ele tem de continuar a acompanhar o que acontece depois. Provavelmente, é por isso que cada sessão de análise dura cinquenta minutos.

Outro dia, eu estava conversando com uma colega que tem uma experiência de análise lacaniana e disse para ela que tinha vontade de conversar com alguém que tivesse lidado com Lacan, mas não no tempo em que ele estava querendo mandar gente embora bem depressa para por mais gente e "fazer" mais dinheiro, essas coisas que se ouve por aí. Eu queria saber, exatamente, o que ela pensava sobre essa questão. E ela me respondeu: "Sapienza, preste atenção. Pode ser que essas histórias que correm, esse folclore, tenham até algum fundamento. Mas nunca ocorreu a você, em algumas situações, diante de um analisando, quando se chega a uma determinada situação extremamente complexa e delicada, perceber que tanto você quanto o analisando começam a querer banalizar a relação, para estragar? Você não teve vontade, nessa hora, de mandar a pessoa para casa?" Então eu me despedi dessa pessoa e fiquei pensando: vai ver que o que nós podemos desenvolver é o direito de ficar em silêncio. Não por vingança, mas para não banalizar a relação. Isso tem relação com a questão da solidão. E com a questão de desarmar, dentro do que é possível, a negativação. Às vezes, não estamos atentos para a questão da negativação, nós pensamos só em termos de negação. Não. Há uma atividade psicótica, em nós mesmos e nos nossos analisandos, que se chama negativação daquilo que se constrói. Vácuo ativo, para levar tudo para mais além do brejo. Então, quando encontramos, em Freud e em outros analistas significativos, a tentativa de colaborar para que o analisando seja a melhor companhia para si mesmo, é dentro dessa dinâmica de transferência. Não é uma questão filosófica que está na estratosfera, não.

N (José Vieira Nepomuceno) – Você falou do O enquanto microscopia. Nós poderíamos pensar nisso nesse sentido, também?

S – Eu penso que sim e, provavelmente, aí vai entrar uma série de outras qualidades ligadas à tolerância. Que é diferente de conformismo. Há pessoas que dizem: "Eu sou uma pessoa muito tolerante", quando o que estamos observando é que ela é uma pessoa que baixa muito a guarda, mas que, quando levanta a guarda, sai de perto. Isso tem a ver com conluio, com cumplicidade, às vezes até com medo da própria violência, com ausência de condição de pensar essas questões, de trabalhar analiticamente. E, em nós próprios, também temos de fazer essa diferenciação. Isso não é uma coisa desconhecida de nenhum de nós, porque, se voltarmos para o texto de Freud, vamos nos lembrar de que o que a área psicótica menos quer é trabalho mental. É um convite permanente para não haver mudança. Instinto de morte. E todos nós virarmos poeira cósmica antes do tempo, e a psicanálise virar uma coisa inerte, inofensiva, merecendo talvez ir para o limbo, que é para onde vão os anjinhos antes de nascer. Essas são as questões: a dinâmica de ousadia e prudência.

P (Patrícia Tamm Rabello) – Você falou dessa expressão de Bion, *at-one-ment*, como um casamento consigo próprio. Na quarta-feira, nós estávamos discutindo exatamente isso. É uma espécie de trocadilho com *atonement*, que significa expiação. Como você vê a relação entre um casamento consigo próprio e uma expiação, que eu não sei se tem um sentido depressivo de reparação? Mas essas duas coisas estão ligadas nessa expressão. Como é que você vê essa ligação?

S – Eu, às vezes, costumo ir fuçar algumas coisas, é um jeito de ser. Fui examinar essa questão do *atonement*, a que você se refere, e descobri que essa palavra tem um outro significado. Vocês sabem que Bion sofreu uma influência religiosa inicialmente por parte da babá, por parte da Índia toda ligada ao budismo. E ele sofreu também uma influência muito grande dos huguenotes, que é um sub-ramo calvinista. Em alguns textos, isso aparece com bastante clareza. Esse *atonement* quer dizer "redenção". Os kleinianos falam disso de outra maneira, eles falam de "reparação". Então, na religiosidade, esse sentimento de redenção tem a ver com capacidade de prevalência aos fenômenos de reparação na área em que lidamos com nossa atividade predadora, seja em nível de fantasia, seja em nível de realidade, com o mundo interno e com o mundo externo. Se nos prendermos ao sentido expiatório do termo, caímos em algo penitencial, ligado mais à culpa de base persecutória.

Outra questão que ainda temos muito de pesquisar é a religiosidade do analisando. Que Deus está existindo ali? Esse Deus exige, a cada vez que há contato com culpa, expiação, esperança, reparação, restauração, e que tipo de restauração? Esse era um dos problemas principais do trabalho de Melanie Klein em análises de crianças. Quando a criança começava a reparar, nos níveis de posição depressiva, o que ela reparava primeiro: o próprio *self* ou o objeto externo? Vai ver que é por isso que muitos de nós fomos ser médicos, psicólogos, professores. Será que é para começar lá fora ou será que começa quando colocamos nos doentes, nos psicóticos, pedaços nossos? Daí, por um caminho tortuoso, uma pessoa resolve: "Ah, eu acho que eu vou fazer formação. A Virgínia Leone Bicudo vem mesmo para cá... Quem sabe?". No fundo, em algum nível, nós todos precisamos de um álibi para estarmos em análise. No dia em que não precisarmos mais de álibi, já imaginou como vai ser bom? Muitas pessoas que fogem de análise vão poder ir, sem achar que vão ter de expiar alguma coisa. Mas fica essa questão: qual o preço que admitimos pagar para cultivar a prevalência de posição depressiva uma vez que totalidade, provavelmente, só depois da morte. É por isso que algumas pessoas fazem uma cura total: se matam.

Há várias formas de expiação. E há religiões que são muito cruéis. Se você estuda a história das religiões, vê que há religiões que admitem e exigem sacrifícios humanos, de crianças, princesas, velhos. Quem falava muito da necessidade de os analistas estudarem história das religiões era Meltzer. Quando perguntaram a ele qual equipamento é necessário, além de um bom treinamento analítico, para se lidar com autistas, ele respondeu: "estudar os modelos da história das religiões". Há religiões de vários tipos: as religiões dos melancólicos, as religiões dos maníacos, as religiões dos paranoicos. Aí Bion, como era danadinho, em um de seus últimos livros, chama um sacerdote de Ur para dialogar com um analista. E o sacerdote pergunta: "E vocês, analistas, em que vocês acreditam? Será que vocês continuam acreditando, como Freud, que 'a religião é sempre uma neurose obsessiva?'" Por que será que

Bion escreveu isso? Quando ele diz assim: "os analistas, para terem condição de investigar, precisam amar a verdade", é religião, isso? Os cientistas têm essa religião, também? Se entendermos religião dentro do seu sentido etimológico, temos re-leitura, ou re-ligação. Nós estamos sempre lidando com *splittings*, com pedaços nossos perdidos, espalhados. Quem acha que já está inteiro, totalmente inteiro...

Vocês conhecem aquela história do Scorcese, em *A última tentação de Cristo*? A brincadeira que ele faz com Lázaro? Cristo tinha ressuscitado Lázaro, que estava ainda meio esverdeado. Mas ele era testemunha de que Cristo era milagreiro e milagroso, que ele devolvia a vida. Então, vamos supor que eu sou Lázaro, que saí faz dois dias da tumba e estou bebendo um copo de vinho no sol da Palestina num banco de jardim. E chegam um fariseu e um saduceu que vieram liquidar a prova do milagre. E perguntam a Lázaro, que está tomando vinho com uma cara de quem não está gostando nada: "Você, que já esteve do lado de lá e agora está do lado de cá (fazia um sol magnífico, e Lázaro estava tomando vinho), diga-nos o que é melhor, lá ou aqui?" E Lázaro responde: "Tanto faz". "Então volta para onde você estava".

Se você não valoriza a ressuscitação dos objetos internos... Porque a questão é, também, dos objetos internos. Um dos problemas da área psicótica é o do maltrato dos objetos internos, não só dos objetos externos. Como é que eu cuido da minha mãe interna? Não só daquela minha mãe, lá do passado, a mãe histórica. Ou do meu pai interno? Ou dos meus filhos internos, dos meus irmãos internos? Não é só para ficar lendo Melanie Klein e dizer: "Que interessante, a húngara! Ela fala umas coisas engraçadas. Que o bebezinho tem inveja e admiração do útero e da mente da mãe e de tudo que ela contém. Interessante. Quando tiver prova de Melanie Klein, eu sei de cor. Até vou dar aula de Melanie Klein".

7. Psicanálise: realidade interna e realidade externa[1]

I. Introdução

Este trabalho examinará primeiramente, desde o vértice de Psicanálise, quatro grupos de *fatores de personalidade do analista* vinculados a *equipamento metodológico*, que dão suporte básico, na prática clínica, ao vir a tornar possível a *discriminação*, a *interação* e a *correlação* entre *realidade interna e externa*.

Passarei sucintamente à apresentação desses quatro grupos de fatores:

1. A cada sessão, o analista deve *experenciar dor mental*, sendo capaz, ao mesmo tempo, de manter *fluidez de pensamento inconsciente de vigília*;

---

[1] Sapienza, Antonio. *Psicanálise*: realidade interna e realidade externa. Marília: Núcleo de Psicanálise de Marília e Região, 1995. 10 p. (Apresentado em: Encontro Psicanalítico da Comissão do Interior, 1, São Paulo, 22-24 set. 1995). Lo: WS828.

2. A *elaboração de sonho alfa* (*dream-work*-α) (10) será realizada pelo analista, operando *mudanças psíquicas*, no campo de interação bipessoal, capazes de gerar *aprendizagem emocional*, *ligada intimamente* à experiência da sessão em andamento;

3. O analista deve saber *preservar, cultivar* e *desenvolver* equipamento de *"pensamentos-sonhos"*;

4. O analista deve *"sonhar"* a sessão analítica: sua *capacidade intuitiva bem treinada* será seu *sustentáculo*.

Na segunda parte desse trabalho, reapresentarei o modelo mítico da "Cova da Morte do Cemitério Real de Ur", inicialmente exposto por Bion em "A grade" (1964) (8) e retomado pelo mesmo autor em sua primeira conferência em São Paulo (1973) (7).

Penso que uma leitura reflexiva e crítica desse modelo possa ter efeitos altamente salutares para nós, os analistas, aguçando ainda mais a importância dos quatro grupos de fatores examinados na primeira parte deste artigo "Psicanálise: Realidade Interna e Realidade Externa".

II. Experiência de "dor mental e fluidez do pensamento inconsciente de vigília"

> "O médico considera o reconhecimento da doença subordinado à cura. A opinião do psicanalista está expressa na carta, de 21 de setembro de 1758, do Dr. Samuel Johnson a Benet Langton" (in "Life of Samuel Johnson", escrita por James Boswell, advogado e biógrafo escocês).
>
> "Se ver a vida *como ela é* nos dará muita consolação, eu não sei; mas o *consolo que deriva da verdade*, se há algum, é sólido e durável; aquele alívio que provém do *erro* é, como sua fonte, *enganoso e fugaz*".
>
> Bion, W. R. – "A medicina como modelo", Capítulo 2 (6) *(tradução livre do autor)*

O estado de mente ideal do analista, na sessão de análise, deve permitir *amplo contato com dor mental*, dentro das vivências de oscilação das posições esquizoparanoide e depressiva (PS ↔ D), viagem cotidiana da parceria que *exigirá o exercício* das virtudes de *paciência, perseverança* e *segurança* do analista na *manutenção da fluidez da capacidade de pensamento inconsciente em vigília*.

O suporte dessas condições mentais do analista tem forte conexão com a *libertação máxima* do analista de *escotomas* e *obstruções psicopatológicas* (daí se pode avaliar a extrema *importância* da sua *análise pessoal*), essa liberdade interna dependerá do *cultivo de disciplina mental* consigo mesmo e da *realização* de experiência metodológica de "*opacificação*" de memórias, teorias e desejos, visando à ampliação de receptividade e continência, em níveis mais profundos, às comunicações de fantasias e ideias inconscientes do analisando. A atenção flutuante do analista acompanhará as associações livres do analisando.

A *capacidade de tolerar dor mental*, sem dela se evadir, está na sua essência diretamente *relacionada* às condições de *preservação* e *viabilidade* das matrizes do *pensamento primitivo*, ou seja, fantasias inconscientes e preconcepções. As mesmas contêm violência emocional e, *livres de onipotência*, são potencialmente capazes de se tornarem "civilizadas". O teor qualitativo e quantitativo dessas matrizes do pensamento é protegido pela barreira de contato, de cujo estado dependerão: a maior ou menor fluidez e prontidão da *intuição inconsciente*, bem como o grau de *precisão* e *adequação* da *capacidade de observação* do analista face à experiência emocional em curso, junto ao analisando.

Aí está a garantia do caminho de dupla-mão de direção "consciente ↔ inconsciente" (mente de duplo trilho), que irá permitir adequada correlação entre pensamento-sonho (C), preconcepção (D) e pensamento conceitual (F), sem precipitações interpretativas, nem saturação mental ou bloqueios psicossomáticos do analista.

III. Elaboração de sonho alfa e aprendizagem da experiência emocional

> "De fato, a **consciência** de uma realidade externa depende da **habilidade** de a pessoa em ser lembrada de uma realidade interna. Desse modo, a relação entre a realidade interna e a realidade externa é **semelhante** à relação entre a **preconcepção** e a **realização** que a aproxima.
> É **reminiscente** da teoria das formas de Platão."
> Bion, W. R. – "Transformations", (4) – p. 86
> (tradução livre do autor)

Está subentendida nessa proposição de Bion, acima citada, o valor da função de *rêverie* (5) do analista; a mesma se apoia e se nutre das reservas de determinados *elementos mentais*, elementos alfa, diretamente envolvidos na elaboração de sonho alfa ["Dream-work-α" em "Cogitations" (10) p. 62], com o auxílio dos quais se torna possível a *aprendizagem da experiência emocional e a expansão da vida e da realidade psíquica*. Sem a *suficiência* de concurso dos elementos alfa, passa a haver predominância das *ameaças de empobrecimento mental e morte psíquica*: concretismo, onipotência, onisciência, fanatismo, rigidez e estreitamento mental, com ávida dependência do mundo sensorial e sua fenomenologia: mais frequente alucinose, vida de *acting out*, miséria mental, estupor e megalomania.

Devemos ter em mente a dupla função da barreira de contato (2) na modulação entre consciente e inconsciente:

1. Proteger o inconsciente dos excessos de estímulos provenientes da realidade externa, que poderiam levar à danificação das matrizes de fantasias inconscientes bem como a seu tamponamento e impermeabilização, na fenomenologia de robotização;

2. Regular a velocidade e o caráter não maciço das identificações projetivas do mundo inconsciente em direção à realidade externa impedindo desse modo, o escoamento invasivo e os efeitos inundantes do inconsciente na realidade externa, com os consequentes fenômenos de confusão, vivências delirantes, estranhezas e crises de despersonalização.

A linguagem verbal usada pelo analista será expressão direta do *estado da barreira de contato* de seu *aparelho psíquico* no contato com seu analisando.

IV. *Cultivar e preservar equipamento mental para provisão de pensamentos-sonhos*

> "*Possivelmente, possa parecer a você que nossas teorias são uma espécie de mitologia e, no caso presente, uma que é, além do mais, desagradável. Mas, no final das contas, não é cada ciência um tipo de mitologia como esta? O mesmo não pode ser dito hoje de sua própria física?*".
>
> *(Freud, S. – "Por que a guerra?" – Correspondência Einsten e Freud, 1933 [1932] p. 211 (14))*
>
> *(tradução livre do autor)*

Penso que a ênfase que Bion confere à *investigação psicanalítica*, privilegiando o vínculo K na procura do desconhecido, do infinito (K → O), propicia o uso da Psicanálise, enquanto Sistema Dedutivo Científico, com libertação de rigidez e dogmatismo. Ao mesmo tempo, favorece o exercício da prática psicanalítica com frescor e vitalidade, enquanto método vivo de sondagem dos estratos mais primitivos da vida mental humana.

A flexibilidade instrumental da Psicanálise e, em outras palavras, a *não ossificação* da mesma, sem falso ecletismo, poderá ser ampliada em razão de os analistas respeitarem a forte interdependência entre o pensamento mítico (categoria C) e seu evolver em pensamento científico (categorias F, G e H).

Esquematicamente: C ↔ F, G, H.

Nesse momento, gostaria de retomar recente depoimento de Karl R. Popper (16):

> *A ciência avança de modo a verificar ideias, imagens do mundo.* ***A ciência provém do mito.*** *Vê-se isso muito nitidamente nos primitivos cientistas, designadamente*

nos primitivos filósofos gregos, nos filósofos pré-socráticos que eram ainda muito influenciados pela formação dos mitos. As interrogações que põem são, porém, inteiramente racionais. Por interrogações racionais entendo interrogações orientadas para a verdade. (p. 33)

É interessante levar em conta as inter-relações entre *"mito, sonhos e pensamento inconsciente"*, a ponto destes serem colocados por Bion na mesma categoria C do eixo genético da Grade (3).

Em *"Cogitations"* (10) (p. 181), são destacadas as seguintes *funções do pensamento inconsciente de vigília*:

a. habilidade para *elaborar* e *usar pensamentos-sonhos* (Categoria C da grade);

b. capacidade para *memória* (*notação*);

c. uso de todas as *funções* do Aparelho Psíquico, que Freud sugere vir-a-existir com a dominância do *Princípio de Realidade*.[2]

V. O analista deve "sonhar" a sessão analítica: sua capacidade de intuição será seu sustentáculo

"A memória-sonho é a memória da realidade psíquica e constitui o cerne da análise".
(Bion, W. R. – "The mystic and the group", p. 70)(6)

O *analista* deve manter-se *acordado* e *exercer* a função de *"sonhar"* a sessão; para tanto, deve estar *satisfeito* em relação às suas *necessidades de sono*. A emanação, em sua tela mental, de *analogias* ou *pensamentos "como se"* fornecerá substrato ao analista para o

---
[2] Ver as principais funções psíquicas tratadas por Freud (12): sensopercepção, consciência, memória, atenção, indagação, ação e pensamento.

evolver da experiência emocional, uma vez que essas *memórias--sonhos* poderão ser utilizadas com discernimento em suas *formulações verbais*.

Espera-se que a análise do analista lhe tenha permitido realização de boa parte de seus "mitos pessoais". Assim, ressalte-se que a função alfa estará a serviço da fabricação de "*mitos*", agora na experiência com o analisando, e que esses "*sonhos*" devam ser *definidos* e *comunicáveis*, devendo ainda ter algumas qualidades de *senso comum*, bem como também de *não-senso-comum*. ("Cogitations" (10), 186).

Poder-se-ia localizar a função alfa em uma espécie de fronteira viva, "que parece ser o lugar onde se forma o pensamento, como uma crista de montanha, que parece ser o berço da formação das nuvens". ("Las estructuras mentales escondidas" (1) p. 7-21).

Exercícios de releitura de experiência analítica (portanto, *fora da sessão de análise*), à luz de *elementos míticos*,[3] servem de *reparação* e revigoramento da *intuição do analista*. ("Cogitations" (10), p. 240).

Assim, por exemplo, a quase destruição de *linguagem de compreensão* (ou de êxito) em *uma sessão*, ou *período de sessões*, pode ser correlacionada aos ataques e castigos de uma deidade enciumada, atenta a estabelecer e a desenvolver a confusão das línguas entre as pessoas interessadas em edificar uma nova cidade... O mesmo modelo, Torre de Babel, pode ser útil na compreensão das intermináveis controvérsias e lutas entre os representantes das chamadas "escolas" psicanalíticas.

---

[3] Mito: narração fantástica de deuses e heróis, que pertence ao patrimônio cultural de um povo. Fundado sobre uma tradição oral ou escrita, tem geralmente um estreito vínculo com a religião, formando a razão de crenças, tabus e ritos. Frequentemente, constitui um suporte (base) do sistema social e uma chave explicativa de fenômenos da natureza (Enc. Zanichelli, p. 1178).

O próprio *conceito* é considerado metaforicamente por Bion como "*uma cavidade ou fossa onde o pensamento está enterrado*" (9) p. 44.

VI. "A Cova da Morte do Cemitério Real de Ur: Primeira cena: Cerimonial do Enterro (3500 a.C) Segunda cena: Saque (3000 a.C)"

> "A menos que a psicanálise desenvolva uma técnica análoga à Arqueologia, nós não conseguiremos conhecer o que acontecia nos corações e nas mentes das pessoas que pertenciam à corte de Ur, cidade de Abrahão, quando elas caminharam para dentro da Cova da Morte, tomaram sua poção de haxixe e foram enterradas vivas".
>
> *(Bion, W. R. – "A Grade") (8)*

Pensando na importância de ilustrar exercício psicanalítico que vise *dotar* e favorecer o *armazenamento* de elementos alfa, sob forma de *pensamentos visuais inconscientes, sonhos e mitos* (10) (p. 238), decidi reapresentar as duas cenas destacadas por Bion em sua descrição da "*Cova da Morte do Cemitério Real de Ur*", acompanhadas por elementos de leitura e reflexão pessoal. Convido o leitor a levar em conta os quatro grupos de fatores psicanalíticos já expostos.

Essa narrativa é escolhida por suas vívidas *qualidades pictóricas* (categoria C da grade) e também por adequar-se na prática psicanalítica a servir como um *constructo*.[4] Compartilha com os bem-conhecidos *mitos de Édipo*, do *Jardim do Éden*, da *Torre de*

---

[4] Constructo: é um esquema arbitrário e fictício, não inferido da experiência (como é a hipótese). Ainda que não constitua uma verdadeira imagem do estado real de coisas, satisfaz à imaginação humana e suscita investigações posteriores (p. ex., os átomos em física) (Dicionário de Filosofia dirigido por Dagobert Runes, Ed. Grijalbo – Barcelona – 1969).

Babel e *da Morte de Palinuro* (Virgílio, *"Eneida"*, Livro VI) as qualidades de pensamentos-sonhos; Bion os utiliza à maneira de um *elenco de painéis*, que compõem uma galeria mítica disponível para as funções de *rêverie* do analista.

Em 1927 e 1928, Sir Charles Leonard Woolley (1880-1960), com 47 anos, entregava-se a escavações na *cidade de Ur*, a lendária pátria do patriarca Abrahão, atual cidade de Al-Muqayyar, no Iraque. Durante cerca de *doze anos*, realizou a descoberta dos túmulos reais, numa área sagrada, o *Cemitério de Ur*, cujos inícios datam de 3500 a.c. Dentre mais de um milhar de túmulos desse período primitivo, apenas *dezesseis* eram túmulos reais.

Expedições conjuntas do *Museu Britânico* e do *Museu da Universidade da Pensilvânia* prosseguiram esses trabalhos.

À maneira de uma *fábula*, Bion nos conta a história do Cemitério Real de Ur, valendo-se de um artifício, o *hiato de tempo de mais ou menos quinhentos anos*. Destaca duas cenas ricas de imagens pictóricas: a primeira corresponde ao *enterro* do rei (ano 3500 a.C.) e a segunda relaciona-se ao *saque do túmulo real* (ano 3000 a.C.).

PRIMEIRA IMAGEM VISUAL: O CERIMONIAL DO ENTERRO NA COVA DA MORTE DO CEMITÉRIO REAL DE UR (3500 a.C.)

Na *morte do rei*, cavava-se um grande poço, a *Cova da Morte*, cujo acesso se fazia por uma rampa inclinada. No poço, construía-se um túmulo e para lá se levava o corpo do rei morto, cercado de oferendas, bem como de dois ou três criados mais chegados, que eram mortos para continuar a servir ao soberano.

No cerimonial, estava incluída *uma procissão* formada por todos os nobres da corte do monarca; esses vestiam-se com suas roupas mais elegantes e enfeitavam-se com suas joias mais esplendorosas. Caminhavam, com acompanhamento musical e danças, em direção ao fundo desse poço.

Nesse ritual religioso, cada nobre servia-se de uma *pequena taça* que continha *narcótico*, possivelmente *haxixe*; a seguir, deitavam-se e adormeciam. E, de cima, os sacerdotes e os acólitos jogavam sobre eles a terra tirada do poço, sepultando os adormecidos e a câmara mortuária. A seguir, a terra era espezinhada, tornando-se um novo piso e ficando, assim, o lugar preparado para um futuro cerimonial. Desse modo, o preenchimento do poço se fazia através de um processo relativamente lento, por estádios (11) (p. 234).

Presume-se que a *magia* tenha conseguido *santificar* o lugar escolhido, o depósito do *lixo da Cidade*, encobrindo os *despojos reais* e também ocultando o ponto de vista segundo o qual os despojos humanos não passavam de imundície. Paradoxalmente, a sacralização do lugar atraiu os que procuravam onde descansar sua própria "imundície" morta, porém em ambiente revestido de propriedades mágicas. Assim, o lugar santificado foi, em função de outros enterros, perdendo seu caráter sagrado e se vulgarizou.

SEGUNDA IMAGEM VISUAL: "O SAQUE DA TUMBA REAL (3000 a.C.)"

Cerca de quinhentos anos mais tarde, *sem qualquer publicidade*, uma *procissão muito diferente* aconteceu no mesmo lugar: as tumbas passaram a ser *saqueadas*, a partir da terceira Dinastia.

Os ladrões de túmulos reais *ousaram* enfrentar os *medos* ligados aos *"espíritos da Morte"* e às fantasmagóricas *"sentinelas dos mortos"*, implantados pelos poderes da Religião de Ur. Dessa maneira, conseguiram *roubar os tesouros escondidos* em um *lugar custodiado por espíritos malignos e ameaçadores*.

Os saqueadores de tumba podem ser considerados, por sua coragem e curiosidade em obter lucros, no decorrer de sua aventura, como os *precursores da ciência*, no domínio mais usualmente deixado sob a guarda dos *tabus da Magia, Religião e Morte*.

Bion nos propõe essa reconstrução como uma *transformação arqueológica* das expedições iniciadas por Sir Leonard Woolley e, a seu ver, a mesma permite esboçar um *amplo território emocional*, com o que os psicanalistas *têm de lidar*, em termos *romanticamente primitivos* e em *estado de condensação*: constructos.

Em "*The future of an illusion*" (13), Freud considera a *crença em Deus* uma *ilusão* e, simultaneamente, não tem dúvidas sobre a *realidade da ilusão*: as "*crenças*" e as "*ilusões*" devem ser tomadas de modo sério pelos psicanalistas. Tendo em vista esse pano de fundo, Bion pensa que a *interpretação de onipotência é particularmente infeliz*, pois se *opõe à construção*, além de *reduzir* a conjunção constante *desamparo-onipotência* ao simples termo onipotência.

VII. Considerações finais

Voltando ao mito da "Cova da Morte", caberiam algumas perguntas:

1. Qual é o *preço* que se paga para *entrar* no *Cerimonial de Ur*? Quão poderosa deve ser a *força emocional, cultural e religiosa* a ponto de conseguir *impor* a um *grupo de pessoas* um *curso de ação* bem definido em conduzir os *nobres enlutados à sua morte*, sem aparente oposição? (Em 18 de novembro de 1978, na Guiana, cerca de 900 seguidores do Reverendo Jim Jones, líder do Templo do Povo, morreram em um ritual de suicídio coletivo: mais uma demonstração do poder da Religião, Ritual, Magia e Drogas.)

2. Se *uma criança* (e a Psicanálise ainda está em sua infância) faz alguma coisa *tão perigosa* a ponto de *perder sua vida*, é correto afirmarmos que é *ignorância*? Ou será mais apropriado afirmar a *existência* de impulsos dinâmicos *que a levam à sua morte*?

3. Deveríamos estar atentos em considerar nossa hierarquia "religiosa" suficientemente acordada quanto aos riscos de nos tornarmos descendentes espirituais da Religião dos sacerdotes de Ur?

4. O grupo do enterro real parece ter, um a um, tomado uma droga narcótica antes de serem enterrados vivos: o *haxixe*. Não estaria agindo em suas mentes *alguma força mais potente que a própria droga*, ainda antes da morte do monarca, selando seus corações em um *pacto mortífero*?

5. Qual teria sido a *droga* usada pelos saqueadores da tumba real? A curiosidade? A coragem e a sede de lucros? Opõe-se à hostilidade e à onipotência de qual deidade?

6. Qual a *prospecção de saúde* requerida para desafiar aquelas *forças assassinas*, a fim de superar os terrores que habitavam a "Cova da Morte"?

7. Como os ladrões chegaram a penetrar através de túneis e passagens tão estreitas na terra com tal precisão e encontrar também a tumba da rainha? Foi sorte?

8. Deveríamos erguer monumentos aos saqueadores da Tumba Real como Pioneiros da Ciência, tão científicos como nossos cientistas? Ou deveríamos considerar boa parte dos cientistas de hoje como merecedores de injúrias por sua cupidez?

9. Na medida em que o "*ato de fé*" do psicanalista é, em cada sessão, a busca de desenvolvimento de mais experiência e conhecimento, será essa "Religião": "*Amor à Verdade*" suficiente para impedir que a "Psicanálise se transforme em novo *ópio do povo?*"

10. O ideal de "cura definitiva e segura" não seria também, para os psicanalistas, um *pacto suicida* ou, pelo menos, um *convite* à *aposentadoria precoce* (ou seja a condição de ficarmos "*enterrados vivos*")?

Penso que o *preço da liberdade é, e deva continuar a ser, a eterna vigilância*, a fim de preservarmos a luta pela *vitalidade da Psicanálise* contra os *riscos de sua reificação ritualística*.

Finalizo essa exposição tomando de empréstimo a abertura do capítulo 5 "Escher ou la fascination du sans fonde", onde Murielle Gagnebin (15) nos propõe o seguinte:

> *Encarniçados em fazer recuar, o mais longe possível, os limites da* **figurabilidade**, *os artistas reencontram os psicanalistas preocupados em acompanhar seu paciente às fronteiras do analisável. Mas, neste esforço para mais representação, a lucidez, cá e acolá, encontra uma força contrária que parece crescer no mesmo ritmo que a expressão, como se o ideal preciso de figuração engendrasse um princípio adverso.*

> *Intimamente empenhados pelo delicado problema da exposição de um dizer sempre fugidio, Estética e Psicanálise parecem assim, cada qual à sua maneira, colocadas em desafio face ao* **irrepresentável**. *(Tradução livre do autor).*

Bibliografia

1. BION, TALAMO P. Las Estructuras Mentales Escondidas. *Rev. Psicoanalisis APdeBA*, Vol. XVI n° l, 1944, p. 7-21.

2. BION, W. R. *Learning from Experience*. London: Heinemann Ltd., 1962.

3. _____. *Elements of Psychoanalysis*. London: Heinemann Ltd., 1963.

4. _____. *Transformations*. London: Heinemann Ltd., 1965.

5. _____. *Second Thoughts*. London: Heinemann Ltd., 1967.

6. _____. *Attention and Interpretation*. London: Tavistock Ltd., 1970.

7. _____. *Bion's Brazilian Lectures N° 1 São Paulo*. Rio de Janeiro: Imago, 1973.

8. _____. *Two Papers: "The Grid and Caesura"*. Rio de Janeiro: Imago, 1977.

9. _____. *The Dream vol. I - "Memoir of the Future"*. Rio de Janeiro: Imago, 1977.

10. _____. *Cogitations*. London: Karnac Books, 1992.

11. CERAM, C. W. *O Mundo da Arqueologia*. São Paulo: Cia. Melhoramentos, 1970. (Ver "Os Túmulos Reais de Ur", Charles Leonard Woolly, p. 233-237).

12. FREUD, S. Formulations on Two Principles of Mental Functioning. *Standard Edition*, Vol. XII. London: Hogarth Press, 1911.

13. _____. The Future of an Illusion. *Standard Edition*, Vol. XXL London: Hogarth Press, 1927.

14. _____. Why War? *Standard Edition*, Vol. XXII. London: Hogarth Press, p. 211. (Einstein and Freud) - 1933 (1932).

15. GAGNEBIN, M. *Pour une Esthetique Psychanalytique.* Paris: P.U.F., 1994.

16. POPPER, K. *Sociedade Aberta, Universo Aberto.* Lisboa: Publicações Dom Quixote, 1991.

8. Aprendizagem da experiência emocional na sessão analítica: trabalho de sonho alfa (*dream-work-α*)[1]

I. Introdução

O presente texto é, em boa parte, uma retomada do artigo "Psicanálise: realidade interna e externa" apresentado em setembro de 1995 no 1º Encontro Psicanalítico do Grupo de Psicanálise de Marília.

Em sua essência, dirige-se aos analistas com experiência clínica e destaca as qualidades básicas do equipamento analítico que permite "sonhar" a sessão em andamento na sala de análise.

No prefácio à segunda edição (1908) da *Interpretação dos sonhos* (1900), Freud declara como significado subjetivo desse texto magistral: sua reação à morte de seu pai, que considera a mais

---

[1] Sapienza, Antonio. Aprendizagem da experiência emocional na sessão analítica: trabalho de sonho alfa. *IDE*, v. 30, p. 100-8, 1997.

pungente perda da vida de um homem. Nas páginas iniciais desta obra, através de um trecho da *Eneida*, livro VII (Virgílio) "*Flectere si nequeo superos, Acheronta Movebo*"² Freud acentua sua proposta de buscar, atravessando turbulências, e resgatar os desejos mentais rejeitados pelas agências mentais mais elevadas e que, recalcados, esses desejos-sonhos perturbam o submundo (Inconsciente), "querendo" encontrar uma escuta.

Esse trabalho examinará primeiramente, desde o vértice de psicanálise, quatro grupos de *fatores de personalidade do analista* vinculados a *equipamento metodológico*, que dão suporte básico, na prática clínica, ao vir a tornar possível a *discriminação*, a *interação* e *correlação* entre *realidade interna e externa*, tendo em vista a aprendizagem da experiência emocional junto ao analisando.

Passarei sucintamente à apresentação desses quatro grupos de fatores:

1. A cada sessão, o analista deve *experenciar dor mental*, sendo capaz, ao mesmo tempo, de manter *fluidez de pensamento inconsciente de vigília*;

2. A *elaboração de sonho alfa* (*dream-work-*α) (10) será realizada pelo analista, operando *mudanças psíquicas* no campo de interação bipessoal, capazes de gerar *aprendizagem emocional*, ligada intimamente à experiência da sessão em andamento;

3. O analista necessita saber *preservar*, *cultivar* e *desenvolver* equipamento de "*pensamentos-sonhos*";

4. O analista deverá "sonhar" a sessão analítica: sua *capacidade intuitiva bem treinada* será seu sustentáculo.

---

² Na tradução da Eneida (de Tassilo Orpheu Spalding, Ed. Abril, 1983), "se não posso dobrar os deuses do Olimpo, revolverei o Acheronte".

Na segunda parte desse trabalho, é reapresentado o modelo mítico da "Cova da Morte do Cemitério Real de Ur", inicialmente exposto por Bion em "A Grade" (1964) (8) e retomado pelo mesmo autor em sua Primeira Conferência em São Paulo (1973) (7). São destacados como constructo[3] duas imagens visuais: 1) O cerimonial do Enterro na Cova da Morte Real de Ur e 2) O Saque da Tumba Real (3000 a.c).

Penso que uma leitura reflexiva e crítica desse modelo possa ter efeitos altamente salutares para nós, os analistas, aguçando ainda mais a importância na prática clínica, da observação microscópica dos quatro grupos de fatores examinados na primeira parte deste artigo.

II. Experiência de "dor mental e fluidez do pensamento inconsciente de vigília"

"O médico considera o reconhecimento da doença subordinado à cura. A opinião do psicanalista está expressa na carta, de 21 de setembro de 1758, do Dr. Samuel Johnson a Benet Langton (in "Life of Samuel Johnson", escrita por James Boswell, advogado e biógrafo escocês):

"Se ver a vida como ela é nos dará muita consolação, eu não sei; mas o consolo que deriva da verdade, se há algum, é sólido e durável; aquele alívio que provém do erro é, como sua fonte, enganoso e fugaz".

Bion, W. R. – "A medicina como modelo", Capítulo 2(6)
(tradução livre do autor)

---

[3] Constructo: é um esquema arbitrário e fictício, não é inferido da experiência (como é a hipótese). Ainda que não constitua uma verdadeira imagem do estado real de coisas, satisfaz à imaginação humana e suscita investigações posteriores (p. ex., os átomos em Física) (Dicionário de Filosofia dirigido por Dagobert Runes, Ed. Grijalbo – Barcelona – 1969).

O estado de mente ideal do analista, na sessão de análise, deve permitir *amplo contato com dor mental*, dentro das vivências de oscilação das posições esquizoparanoide e depressiva (PS ↔ D), viagem cotidiana da parceria que *exigirá o exercício* das virtudes de *paciência, perseverança* e *segurança* do analista na manutenção da fluidez da *capacidade de pensamento inconsciente em vigília*.

O suporte dessas condições mentais do analista tem forte conexão com a *libertação máxima* do analista de *escotomas* e *obstruções psicopatológicas* (daí se pode avaliar a extrema importância da sua análise pessoal); essa liberdade interna dependerá do cultivo de *disciplina mental* consigo mesmo e da realização de experiência metodológica de "opacificação" de memórias, teorias e desejos, visando à ampliação de receptividade e continência, em níveis mais profundos, às comunicações de fantasias e ideias inconscientes do analisando. A atenção flutuante do analista acompanhará as associações livres do analisando.

A *capacidade de tolerar dor mental*, sem dela se evadir, está na sua essência diretamente relacionada às condições de *preservação* e *viabilidade* das matrizes do *pensamento primitivo*, ou seja, fantasias inconscientes e preconcepções. Estas contêm violência emocional e, *livres de onipotência*, são potencialmente capazes de se tornarem "civilizadas". O teor qualitativo e quantitativo dessas matrizes do pensamento é protegido pela barreira-de-contato (2), de cujo estado dependerão: a maior ou menor fluidez e prontidão da *intuição inconsciente*, bem como o grau de *precisão* e *adequação* da *capacidade de observação* do analista face à experiência emocional em curso, junto ao analisando.

Aí está a garantia do caminho de dupla-mão de direção "consciente ↔ inconsciente" (mente de duplo trilho), que irá permitir adequada correlação entre pensamento-sonho (C), preconcepção

(D) e pensamento conceitual (F), sem precipitações interpretativas nem saturação mental ou bloqueios psicossomáticos do analista.

III. Elaboração de sonho alfa e aprendizagem da experiência emocional

"De fato, a consciência de uma realidade externa depende da habilidade da pessoa em ser lembrada de uma realidade interna. Desse modo, a relação entre a realidade inferna e a realidade externa é semelhante à relação entre a preconcepção e a realização que a aproxima. É reminiscente da teoria das formas de Platão."

Bion, W. R. – "Transformations" – p. 86 (4)

(tradução livre do autor)

Está subentendida nessa proposição de Bion, acima citada, o valor da função de *rêverie* (5)[4,5] *do analista;* a mesma se apoia e se nutre

---

[4] A função de Rêverie do analista: tem características de acolhimento empático e detoxicante semelhante ao "olhar materno"; consente ao paciente "espelhar-se" no analista, em área relacional, deixando na sombra toda ambição simpaticamente "humanista": permite que o analista apresente ao analisando o que acredita "ver", sem medo. Através da compaixão e verdade oferece recursos para reparar os danos do pensar do paciente (angústias impensáveis) nas vivências de terror-sem-nome.

[5] "Rêverie": a) Em uma visita a Nemours, em 1844, Victor Hugo saiu ao crepúsculo para ir ver alguns arenitos bizarros. Vem a noite, a cidade se cala, onde está a cidade? "Tudo isso não era uma cidade, nem uma igreja, nem um rio, nem cor, nem luz, nem sombra: era rêverie. Permaneci muito tempo imóvel, deixando-me docemente penetrar por esse conjunto inexprimível, pela serenidade do céu, pela melancolia da hora. Eu não sei o que se passava em meu espírito e não poderia dizê-lo, era um desses momentos inefáveis, onde se sente no próprio ser algo que adormece e algo que desperta". b) Em "O Homem que Ri", Victor Hugo escreve: "O mar observado é uma rêverie" (citação de Bachelard, Gaston in "La Poétique de la Rêverie", P.U.F. – 1993).

das *reservas de determinados elementos mentais,* elementos alfa, diretamente envolvidos na elaboração de sonho-alfa ("dream-work--alfa" em "Cogitations" (10) – p. 62), com o auxílio dos quais se torna possível a *aprendizagem da experiência emocional* e a *expansão da vida* e *da realidade psíquica*. Sem a *suficiência* de concurso dos elementos-alfa, passa a haver predominância das ameaças de *empobrecimento mental* e *morte psíquica*: concretismo, onipotência, onisciência, fanatismo, rigidez e estreitamento mental, com ávida dependência do mundo sensorial e de sua fenomenologia: mais frequente a alucinose, vida de *acting out*, miséria mental, estupor e megalomania.

Devemos ter em mente a dupla função da barreira de contato (2), na modulação entre Consciente e Inconsciente:

1. Proteger o Inconsciente dos excessos de estímulos provenientes da realidade externa, que poderiam levar à danificação das matrizes de fantasias inconscientes, bem como a seu tamponamento e sua impermeabilização, na fenomenologia de robotização;

2. Regular a velocidade e o caráter não maciço das identificações projetivas do mundo inconsciente em direção à realidade externa impedindo, desse modo, o escoamento invasivo e os efeitos inundantes do Inconsciente na realidade externa, com os consequentes fenômenos de confusão, vivências delirantes, estranhezas e crises de despersonalização.

A linguagem verbal usada pelo analista será expressão direta do *estado da barreira de contato* de seu *aparelho psíquico* no contato com seu analisando.

IV. "Cultivar e Preservar Equipamento Mental para Provisão de Pensamentos-Sonhos"

> "Possivelmente, possa parecer a você que nossas teorias são uma espécie de mitologia e, no caso presente, uma que é, além do mais, desagradável. Mas, no final das contas, não é cada ciência um tipo de mitologia como esta? O mesmo não pode ser dito hoje de sua própria física?".
>
> (Freud, S. – "Por que a guerra?" – Correspondência Einsten e Freud, 1933 [1932] p. 211 (15))
>
> (tradução livre do autor)

Penso que a ênfase que Bion confere à *investigação psicanalítica*, privilegiando o vínculo K na procura do desconhecido, do infinito (K → O), propicia o uso da psicanálise, enquanto Sistema Dedutivo Científico, da libertação de rigidez e dogmatismo. Ao mesmo tempo, favorece o exercício da prática psicanalítica com frescor e vitalidade, enquanto método vivo de sondagem dos estratos mais primitivos da vida mental humana.

A flexibilidade instrumental da psicanálise e, em outras palavras, a *não ossificação* da mesma, sem falso ecletismo, poderá ser ampliada em razão de nós analistas respeitarmos a forte interdependência entre o pensamento mítico (categoria C) e seu evolver em pensamento científico (categorias F, G e H).

Esquematicamente: C ↔ F, G, H.

Nesse momento, gostaria de retomar recente depoimento de Karl R. Popper (1991) (18):

> "A ciência avança de modo a verificar ideias, imagens do mundo. **A ciência provém do mito**. Vê-se isso muito

nitidamente nos primitivos cientistas, designadamente nos primitivos filósofos gregos, nos filósofos pré-socráticos que eram ainda muito influenciados pela formação dos mitos. As interrogações que põem são, porém, inteiramente racionais. Por interrogações racionais entendo interrogações orientadas para a verdade." (p. 33)

É interessante levar em conta as inter-relações entre "mito, sonhos e pensamento inconsciente", a ponto destes serem colocados por Bion na mesma categoria C do eixo genético da Grade (3).

Em *Cogitations* (10) (p. 181), são destacadas as seguintes funções do *pensamento inconsciente de vigília*:

a. habilidade para *elaborar* e *usar* pensamentos-sonhos (categoria C da grade);

b. capacidade para *memória (notação)*;

c. uso de todas as funções do aparelho psíquico, que Freud sugere vir a existir com a dominância do Princípio de Realidade.[6]

V. "O analista deverá "sonhar" a sessão analítica: sua capacidade de intuição será seu sustentáculo"

"A memória-sonho é a memória da realidade psíquica e constitui o cerne da análise."

Bion, W. R. – "The Mystic and the Group", p. 70 (6)

O analista deve manter-se acordado e exercer a função de "sonhar" a sessão; para tanto, deve estar satisfeito em relação às suas

---

[6] Ver as principais funções psíquicas tratadas por Freud (1911): sensopercepção, consciência, memória, atenção, indagação, ação e pensamento.

necessidades de sono. A emanação, em sua tela mental, de *analogias* ou *pensamentos "como se"* fornecerá substrato ao analista para o evolver da experiência emocional, uma vez que essas *memórias-sonhos* poderão ser utilizadas com discernimento em suas *formulações verbais*.

Espera-se que a análise do analista tenha lhe permitido realização de boa parte de seus "mitos pessoais" (com ênfase nas vertentes positiva e negativa do Complexo de Édipo). Assim sendo, ressalte-se que a função alfa estará a serviço da fabricação de "mitos", agora na experiência com o analisando, e que esses "sonhos" devam ser *definidos* e *comunicáveis*, devendo ainda ter algumas qualidades de *senso comum*, bem como também de *não senso comum*. (10) (p. 186).

Poder-se-ia localizar a função alfa em uma espécie de fronteira viva, "que parece ser o lugar onde se forma o pensamento, como uma crista de montanha, que parece ser o berço da formação das nuvens" ("Las estruturas mentales escondidas" (1) (p. 7-21).

Exercícios de releitura de experiência analítica (portanto, fora da sessão de análise), à luz de elementos míticos,[7] servem de reparação e revigoramento da intuição do analista (10) (p. 240).

Assim, por exemplo, a quase destruição de *linguagem de compreensão* (ou de êxito) em uma sessão, ou um período de sessões, pode ser correlacionada aos ataques e aos castigos de uma deidade enciumada, atenta a estabelecer e a desenvolver a confusão das

---

[7] Mito: narração fantástica de deuses e heróis, que pertence ao patrimônio cultural de um povo. Fundado sobre uma tradição oral ou escrita, tem geralmente um estreito vínculo com a religião, formando a razão de crenças, tabus e ritos. Frequentemente, constitui um suporte (base) do sistema social e uma chave explicativa de fenômenos da natureza. (Enc. Zanichelli, p. 1178)

línguas entre as pessoas interessadas em edificar uma nova cidade. O mesmo modelo, Torre de Babel, pode ser útil na compreensão das intermináveis controvérsias e lutas entre os representantes das chamadas "escolas" psicanalíticas.

O próprio conceito é considerado metaforicamente por Bion como "uma cavidade ou fossa onde o pensamento está enterrado" (9) (p. 44).

O "sonhar do analista, em sintonia com a função alfa, garante a atenção flutuante contra parte das associações livres do paciente dando suporte a Transformações na direção do O da sessão em andamento.

VI. "A Cova da Morte do Cemitério Real de Ur: Primeira cena: Cerimonial do Enterro (3500 a.C) Segunda cena: Saque (3000 a.C)"

> *A menos que a psicanálise desenvolva uma técnica análoga à arqueologia, nós não conseguiremos conhecer o que acontecia nos corações e nas mentes das pessoas que pertenciam à corte de Ur, cidade de Abrahão, quando elas caminharam para dentro da Cova da Morte, tomaram sua poção de haxixe e foram enterradas vivas.*
>
> *(Bion, W. R. - "A Grade")(8)*

Pensando na importância de ilustrar exercício psicanalítico que vise dotar e favorecer o *armazenamento* de elementos alfa, sob forma de pensamentos visuais inconscientes, sonhos e mitos (10) (p. 238), decidi reapresentar as duas cenas destacadas por Bion em sua descrição da "Cova da Morte do Cemitério Real de Ur", acompanhadas por elementos de leitura e reflexão pessoal. Convido o leitor a levar em conta os quatro grupos de fatores psicanalíticos já expostos.

Essa narrativa é escolhida por suas vívidas *qualidades pictóricas* (categoria C da grade) e também por adequar-se na prática psicanalítica a servir como um *constructo*, tendo em vista especificações do trabalho analítico que lida com camadas catastróficas, que frequentemente subjazem ao sofrimento psicótico. Compartilha com os bem-conhecidos mitos de Édipo, do Jardim do Éden, da Torre de Babel e da Morte de Palinuro (Virgílio, *Eneida*, Livro VI) as qualidades de pensamentos-sonhos; Bion os utiliza à maneira de um *elenco de painéis*, que compõem uma galeria mítica disponível para as funções de *rêverie* do analista.

Em 1927 e 1928, Sir Charles Leonard Woolley (1880-1960), com 47 anos, entregava-se a escavações na cidade de Ur, a lendária pátria do patriarca Abrahão, atual cidade de Al-Muqayyar, no Iraque. Durante cerca de doze anos, realizou a descoberta dos túmulos reais numa área sagrada, o Cemitério de Ur, cujos inícios datam de 3500 a.C. Dentre mais de um milhar de túmulos desse período primitivo, apenas dezesseis eram túmulos reais.

Expedições conjuntas do Museu Britânico e do Museu da Universidade da Pensilvânia prosseguiram esses trabalhos.

À maneira de uma fábula, Bion nos conta a história do Cemitério Real de Ur, valendo-se de um artifício, o *hiato de tempo* de mais ou menos quinhentos anos. Destaca duas cenas ricas de imagens pictóricas: a primeira corresponde ao *enterro* do rei (ano 3500 a.C.) e a segunda relaciona-se ao *saque* do túmulo real (ano 3000 a.C.).

PRIMEIRA IMAGEM VISUAL: "O CERIMONIAL DO ENTERRO NA COVA DA MORTE DO CEMITÉRIO REAL DE UR (3500 a.C.)"

Na morte do rei, cavava-se um grande poço, a Cova da Morte, cujo acesso se fazia por uma rampa inclinada. No poço, construía-se um túmulo e para lá se levava o corpo do rei morto, cercado de oferendas, bem como de dois ou três criados mais chegados, que eram mortos para continuar a servir ao soberano.

No cerimonial, estava incluída *uma procissão* formada por todos os nobres da corte do monarca; esses vestiam-se com suas roupas mais elegantes e enfeitavam-se com suas joias mais esplendorosas. Caminhavam, com acompanhamento musical e danças, em direção ao fundo desse poço.

Nesse ritual religioso, cada nobre servia-se de uma *pequena taça* que continha narcótico, possivelmente haxixe; a seguir, deitavam-se e adormeciam. E, de cima, os sacerdotes e os acólitos jogavam sobre eles a terra tirada do poço, sepultando os adormecidos e a câmara mortuária. A seguir, a terra era espezinhada, tornando-se um novo piso e ficando, assim, o lugar preparado para um futuro cerimonial. Desse modo, o preenchimento do poço se fazia através de um processo relativamente lento, por estádios (11) (p. 234).

Presume-se que a Magia tenha conseguido *santificar* o lugar escolhido, o depósito do lixo da Cidade, encobrindo os despojos reais e também ocultando o ponto de vista segundo o qual os despojos humanos não passavam de imundície. Paradoxalmente, a sacralização do lugar atraiu os que procuravam onde descansar sua própria "imundície" morta, porém em ambiente revestido de propriedades mágicas. Assim, o lugar santificado foi, em função de outros enterros, perdendo seu caráter sagrado e se vulgarizou.

SEGUNDA IMAGEM VISUAL: "O SAQUE DA TUMBA REAL (3000 a.C.)"

Cerca de quinhentos anos mais tarde, *sem qualquer publicidade*, uma procissão muito diferente aconteceu no mesmo lugar: as tumbas passaram a ser *saqueadas*, a partir da terceira Dinastia.

Os ladrões de túmulos reais *ousaram* enfrentar os medos ligados aos "espíritos da morte" e às fantasmagóricas "sentinelas dos mortos", implantados pelos poderes da Religião de Ur. Dessa maneira, conseguiram *roubar os tesouros escondidos* em um lugar custodiado por *espíritos malignos e ameaçadores*.

Os saqueadores de tumba podem ser considerados, por sua coragem e curiosidade em obter lucros, no decorrer de sua aventura, como os *precursores da ciência*, no domínio mais usualmente deixado sob a guarda dos *tabus da Magia, Religião e Morte*.

Bion nos propõe essa reconstrução como uma *transformação arqueológica* das expedições iniciadas por Sir Leonard Woolley e, a seu ver, a mesma permite esboçar um *amplo território emocional*, com que nós psicanalistas temos de lidar em termos *romanticamente primitivos* e em *estado de condensação*: constructos.

Em *The future of an illusion* (14), Freud considera a crença em Deus uma *ilusão* e, simultaneamente, não tem dúvidas sobre a *realidade da ilusão*: as "crenças" e as "ilusões" devem ser tomadas de modo sério pelos psicanalistas. Tendo em vista esse pano de fundo, Bion pensa que a *interpretação de onipotência é particularmente infeliz*, pois se opõe à construção, além de reduzir a conjunção constante *desamparo-onipotência* ao simples termo onipotência.

VII. Considerações finais

Voltando ao mito da "Cova da Morte", caberiam algumas perguntas:

1. Qual é o *preço* que se paga para entrar no Cerimonial de Ur? Quão poderosa deve ser a *força emocional, cultural e religiosa* a ponto de conseguir impor a um grupo de pessoas um curso

de ação bem definido em conduzir os nobres enlutados à sua morte, sem aparente oposição? (Em 18 de novembro de 1978, na Guiana, cerca de 900 seguidores do Reverendo Jim Jones, líder do Templo do Povo, morreram em um ritual de suicídio coletivo: mais uma demonstração do poder de Religião, Ritual, Magia e Drogas.)

2. Se uma criança (e a psicanálise ainda está em sua infância) faz alguma coisa tão perigosa a ponto de *perder sua vida*, é correto afirmarmos que é *ignorância*? Ou será mais apropriado afirmar a existência de *impulsos dinâmicos* que a levam à sua morte?

3. Deveríamos estar atentos em considerar nossa hierarquia "religiosa" suficientemente acordada quanto aos riscos de nos tornarmos descendentes espirituais da Religião dos sacerdotes de Ur?

4. O grupo do enterro real parece ter, um a um, tomado uma droga narcótica antes de ser enterrado vivo: o haxixe. Não estaria agindo em suas mentes *alguma força mais potente que a própria droga*, ainda antes da morte do monarca, selando seus corações em um *pacto mortífero*?

5. Qual teria sido a *droga* usada pelos saqueadores da tumba real? A curiosidade? A coragem e a sede de lucros? Opõe-se à hostilidade e à onipotência de qual deidade?

6. Qual a *prospecção de saúde* requerida para desafiar aquelas *forças assassinas*, a fim de superar os terrores que habitavam a "Cova da Morte"?

7. Como os ladrões chegaram a penetrar através de túneis e passagens tão estreitos na terra, com tal precisão, e encontrar também a tumba da rainha? Foi sorte?

8. Deveríamos erguer monumentos aos saqueadores da tumba real como pioneiros da ciência, tão científicos como nossos cientistas? Ou deveríamos considerar boa parte dos cientistas de hoje como merecedores de injúrias por sua cupidez e conformismo resignado?

9. Na medida em que o "ato de fé" do psicanalista é, em cada sessão, a busca de desenvolvimento de mais experiência e conhecimento, será essa "Religião": *Amor à Verdade* suficiente para impedir que a psicanálise se transforme em novo "*ópio do povo*"?

O ideal de "cura definitiva e segura" não seria também, para os psicanalistas, um *pacto suicida* ou, pelo menos, um convite à *aposentadoria precoce* (ou seja, a condição de ficarmos "enterrados vivos")?

Penso que o *preço da liberdade é, e deva continuar a ser, a eterna vigilância,* a fim de preservarmos a luta pela vitalidade da psicanálise contra os riscos de sua *reificação ritualística* ousando também a dupla analítica entra em becos sem saída.[8]

Finalizo essa exposição tomando de empréstimo a abertura do capítulo 5 "Escher ou la fascination du sans fonde", no qual Murielle Gagnebin (16) nos propõe o seguinte:

---

[8] Em comunicação pessoal, Darcy Antonio Portolese (SBPSP) comenta o seguinte: "A questão da tolerância à dor mental, sem dela se evadir, parece-me uma matriz básica de onde poderá surgir significado, ou, a introjeção de um objeto que tolera a ausência de significado".

"Encarniçados em fazer recuar, o mais longe possível, os limites da figurabilidade, os artistas reencontram os psicanalistas preocupados em acompanhar seu paciente às fronteiras do analisável. Mas, neste esforço para mais representação, a lucidez, cá e acolá, encontra uma força contrária que parece crescer no mesmo ritmo que a expressão, como se o ideal preciso de figuração engendrasse um princípio adverso.

Intimamente empenhados pelo delicado problema da exposição de um dizer sempre fugidio, Estética e Psicanálise parecem assim, cada qual à sua maneira, colocadas em desafio face ao irrepresentável". (Tradução livre do autor).

Em sua introdução à edição italiana de "Trasmissione della Vita Psichica tra Generazioni" (17), Antonino Ferro e Anna Meregnani consideram que:

"[...] um trabalho autenticamente psicanalítico vem acompanhado da capacidade de ampliar o campo que investiga. Metapsicologicamente, não se transforma em uma gaiola que se opõe a novos conhecimentos, mas propicia uma estratificação de um saber que é continuamente recriado e vivificado na sala de análise, propondo-se também como trampolim de lançamento (saltos) para novas conceituações".

Bibliografia

1. BION, TALAMO P. Las Estructuras Mentales Escondidas. *Rev. Psicoanalisis APdeBA*, Vol. XVI n° 1, 1944, p. 7-21.

2. BION, W. R. *Learning from Experience*. London: Heinemann Ltd., 1962.

3. _____. *Elements of Psychoanalysis*. London: Heinemann Ltd., 1963.

4. _____. *Transformations*. London: Heinemann Ltd., 1965.

5. _____. *Second Thoughts*. London: Heinemann Ltd., 1967,

6. _____. *Attention and Interpretation*. London: Tavistock Ltd., 1970.

7. _____. *Bion's Brazilian Lectures N° 1 São Paulo*. Rio de Janeiro: Imago, 1973.

8. _____. *Two Papers: "The Grid and Caesura"*. Rio de Janeiro: Imago, 1977.

9. _____. *The Dream vol. I - "Memoir of the Future"*. Rio de Janeiro: Imago, 1977.

10. _____. *Cogitations*. London: Karnac Books, 1992.

11. CERAM, C. W. *O Mundo da Arqueologia*. São Paulo: Cia. Melhoramentos, 1970. (Ver "Os Túmulos Reais de Ur", Charles Leonard Woolley, p. 233-237).

12. FREUD, S. Interpretation of Dreams" *S.E.*, Vol. IV, London, Hogarth Press, 1900.

13. _____. Formulations on Two Principles of Mental Functioning. *S.E.*, Vol. XII. London: Hogarth Press, 1911.

14. _____. The Future of an Illusion. *S. E*, Vol. XXL. London: Hogarth Press, 1927.

15. _____. Why War? *S.E.*, Vol. XXII. London: Hogarth Press, p. 211. (Einstein and Freud) - 1933 (1932).

16. GAGNEBIN, M. *Pour une Esthétique Psychanalytique.* Paris: P.U.F., 1994.

17. KAËR, R.; FAIMBERG, H.; Enriquez, M.; Baranes, J.J. *"Trasmissione delia Vita Psichica* tra Generazioni. Roma: Ed. Borla, 1995.

18. POPPER., K. *Sociedade Aberta, Universo Aberto.* Lisboa: Publicações Dom Quixote, 1991.

9. Fotogramas de experiências emocionais do cotidiano e reflexões psicanalíticas[1]

I. Introdução

> "Eu diria que o que há de mais real no pensamento
> é o que não é nele imagem ingênua da realidade sensível;
> mas a observação, aliás precária e muitas vezes suspeita,
> do que se passa em nós nos induz a acreditar que
> as variações dos dois mundos são comparáveis;
> o que permite exprimir grosso modo o mundo psíquico
> propriamente dito por metáforas tiradas do mundo
> sensível, e particularmente dos atos e das operações que
> podemos efetuar fisicamente. Assim: pensamento,
> pesagem; apreender; compreender; hipótese; síntese etc."
>
> Paul Valéry, *Introdução ao método de Leonardo da Vinci*, p. 23 (8)

---

[1] Sapienza, Antonio. Fotogramas de experiências emocionais do cotidiano e reflexões psicanalíticas. In: *Núcleo de Estudos Psicanalíticos de Araçatuba*. Trabalhos Científicos. São Paulo: SBPSP, 1999. p. 55-60. (Apresentado em: Encontro do Núcleo de Estudos Psicanalíticos de Araçatuba, 1; São Paulo, março 1999). Lo: E100Araçatuba, 1999.

Este texto dirige-se aos psicanalistas contemporâneos com experiência de prática clínica. Sua fonte mais explícita é a do dia a dia da vida do presente autor, de onde foram extraídos, em diferentes épocas, cenas e recortes, dentro e fora de sessões analíticas, e que serão apresentados como um conjunto de fotogramas. O termo fotograma é emprestado de Bion (2b, p. 646), com a seguinte acepção: "um retrato analógico que registra fenômenos mentais como se vistos".

Assim sendo, será apresentada uma montagem de três fotogramas e, por ser privilegiada a lógica intuitiva, denomino-os fotogramas emocionais. A partir de cada um deles, desenvolvo um breve exercício desde o vértice estético-psicanalítico que visa à exposição de conjeturas emocionais e racionais, as quais virão acompanhadas de sucintas reflexões críticas e indagações, tendo em vista o tema "O papel do psicanalista na contemporaneidade" a ser debatido na presente mesa.

Penso que a seleção de fotogramas emocionais semelhantes, sendo acompanhados por disciplina de exercícios conjeturais, possa constituir uma fonte de renovação evocativa utilizável na manutenção e aprimoramento do instrumental e qualidades psíquicas relacionadas à função de *rêverie* do analista em sua prática clínica (6). Espero que esta escrita constitua um estímulo para uma fértil troca de ideias entre os analistas presentes e que a mesma possa ser tomada como um dos possíveis modelos de treinamento adequado para continuar a preservar hábitos mentais alcançados na análise pessoal. No entanto, correrá o risco de banalização se for tomada ao pé da letra, quer como um guia para piegas entretenimento onipotente, quer de autocomplacência narcísica ou de autotortura masoquista.

II. Primeiro fotograma: "passado presentificado"

"*Há exercícios penosos e, no entanto, em seu esforço se descobre encanto. Há como suportar coisas infames de forma nobre, e os atos mais mesquinhos nos podem conduzir a fins preciosos. Minha tarefa, sendo assim mesquinha, seria tão pesada quanto odiosa, não fosse a amada que me reanima e transforma em prazer o meu trabalho.*"

William Shakespeare, A tempestade, ato III, cena I, p. 93 (7)

Um grande amigo e sua esposa retornam ao Brasil após uma curta viagem ao exterior. Ao nos reencontrarmos aqui em São Paulo em um restaurante, descreve o reencontro carregado de fortes emoções junto à sua mãe recentemente viúva, brasileira que vivera alguns anos na Itália até os 15 anos. Sua mãe pergunta se lhe trouxeram fotos atuais das ruínas da antiga cidade de Pompeia, como lhe haviam prometido. Recebe com um sorriso efusivo as fotografias coloridas e dirige-se ao filho num tom indagativo, apontando para o chão de terra batida de um cenário, que contém ao fundo as formas serenas do vulcão Vesúvio, agora em repouso; podem ser também vistas estátuas de antigas divindades.

"Você observou se havia nesse chão pegadas de um par de sapatinhos de uma menininha junto às de um par de sapatos de um homem adulto?"

Sua resposta foi pronta e resoluta:

"Mas é claro! Como você imaginou que isso me passaria desapercebido?"

Ao que a velha senhora retruca com alegria:

"Eu sempre soube que você conseguiria encontrar algumas das marcas que meu pai e eu, então uma garotinha, deixamos lá, faz tantos anos, naquele passeio inesquecível de um dia tão belo e ensolarado."

Os olhos de meu amigo sorriam marejados de lágrimas. Continuamos a jantar e depois nos despedimos

Breves comentários: 1) poderíamos conjeturar que a mente humana se dispõe em camadas, qual *palimpsesto*; nelas estão registradas memórias ideoafetivas, bem como "restos e resíduos" de catástrofes mentais já acontecidas; 2) a permeabilidade para se lidar de modo criativo com as vivências de "*mudanças catastróficas*" guarda forte conexão com transformações do vir-a-ser quem se é, isto é, transformações em O (2a), tendo inevitavelmente para nós amplas e sérias implicações no que se relaciona à autenticidade e à sanidade mental.

III. Segundo Fotograma: "Fragilidade humana e cuidados realistas"

> "Sofia Opalski tem muitos anos, ninguém sabe quantos, ninguém sabe se ela sabe. Tem apenas uma perna, anda em cadeira de rodas. As duas estão bem gastas, ela e a cadeira de rodas. A cadeira tem parafusos frouxos e ela também. Quando ela cai ou quando cai a cadeira, Sofia chega, do jeito que der, até o telefone e disca o único número do qual se lembra.
> E pergunta, lá do fim dos tempos:
> — Quem sou?
> Muito longe de Sofia, em outro país, está Lúcia Herrera, que tem três ou quatro anos de vida. Lúcia pergunta, lá do princípio do tempo:
> — O que quero eu?"
>
> Eduardo Galeano, *As mulheres*, "Janela sobre as perguntas", p. 173 (4)

Uma querida amiga, um tanto hipocondríaca, voltando recentemente de férias, conta-me o seguinte episódio: estivera hospedada em um hotel à beira-mar e, então, estabelecera um relacionamento amistoso com uma hóspede, senhora judia-polonesa de aproximadamente 85 anos. Entre outras coisas, a amiga lhe contara ser sobrevivente de um campo de concentração nazista na II Guerra Mundial e que agora, ainda que sozinha, apreciava cada vez mais o que a vida tem lhe proporcionado. Numa fria manhã dessa temporada de julho, o Sol, ainda que fraco, se apresenta entre as nuvens; para sua surpresa, essa senhora idosa vai vestir o maiô mais que depressa e a convida para andarem pela areia dessa praia e "quem sabe molharem os pés descalços nas águas ligeiramente frias do mar". De início reluta, porém acaba por aceitar o convite e, nessa caminhada, ambas se comovem ao presenciar, bem ali pertinho, o aconchego que um bebê de mais ou menos quatro meses está recebendo de uma jovem mulher que suavemente sorri e, sentada, amorosamente o embala e o amamenta Em prolongado silêncio, o passeio das duas mulheres continuou.

Breves comentários: 1) o arco da vida se estende entre a cesura do nascimento e a cesura da morte, e, continuamente, se impõe para cada um de nós a conjunção constante *solidão e dependência*; 2) quem sabe se só poderemos desenvolver *sabedoria*, como antídoto às nossas apocalíptica tendência à estupidez, cegueira psíquica e onipotência, apenas enquanto houver humilde ousadia associada à paciente e perseverante busca que visa à ampliação de contínua aprendizagem face à inquietante colheita da desconhecida jornada de cada dia. Nesse sentido, cada sessão constitui uma situação privilegiada para serem testados e apurados os suportes humanos de *esperança e confiança na intimidade clínica* com cada analisando.

IV. Terceiro Fotograma: Simbolização Revitalizadora Versus Psicotização

> "Será que no cinema acrescento à imagem? Acho que não: não tenho tempo; diante da tela, não estou livre para fechar os olhos; senão, ao reabri-los, não reencontraria a mesma imagem; estou submetido a uma voracidade contínua, muitas outras qualidades, mas não **pensatividade**, donde o interesse, para mim, do fotograma."
>
> Roland Barthes, *A câmara clara*, p. 86 (1)

Na primeira entrevista para análise, um jovem executivo conta que, pela primeira vez, foi tomado por uma vivência terrorífica, ao assistir um filme com sua namorada. Desde então, vem sofrendo de insônia, prefere isolar-se e teme enlouquecer; com vivências de morte iminente, não consegue mais sair de casa, mostra-se extremamente assustado e carregado de desconfiança e suspeitas em relação a parentes e amigos, incluindo principalmente sua namorada.

O personagem, brilhante jovem e bem-comportado cidadão norte-americano, ao tomar um avião para um país do Oriente, amável e ingenuamente prestou-se a transportar um objeto para um desconhecido, que acabara de conhecer no aeroporto. Sua viagem a negócios se transforma num pesadelo a partir do momento em que é detido pela polícia e o objeto confiscado é aberto: nada mais é do que um pacote de haxixe. Nesse país, os traficantes de drogas são sumariamente condenados à prisão e a torturas sem fim, aguardando apenas a pena de morte. Assustou-se e muito com a dedicação da namorada, que, através de insistência, coragem moral e física, expõe-se até alcançar o prisioneiro, exibindo-lhe, através das grades, os seios belos e vivos, despertando-o momentaneamente de estupor e desespero.

Paradoxalmente, é com a visão da chegada desse tão promissor socorro que se instala de modo abrupto no entrevistando impregnante e violenta angústia, acompanhada de repulsa por si mesmo e pela namorada, com fortes ideias de só encontrar alívio pelo suicídio. Sua vida deixou de ser o que era, até então: um mar de rosas. Será que um filme é capaz de virar uma pessoa de cabeça para baixo? Não será apenas uma fraqueza momentânea, pois, até então, nunca se deixara impressionar por qualquer outro filme? Não adiantou ler livros de autoajuda. O tratamento por hipnose foi inútil. Pensou em frequentar um curso de neurolinguística. Quer ouvir o ponto de vista do psicanalista.

Breves comentários: 1) quando Freud nos fala em instintos de morte (destrutividade) em "Além do princípio do prazer" (3), abre o vasto campo para a investigação psicanalítica dos *vínculos negativos* que entretêm de modo clandestino a implosividade oculta de terrorismo mental, que tentará afastar com evasões o contato com dores mentais inevitáveis; 2) cabe uma pergunta: "Poderá a *linguagem do analista* revestida de *compaixão madura* e *sensibilidade empática* prestar-se para tratar a dor mental do analisando, possibilitando restauração de sua capacidade de pensar seu mundo interno, permitindo discriminar afetos e seus significados, tão frequentemente bloqueados, e tornados mais ainda inacessíveis pela fascinação cega por valores da moda e do consumismo, com a instalação progressiva da *orfandade do senso comum*?" (5).

V. Considerações Finais

Exercícios psicanalíticos, tais como a reflexão crítica aplicada a fotogramas emocionais extraídos do cotidiano, poderiam servir de instrumentos capazes de favorecer condições que atendam às nossas necessidades de dar continuidade à manutenção de nossa *forma analítica*?

Poderiam ser considerados válidos enquanto treinamento disciplinado que refine *suportes das funções analíticas de intuição, atenção e julgamento*, as quais requerem contínuo e delicado trato, mesmo após análise suficientemente bem-sucedida?

Sabemos que uma grande parte do que se trabalha em análise é a necessidade humana de atribuirmos culpa a outras pessoas por nossas dificuldades pessoais. Mesmo a captação e a evidência das chamadas reações contratransferenciais, implicando escotomas e *acting out* e requerendo, eventualmente, mais análise, podem servir como *"soluções"* que epistemologicamente não deveriam dispensar o estudo cuidadoso dos *problemas gerados pelas soluções propostas*; de um lado, pelas razões de não se poder estar ininterruptamente em análise pessoal, e de outro lado, por se perder a lúcida paixão por Psicanálise viva e inquietante transformando-a em trivial adição.

Referências bibliográficas

1. Barthes, Roland [1980] - "A Câmara Clara" - Ed. Nova Fronteira S.A. - Rio de Janeiro – 5ª Edição - 1984.

2. Bion, Wilfred R.:

a] 1965 - "Transformations"- W. Heinemann Medical Books Ltd. - London, p. 147;

b] 1991 - "A Key" in "A Memoir of the Future"- Karnac Books - London/ New York.

3. Freud, Sigmund [1920] - "Beyond the Pleasure Principle" - The Hogarth Press Ltd. - The Standard Edition - Vol. XVI - London.

4. Galeano, Eduardo - "Mulheres"- Col. L e PM Pocket, vol 20 - 1997 - Porto Alegre.

5. Grotstein, James S. - [1997] - Fearful symmetry and the calimpers of the infinite geometer. Journal of Melanie Klein and object relations, 15 [4], 631-646.

6. Sapienza, Antonio - "Aprendizagem da Experiência Emocional na Sessão Analítica: Trabalho de Sonho-Alfa" - IDE - SBPSP - Nov. 1997 - São Paulo.

7. Shakespeare, William [1611] - "A Tempestade "- Relume-Dumará - ed. bilíngue - Rio de Janeiro.

8. Valéry, Paul A. - [1919] - "Introdução ao Método de Leonardo da Vinci "- Ed. 34 - São Paulo - 1998.

10. O trabalho de sonho alfa do psicanalista na sessão: intuição-atenção-interpretação[1]

I. Introdução

Tomarei como ponto de partida a seguinte afirmativa: a psicanálise, juntamente com as artes, as ciências e as religiões, faz parte do *grupo de transformações* (1c), que permite contato, investigação e ampliação das representações da realidade psíquica, suportes para a vida de simbolização. A atividade clínica psicanalítica ocorre no campo de interação bipessoal e requer, além das condições mínimas de *setting*, um adequado equipamento mental do psicanalista.

---

[1] Sapienza, Antonio. O trabalho de sonho-alfa do psicanalista na sessão: intuição, atenção, interpretação. In: França, Maria Olympia de A. F., org; Thomé, Magaly da Costa Ignácio, org; Petricciani, Marta, org. *Transformações e invariâncias*: Bion - SBPSP: Seminários Paulistas. São Paulo: Casa do Psicólogo; SBPSP, 2001. p. 17-25. Publicado também em: Rev. Bras. Psicanál. v. 33, n. 3, p. 423-30, 1999.

Farei um exame microscópico das funções de intuição, atenção e interpretação, por julgá-las básicas como suporte arquitetônico do *trabalho de sonho alfa do analista* (5a), cujo funcionamento adequado garante e modula a passagem do mundo das vivências de realidade sensorial para o de realidade psíquica, transpondo as atividades resistenciais de *antipensamento*, entretidas por *vínculo -K* (1c).

Assim sendo, proponho como valores fundamentais para o psicanalista: intuição psicanaliticamente bem treinada, conjugada à capacidade de atenção a serviço de precisão na observação de realidade psíquica, devendo intuição disciplinada e atenção livre serem acompanhadas de interpretações verbais bem articuladas.

II. *Intuição psicanaliticamente bem treinada*

> "A negação, que está sempre ligada à ansiedade persecutória, pode sufocar sentimentos de amor e culpa, solapar simpatia e consideração com os objetos internos e externos, e perturbar a capacidade de julgamento e o senso de realidade."
>
> Melanie Klein, "Some reflections on 'The Oresteia'"
> [1963], p. 293 (4).

A sensibilidade imaginativa do analista está fortemente relacionada à sua capacidade de *rêverie* e, livre de bloqueios psicopatológicos, constitui *reserva mental*, natural e ecológica, útil tanto para acolher e desintoxicar conteúdos terroríficos que assolam o mundo interno do analisando quanto para dar ao terror-sem-nome significados emocionais revitalizadores, capazes de transformar violência emocional bruta em vigor. Poder-se-ia conjeturar: o "ver" relacionado à sensopercepção; o "rever", à memória-notação; e o "transver", que guarda íntima conexão com a atividade de *rêverie* e com a *memória-sonho* (1b).

Nesse sentido, a intuição do analista, em fina sintonia com as comunicações do analisando, estará a serviço do atendimento realístico das inevitáveis dores mentais vigentes na sessão, permitindo ampliação do espaço psíquico e consequente restauração e fluidez das atividades de pensamento inconsciente do analisando.

O exercício adequado da intuição pelo psicanalista constitui fator primordial na preservação de sobrevivência do processo analítico, em clima de esperança realista, permitindo desse modo a expansão das dimensões de tempo e espaço da realidade psíquica, para futuras investigações psicanalíticas. O livre exercício dessa atividade de pensamento inconsciente pelo analista estará, em grande parte, na dependência do grau de suficiência de análise pessoal, que deve tê-lo libertado de escotomas psíquicos.

Penso ainda que as batalhas em análise que mais requerem empenho e discernimento por parte do analista junto a seu analisando, dizem respeito ao mapeamento e à resolução analítica de estruturas superegoicas violentas e fortemente encravadas no inconsciente que, sob forma de fantasmas, alimentam e entretêm culpa persecutória. A prevalência de *culpa persecutória* é um dos fatores determinantes do esvaziamento psíquico, *por expelir os suportes de elaboração da dor mental e dos conflitos intrapsíquicos*. As estruturas de violência superegoica apresentam-se sob a forma de identificações introjetivas puristas e hipermorais, derivam-se de fraturas edípicas devoradoras e devoradas das camadas da mente em ruínas e relacionam-se à dinâmica de lutos não elaborados. Personificam conglomerados de objetos bizarros e resultam da compressão de elementos da personalidade que *impõem o vértice da moralidade e usurpam o vértice científico* (1b); na lenda do Édipo, tanto a Esfinge quanto o adivinho Tirésias são exemplos dessa configuração em conflito com a curiosidade e os desejos de investigação de Édipo.

Desde Freud (3a), usando o *Édipo-Rei* de Sófocles para descobrir o complexo edípico, a tradição analítica serve-se de modelos do teatro para correlações com o funcionamento da mente. Pois bem, é Melanie Klein, a meu ver, quem mais se aproxima da problemática sinalizada no parágrafo anterior, por meio de seu texto "Algumas reflexões sobre a Oréstia" (4), baseada na trilogia de Ésquilo (2) constituída pelo *Agamenon*, pelas *Coéforas* ("portadoras de oferendas") e pelas *Eumênides* ("deusas benévolas"), onde componentes arcaicos da cena primária encontram-se dispersos e de modo paradoxal reunidos magnificamente no grande cenário constituído em primeiro lugar pela própria *Guerra de Troia*, bem como pelos diferentes lances da *guerra sexual* entre Agamenon e Clitemnestra, culminando nos assassinatos do general-rei triunfante e de sua amante Cassandra, princesa troiana; segue-se o *matricídio* por Orestes e Electra. A leitura da *transformação das Erínias*, entidades ferozmente persecutórias, em *Eumênides*, compreensivas e tolerantes, permite-nos estabelecer correlações entre dois grupos de matrizes de superego, com ampla diversidade em graus e matizes de Ética e Justiça: a) as Erínias, representantes de sentimentos de vingança e retaliação, de um lado; e b) as Eumênides, que contêm os sentimentos de compaixão madura e de compreensão, de outro lado, por travessia e imersão nas profundidades das águas da posição depressiva.[2]

---

[2] Em 4 de março de 1999, em São Paulo, no Primeiro Fórum de Preparação para o Encontro Bion 99, a se realizar em Buenos Aires, a colega psicanalista Sonia Curvo de Azambuja (SBPSP) comentou com muita propriedade uma versão mais sucinta do presente texto; quero destacar as seguintes ideias do seu escrito: "[...] em Ésquilo já há uma busca de saída dessa justiça baseada nas figuras mitológicas das Erínias. Começava a haver a vida da polis. As Eumênides surgem nesse contexto, quando a justiça laica toma o lugar da justiça das antigas religiões. A tolerância já está presente, porque na maioria das vezes o assunto trágico fala de uma precariedade. A tragédia testemunha uma mudança na teogonia: de um mundo titânico, governado pelas forças da natureza, para a teogonia olímpica, onde laços familiares próximos aos que conhecemos se fazem presentes e obedecem regras estritas".

À medida que puder acontecer renovada e contínua elaboração desses componentes de hostilidade edípica, derivados de camadas mentais que contêm fantasias inconscientes e onipotentes de natureza matricida, parricida, filicida e fratricida, o analista estará cultivando a livre oscilação entre as posições esquizoparanoide e depressiva (PS ↔ D), bem como desintoxicando-se dos componentes superegoicos assassinos-suicidas. Quando tal metabolização não estiver sendo satisfatória, convém o analista cogitar seriamente retomar análise pessoal, uma vez que sua capacidade intuitiva analítica poderá estar caminhando de modo inevitável e gradativo para um estado de falência.

II. Atenção a serviço de observação da realidade psíquica

"*De modo cada vez mais aprisionador me tomava o sono,*
Detrás do casco arrancando a paz aos pedaços
Consumia os olhos crueldade mortal;
Piloto vencido de um disperso emblema,
Em vão lutei para reavê-lo das ondas;
Mas nas veias já petrificava a fúria".

"Recitativo de Palinuro" in Giuseppe Ungaretti –
Vita d'un uomo – tutte le poesie – Mondadori Ed. –
Milano – 1992 – , p. 251
(tradução livre do autor)

Nos movimentos e na interação da parceria analítica, a capacidade de atenção do analista é de valor extraordinário como fator de garantia à estabilidade do próprio *setting*. Em *Interpretação dos sonhos* (3a), Freud destaca como devendo ser *flutuante* a qualidade da atenção do analista na medida em que o analisando desenvolve associações livres. Tratam-se de condições ideais do trabalho de parceria que ocorrem em momentos preciosos e raros do processo analítico, uma vez que as resistências mobilizadas pela ativação de partes da personalidade psicótica frequentemente obstruem esse livre trânsito na experiência clínica. Por outro lado, na abordagem de pacientes fronteiriços (*borderline*) e em situações de atuação, a qualidade de atenção do analista deve ser *vigilante* a fim de que possam ser preservadas as condições para o prosseguimento da própria análise. Valendo-se da permissividade do *setting* analítico, o paciente poderá usar sua verbalização de modo evacuativo, como arremedo das associações livres; na verdade, tratam-se de dissociações livres.... Descuidos mais ou menos graves por parte do analista, somados à violência emocional implosiva ou explosiva por parte do analisando, podem levar a um conluio e impasse analíticos, tornando-se *naufragante* a atenção, a qual poderá ou não ser futuramente resgatada.

O *mito de Palinuro*, descrito nos livros V e VI da *Eneida* por Virgílio (6), é utilizado por Bion em "A grade" (1d) de maneira magistral para ilustrar as vicissitudes a que está submetida a atenção, em virtude da influência de fatores emocionais e fantasias inconscientes bastante complexos. O episódio escolhido por Bion narra os embates sofridos por Palinuro, primeiro piloto da esquadra de sobreviventes troianos comandados por Enéas, na noite que antecede o desembarque em busca do encontro de novas terras, para refazer as bases de uma nova nação. O combate de Palinuro contra as forças da *noite* se passa em dois turnos: 1) o mestre experiente na arte de dirigir naves enfrenta inicialmente *Morfeu*, o deus do sono, que já lhe enviara maus sonhos e, que o convida agora a adormecer, uma vez que o mar está calmo. Palinuro resiste a esse convite, argumentando que o mar é traiçoeiro e imprevisível, e que não está disposto a colocar a vida dos tripulantes em risco; coloca-se de modo intensamente vigilante junto ao timão do navio, contemplando a escuridão e as estrelas; 2) é então que o deus do sono volta disfarçado sob a forma de um cavalheiro, Forbas, o qual se senta no beiral da nave e lança na direção de Palinuro um punhado de água do *Letes*, o rio que nos faz esquecer os "pecados" cometidos durante a vida. Nosso herói é atingido por essa aspersão trazida por Forbas das profundidades do Hades e acaba por se projetar violentamente ao mar agarrado ainda a uma parte do timão, desaparecendo nas águas revoltas do mar, que o sepultam diante do olhar estupefato e pesaroso de Enéas, seu comandante, que o observava do alto de uma colina próxima.

Essa narrativa nos permite explorar o poder mortífero de certas crenças e ideias profundamente sepultadas ou recalcadas no inconsciente podem alcançar, comparáveis aos efeitos devastadores que se seguem à detonação de uma *bomba atômica*. Talvez parte da periculosidade do trabalho analítico consista no próprio fato de ser função do analista, a de estando junto ao analisando, reconhecer e desativar o equivalente de áreas da mente prenhes de padroes carregados de emoções primitivas e sentimentos violentos que podem então se tornar pensáveis e civilizados.

O analista pode, por sua vez, ser atingido por identificações projetivas do analisando, que de modo exitoso podem também levá-lo a experimentar *estupor letárgico* e desmoronar em suposto sono, na cadeira analítica, qual Palinuro... Nem atenção vigilante, nem flutuante, mas *naufragante*. Eventualmente, a parceria poderá examinar as bases desse inusitado acontecimento em sala de análise, bem como o grau de participação de cada uma das duas pessoas presentes na sala, sem esquecer que o estupor pode ocorrer simultaneamente em ambos ou em um só dos participantes. Por outro lado, é interessante ainda destacar o grau de periculosidade contido na atitude de *hipervigilância* do analista, a qual se tornará obstrutiva então para o exercício de atenção flutuante, instrumento indispensável para a investigação com recursos metodológicos denominados como *cegueira artificial* por Freud (3b).

IV. Interpretação em linguagem articulada que evidencie as dimensões do objeto psicanalítico

"*Quantos anos tinha Cassandra quando morreu? Trinta e cinco? Será que conheceu a sensação de ter sobrevivido a muitas coisas, a coisas demais?*"
Christa Wolf, "*Cassandra*". São Paulo: Estação Liberdade, 1990. p. 163.

A interpretação do analista está a serviço de K (1b), vínculo de conhecimento, devendo respeitar empaticamente o *timing* e favorecendo a vida do pensar do analisando, será feita em linguagem coloquial e bem articulada; reflete o grau de integração mental do analista e manifesta sensibilidade e sua personalidade do psicanalista, mais do que sua técnica. As formulações verbais do analista devem ser claras e sintonizadas aos compassos e ritmos da experiência emocional da dupla na sessão analítica em curso (5b).

A instalação de *insight* sinaliza movimentos, no analisando, de passagem das dimensões de realidade sensorial e externa para as dimensões de realidade psíquica e mundo interno. Se compararmos o *insight* a uma gestação, é importante acompanhar seus desdobramentos: se há expansão da vida psíquica, se ocorre aborto do embrião da verdade encontrada e sua expulsão, se há deslumbramento hipnótico, se há ameaça de cegueira dolorosamente insuportável por ameaça de superego cruel, e assim por diante.

O silêncio do analisando que se segue ao *insight* pode não ser introspectivo, porém evacuativo. Esse esvaziamento silencioso tem ligação com a *atividade do negativo* (a atividade -K), frequentemente associada ao mecanismo psicótico da reversão de perspectiva (1b). A nidação e o amadurecimento do produto da fertilização analítica devem ser observados com bastante discernimento, afastando-nos com bastante rigor da má prática de *insights* narcísicos do analista, quer por decreto autoritário ou por modismo do tipo zen, quando o analista se acredita dotado de "olho mágico" infalível. Em algumas práticas, tais comunicações chegam a ser seguidas de técnicas bruscas de corte com expulsão real ou concreta do paciente da sala de análise.

Penso que esses diferentes destinos do *insight* mantêm estreita conexão com a introjeção e o consentimento das funções do trabalho de sonho alfa no analisando ou seu eventual fracasso. A linguagem de compaixão madura usada pelo analista visa lidar com a dor mental do analisando e com a que se instala no próprio evolver da experiência da parceria (5b).

A partir de descrições feitas principalmente por Homero, na "Ilíada", e por Ésquilo, em "Agamenon", destacarei a personagem *Cassandra*. Tomarei algumas características de sua personalidade visando obter ainda mais acuidade ao exame microscópico de intuição, atenção e interpretação.

Trata-se de uma princesa troiana, gêmea de Heleno, que recebe o dom da adivinhação por parte do deus Apolo; no entanto, há recusa à aproximação amorosa de Apolo, deus da Medicina e da Beleza, e esse, sentindo-se ofendido, a castiga do seguinte modo: mantém sua capacidade intuitiva bastante sensível, porém torna sua comunicação verbal extremamente desarticulada, hiperbólica, desprovida de empatia e de *timing*.

Vejamos três situações cruciais nas quais essas *falhas na verbalização* conduzem a fracassos dolorosamente evidentes: 1) Cassandra intui a astuciosa cilada constituída pelo Cavalo de Madeira, "presente" abandonado na praia, ainda fora da cidadela de Troia, que oculta um grupo de guerreiros gregos bem armados. Dirige-se ao conselho de guerra, que está reunido com o rei Príamo, seu amado pai; no entanto, face aos seus alardes, não encontra ouvidos que a escutem... 2) com a invasão de Tróia e a mortandade devastadora entre os seus, Cassandra refugia-se no templo de Apolo e nesse recinto do deus repudiado, é estuprada pelo guerreiro grego Ajax... 3) já como troféu de guerra e favorita de Agamenon (o qual por sinal já sacrificara sua própria filha Ifigênia aos sacerdotes), Cassandra também "vê" sangue e "ouve" gritos lancinantes ao penetrar com seu amante no palácio, em que Clitemnestra e Egisto a executarão juntamente com o general-rei triunfante. Suas falas, no entanto, são tidas por Agamenon como banais produções alucinatórias...

Finalizo com as seguintes conjeturas e indagações: a) a ruptura amorosa entre Apolo e Cassandra é sinalizadora de qual *desastre mental da princesa*? Estaria aí uma configuração edípica do tipo "pacto de morte", com a tríade composta por *doação* de um deus (Apolo), *recusa* da princesa e, face ao desamor, *castigo* por parte do deus, que gera a desgraça, talvez pelo fato de a capacidade intuitiva se desvincular da função de *rêverie* a serviço de despertar esperança realista, equilíbrio e moderação, acentuando-se, no entanto, falas hiperbólicas que ampliam o *terror-sem-nome*, que se deve também à ruptura de visão binocular?; b) a intuição desprovida de conceitos será sempre e inevitavelmente cega, como nos ensina Kant?; e c) será possível, por sua vez, prover de intuição uma personalidade prevalentemente racionalista, cujo mundo interno está defensivamente povoado por conceitos vazios?

Referências bibliográficas

1 - Bion, Wilfred R.

[a] "Learning from Experience", London: Heinemann, 1962.

[b] "Elements of Psycho-Analysis", London: Heinemann, 1963.

[c] "Transformations", London: Heinemann, 1965.

[d] "Two Papers: The Grid and Caesura", Rio de Janeiro: Imago, 1977. Ver "The Death of Palinurus", p. 35.

[e] "Cogitations", London: Karnac, 1992.

2 - Ésquilo

"Oréstia" [458 a.C.] Rio de Janeiro: Zahar Ed., 1998, tradução Mário da Gama Kury.

3 - Freud, Sigmund

[a] "The Interpretation of Dreams", Standard Edition, London: Hogarth Press - volumes IV-V,1900.

[b] Correspondência Completa Sigmund Freud/Lou Andreas Salomé, [1912-1936] Rio de Janeiro: Imago, 1975. Ver Carta de 25/05/1916, p. 65-66.

4 - Klein, Melanie

"Some Reflections on 'The Oresteia'" [1963], The Writings of Melanie Klein, volume III, London: Hogarth Press - 1975.

5 - Sapienza, Antonio

[a] "Aprendizagem da Experiência Emocional na Sessão Analítica: Trabalho de Sonhp-Alfa" IDE - SBPSP - Novembro 1997 - São Paulo - p. 102.

[b] "Compaixão, Tolerância à Frustração e Capacidade de Pensar na Experiência Emocional da Sessão Analítica"- I Encontro do Núcleo de Psicanálise de Campinas e Região - maio de 1998.

6 - Virgílio, Públio M.

"Eneida" [19 a.c.], São Paulo: Abril S.A. Cultural, 1983.

11. Compaixão, tolerância à frustração e capacidade de pensar na experiência emocional da sessão analítica[1]

Estudam-se três funções do psicanalista na prática clínica: 1. compaixão no consentimento à dor mental; 2. tolerância à frustração e rêverie do analista e 3. capacidade de pensar e preservação do vértice psicanalítico.

> "*Marco Polo descreve uma ponte, pedra por pedra.*
> — *Mas qual é a pedra que sustenta a ponte?*
> — *pergunta Kublai Kahn.*

---

[1] Sapienza, Antonio. Compaixão, tolerância à frustração e capacidade de pensar na experiência emocional da sessão analítica. *Alter: Jornal de Estudos Psicodinâmicos*, v. 18, n. 1, p. 53-60, 1999.

> — *A ponte não é sustentada por esta ou aquela pedra*
> — *responde Marco Polo,* — *mas pela curva*
> *do arco que estas formam.*
> *Kublai Kahn permanece em silêncio, refletindo.*
> *Depois acrescenta:*
> — *Por que falar das pedras. Só o arco me interessa.*
> *Polo responde:*
> — *Sem pedras o arco não existe."*
>
> (Italo Calvino, *As cidades invisíveis*, 1972)

Introdução

Destacam-se *três funções mentais do psicanalista*, visando ampliar o contato com áreas de *Mudança catastrófica* (Bion, 1970) do analisando, na busca de *soluções criativas e realistas*, no decorrer da experiência emocional da *sessão psicanalítica*. Assim sendo, serão estudadas as seguintes *funções* do psicanalista na prática clínica:

I. Compaixão no *consentimento* à dor mental;

II. Tolerância à *frustração* e *rêverie* do analista;

III. Capacidade de pensar e preservação do vértice psicanalítico.

O texto expõe ainda a *interpenetração* e a *modulação* dessas três funções no psicanalista, querendo, desse modo, refinar a investigação de nossos suportes metodológicos na clínica.

I. Compaixão no consentimento à dor mental

Não há substituto para o crescimento de sabedoria.
Sabedoria ou olvido –, faça sua escolha.
Dessa guerra não há libertação. (Bion, 1979)

O estado de mente ideal do analista, na sessão de análise, deve permitir *amplo contato com dor mental*, dentro das vivências de oscilação das posições esquizoparanoide e depressiva (PS ↔ D), viagem cotidiana da parceria que *exigirá o exercício das virtudes de paciência, perseverança e segurança* do analista na *manutenção da fluidez* da *capacidade de pensamento inconsciente em vigília*.

O suporte dessas condições mentais do analista tem forte conexão com a *libertação máxima* do analista de *escotomas e obstruções psicopatológicas* (daí se pode avaliar a extrema *importância* da sua *análise pessoal*); essa liberdade interna dependerá do *cultivo* de *disciplina mental* consigo mesmo e da *realização* de experiência metodológica de "opacificação" de memórias, teorias e desejos, visando a ampliação de receptividade e continência, em níveis mais profundos, às comunicações de fantasias e ideias inconscientes do analisando. A atenção flutuante do analista acompanhará as associações livres do analisando.

A *capacidade de tolerar a dor mental*, sem dela se evadir, está na sua essência diretamente *relacionada* às condições de *preservação* e *viabilidade* das *matrizes* do *pensamento primitivo*, ou seja, fantasias inconscientes e preconcepções. As mesmas contêm violência emocional e, *livres de onipotência*, são potencialmente capazes de se tornarem "civilizadas". O teor qualitativo e quantitativo dessas matrizes do pensamento é protegido pela barreira de contato (Bion, 1962), de cujo estado dependerão: a maior ou menor fluidez e prontidão da intuição inconsciente, bem como o grau *de precisão* e *adequação* da *capacidade de observação* do analista face à experiência emocional em curso, junto ao analisando.

Aí está a garantia do caminho de dupla-mão de direção: "'consciente ↔ inconsciente' (mente de duplo trilho), que irá permitir adequada correlação entre pensamento-sonho (C), preconcepção (D) e pensamento conceitual (F), sem precipitações interpretativas nem saturação mental ou bloqueios psicossomáticos do analista". (Sapienza, 1997)

A *compaixão madura* do analista virá acompanhada do *sentimento de pesar* que a infelicidade, as dores e os sofrimentos do *outro* nos despertam, porém sem que esta *solidariedade* nos vitimize, seja nas redes do pântano melancólico, nas exaltações do triunfo maníaco ou nos jogos de excitação sadomasoquista. Por outro lado, a *compaixão madura* servirá de balizamento para momentos de "celebração" (Bollas, 1997) junto ao analisando face à *satisfação* e ao *prazer* de colaborar para o pensar junto ao analisando, quando há *insight profundo*.

A capacidade de compaixão *desenvolvida* é também de grande utilidade na captação de movimentos resistenciais da *reversão de perspectiva*, por parte de esquivas do analisando, quando sua fala se torna evacuativa, sinalizando a existência de *dor mental insuportável* para essa personalidade, pelo menos no momento; a presença persistente de reversão de perspectiva é indicador de *rigidez mental*, denunciadora de *bloqueio* e *esquiva* a acesso a ruínas catastróficas, bem como a temores de erupção de caos terrificamente aniquilante (Sapienza e Junqueira Filho, 1997).

II. Tolerância à frustração e rêverie do analista

Passo a apresentar ao leitor íntima conexão entre *diferentes graus de tolerância à frustração* e a importância dos teores de provisão de elementos alfa, essenciais para o exercício da *capacidade de rêverie*. O *trabalho de sonho alfa* do analista, que possibilitará a aprendizagem da experiência emocional na sessão analítica, guarda intensa vinculação com a *benignidade* da *rêverie* do analista.

Em "Medicina como um modelo", Bion nos propõe o seguinte:

> *Há pacientes cujo contato com a realidade apresenta muita dificuldade, principalmente quando essa* **realidade é seu próprio estado mental**. *Por exemplo, um bebê descobre sua mão; poderia, também, ter descoberto sua dor de barriga, ou seu sentimento de terror ou ansiedade, ou dor mental. Na maior parte das personalidades isto é verdadeiro, mas há pessoas que são tão* **intolerantes à dor ou frustração** *(ou nas quais, dor ou frustração é tão intolerável), que sentem a dor, mas não a sofrem, e assim pode-se supor que* **não a descobrem**. *Aquilo que eles não sofrerão, ou descobrirão nós temos que* **conjecturar** *a partir do que nós* **aprendemos de pacientes que se permitem sofrer**. *O paciente que* **falha em sofrer dor, falhará em "sofrer" prazer**, *e isso* **retira** *do paciente o* **encorajamento** *que ele poderia receber desde alívio ocasional ou intrínseco (Bion, 1970, Chap. 2, p. 9).*

A função de *rêverie*[2] do analista tem características de *acolhimento empático*, com *poder desintoxicante*, semelhante à continên-

---

[2] *Rêverie:* a) Em uma visita a Nemours, em 1844, Victor Hugo saiu ao crepúsculo para ver alguns arenitos bizarros. Vem a noite, a cidade se cala, onde

cia do "olhar materno" para o bebê tomado por angústia de aniquilamento. Consente ao paciente "espelhar-se" no analista, em área relacional, *deixando na sombra* toda ambição *simpaticamente* "*humanista*": permite que o analista apresente ao analisando o que acredita "ver", sem medo. Por meio de compaixão e verdade, oferece recursos para reparar os danos do pensar do paciente (angústias impensáveis) nas vivências e crenças de *terror-sem-nome*.

A aprendizagem da experiência emocional, bem como a expansão da vida e realidade psíquica, apoiam-se e nutrem-se das reservas de determinados elementos mentais como elementos alfa, que estão diretamente envolvidos na elaboração de sonho alfa (Bion, 1992, p. 62).

Devemos estabelecer uma relação direta entre o adequado funcionamento da *capacidade de rêverie* e a *dupla função* exercida pela *barreira de contato* ao modular os movimentos entre consciente e inconsciente:

- 1ª função: proteger o Inconsciente dos excessos de estímulos provenientes da realidade externa, que poderiam levar à danificação das matrizes de fantasias inconscientes, bem como a seu tamponamento e sua impermeabilização, na fenomenologia de *robotização*;

está a cidade? "Tudo isso não era uma cidade, nem uma igreja, nem um rio, nem cor, nem luz, nem sombra: era *rêverie*. Permaneci muito tempo imóvel, deixando-me docemente penetrar por esse conjunto inexprimível, pela serenidade do céu, pela melancolia da hora. Eu não sei o que se passava em meu espírito e não poderia dizê-lo, era um desses momentos inefáveis, onde se sente no próprio ser algo que adormece e algo que desperta"; b) Em *O homem que ri*, Victor Hugo escreve: "O mar observado é uma *rêverie*" (citação de Bachelard, Gaston em "*La poétique de la rêverie*". Paris: PUF, 1993).

- 2ª função: regular a velocidade e o caráter não maciço das identificações projetivas do mundo inconsciente em direção à realidade externa impedindo, desse modo, o escoamento invasivo e os efeitos inundantes do inconsciente na realidade externa, com os consequentes fenômenos de *confusão, vivências delirantes, estranhezas* e *crises de despersonalização*.

A linguagem verbal usada pelo analista será expressão direta do *estado da barreira de contato* de seu *aparelho psíquico* no contato com seu analisando. Sem a *suficiência* de concurso dos elementos alfa, passa a haver predominância das *ameaças de empobrecimento mental e morte psíquica*: concretismo, onipotência, onisciência, fanatismo, rigidez e estreitamento mental, com ávida dependência do mundo sensorial e sua fenomenologia: mais frequente a alucinose, vida de *acting out*, miséria mental, estupor e megalomania (Sapienza, 1997).

Se levarmos ainda em conta a estreita relação entre *rêverie* e os *pensamentos inconscientes de vigília* (Bion, 1992, p. 181), vale a pena lembrar as seguintes funções exercidas pelos mesmos:

a. habilidade para *elaborar* e *usar pensamentos-sonhos* (categoria C da grade);

b. capacidade para *memória (notação)*;

c. uso de todas as *funções* do *aparelho psíquico*, que Freud sugere vir a existir com a dominância do Princípio da Realidade.[3]

---

[3] Ver as principais funções psíquicas tratadas por Freud em *Two principles of mental functioning* (1911): sensopercepção, consciência, memória, atenção, indagação, ação e pensamento.

III. Capacidade de pensar e preservação do vértice psicanalítico

Pergunta: Psicanálise é uma fenomenologia profunda?

Bion: Há muito a ser falado por meio de uma frase que Melanie Klein usou comigo: "Psicanálise é um termo sem significado, mas é extremamente útil". É uma palavra em busca de um significado; um pensamento esperando por um pensador; um conceito aguardando um conteúdo

(Bion, 1977)

Retomo parte do texto de 1992: "Uma leitura psicanalítica de Bion: cinco tópicos clínicos" (Sapienza, 1992).

Ao propor a disciplina de **opacificação de memória e desejo** *por parte do analista, Bion busca favorecer condições mentais que ampliem receptividade a comunicações do analisando, nas quais se encontram contidas "fantasias primitivas" não elaboradas, e/ou onipotentes (elementos alfa, elementos beta, objetos bizarros, "crenças" e "alucinoses"), que estão à procura de quem as pense. Essa resolução voluntária do analista tem similaridade com a "cegueira artificial", recomendada por Freud como suporte da* **atenção flutuante***. (Carta de Freud a Lou Salomé, em 23 de maio de 1916)*

A função de *rêverie* no analista conjuga-se ao movimento de opacificação de memória, teoria e desejo, e esse contínuo *exercício voluntário e disciplinado* tem analogia à disponibilidade amorosa do continente primário com *rêverie*, que permite desintoxicar as angústias catastróficas e terroríficas do bebê.

A fim de não se deixar enredar numa complacente satisfação de analista bem-sucedido, cabe ao analista em sua prática *continuar a buscar,* mesmo quando supostamente já tenha "encontrado" verdades psíquicas. As transformações em O diferem do acúmulo de conhecer sobre O, vêm acompanhadas de angústias de mudanças catastróficas, devido às forças eruptivas de elementos e partes splitadas da personalidade se reapresentarem, após terem sido afastadas da mente em função de cesura e barragens mais ou menos impermeabilizantes.

Em 21 de dezembro de 1817, John Keats, em uma carta a seus irmãos George e Thomas Keats, refere-se à "capacidade negativa da personalidade" como "uma qualidade que contribuiu para formar um Homem de Êxito, especialmente em Literatura, e que Shakespeare possuía tão vastamente". Capacidade Negativa significa que um homem é capaz de estar em incertezas, mistérios, dúvidas, sem qualquer irritação que busque fato e razão.[4]

Ao lidar com as configurações da posição esquizoparanoide, a viagem do par analítico requer um suporte afetivo, calmo e sem queixas (paciência), e qualidades de um continente capaz de lidar com sofrimento e tolerar frustração. À medida que essa contenção paciente se amplia, poderá surgir um padrão que se torne crescentemente perceptível e que "evolua" com segurança. Estaremos então prevalentemente em contato com momentos da posição depressiva. Essa movimentação requer qualidades de "ato de fé" (F), ou seja, uma confiança na existência de uma realidade inconsciente e desconhecida (O), e que está na origem dos múltiplos fatos que se desenvolvem na sessão de análise.

---

[4] Negative Capability of personality as quality that contributed to form a Man of Achievement, especially in literature, and which Shakespeare possessed so enormously. I mean Negative Capability, that is, when a man is capable of being in uncertainties, mysteries, doubts. without any irritable reaching after fact and reason (John Keats).

Poder-se-ia sinalizar nesse instante a importância do *timing* e do tempero da interpretação analítica, pelo necessário e adequado balanceamento de *intuição* e *conceituação*. Espera-se que o equipamento do analista contenha disciplinada capacidade de observação e que esta associe-se à liberdade de estabelecer e desenvolver conjecturas imaginativas ("sonhar" ou *rêverie*). Supõe-se que o analista tenha suficiente equipamento para suportar esses voos imaginativos, sem ficar sequestrado por temores de produção autorreferencial e fabricações megalômanas. As formulações do analista, com esse pano de fundo de conjectura imaginativa, serão então apresentadas ao analisando, aguardando colaboração crítica do mesmo.

As conjeturas racionais ("interpretações" e "comentários"), também serão comunicadas ao analisando em linguagem coloquial, buscando cultivar a atmosfera de uma conversa íntima, despojada de afirmações dogmáticas e intrusões intelectualizantes.

A direção dos trabalhos desenvolvidos pelo par analítico é estabelecida pelo lidar com *problemas humanos universais* que permeiam o exercício clínico, dentro de suas condições de continente-contido em transformação: "nascer", "viver", "casar", "morrer" etc. Analista e analisando sofrem, no dia a dia, um embate para romper *acomodação, conluios e inércia psíquica* e ambos se dispõem a lidar com seus recursos possíveis, via processos de transformação do pensar, com dor mental e questões significativas que emergem nas sessões analíticas desde três vértices:

a. *vértice estético*, contendo significantes de *harmonia, beleza* e *horror*;

b. *vértice mítico-religioso*, onde se apresentam vivências de desamparo e soluções onipotentes, desespero e esperança face a limitações humanas, principalmente a de nossa própria *mortalidade*, ferida narcísica fundamental;

c. *vértice científico*, que requer *consideração realista pelos fatos, senso crítico acompanhado de objetividade e amor pela verdade.*

Pergunta: Na prática clínica, como podem ser utilizados os três vértices?

Para haver diálogo, é necessário que os interlocutores (analista e analisando) se ponham de acordo em clarificar de qual vértice emanam as questões que estão sendo tratadas, já que a experiência psicanalítica se propõe a ser, na essência, uma conversa útil para o par; tal clarificação possibilita dirimir mal-entendidos (*misunderstandings*) e confusões.

O vértice de investigação em psicanálise pode ser bloqueado por exacerbação do vértice de "cura". Assim, ao invés de um aprendizado de convivência gradativamente paciente e continuamente tolerante por parte dos aspectos mais maduros da pessoa em relação a seus aspectos provenientes de níveis imaturos e turbulentos, poderá, por saturação do desejo de cura, acontecer violento desvio ideológico que reforçando a direção terapêutica poderá, em virtude do furor de cura, mutilar e amputar aspectos e características significativos da personalidade, objetivando "normatização" desta. Em lugar de um divã bem temperado, apareceriam então as "crias" de leitos de *Procusto*, inevitavelmente deformadas.

A preservação do vértice psicanalítico não significa, porém, um descompromisso altaneiro das responsabilidades do psicanalista no exercício de *proficiência* junto ao seu analisando (Sapienza, 1992).

Para encerrar:

> *O inferno dos vivos não é algo que acontecerá; se existir algum inferno é aquele que já está aqui, o inferno que habitamos todos os dias, que formamos estando*

juntos. Há dois modos de não sofrê-lo. O primeiro é facilmente acessível para muitos: aceitar o inferno e torná-lo parte de si mesmo até o ponto de não vê-lo mais. O segundo é arriscado e exige atenção e aprendizagem contínua: buscar e saber reconhecer qual coisa no meio do inferno não é inferno e fazê-la durar; e dar-lhe espaço (Italo Calvino, As cidades invisíveis).

Referências

BION. W. R. (1962). *Learning from Experience*. London: Heinemann.

_____. (1970). *Attention and Interpretation*. London: Heinemann. p. 9, p. 106.

_____. (1979). *Dawn of Oblivion*. Pertshire: Clunie Press, p. 1 38.

_____. (1977). *Bion New York and São Paulo*. New York: R Harris. 1980.

_____. (1992). *Cogitations*. London: Karnac.

BOLLAS, C. (1997). Expansão ou tradição na psicanálise. *IDE – SBPSP*, p. 48.

FREUD, S. (1911). Two principles of mental functioning. *S.E* vol. XII. London: Hogarth Press: 1991.

SAPIENZA. A. (1992). Uma leitura psicanalítica de Bion: cinco tópicos clínicos. *Revista Brasileira de Psicanálise*. vol. 26, n. 3.

_____. (1997). Aprendizagem da experiência emocional na sessão analítica: trabalho de sonho alfa. *IDE – SBPSP*. São Paulo, p. 102

SAPIENZA, A. & JUNQUEIRA FILHO, L. C. U. (1997). Eros, tecelão de mitos. In "Bion em São Paulo – Ressonâncias". *Acervo Psicanalítico* – SBPSP. São Paulo, p. 196.

12. Reflexões clínicas sobre uso e manutenção das funções psicanalíticas[1]

I. Mito da caverna: graus de aprisionamento da mente

"Platão comparou a generalidade dos homens a prisioneiros encerrados numa caverna, de pé e de costas voltadas para o lado da luz, contemplando as sombras projetadas sobre uma tela, pelos objetos reais que por detrás deles se movimentavam. Os referidos prisioneiros têm como certo que as sombras que veem na parede do fundo da caverna são as realidades fundamentais, visto que essas sombras

---

[1] Sapienza, Antonio. *Reflexões clínicas sobre o uso e manutenção das funções psicanalíticas.* Texto apresentado no 3º Encontro do Curso de Especialização Psicoterapia Psicanalítica promovido pelo Departamento de Psicologia Clínica do Instituto de Psicologia da USP. 2 de outubro de 1999. (Mesa sobre Psicologia e Psicanálise).

constituem as únicas coisas que desde sempre conseguiram perceber. Platão imaginou então que um único prisioneiro foi subitamente libertado, compelido a voltar-se, a olhar a luz de frente, e a caminhar em direção à boca da caverna. A primeira consequência desta nova direção do seu olhar é o ofuscamento e a confusão provocada no prisioneiro libertado. Mas este estado dura pouco tempo; porque nele existe já a faculdade de ver, e os seus olhos gradualmente o informam da natureza do mundo real. O prisioneiro é, então, mandado entrar, novamente, na caverna; e aí se encontra, agora, exatamente tão ofuscado e confuso, devido à penumbra, como anteriormente se sentiu sob a luz do sol. Da mesma forma que, no primeiro caso, lamentou a sua transferência para a luz do sol, lamenta agora o seu regresso à penumbra, e com maior razão; porque ao voltar para junto dos seus antigos companheiros que nunca viram a luz do sol, corre o risco de ser hostilmente recebido. Eles rirão certamente à sua custa, e dirão que o único resultado do seu passeio até a abertura da caverna foi o de voltar com a vista arruinada. Moral: a simples tentativa de subir mais alto é um néscio passatempo; e quanto ao desordeiro que empreende toda esta libertação e transferência para as esferas superiores, se alguma vez se nos apresentar a oportunidade de o aprisionar e de o matar, certamente a aproveitaremos." (5)

A. *Modelos da mente*

1. Podemos conjeturar a mente humana dispondo-se em camadas, qual palimpsesto;[2] nelas estão registradas memórias ideoafetivas, bem como "restos e resíduos" de catástrofes mentais já acontecidas.

2. Podemos também supor "níveis e estados de mente". Desde o nascimento, há a protomente (também chamada mente "primitiva") e a mente. Haveria assim algo de cada um de nós mesmos (uma parte da mente) que não nasce com o parto obstétrico. Desse modo, deveríamos nos interessar mais pelo momento a partir do qual o paciente se dá conta de que tem uma mente própria e real, que a respeita e é por ela responsável e não tanto pela data de seu aniversário ou seja, a data oficial do registro de seu nascimento.

Assim sendo, o ofício do psicanalista e do psicoterapeuta tem íntima ligação com a maiêutica, Freud comparou-a à arte de partejar. Se nos ativermos ao aprisionamento da personalidade em níveis autístico e narcísico (posição esquizoparanoide), essa afirmativa ganha ainda maior significado na prática clínica, tendo em vista resgates que expandam a vida mental e possam também ampliar a relação com o "outro" (posição depressiva).

---

[2] *Palimpsesto*: etimologicamente, provém do grego *palimpsestos*, significando "raspado novamente". Na Enciclopédia Zanichelli (Bologna, 1992, p. 1324), podemos encontrar o seguinte a respeito de palimpsesto: "Manuscrito antigo sobre papiro ou pergaminho no qual a escrita foi sobreposta a outra precedente, raspada ou abolida mediante lavagem. O costume de reutilizar os suportes, determinado pela raridade do próprio material, difundiu-se na Antiguidade e, em particular, nos ateliés medievais, determinando graves perdas. A partir do sec. XIX foram colocados à disposição métodos de maior precisão para decifrar o texto originário mediante reagentes químicos e raios ultravioletas".

B. O psicanalista como arqueólogo

"Platão pareceu pensar que os gregos socráticos pudessem pelo menos compreender a parábola da caverna."
[Bion, W. R. *Memoir of the future*, v. I, p. 56]

Visando dar balizamento e contextualidade ao estudo clínico dos afetos na sessão analítica podemos tomar cada sessão como inevitável imersão do paciente e do analista em *cena primária a cada encontro*. As proposições que passam a ser expostas querem servir como *modulações e gradientes dos afetos* que encontramos em nossa prática clínica, como psicanalistas.

A *arqueologia de camadas catastróficas* está como que acobertada pelo fluido de um rio de águas correntes o qual estaria separando dois conjuntos básicos de cenas primárias, que se passam em margens opostas, porém inter-relacionadas. Nas camadas catastróficas inscrevem-se os registros fatuais/conjeturais das cesuras de nascimento e de morte. Uma grande parte das resistências em clínica psicanalítica visa à *evasão de contato com mudança catastrófica*.

A permeabilidade para se lidar de modo criativo com as vivências de "*mudanças catastróficas*" guarda forte conexão com transformações do vir-a-ser quem se é, isto é, transformações em O (1c), tendo inevitavelmente para nós amplas e sérias implicações no que se relaciona à autenticidade e à sanidade mental dos parceiros na sala de análise (Vide desenho anexo no final deste capítulo).

Caberiam neste momento *duas breves perguntas*:

a. *Freud*, ao estudar a tragédia edípica e o complexo de Édipo, em suas versões positiva e negativa, põe em evidência os impulsos individuais e grupais relacionados ao horror/atração ao *incesto e ao crime sexual* (relações de harmonia e conflitos na *dinâmica triangular entre Édipo, Laio e Jocasta*). Em *Construções em análise* (3d), propõe que, a partir das marcas mnemônicas, seria possível reconstruir os componentes de uma civilização desaparecida. Estaria sendo Freud um *psicanalista e arqueólogo esperançoso e "otimista"*?;

b. *Vinte anos depois*, Bion, servindo-se do mito edípico, prefere "deixar o crime sexual como um elemento periférico de uma história, em que a *arrogância de Édipo*, em seus confrontos com a Esfinge e Tirésias, assume a determinação e a jura desafiadora em *descobrir a verdade a qualquer custo*" (1d). Na conclusão desse artigo, destaca o seguinte: "Em alguns pacientes, a *negação para o paciente de um uso normal de identificação projetiva* precipita um desastre através da destruição de um vínculo importante. Inerente a este desastre está o estabelecimento de um *superego primitivo*, que nega o uso da identificação projetiva". A chave para esse desastre seria provida pela emergência de referências amplamente separadas à *tríade* dos sentimentos e das emoções formada por "*curiosidade, arrogância e estupidez*". A partir dos elementos dessas ruínas psíquicas, poder-se-iam reconstruir as bases de um desastre primitivo, onde *subsistem vivências de terror com nome e sem nome*. Investigando os suportes e os vestígios de prevalência da parte psicótica, estaria, quem sabe, sendo Bion um *psicanalista e arqueólogo ironicamente "pessimista"*?

Ainda que não seja uma resposta, mas um elemento a mais para reflexão de nossa função como psicanalistas e psicoterapeutas, lembraria o seguinte trecho extraído de *Transformações* (1c):

> *"Minha teoria pareceria implicar um hiato entre fenômenos e a coisa-em-si e tudo o que eu disse não é incompatível com Platão, Kant, Berkeley, Freud e Klein, para citar alguns nomes, que mostram quão extensamente eles acreditam que uma cortina de ilusão nos separa da realidade. Alguns acreditam que a cortina de ilusão seja uma proteção contra a verdade e que é essencial para a sobrevivência da humanidade; o remanescente de nós, ainda que inconscientemente, também acredita nisso e não menos tenazmente. Ainda, aqueles que consideram tal ponto de vista errôneo e que a verdade é essencial consideram que esse hiato não possa ser ultrapassado porque a natureza do ser humano impede o conhecimento de qualquer coisa além dos fenômenos, salvo conjeturas. Dessa convicção sobre a inacessibilidade da realidade absoluta, os místicos devem ser isentos."*

II. Metodologia psicanalítica

> *"Não há substituto para o crescimento de sabedoria.*
> *Sabedoria ou olvido – faça sua escolha.*
> *Dessa guerra não há libertação."*
>
> (1g)

Destacam-se *três funções mentais do psicanalista*, visando ampliar o contato com áreas de *mudança catastrófica* do analisando, na busca de *soluções criativas e realistas*, no decorrer da experiência emocional da *sessão psicanalítica*.

Assim, serão estudadas as seguintes *funções* do psicanalista na prática clínica:

a. Compaixão no *consentimento* à dor mental;

b. *Tolerância à frustração* e *rêverie* do analista;

c. *Capacidade de pensar* e *preservação do vértice psicanalítico*.

A *interpenetração* e a *modulação* dessas três funções no psicanalista serão reconsideradas, querendo desse modo refinar a investigação de nossos suportes metodológicos na clínica.

a. *Compaixão no consentimento à dor mental*

O estado de mente ideal do analista, na sessão de análise, deve permitir *amplo contato com dor mental*, dentro das vivências de oscilação das posições esquizoparanoide e depressiva (PS ↔ D), viagem cotidiana da parceria que *exigirá o exercício das virtudes de paciência, perseverança e segurança* do analista na *manutenção da fluidez* da *capacidade de pensamento inconsciente em vigília*.

A *compaixão madura* do analista virá acompanhada do *sentimento de pesar* que a infelicidade, as dores e os sofrimentos do *outro* nos despertam, porém sem que esta *solidariedade* nos vitimize, seja nas redes do pântano melancólico, nas exaltações do triunfo maníaco ou nos jogos de excitação sadomasoquista. Por outro lado, a compaixão madura servirá de balizamento para momentos de "celebração" junto ao analisando face à *satisfação* e ao *prazer* de colaborar para o pensar junto ao analisando, quando há *insight* profundo.

A capacidade de compaixão *desenvolvida* é também de grande utilidade na captação de movimentos resistenciais da *reversão de perspectiva*, por parte de esquivas do analisando, quando sua fala se torna evacuativa, sinalizando a existência de *dor mental insuportável* para essa personalidade, pelo menos no momento; a presença persistente de reversão de perspectiva é "indicador de *rigidez mental*, denunciadora de *bloqueio* e *esquiva* a acesso a ruínas catastróficas, bem como a temores de erupção de caos terrorificamente aniquilante." (4e)

A instalação de *insight* sinaliza movimentos no analisando de passagem das dimensões de realidade sensorial e externa para as dimensões de realidade psíquica e mundo interno. Se compararmos o *insight* a uma gestação, é importante acompanhar seus desdobramentos: se há expansão da vida psíquica, se ocorre abortamento do embrião da verdade encontrada e sua expulsão, se há deslumbramento hipnótico, se há ameaça de cegueira dolorosamente insuportável por ameaça de superego cruel, e assim por diante.

O silêncio do analisando que se segue ao *insight* pode não ser introspectivo, porém evacuativo. Esse esvaziamento silencioso tem ligação com a *atividade do negativo* (a atividade -K), frequentemente associada ao mecanismo psicótico da reversão de perspectiva (4b). A nidação e o amadurecimento do produto da fertilização analítica devem ser observados com bastante discernimento, afastando-nos com bastante rigor da má prática de *insights* narcísicos do analista, quer por decreto autoritário ou por modismo do tipo zen, quando o analista se acredita dotado de "olho mágico" infalível. Em algumas práticas, tais comunicações chegam a ser seguidas de técnicas bruscas de corte com expulsão real ou concreta do paciente da sala de análise.

Penso que esses diferentes destinos do *insight* mantêm estreita conexão com a introjeção e o consentimento das funções do trabalho-de-sonho-alfa no analisando ou seu eventual fracasso. A linguagem de compaixão madura usada pelo analista visa lidar com a dor mental do analisando e com a que se instala no próprio evolver da experiência da parceria.

b. *Tolerância à frustração e rêverie do analista*

Passo a apresentar ao leitor íntima conexão entre *diferentes graus de tolerância à frustração* e a importância dos teores de provisão de elementos *alfa*, essenciais para o exercício da *capacidade de rêverie*. O trabalho de sonho *alfa* do analista, que possibilitará a aprendizagem da experiência emocional na sessão analítica, guarda intensa vinculação com a *benignidade* da *rêverie* do analista.

Em "Medicina como um modelo", Bion nos propõe o seguinte:

> *"Há pacientes cujo contato com realidade apresenta muita dificuldade, principalmente quando essa realidade é seu próprio estado mental. Por exemplo, um bebê descobre sua mão; poderia, também, ter descoberto sua dor de barriga, ou seu sentimento de terror ou ansiedade, ou dor mental. Na maior parte das personalidades, isso é verdadeiro, mas há pessoas que são tão intolerantes à dor ou à frustração (ou nas quais dor ou frustração é tão intolerável) que sentem a dor, mas não a sofrem, e assim pode-se supor que não a descobrem. Aquilo que eles não sofrerão, ou descobrirão, nós temos que conjeturar a partir do que aprendemos de pacientes que se permitem sofrer. O paciente que falha em sofrer dor, falhará em "sofrer" prazer, e isso retira do paciente o encorajamento que ele poderia receber deste alívio ocasional ou intrínseco"* (1e), p. 9.

A função de *rêverie*[3] do analista tem características de *acolhimento empático*, com *poder desintoxicante*, semelhante à continên-

---

[3] *Rêverie:* a) Em uma visita a Nemours, em 1844, Victor Hugo saiu ao crepúsculo para ver alguns arenitos bizarros. Vem a noite, a cidade se cala, onde está a cidade? "Tudo isso não era uma cidade, nem uma igreja, nem um rio,

cia do "olhar materno" para o bebê tomado por angústia de aniquilamento. Consente ao paciente *"espelhar-se"* no analista, em área relacional, *deixando na sombra* toda ambição simpaticamente *"humanista";* permite que o analista apresente ao analisando o que acredita "ver", sem medo. Através da compaixão e da verdade, oferece recursos para reparar os danos do pensar do paciente (angústias impensáveis) nas vivências e nas crenças de *terror-sem-nome.*

A aprendizagem da experiência emocional, bem como a expansão da vida e da realidade psíquica, apoiam-se e nutrem-se das reservas de determinados elementos mentais como elementos alfa, que estão diretamente envolvidos na elaboração de sonho alfa (1i). Devemos estabelecer uma relação direta entre o adequado funcionamento da capacidade de *rêverie* e a dupla função exercida pela barreira de contato ao modular os movimentos entre consciente e inconsciente:

- 1ª função: proteger o Inconsciente dos excessos de estímulos provenientes da realidade externa, que poderiam levar à danificação das matrizes de fantasias inconscientes, bem como a seu tamponamento e impermeabilização, na fenomenologia de *robotização;*

- 2ª função: regular a velocidade e o caráter não maciço das identificações projetivas do mundo inconsciente em direção

---

nem cor, nem luz, nem sombra: era *rêverie.* Permaneci muito tempo imóvel, deixando-me docemente penetrar por esse conjunto inexprimível, pela serenidade do céu, pela melancolia da hora. Eu não sei o que se passava em meu espírito e não poderia dizê-lo, era um desses momentos inefáveis, onde se sente no próprio ser algo que adormece e algo que desperta"; b) Em *O homem que ri,* Victor Hugo escreve: O mar observado é uma *rêverie"* (citação de Bachelard, Gaston em *La poétique de la rêverie.* Paris: PUF, 1993).

à realidade externa, impedindo, desse modo, o escoamento invasivo e os efeitos inundantes do inconsciente na realidade externa, com os consequentes fenômenos de *confusão, vivências delirantes, estranhamentos e crises de despersonalização*.

A linguagem verbal usada pelo analista será expressão direta do *estado da barreira de contato* de seu *aparelho psíquico* no contato com seu analisando. *Sem a suficiência* de concurso dos elementos alfa, passa a haver predominância das *ameaças de empobrecimento mental e morte psíquica*: concretismo, onipotência, onisciência, fanatismo, rigidez e estreitamento mental, com ávida dependência do mundo sensorial e de sua fenomenologia: mais frequente a alucinose, vida de *acting out*, miséria mental, estupor e megalomania.

Se levarmos ainda em conta a estreita relação entre *rêverie e os pensamentos inconscientes de vigília* (1i) (p. 181), vale a pena lembrar as seguintes funções exercidas pelos mesmos:

a. habilidade para *elaborar* e *usar pensamentos-sonhos* (categoria C da grade);

b. capacidade para *memória* (*notação*);

c. uso de todas as funções do *aparelho psíquico*, que Freud sugere vir a existir com a dominância do princípio da realidade.[4]

---

[4] Ver as principais funções psíquicas tratadas por Freud em *Two principles of mental functioning* (1911): sensopercepção, consciência, memória, atenção, indagação, ação e pensamento.

c. *Capacidade de pensar e preservação do vértice psicanalítico*

"Pergunta: Psicanálise é uma fenomenologia profunda?

Bion: Há muito a ser falado através de uma frase que Melanie Klein usou comigo: 'Psicanálise é um termo sem significado, mas é extremamente útil'. É uma palavra em busca de um significado; um pensamento esperando por um pensador; um conceito aguardando um conteúdo".

Bion, 1977 (1h)

Ao propor a disciplina de *opacificação de memória e desejo* por parte do analista, Bion busca favorecer condições mentais que ampliem receptividade a comunicações do analisando, nas quais se encontram contidas "fantasias primitivas" não elaboradas e/ou onipotentes (elementos alfa, elementos beta, objetos bizarros, "crenças" e "alucinoses"), que estão à procura de quem as pense. Essa resolução voluntária do analista tem similaridade com a "cegueira artificial", recomendada por Freud como suporte da *atenção flutuante* (Carta de Freud a Lou Salomé, em 25 de maio de 1916). (3b)

A função de *rêverie* no analista conjuga-se ao movimento de opacificação de memória, teoria e desejo, e esse contínuo *exercício voluntário e disciplinado* tem analogia à disponibilidade amorosa do continente primário com *rêverie*, que permite desintoxicar as angústias catastróficas e terroríficas do bebê.

A fim de não se deixar enredar numa complacente satisfação de analista bem-sucedido, cabe ao analista em sua prática *continuar a buscar*, mesmo quando supostamente já tenha "encontrado" verdades psíquicas. As transformações em O diferem do acúmulo de conhecer sobre O, vêm acompanhadas de angústias de mudanças catastróficas, devidas às forças eruptivas de elementos e partes splitadas da personalidade voltarem a se apresentar, após terem sido afastadas da mente em função de cesura e barragens mais ou menos impermeabilizantes.

Em 21 de dezembro de 1817, John Keats, em uma carta a seus irmãos George e Thomas Keats, refere-se à *capacidade negativa da personalidade* (1e) (Cap. 13) como "uma qualidade que contribuiu para formar um homem de êxito, especialmente em Literatura, e que Shakespeare possuía tão vastamente". Capacidade negativa significa que um homem é capaz de estar em incertezas, mistérios, dúvidas, sem qualquer irritação que busque fato e razão.

Ao lidar com as configurações da posição esquizoparanoide, a viagem do par analítico requer um suporte afetivo, calmo e sem queixas (paciência), e qualidades de um continente capaz de lidar com sofrimento e tolerar frustração. Na medida que essa contenção paciente se amplia, poderá surgir um padrão que se torne crescentemente perceptível e que "evolua" com segurança. Estaremos então prevalentemente em contato com momentos da posição depressiva. Essa movimentação requer qualidades de *"ato de fé"* (F), ou seja, uma confiança na existência de uma realidade inconsciente e desconhecida (O) que está na origem dos múltiplos fatos que se desenvolvem na sessão de análise.

Poder-se-ia sinalizar nesse instante a importância do *timing* e do tempero da interpretação analítica, pelo necessário e adequado balanceamento de *intuição* e *conceituação*. Espera-se que o equipamento do analista contenha disciplinada capacidade de observação e que a mesma associe-se à liberdade de estabelecer e desenvolver conjeturas imaginativas ("sonhar" ou *rêverie*). Supõe-se que o analista tenha suficiente equipamento para suportar esses voos imaginativos, sem ficar sequestrado por temores de produção autorreferencial e fabricações megalômanas. As formulações do analista, com esse pano de fundo de conjetura imaginativa, serão então apresentadas ao analisando, aguardando colaboração crítica do mesmo.

As conjeturas racionais ("interpretações" e "comentários") também serão comunicadas ao analisando em linguagem coloquial, buscando cultivar a atmosfera de uma conversa íntima, despojada de afirmações dogmáticas e intrusões intelectualizantes.

A direção dos trabalhos desenvolvidos pelo par analítico é estabelecida pelo lidar com *problemas humanos universais* que permeiam o exercício clínico, dentro de suas condições de continente-contido em transformação: "nascer", "viver", "casar", "morrer" etc. Analista e analisando sofrem no dia a dia um embate para romper *acomodação, conluios* e *inércia psíquica* e ambos se dispõem a lidar, com seus recursos possíveis, via processos de transformação do pensar, com dor mental e questões significativas que emergem nas sessões analíticas desde três vértices:

a. *vértice estético*, contendo significantes de *harmonia, beleza* e *horror*;

b. *vértice mítico-religioso*, onde se apresentam vivências de desamparo e soluções onipotentes, desespero e esperança face a limitações humanas, principalmente a de nossa própria *mortalidade*, ferida narcísica fundamental;

c. *vértice científico*, que requer *consideração realista pelos fatos, senso crítico* acompanhado de objetividade e *amor pela verdade*.

III. Resistências em análise e preservação da forma analítica

> "Dolenti parole
> Vedra'van destin'
> Ch'un cuor senza sangue
> Non più poi cantar'."
>
> "Cuor senza sangue", cantada por Emma Shapplin – Carmine Meo
>
> ("Palavras dolorosas
> Já verás, vão destino
> Que um coração sem sangue
> Não mais pode cantar.")

Pergunta: *Na prática clínica, como podem ser utilizados os três vértices?*

Para haver diálogo, é necessário que os interlocutores (analista e analisando) se ponham de acordo em clarificar de qual vértice emanam as questões que estão sendo tratadas; de vez que a experiência psicanalítica se propõe a ser, na essência, uma conversa útil para o par, tal clarificação possibilita dirimir mal-entendidos (*misunderstandings*) e confusões.

O vértice de investigação em Psicanálise pode ser bloqueado por exacerbação do vértice de "cura". Assim, ao invés de um aprendizado de convivência gradativamente paciente e continuamente tolerante por parte dos aspectos mais maduros da pessoa em relação a seus aspectos provenientes de níveis imaturos e turbulentos, poderá, por saturação do desejo de cura, acontecer violento desvio ideológico que, reforçando a direção terapêutica, poderá, pelo furor de cura, mutilar e amputar aspectos e características significativos da personalidade, objetivando "normatização" da mesma. Em lugar de um divã bem temperado, apareceriam então as "crias" de leitos de *Procusto*, inevitavelmente deformadas.

Sabemos que uma grande parte do que se trabalha em análise é a necessidade humana de atribuirmos culpa a outras pessoas por nossas dificuldades pessoais. Mesmo a captação e a evidência das chamadas reações contratransferenciais, implicando escotomas e *acting out* e requerendo eventualmente mais análise, podem servir como "soluções" que, epistemologicamente, não deveriam dispensar o estudo cuidadoso dos *problemas gerados pelas soluções propostas*; de um lado, pelas razões de não se poder estar ininterruptamente em análise pessoal, e de outro, por se perder a lúcida paixão por psicanálise viva e inquietante, transformando-a em trivial adição.

Lembraria neste momento Italo Calvino, em *As cidades invisíveis*:

> *O inferno dos vivos não é algo que acontecerá; se existir algum inferno é aquele que já está aqui, o inferno que habitamos todos os dias, que formamos estando juntos. Há dois modos de não sofrê-lo. O primeiro é facilmente acessível para muitos: aceitar o inferno e torná-lo parte de si mesmo até o ponto de não vê-lo mais. O segundo é arriscado e exige atenção e aprendizagem contínua: buscar e saber reconhecer qual coisa no meio do inferno não é inferno, e fazê-la durar; e dar-lhe espaço.*

A preservação do vértice psicanalítico não significa, porém, um descompromisso altaneiro das responsabilidades do psicanalista no exercício de *proficiência* junto ao seu analisando.

A capacidade de preservação do frescor analítico na sala de análise estará também correlacionada a uma certa humilde e lúcida "periculosidade" por parte do analista, daí o valor da análise pessoal, acompanhada de atualização têmporo-espacial e "realização" de loucura pessoal. São medidas que podem conter furor "higienista" que denuncia riscos de purismos e pasteurização da personalidade.

Alguns riscos para o analista podem ser acompanhados tomando como suporte a leitura de *Apologia de Sócrates* (Platão). O *establishment*, ao julgá-lo, decreta sua condenação por três grupos de crimes: a) corrupção da juventude; [por meio de] b) ataques destrutivos contra os deuses da cidade, ou seja, como iconoclasta e anarquista; c) proposição, também subversiva, de novos deuses (ou valores conflitantes com a ordem já vigente), isto é, "messias" (gênio).

Alternativas oferecidas pelo *establishment* interno e/ou externo a cada psicanalista: ostracismo/exílio; conformismo/alienação, através de burocratização, estrelismo, carreirismo político, perda das funções psicanalíticas; condenação à morte com o convite/imposição para tomar cicuta etc.

Face ao furor de cura e higienização do vértice da moral, em detrimento das analíticas estética e ciência, gostaria ainda de apontar uma questão correlata: a importância clínica do que Bion destaca como o valor da "realização da loucura". Qual o grau de suficiência de análise pessoal, particularmente do psicanalista? Pode servir como elemento de certa resposta em aberto, o que dá suporte a uma "administração" e um valor das próprias partes psicóticas da personalidade do analista, tanto no exercício clínico como no dia a dia fora dos consultórios? Algo semelhante pode ser indagado quanto ao seguinte: quando é eticamente válido, e não só como recurso de sobrevivência, o uso do chamado "falso *self*" por Winnicott?

O arco da vida se estende entre a cesura do nascimento e a cesura da morte, e, continuamente, se impõe para cada um de nós a conjunção constante *solidão e dependência*; quem sabe se só poderemos desenvolver *sabedoria*, como antídoto à nossa apocalíptica tendência a estupidez, cegueira psíquica e onipotência, apenas enquanto houver humilde ousadia associada à paciente e perseverante busca que visa à ampliação de contínua aprendizagem face à inquietante colheita da desconhecida jornada de cada dia. Nesse sentido, cada sessão constitui uma situação privilegiada para serem testados e apurados os suportes humanos de esperança e confiança na *intimidade clínica* com cada analisando.

Espero que esta escrita constitua um estímulo para uma fértil troca de ideias entre os analistas presentes e que possa ser tomada como um dos possíveis modelos de treinamento adequado para continuar a preservar hábitos mentais alcançados na análise pessoal.

Leituras sugeridas

1 – Bion, Wilfred R.

[a] "Learning from Experience", London: Heinemann, 1962.

[b] "Elements of Psycho-Analysis", London: Heinemann, 1963.

[c] "Transformations", London: Heinemann, 1965.

[d] "Second Thoughts", London: Heinemann, 1967.

[e] "Attention and Interpretation", London: Heinemann Ltd., 1970 – p. 9, p. 106.

[f] 1991 – "A Key" in "A Memoir of the Future" – Karnac Books – Lon-

don/New York.

[g] "Dawn of Oblivion" Pertshire: Clunie Press – 1979 – p. 138.

[h] "Bion in New York and São Paulo" – New York – 1977 – R Harris: 1980.

[i] "Cogitations", London: Karnac, 1992.

2 – Bollas, Christopher.

"Expansão ou Tradição na Psicanálise" – IDE – SBPSP – Novembro 1997 – p. 48.

3 – Freud, Sigmund

[a] "Two Principles of Mental Functioning" (1911) – S.E., Vol. XII, London: Hogarth Press: 1991.

[b] "Correspondência Completa Sigmund Freud/Lou Andreas Salomé", [1912-1936] Rio de Janeiro: Imago, 1975. Ver Carta de 25/05/1916, p. 65-66.

[c] "Beyond the Pleasure Principle" [19201 – The Hogarth Press Ltd. – The Standard Edition – Vol. XVIII – London.

[d] "Constructions in Analysis" [1937] – The Hogarth Press Ltd. – The Standard Edition – Vol. XXIII – London.

4 – Sapienza, Antonio

[a] "Uma Leitura Psicanalítica de Bion: Cinco Tópicos Clínicos" – Revista Brasileira de Psicanálise – Vol. 26 – n 3 – 1992.

[b] Sapienza, Antonio e Junqueira Filho, Luis Carlos Uchoa: "Eros, Tecelão de Mitos", in "Bion em São Paulo – Ressonâncias" – Acervo Psicanalítico – SBPSP – junho 1997 – São Paulo, p. 196.

[c] "Aprendizagem da Experiência Emocional na Sessão Analítica: Trabalho de Sonho-Alfa" IDE – SBPSP – Novembro 1997 – São Paulo – p. 102.

[d] "Compaixão, Tolerância à Frustração e Capacidade de Pensar na Experiência Emocional da Sessão Analítica" – I Encontro do Núcleo de Psicanálise de Campinas e Região – maio de 1998 – publicado in Alter – Brasília – vol XVIII, no. 1, junho 1999 – p. 53.

[e] "O Trabalho de Sonho Alfa do Psicanalista na sessão: Intuição – Atenção — Interpretação" – XVII Congresso Brasileiro de Psicanálise

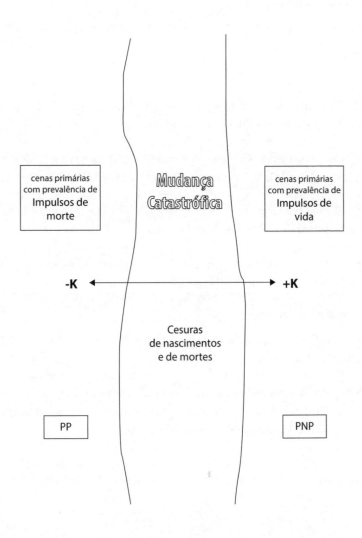

13. Propondo reflexões a partir de uma seleção de anotações e recortes sobre textos de Bion[1]

1. "Emotional turbulence" (1976) – in: *Clinical seminars and four papers* – 1987 – pp. 229-230.

   "*Qualquer pessoa que relembrar ao animal humano que ele sabe pouco está propensa à impopularidade. Os seres humanos clamam por algum tipo de formulação autoritária que tome ao mesmo tempo o lugar da ignorância e o exercício de curiosidade; desta forma, eles esperam colocar um basta aos desagradáveis sentimentos de ignorância e à repetição das perguntas. As questões repetidas podem ser ainda até mesmo o que é conhecido como compulsão à repetição. Mas a*

---

[1] Sapienza, Antonio. Propondo reflexões a partir de uma seleção de anotações e recortes sobre textos de Bion. *J. Psicanál*, v. 33, n. 60/61, p. 223-34, 2000.

> compulsão à repetição pode ser, na verdade, uma centelha de curiosidade humana que até agora não conseguiu ser extinta por quaisquer afirmativas de autoridades de qualquer fonte."
>
> "Nós nos identificamos tanto com aqueles que formulam as questões como com aqueles que são supostos conhecer as respostas. Mencionei isto porque não desejo ser suspeito de ironia socrática – quanto menos não seja, pelo fato de que Sócrates chegou a um final infeliz – um resultado de propor perguntas.
>
> É possível que o mesmo perigo venha a surgir se nossas respostas façam com que se abram conclusões que aparentam ser definitivas."

Proposições:

a. Há uma conjunção constante ligando onisciência e estupidez.

b. Assim sendo admitir ignorância poderá ser início de sabedoria, desde que não oculte má-fé, cinismo e/ou conformismo.

c. Como hábito mental é recomendável que o analista possa ampliar a capacidade de tolerar incertezas sem irritação ou pressa.

2. "Caesura" (1977) – in: *Two papers: The grid and Caesura* – pp. 49-50.

> "Eu quero agora considerar uma situação não analítica, mais precisamente, aquela em que o paciente tem de lidar com mudanças em suas coisas (affairs) por tomar decisões. Essa situação é comparável ao jogo de 'Cobras e Escadas'. A escolha do paciente pode cair na

cabeça de uma cobra e ele volta ao estado de affairs aparentemente infeliz que ele deplora e lamenta; ou ele pode chegar a uma escada e encontrar-se na posição de ser capaz de fazer muitos lances que o conduzam a seu objetivo final – o que ele pode também lamentar. Em qualquer situação a escolha que o paciente faz obriga a reajustamentos com as consequências. Muito então estará na dependência da extensão na qual ele é vítima de auto-ódio ou auto-amor."

"A situação do analista é semelhante àquela do analisando, pois ele vive no mundo de realidade do qual a análise mesma é uma parte. Ele portanto tem de fazer escolhas, incluindo a possibilidade de permanecer em silêncio porque não conhece uma resposta ou não pode pensar sobre uma interpretação apropriada; ele pode comprazer-se por dar uma interpretação que é apenas um modo de passar o tempo."

Proposições:

a. Aponto agora um nutriente capaz de renovar as dimensões da modéstia pessoal do próprio analista: é salutar o analista poder recordar-se e reconhecer quando tinha sido "salvo" de acidentes psicóticos por acaso salvador ou por sabedoria de outrem, e nem sempre por sabedoria própria...

b. Nas tomadas de decisões pelo analista, que incluem no cotidiano clínico o que escolher e como interpretar, configuram-se dinâmicas de encruzilhada. Em nível mítico, a escolha ativará: (a) o equivalente do "Fantasma paterno" para o jovem Édipo, na fuga de Corinto em direção a Tebas, quando o nível ativado na sessão analítica se relaciona a questões das partes de personalidade não psicótica (PNP); ou (b) o correspondente à situação do "príncipe " Édipo em confronto com a Esfinge ("decifra-me ou te devoro") ou à do "rei" Édipo, buscando a verdade a qualquer custo, em combate contra o adivinho e cego Tirésias, que por "compaixão" desestimula investigação. Isso acontece desde que estejamos lidando com questões atinentes ao funcionamento das partes psicóticas da personalidade (PP).

c. Clinicamente, os investimentos dos vínculos de Amor, Ódio e Conhecimento deverão ter como pano de fundo as polaridades ego-cêntrica (Narcisismo) e sócio-cêntrica (Social-ismo), com o que ganhamos parâmetros mais precisos e valiosos do que os parâmetros enraizados nas implicações de conflitos entre impulsos instintivos do ego *versus* impulsos dos instintos sexuais. Penso que assim ganhamos instrumental mais refinado para abordar conflitos da personalidade humana, enquanto "animal político", em sua inserção com o grupo ao qual pertence ou do qual está excluído. Esta configuração será retomada na Proposição (IXc).

3. "The grid" (1964) – in: *Two papers: The grid and caesura* – p. 23.

Citação extraída da autobiografia de Max Planck, de uma descoberta que foi apenas incidental ao seu trabalho com a mecânica quântica:

"Uma das mais dolorosas experiências de toda a minha vida é o fato de raramente – poderia dizer na verdade nunca – ter conseguido o reconhecimento universal por um novo resultado, cuja veracidade pude demonstrar por uma prova conclusiva, embora tão-somente teórica...

> *Esta experiência deu-me também uma oportunidade para aprender um fato – notável na minha opinião: uma nova verdade científica não triunfa por convencer seus oponentes e fazê-los ver a luz, e sim mais porque seus adversários eventualmente morrem, e surge uma nova geração que está familiarizada com ela."*

Proposições:

a. Face à complexidade crescente do sofrimento mental que atinge a humanidade no mundo contemporâneo e levando em conta a inevitável renovação das gerações de psicanalistas, convém estarmos acordados para examinar a amplitude de nossas responsabilidades em darmos continuidade à investigação acurada de antigos e novos problemas na clínica psicanalítica. Passo a enumerar alguns mais gritantes: as características prevalentemente de "fronteiriços" em nossos consultórios, a mutilação mental devida à pseudocura em razão do uso indiscriminado de psicotrópicos; a onda crescente de adição a drogas; a cultura prevalentemente "hipomaníaca" das grandes cidades.

b. Essas condições vão requerer devido atendimento e projetos pelo *establishment* analítico também a médio e longo prazos, o que exigirá transmissão de empenhos e saberes, entre os analistas de diferentes gerações, qual passagem de "bastões" e "legados". Nossas esperanças realistas voltam-se para a construção de "torres de vigor e sabedoria nas cidades novas" à que se opõe em nível mítico a hegemonia de "Jeová", o qual, como deus onisciente e ciumento de sua onipotência, ameaça os grupos analíticos e os analistas entre si de dispersão e confusão das línguas. Assim, em diferentes países assiste-se a conflitos estéreis e esterilizantes entre grupos denominados "freudianos" que não compreendem "kleinianos"; partes destes não se entendem com os "lacanianos", os quais dividem-se entre si, proliferando-se múltiplas seitas, que por sua vez odeiam os "kohutianos", e assim por diante, em dinâmica semelhante à descrita no painel bíblico da "Torre de Babel" (ver Gênesis, cap. 11). Enquanto isso grupos de "charlatães" se aproveitam junto aos leigos, propondo inclusive esdrúxulas "formações" de analistas a curto prazo.

4. "Segunda discussão em Los Angeles" (abril 1976) – in: *Conversando com Bion* – pp. 31-32.

"Muita coisa depende do fato de o paciente conseguir ou não levar a experiência a bom termo. Se possível, eu gostaria de fazer com que a probabilidade maior recaísse no bom termo, e não no mau. O que importa é se a pessoa pode ter suficiente respeito para com a realidade, para com os fatos, para se permitir observá-los por si mesma. Certa vez, trabalhei com dois cirurgiões, um dos quais, Wilfred Trotter, tinha uma reputação mundial, e o outro era bem conhecido localmente e extremamente hábil. Se Trotter fazia um implante de pele, pegava; se o outro o fizesse, mesmo com um equipamento tecnicamente perfeito, ele era rejeitado. Wilfred Trotter, que escreveu 'Os Instintos da horda na paz e na guerra', sempre ouvia com profundo respeito aquilo que o paciente tinha a dizer. Jamais os deixava de lado por não serem importantes. Também não os deixava de lado caso fossem importantes. Eu o vi certa ocasião em que foi chamado a lidar com a realeza. Ele simplesmente sentou-se na cama e começou a ouvir o que o real paciente tinha para dizer. Disse-lhe então: 'Certo, vamos consertá-lo'. E levou adiante aquilo que já deveria ter

sido feito – uma simples ressecção de costela, perfeitamente ortodoxa. Ninguém antes havia sido capaz de tratar as reais costelas de modo tão desrespeitoso."

Proposições:

a. Para o analista é básica sua apurada capacidade de observar o que se desenvolve na relação com o seu paciente, na sala de análise. Boa parte desta capacidade dependerá da qualidade de sua análise pessoal, devendo estar atento a fatos clínicos, ainda que desprazerosos, e ousando respeitá-los.

b. O analista deverá aliar à precisão de linguagem, a serviço do diálogo com o paciente, senso de competência e de responsabilidade; é importante que sua ousadia seja temperada com suficiente dose de prudência.

5. "Segunda discussão em Nova York" (abril 1977) – in: *Conversando com Bion* – pp. 101-102.

"Há certas pessoas muito inteligentes que não podem aguentar o perpétuo bombardeio de pensamentos e sentimentos, provenientes de todos os lugares, inclusive de dentro delas. Então, cancelam sua assinatura do jornal; retiram seu número da lista telefônica; fecham as persianas e tentam, o quanto possível, alcançar um tipo de situação na qual ficassem livres de novos impactos. Então, a comunidade perde a contribuição que o indivíduo pode fazer e o indivíduo morre mentalmente – do mesmo modo que certas células no corpo acabam necrosando.

O corpo tem inteligência para resistir à invasão de corpos estranhos, como as bactérias – ou mesmo plantas coccus – e mobiliza fagócitos para lidar com estes objetos invasores. Seria possível organizarmo-nos em comunidades, e instituições, a fim de nos defendermos da invasão de ideias provenientes do espaço exterior, e mesmo do espaço interior? O indivíduo fica aterrorizado até mesmo em permitir a existência de sua própria especulação imaginativa; ele fica com medo do que poderia acontecer caso alguém mais pudesse perceber estas especulações imaginativas e tentasse livrar-se dele com base no fato de ele ser uma influência perturbadora. Freud (em 'História do movimento psicanalítico', 1914) cita um drama de Hebbel (Christian Friedrich Hebbel – 1813-1863 – em Gyges und sein Ring, ato V, cena I) sobre o tipo de pessoa que perturba o sono do mundo e acaba sendo odiada de modo análogo e proporcional; ele (Freud) chegou à conclusão de que era um deles. Quando eu era psiquiatra no Exército Britânico, fui suficientemente imprudente a ponto de sugerir que os psiquiatras estavam administrando drogas aos seus pacientes a fim de assegurarem a si próprios uma noite tranquila."

Proposições:

a. A cada sessão clínica, haverá um certo temor em ambas as pessoas presentes, em razão da inevitável *turbulência emocional* gerada pela aproximação da própria situação desconhecida, que deverá ser investigada.

b. Os recursos criativos, a disciplina analítica bem treinada e a colaboração da parceria deverão possibilitar *aprendizagem emocional* dentro da própria sessão em desenvolvimento.

c. A robustez mental da parceria e o respeito a verdades serão *colocados à prova* a cada sessão.

6. "Evidência" (julho 1976) – in: *Clinical seminars and four papers* – p. 240. *Revista Brasileira de Psicanálise,* 19:129, 1985 – p. 131.

"Freud, em seu obituário a Charcot (SE III, 1893), coloca grande ênfase, e obviamente estava enormemente impressionado, a respeito da ideia de Charcot de permanecer olhando uma situação desconhecida até que um padrão começasse a emergir e pudesse, então, ser interpretado. Charcot estava, naturalmente, falando a respeito de medicina física, cirurgia e neurologia. Quando se trata de psicanálise, é outra questão; convencionalmente no final das contas, nós não pensamos em usar nossos sentidos visando contato físico com o paciente. Mas nós podemos atribuir enorme importância à presença do paciente – se ele retornar. O problema, em um sentido, é o de tentar fazer valer a pena de modo tal que o paciente venha novamente outro dia. Em teoria, não há qualquer dificuldade; na prática é verdadeiramente muito difícil. Deste modo eu penso que é um assunto que requer congratulações se alguém retém a curiosidade ou interesse do paciente de forma suficiente para que ele volte novamente."

Proposições:

a. O exercício de paciência e perseverança a cada sessão permitirá ampliar a capacidade de tolerar incertezas.

b. Espera-se que ambos possam suportar sentimentos fortes, preservando a capacidade de pensar e investigar o que vai surgindo na própria trama da sessão analítica.

c. O crescimento mental na parceria dependerá da capacidade de conter curiosidade, preservar inquietações face a dúvida e mistérios humanos.

7. "Primeira conferência no Rio de Janeiro"– in: Bion's Brazilian lectures 2 – 1974 – p. 20.

"Pergunta (P): Como nós podemos desenvolver intuição?

Bion (B): Suponhamos que um menininho ou uma garotinha chegue a você e diga: 'Eu já não estou crescido?', uma vez que estão vestidos com as roupas de seu pai ou mãe. Eles ainda podem dizer: 'Eu não sou como Mamãe ou Papai? Eu sou como uma pessoa crescida'. Como os pais, e o analista, sabem, eles não cresceram. Mas nós poderíamos dizer: 'Sim, você é mesmo como um médico – vejamos, você tem um estetoscópio', ou mesmo 'como mamãe, amamentando seu bebê boneco'. E duro dizer: 'Não, mas você está tornando-se um adulto', porquanto a criança pode não compreender.

As autoridades de treinamento analítico podem não ser capazes de dizer por que o candidato não é um psicanalista. Elas podem dizer: 'Sim, você é como um psicanalista', mas isso é muito diferente de dizer: 'Você está se tornando um psicanalista'. Soam de modo semelhante, mas há uma grande diferença. Deve-se ser capaz de distinguir entre 'como' e 'tornando-se'. Muitas pessoas dizem: 'Oh, sim. Meu marido e eu estivemos casados por vinte anos'. Eles não estiveram. Se você tem experiência, você pode olhar para eles e ver que são como um par casado, mas não são um casal; são um modelo muito bom de casal. Mas a menos que haja algo seriamente errado com eles o assunto não é *posto em debate; estar casado é, de fato, um processo contínuo, jamais fechado. Não há futuro em ser como um par casado; eles estão provavelmente tornando-se casados ou vindo a ser crescidos.*

De modo similar, o ser humano pode ser como um animal sexual na idade de dez ou treze anos. Mas se nós respeitamos a personalidade humana, o desenvolvimento não para na puberdade ou na adolescência; se nós acreditamos na existência de uma mente humana, não importa ser como uma personalidade humana; você pode somente estar se tornando humano."

Proposições:

a. A análise visa favorecer a individuação de cada analisando dentro de sua especificidade como ser humano.

b. Face a questões narcísicas e partenogenéticas é importante que os analistas tenham em mente os riscos de *mimetismo narcísico*, que se baseiam em estados alucinósicos; com jogos de espelhismo e ruptura de autenticidade.

8. "Quinta conferência no Rio de Janeiro" –
in: *Bion's Brazilian lectures 2* – 1974 – pp. 86-87.

"P: Tendo em mente suas referências ao respeito devido à mente humana e à personalidade, quais fatores ou motivos você pensa existir que levariam alguém a reprovar um candidato?

B: Em todos os meus anos de experiência de seleção na Sociedade Britânica de Psicanálise, eu não posso dizer que tenha encontrado a resposta a esta questão. Nós não qualificamos todo mundo e algumas vezes eu penso que entre os que não foram qualificados, encontram-se, infelizmente, pessoas que são de melhor qualidade que os qualificados. Nós temos de tomar essas decisões, fazendo uso da inteligência que temos, mas nós podemos não ter suficiente sabedoria ou inteligência para tomar a decisão correta. É uma falha humana; as pessoas erradas serem escolhidas como membros de uma equipe de futebol; ou para serem cirurgiões ou médicos, ou párocos, ou primeiros-ministros. A provisão de primeiros-ministros é pequena, mas é extraordinário como, ainda assim, nós podemos escolher os piores. Um de meus amigos costumava comentar sobre o que ele chamava de 'inadequáveis auto-selecionados': alguém é designado para um ofício porque ele mesmo escolheu-se para este serviço. Há uma ampla provisão deles. No exército havia pessoas com condecorações auto-impostas – pregadas nelas mesmas como um modo de escapar de certas dificuldades muito desagradáveis.

*Eu não me sentiria disposto a qualificar alguém que desprezasse pessoas se essas pessoas fossem amáveis. A maior parte do tempo nós temos de lidar com pessoas que fracassaram ou que não são muito boas em seu trabalho. Essas são as pessoas que nós temos que tornar capazes de serem boas em seu trabalho. Alguém pode ter feito uma **mixórdia** ou um **pasticcio** de tudo o que sempre teve – educação, fortuna, vida conjugal, tudo o mais – e ainda ter expectativa de que um analista faça um sucesso dele ou dela; e é esperado o analista conseguir ter também sucesso ao fazer um sucesso de tal pessoa. O analista não fará sucesso se despreza pessoas."*

Proposições:

a. A capacidade de respeitar o ser humano é valor intrínseco para o exercício de continuar a ser analista do paciente com quem se lida.

b. A seleção de uma pessoa para funções analíticas abre para os examinadores um leque de questões de personalidade: como graus de ambição, competência etc. Além das complexas correlações entre papéis, *status* e funções, dentro da vida institucional, destacam-se os usos específicos das funções que a necessidade de fama possa servir para acobertar profundas feridas de amor-próprio. Bion nos propõe o seguinte: "Será a fama a primeira e a última doença das almas nobres?".

9. "Quinta conferência em São Paulo" – *in: Bion's Brazilian lectures* 2 – 1974 – pp. 211-212.

> *"P: Qual é sua opinião em relação ao ensino de psicanálise em universidades ou escolas médicas? Se a psicanálise está confinada à experiência entre duas pessoas, como se pode fazer uso desta experiência em grandes grupos?*
>
> *B: A dificuldade é conhecer o que a universidade, ou a instituição que é não-psicanalítica, espera do psicanalista. Os comentários que eu obtive no passado de pessoas que responderam ao convite de fazer alguma contribuição ao **currículo** universitário parecem ser um tanto quanto infelizes. O analista frequentemente parece achar que algo é esperado dele, que é baseado em um mal-entendido sobre psicanálise. Isto pode ser devido a termos feito muito mais progresso do que chegamos a realizar e o que nos é, portanto, familiar com*

um modo de pensar e um modo de ensinar que é consideravelmente distinto dos métodos convencionais. Minhas experiências na didática psicanalítica foram, de fato, muito deprimentes. Como os primeiros vagões ferroviários que eram feitos para parecerem tão semelhantes quanto possível às carruagens puxadas a cavalos, eu achava o equipamento de treinamento no todo muito simples, qual uma cópia dos métodos adequados para treinamento convencional em experiências convencionais. Na medida em que me tornei mais e mais familiarizado com psicanálise, mais berrantemente inadequado isto me parecia. Algo disto era devido ao fato de que nós todos éramos pessoas cansadas. Ouvindo pessoas que estavam ainda mais cansadas no final de uma jornada árdua de trabalho, que então recaía sobre o lidar, o que todos também fazíamos.

Quando eu me sentava em salas pequenas, desconfortáveis e apinhadas de pessoas, eu pensava que isto era mais adequado como um exercício penitencial do que algo conectado a uma atividade cultural. E quanto mais eu me tornava conhecedor de psicanálise, mais aflitiva esta experiência parecia ser. Eu não me sinto otimista quanto a estas demandas que são feitas a nossas instituições, ou sobre o efeito que teriam em nossos membros. Não desencorajaria alguém de ir a uma universidade, ou de fazer parte de tal curso, mas, por outro lado, eu não os encorajaria a acreditar que estão em experiências agradáveis. Leva apenas um curto tempo para descobrir que os estudantes e outros colegas têm uma baixa opinião sobre psicanálise e sobre a inteligência das pessoas que se engajam nela. Este hiato (gap) é muito difícil de transpor.

O fato de que a psicanálise é fundamentalmente baseada no respeito pelo indivíduo é propenso a exacerbar o respeito que também sentimos pela comunidade das pessoas. É uma razão pela qual um estudo do grupo pode ser um auxiliar valioso para o estudo psicanalítico do indivíduo e vice-versa. Penso que seja prematuro pronunciar uma opinião a respeito de como estes fluxos (correntes) de experiência venham a ser harmonizados quando grupos e indivíduos se encontram. O problema é digno de estudos.

Proposições:

a. A viabilidade da interação entre psicanálise e universidade (bem como com outras instituições, por exemplo, hospital, família etc.), requer que sejam levadas em conta também as expectativas que o grupo tenha na relação com o indivíduo, especificamente com o psicanalista.

b. Os graus de fertilidade para o indivíduo e o grupo poderão ser estudados através dos instrumentos de dinâmica de grupo; o mesmo vale inclusive para as relações criativas ou de dissipação de cada analista com o grupo psicanalítico de que faça parte.

c. Para tanto é importante o conhecimento assimilado e vivencial que o analista tenha das relações de continente e contido e suas transformações, ligadas a mudanças catastróficas e mudanças criativas, em seus registros grupais de objetos tanto da realidade interna quanto da externa.

10. "Terceira discussão em Nova York" (1977) –
in: *Conversando com Bion* – p. 105.

"*B: Gostaria de enfatizar uma eterna questão que me parece ser da maior importância. Entendo por 'eterna questão' algo que não tem uma resposta permanente; está sempre em aberto.*

É de bom alvitre que um analista, de tempos em tempos, se questione por que está fazendo análise, e se pretende fazê-lo amanhã; e no dia seguinte; e assim por diante. A pessoa acaba se habituando a tomar como garantido que decidiu ser analista para toda a vida, como se isto fosse uma questão fechada; enquanto eu penso que é importante que isto possa ficar como uma questão aberta. (Na prática analítica, o instante específico desta questão geral é alcançado pela decisão de continuar ou parar uma análise.)

A emergência deste problema requer uma reflexão cautelosa do analista em relação ao modo como ele vai expressar isto ao analisando; só ele pode dizer que linguagem vai ser falada; e como formular. 'Por que você veio?', 'O que você espera?', 'O que você pensa que eu vou fazer?'. Há inúmeras respostas: o paciente foi aconselhado a vir, ou recomendado a você, ou ouviu falar a seu respeito. Isso não te revela nada; é uma resposta superficial. Mas permanece a eterna questão – por que este paciente, que veio por três anos, quatro anos, cinco anos, três semanas ou três sessões, está vindo outra vez? Pode ser que você tenha uma ideia de por que ele veio ontem; só que isso não é hoje. Você pode ter uma opinião de que está constantemente se modificando sob o impacto da experiência que continua acontecendo; portanto, tratá-la como se fosse um assunto fechado não deixa espaço para o desenvolvimento.

P: Você chegaria ao ponto de perguntar: 'O que vou tirar desta análise para mim? Não se preocupe com uma pessoa de fora'.

B: De qualquer modo, todo mundo acaba chegando a isto. Não gostamos de admiti-lo, pois não soa lá muito respeitável dizer, por exemplo, que estou aqui porque tiro algo disto; ou que sou um analista porque até agora isso me pareceu recompensador. No entanto, basicamente, a pessoa tem de considerar isso. Caso você esteja explorando a área médica, pode, como John Hunter (1728- 1793 importante cirurgião inglês que aliava a cirurgia a uma prática médica respeitável. Para demonstrar relações entre sífilis e blenorragia, inoculou-se de sangue sifilítico. Algumas fontes históricas assinalam que isto abreviou sua vida), se expor à infecção com resultados desastrosos. Em análise, até que ponto é algo sábio expor-se a si mesmo à experiência emocional? Quando me coloco como analista, será que não vou ter um colapso, como resultado das forças emocionais a que me exponho? Será que vou ser suficientemente robusto e saudável para aguentar a pressão?

P: E sobre o outro lado? É, de alguma forma, curativo para o médico saber que ajuda o paciente?

B: Não há chance de saber a menos que o médico se permita estar cônscio de estar preocupado com aquilo que ele mesmo tira disso. Ele pode ter um impulso de ser útil para com seus amigos. Neste caso, ele tira algo *do ato de ser médico e de estar correndo o risco de ficar com as reclamações. Entretanto, pode ser que ele não se dê conta de que isso não é um componente necessário e, portanto, ficará sujeito a esta situação emocional poderosa, sem ter levado em consideração se quer mesmo ajudar alguém. A coisa nunca é tão delineada assim; estou colocando de uma forma extrema. Com o tempo, algo começa a se impor: você se torna consciente de alguma insatisfação; esta insatisfação se acumula e não tem saída."*

Proposições:

a. Interessam-nos os fatores que mantenham vitalidade e entusiasmo relacionados às paixões do vir-a-ser psicanalista, renováveis a cada sessão clínica, com cada analisando específico.

b. Se pensarmos em clínica psicanalítica como um grupo de trabalho de duas pessoas, este será infiltrado por sentimentos derivados de supostos básicos de dependência, idílio e guerra. O psicanalista deverá estar atento para os riscos que envolvem a parceria com o analisando particular a cada encontro analítico, levando em conta as incertezas que acompanham os movimentos de lucros e perdas para ambas as pessoas, principalmente no que se refere a continuar ou interromper a própria atividade analítica.

14. Transitoriedade, tolerância a incertezas e fertilidade[1]

Introdução

"*Cada criança em desenvolvimento descansa, como todos os seres em desenvolvimento, no útero da grande mãe – o indiferenciado, ainda não formado mundo primitivo. A partir daí ela se separa para entrar em uma vida pessoal, e é somente em horas sombrias, quando escapamos novamente desta situação (como acontece mesmo com os sãos, noite após noite) que nós estamos bem próximos a ela novamente. Mas este afastamento não é súbito... como aquele em relação ao corpo da mãe.*"

M. Buber, "I and Thou", 1923

Bion, 1977 – Caesura

---

[1] Sapienza, Antonio. *Transitoriedade, tolerância a incertezas e fertilidade.* In: Núcleo de Psicanálise de Campinas e Região. Anais do II Encontro de Psicanálise do Núcleo de Psicanálise de Campinas e Região. Campinas: NPCR, 2000. p. 56-63. (Apresentado em: Encontro de Psicanálise, 2; São Paulo, 19-21 maio 2000).

O texto consta de três grupos de ideias que guardam íntima e contínua interação na vida real de cada ser humano: transitoriedade, tolerância a incertezas e fertilidade. A cada um destes grupos, ainda que correndo o risco de balizamento esquemático, proponho uma escala com modulação de duas polaridades.

A seguir, busco estabelecer correlações entre os termos de cada grupo de ideias e reflexões poéticas, filosóficas e psicanalíticas.

I. Transitoriedade

"*A beleza da forma e rosto humanos desaparece para sempre no curso de nossas próprias vidas, mas sua evanescência somente os leva a um novo encanto. Uma flor, que desabrocha unicamente por uma simples noite, não nos parece, por esta razão, menos digna de amor. Nem posso compreender melhor por qual motivo a beleza e perfeição de uma obra de arte ou de uma realização intelectual deveriam perder sua importância devido a sua duração temporária. Pode na verdade chegar um tempo em que os quadros e as estátuas que admiramos hoje serão reduzidos a pó, ou uma raça de homens poderá nos suceder e não mais compreender as obras de nossos poetas e pensadores, ou chegar mesmo uma era geológica que determinará o fim da vida animada sobre a Terra; mas desde que o valor de toda essa beleza e perfeição é determinado só por seu significado para nossas vidas emocionais, não há necessidade para sobreviver a nós e é, portanto, independente de duração absoluta.*"
S. Freud, "On Transience", SE XIV, p. 306, 1916 [1915]

Na proposição das polaridades mortalidade em uma extremidade e eternidade na outra, a transiência as modula.

MORTALIDADE ← TRANSITORIEDADE → ETERNIDADE

Uma indagação: quais os ingredientes dietéticos que permitem "crescimento" e levam a "amadurecimento mental"?

Não há fórmulas prontas. Disposição para procura e cultivo na vida cotidiana, desde o despertar até o adormecer e o próximo acordar. Amar o frágil, como a efêmera flor do campo e uma gota de orvalho sobre ela, que podem subitamente esvaecer, com o mesmo ardor e entusiasmo dedicados a valores vitais que acreditamos perpétuos (Goethe). Colha a jornada ("Carpe diem" – Horácio). Aproveite o dia presente.

Recomendação: manter *background* ou pano de fundo mental, com cuidadosa atenção, a cada situação e encontro com o outro, não apenas na sala de análise. Bons hábitos mentais: "tirar proveito dos maus negócios".

Privilégio de que usufruímos ao exercer o árduo exercício microscópico com cada analisando, gerando aprendizagem de experiência emocional a cada sessão de análise.

II. Tolerância a incertezas

"*Capacidade negativa da personalidade como qualidade que contribuiu para formar um Homem de Realização, especialmente em literatura, e que Shakespeare possuiu tão amplamente – Capacidade Negativa significa que um homem é capaz de estar em incertezas, mistérios, dúvidas, sem qualquer irritação que busque fato e razão.*"
John Keats, carta de 21 de dezembro a George e Thomas Keats
Atenção e Interpretação, 1970

Tendo em vista fatos e resultados de êxito e fracasso de natureza pessoal, em âmbito familiar, social e profissional, face aos mistérios da própria vida, podemos conjeturar a seguinte formulação:

SATURAÇÃO ← TOLERÂNCIA A INCERTEZAS → ESPERANÇA REALISTA

A vida tem suas surpresas e cabe a nós usarmos nossos recursos e defesas (partes não psicóticas da personalidade). O acaso nos surpreende e não devemos acreditar numa conspiração contra nós.

Valor da improvisação e da capacidade de continuar pensando sob bombardeio. Complacências que podem ser geradas pelo entretenimento do mito do analista e pessoa "completos" (ou "acabados"?). Inevitavelmente, o que menos se pode esperar de uma análise é que seja total.

Disposição para aprender das experiências emocionais com que a vida nos presenteia, escolhidas ou não (dependendo também da flexibilidade e gradação de recursos e amplitude de mente do indivíduo). Mais do que "mestre", propor-se a vir-a-ser um eterno "aprendiz". Análise não é e nem deveria ser um belo "passatempo".

Surpreendentes ensinamentos que podemos receber também dos pacientes sobre nossa personalidade; não confundir com escotomas, insuficiências de análise, nem favorecer inversões das funções de analista com o analisando.

Uma indagação: quando estará na hora de voltar a colocar as costas na horizontal junto a outro analista? Haverá este interlocutor privilegiado?

Freud recomendava esse retorno para os psicanalistas a cada cinco anos, se bem que as análises geralmente eram breves, alcançando no máximo dois anos. Questão que pode ganhar crescente premência para cada geração de analistas. Não há substituto à altura para a análise pessoal.

Não se pode por outro lado permanecer em análise a vida toda, mesmo porque a vida foi feita para ser vivida, e não meramente analisada. Além disso, é de se esperar que nós, os analistas, tenhamos boas "realizações" de nossa "loucura" pessoal, principalmente via análise pessoal. Valor de conhecer e reconhecer o funcionamento das partes psicóticas da personalidade, que não são eliminadas a não ser por mutilações ou purismos esdrúxulos.

III. Fertilidade

> "O desastre de quem procura, disse um belo espirito, é que termina sempre por encontrar. Pirandello mostrava na face externa da sua obra o que se possa chamar uma 'filosofia'; e logo abaixo critica-a ao dar uma tradução, uma divulgação literal daquela 'filosofia'. Uma vez que isto não era senão uma astúcia providencial: o material isolante que permitia a Pirandello manejar o fogo branco do seu núcleo poético e humano."
>
> L. Sciascia, *Alfabeto Pirandelliano*, 1989, p. 27

Proponho as seguintes polaridades e modulação:

NADA ← EXISTIR AUTENTICAMENTE → TODO

Pela própria relatividade humana nenhum de nós sobrevive no vácuo, o animal humano é um ser político (cidadania). Oscilações, equilíbrio complexo e integrações entre forças narcis-istas e social-istas em cada pessoa e grupo humano. "Sou um meio entre o nada e o todo" – Descartes (Le néant significando "nada", "zero", em Memoir of the Future, III, 1).

Necessidade de desenvolvermos tropismos por relações de cooperação, criatividade e complementaridade (Nousis *versus* Hybris, que expressa fuga desesperada de Mudança Catastrófica e/ou barreira rígida contendo *necrose*).

Até ao final da vida, elaborações refinadas e contínuas do complexo de Édipo e da posição depressiva. Prevenção contra comodismos, estrelismos e "osteoartrite mental".

Quando estamos em bom juízo, sabemos que só podemos ser quem somos; outra razão pela qual devemos tentar conhecer o melhor possível quem somos, a fim também de sermos uma companhia que esteja de acordo com nós mesmos.

Ironicamente, é a outra face da moeda para quem preferir pensar que cada qual está "condenado" também de modo inevitável, a conviver consigo próprio: deste vértice, o suicídio crônico (extinção da subjetividade) e/ou factual pode constituir "terapêutica" radical, capaz de eliminar com absoluta perfeição todo e qualquer sofrimento mental...

Quanto ao polo do "NADA", poderíamos ainda considerar a conjunção constante formada pelos termos solidão e dependência, que se instala desde a cesura do nascimento e nos acompanha vida afora até a cesura da morte.

Entre estas duas impressionantes cesuras, outras cesuras com reavivamentos de "mudanças catastróficas" nos acompanham. Há quem experimente períodos e vivências de "mortes" e "desertos" mentais, bem como de "revitalizações" e "renascimentos" mentais, desde que se encontrem soluções e recursos criativos.

Quanto à Realidade Última, Deus, Infinito (ou como Bion prefere denominar O), só nos resta disciplina para evolver na direção de quem somos. A análise pessoal constitui um dos instrumentos essenciais e mais significativos nesta busca. Para Goethe, em

Máximas e reflexões: "Deus é o Todo, quando estamos nas alturas, e o suplemento da nossa pobreza, quando nas profundezas".

Embora inexistam antídotos completos e imunização absoluta contra os perigos e ameaças provenientes tanto da realidade interna quanto externa; com ousadia e prudência podemos desenvolver esperança realista, abrindo o tempo "futuro", e não dando totais razões aos "autistas", nem aos otimistas "ingênuos", nem aos "pessimistas" empedernidos. "Soberania, força guerreira e fecundidade" devem ser essenciais ao uso do que Leonardo Sciascia denomina o bom manejo do "fogo branco" de núcleo poético e humano, tal como pôde encontrar em Pirandello.

A respeito do sentimento de cólera, ira sagrada, ou crises de *terribilità*, a que Michelangelo esteve tão sujeito, verificar o belíssimo artigo de Freud "O Moisés de Michelangelo" (Freud, 1914), que termina com as seguintes palavras:

> "*Em suas criações Michelangelo frequentemente chega ao limite máximo do que se possa expressar em arte; e talvez em sua estátua de Moisés ele não tenha sido completamente bem-sucedido, se seu propósito era o de fazer a passagem de um gosto violento de paixão visível nos sinais deixados por detrás de calma decorrente.*"

Outra vertente valiosa de sanidade mental é a manutenção de genuína inquietação e perplexidade face aos mistérios e limitações de nossa própria condição humana neste mundo real, do qual fazemos parte e que não é virtual nem de brincadeirinha; pelo qual somos também responsáveis. Mesmo em seu leito de morte, Goethe pediu para um dos presentes que saísse de frente da janela, pois queria se beneficiar de um pouquinho mais de luz...

Bibliografia

1. Bion, W. R. – "Caesura" in "Two Papers: The Grid and Caesura" - Imago – Rio de Janeiro – 1977.

2. Bion, W. R. – "A Memoir of the Future" – Karnac Books – London - 1991.

3. Freud, S. – "The Moses of Michelangelo" [1914] – SE XIII – Hogarth Press – London – 1975.

4. Freud, S. – "On Transience" (1916[1915]) - SE XIV – Hogarth Press – London – 1975.

5. Greimas, Algirdas J. – "Du sens II" – Ed. Seuil – Paris – 1983.

6. Sciascia, Leonardo – "Alfabeto Pirandelliano" - Adelphi Ed. – Milano – 1989.

15. Reflexões clínicas psicanalíticas sobre a memória-sonho[1]

> *"Quelli che s'innamoran di pratica*
> *senza scienzia son come l'nocchier*
> *ch'entra in navillo*
> *senza timone o bussola,*
> *che mai ha certezza dove si vada."*
>
> Leonardo da Vinci, Manoscritto G8 r-Codice, Madri[2]

Introdução

Este texto como um todo pretende focalizar alguns entraves mentais oriundos do mundo das memórias, capazes de fechar o

---

[1] Sapienza, Antonio. Reflexões clínicas psicanalíticas sobre a memória-sonho. *Ciência e Cultura*, v. 56, n. 4, p. 29-32, 2004.

[2] Os que se enamoram de prática
sem ciência são como o piloto
que entra no navio
sem timão ou bússola,
Que jamais tem certeza para onde se vai. (tradução livre do autor).

presente e impedir os novos caminhos do futuro; segue criticamente os passos da trilogia *A memoir of the future* (1), que Bion escreve entre os anos de 1975 e 1979 nos deixa precioso legado de uma aventura autobiográfica romanceada, elaborada em instigante linguagem, onde usa um estilo literário que combina ficção e memória-sonho.

Pode ser compreendido como um convite a uma discriminação entre um grupo de memórias e tradições que favorecem sanidade e outro grupo de memórias que inoculam e entretêm psicotização, linguagem oracular e tramas psicóticas.

Memória-Sonho deve ser diferenciada de Memória-Arquivo; a primeira surge de modo espontâneo no decorrer da própria sessão analítica, assemelha-se a um devaneio, e permite conexões inesperadas e valiosas. A proposta de Bion relacionada à disciplina de *"opacificação de memória e desejos"* (2) pelo analista visa inibir a saturação da mente por acúmulos de memórias, os quais impedem a abertura de novos significados, que só podem surgir a partir do estado das pre-concepções em liberdade, isto é, não saturadas.

O excesso de memórias a respeito das pessoas *"cristaliza"* o conhecimento e impede o aprendizado emocional e vivo fora do que já é conhecido e frequentemente só alimenta preconceitos, estereotipias e compulsões à repetição ou mesmices. "Os parentes próximos de um paciente estão impregnados de memórias que os tornam juízes não confiáveis da personalidade do paciente e não adequados para serem o analista do paciente" (3).

Restauração da Capacidade de Pensar

O estímulo inicial para este artigo surgiu de uma certa provocação feita pelo notável psicanalista britânico Wilfred Ruprecht Bion que, em uma de suas últimas conferências em São Paulo, ao parafrasear Freud desde seu texto "*Psicopatologia da vida cotidiana*" (4), convidou os analistas presentes a se dedicarem a pesquisar e a escrever sobre *A psicose da vida cotidiana*.

Uma das repercussões pessoais mais intensas passou a ser a atitude de acolher elementos conflitantes de minha própria realidade psíquica que, ao não terem encontrado suave abrigo no *self*, poderiam ser evacuados e permanecer dispersos, quais corpos alienígenas, tratados como estranhos e desconhecidos na realidade externa cotidiana. Tecnicamente, a não-recuperação e a não-elaboração desses aspectos pessoais esvaziam o *self*, e poderão alimentar uma vida plena de atuações impulsivas e compulsão à repetição, por entreter e gerar escotomas (cegueiras mentais) e reações contratransferenciais. Isto pode tumultuar as bases e o destino da própria situação terapêutica.

Esse resgate é facilitado pelas experiências de análise pessoal e intenso treinamento teórico e clínico, geradores de assimilada disciplina, que devem ser acompanhados de rigorosa consideração pela vida mental e amor pela verdade.

Outro enfoque valioso na metabolização desses aspectos cindidos da personalidade é a percepção de que a capacidade de pensar requer reparações cotidianas ininterruptas, através do aprendizado de experiências emocionais, somente possível pelo contato com outro ser humano, pois ninguém sobrevive ao vácuo, à total solidão e à ilusória auto-suficiência. Esses são os ingredientes do caldo de cultura adequado para alimentar a instalação e o desenvolvimento do que André Green, nos anos 70, denominou *psychose blanche* (5), suporte da psicodinâmica de configurações autistas.

A preservação da saúde mental tem analogias com a saúde do corpo, pois também precisa de nutrientes adequados, desintoxicação e ainda exercícios de revitalização mental, convenientemente escolhidos no dia-a-dia. Estados de anorexia e desleixo mentais estão frequentemente maquiados pela pressa, automatismos e cultivo de maus hábitos mentais, que empobrecem e deterioram as personalidades, chegando a abolir a consciência de nossa inevitável fragilidade humana. Por isso a terapia também exige as virtudes da paciência e da perseverança no exercício da convivência de analisando e analista. A atividade clínica poderá vir a ser uma condição de privilegiado aprendizado também para o terapeuta, por se tratar de um encontro de personalidades capaz de aguçar saudável e desintoxicante autocrítica; a ênfase recai no fato de que o melhor colaborador do analista deva ser o próprio paciente, com quem o terapeuta dialoga e interage.

Na sessão, mesmo o paciente mais hostil tem, em algum nível, esperança de obter algum benefício do contato com o terapeuta. Espera-se, porém, que o terapeuta tenha clareza de quais são as condições mínimas e necessárias para o exercício de suas funções específicas e saiba lidar com esta hostilidade sem se deixar envolver por jogos sadomasoquistas, possibilitando a ampliação da capacidade de diálogo e compreensão mútua.

Catástrofes mentais

Ao final do entardecer em Los Angeles, na década de 1970, Bion e seu colega psicanalista Albert Mason costumavam caminhar e trocar ideias sobre suas atividades profissionais.

Mason relata que numa dessas ocasiões confidenciou a Bion certa experiência clínica recente com um paciente, o qual lhe descreveu em sessão analítica o seguinte acontecimento: "Despertei subitamente pela madrugada e, aflitivamente, acordei junto ao interruptor da luz do quarto, conseguindo iluminar o ambiente para poder verificar se a pessoa que estava agora em pé era a mesma que, havia alguns segundos, estava deitada logo ali na cama". Mason disse que ficou perplexo, sem saber o que falar, e solicitou de Bion alguma opinião. Bion lhe respondeu que ele poderia ter dito o seguinte: "Parabéns, meu caro analisando! Pois nem sempre dá tempo de chegar até o interruptor, acender a luz e fazer essa verificação!".

Essa anedota clínica permite ilustrar momentos de contato do indivíduo com o temor de *mudança catastrófica* (3), caracterizado por medo da loucura, extrema turbulência emocional, incapacidade de pensar, angústia de aniquilamento e despersonalização. Até certo ponto, esse instantâneo revela o quanto o estado de mente angustiante do paciente poderá também atingir o analista, contagiando-o, levando-o à fragmentação do pensamento verbal. Tal estado mental do analista ficará sujeito à recuperação ou não no decorrer da mesma sessão. A conversa com Bion, em outro contexto, possibilitou a Mason alcançar significado para a experiência emocional de bloqueio mental vivida como analista, encontrando então, na conversa com outro colega, continente competente para ajudá-lo a repensar e a colocar em palavras o entendimento de parte do acontecimento clínico ocorrido na sessão.

Mudança catastrófica guarda íntima conexão com o que Bion denomina transformações em O, processos que permitem à pessoa vir a ser quem a pessoa realmente é, ou seja, poder voltar a casar-se consigo mesma (*at-one-ment*, palavra que é derivada do termo religioso *atonement* = redenção, reconciliação, concórdia).

Nessa sequência, gostaria de registrar os significados da palavra *catástrofe* (18):

1. *Acontecimento súbito de consequências trágicas e calamitosas. 2. Fig. Grande desastre ou desgraça; calamidade. 3. Teatro. Na tragédia clássica, conclusão ou*

consumação da ação trágica; acontecimento principal, decisivo e culminante da tragédia, no qual a ação se esclarece inteiramente, e se estabelece o equilíbrio moral. 4. Teatro, por extensão. O fim funesto decorrente da ação trágica.

A descoberta da vida incestuosa por Édipo e Jocasta em *Édipo-Rei*, peça de Sófocles, constitui um modelo de mudança catastrófica, levando-os a consumar cegueira e suicídio. Quais fatores poderiam levar a um desfecho de outra natureza? Se possível, gerador de reparações amplas?

O contato mais amplo da parceria analítica com a mudança catastrófica requer que o analista tenha vivência pessoal em ousadas e lúcidas incursões nessas camadas emocionais mobilizadas por impactos de violência primitiva; os talentos elaborados na vida de parceria entrarão como fatores capazes de propiciar a transformação de Mudança Catastrófica em Mudança Criativa, geradora de benefícios para o par analítico. Será fundamental a capacidade de *continência com rêverie benevolente* pelo analista.

Para tanto, penso que deva fazer parte do equipamento teórico-clínico do analista um elenco, relativamente bem elaborado e assimilado, de modelos de catástrofes:

a. *da natureza*, como sismos, avalanches, tempestades, furacões, erupções vulcânicas, que ao assolar grupos humanos desencadeiam situações que colocam à prova a capacidade de serem pensadas, permitindo tomar decisões e articular providências para garantir a sobrevivência face a perigos extremos, bem como aguardar as condições favoráveis para realizar os reparos possíveis;

b. de *turbulências sociais*, como guerras, revoluções, as reações face a epidemias e naufrágios, em que a capacidade humana de pensar deve ser preservada mesmo debaixo de bombardeio, para conter reações de pânico;

c. *relacionadas a cesuras de*: nascimento, casamento/separação e morte, face a rupturas e continuidade de estados de mente que acompanham essas transições de exclusão e inclusão do indivíduo, do par, da família e da rede social mais ampla.

Débris ou ruínas arqueológicas constituem "fantasmas" contidos em Memórias-Arquivos, que podem cercar de terrores as cesuras de nascimento, casamento/separação e morte, gerando bloqueios paralisantes que aniquilam esperança e possibilidades realistas de renascimentos. Tais "*fantasmas*" correspondem a resíduos que soçobraram dos andaimes de edifícios de um passado mais ou menos remoto, sendo responsáveis pelos movimentos de "*rêverie hostil*", quando prevalecem impulsos de morte, descritos em nosso meio analítico por Martha Ribeiro (7) e que devem ser diferenciados de *rêverie benigna*, em que a continência vem acompanhada de movimentos dos impulsos de vida, com atitudes e formulações verbais capazes de desfazer culpa persecutória e roteiros assassinos e suicidas sem saída.

Proponho a seguir um modelo de experiência de catástrofe extraído da vida cotidiana como metáfora para expandir o estudo do tema Memória-Sonho.

Suponham que ocorra um incêndio numa casa; as possibilidades de controle de propagação das chamas e a extensão do que será devastado dependerá, entre outros, dos seguintes fatores: o estado de atenção dos habitantes da casa; a prontidão das providências tomadas, por exemplo, quando o fogo somente tiver atingido um cesto de papel no escritório será mais fácil o controle da expansão do incêndio; a presença ou não de materiais que facilitem intensa e rápida combustão; e a eficiência do corpo de bombeiros se chamado a tempo. A partir desse quadro, podemos conjeturar sobre o estado de devastação e sofrimento mental da pessoa que nos procura e que irá variar de pessoa para pessoa, segundo o grau de consciência, sensibilidade e senso comum do indivíduo e do grupo social a que ele pertence. Daí, poderão surgir complexas questões clínicas e sociais, incluindo diagnóstico, prognóstico e tratamento, com desdobramentos que chegam a envolver ainda estratégias comunitárias para ações preventivas, educacionais e terapêuticas de saúde mental, como nas adições a drogas.

Arqueologia psicanalítica e Memórias-Sonhos

Há uma íntima relação entre o estado de preservação das Memórias-Sonhos, de um lado, e a capacidade de pensar de cada indivíduo e grupo humano, de outro lado.

Em situações psicóticas mais graves há, durante muito tempo, forte restrição da capacidade de sonhar, por ataques que destroem e fragmentam três grupos das matrizes de pre-concepções, que se inter-relacionam mutuamente; estas, quando intactas, poderiam prover, no contato com o ambiente, a estruturação de reservas ecológicas mentais básicas:

a. a esperança na existência de um seio protetor, que cuidará com sabedoria e amor, de modo prolongado, dos desamparos do recém-nascido, após a cesura do nascimento: garantias de *vínculo de objeto estável*;

b. as bases de realização do casal formado por pai e mãe: *alicerces do complexo edipiano*;

c. a origem do bebê humano a partir do mistério da cópula criativa do casal formado por pai e mãe: *caleidoscópio da atmosfera emocional e ideativa da cena primária*.

Um dos sinais mais significativos de restauração mental relacionados aos conteúdos das vibrações psicóticas é a volta do "sonhar" pelo paciente, com ampliação e restabelecimento gradativo da capacidade de estabelecer associações livres no diálogo analítico.

O restabelecimento dessas reservas mentais tem correlação com o indicador "função de continente com *rêverie*", que poderá ser acompanhado com bastante precisão dentro da experiência clínica. As pre-concepções guardam íntima relação com as *protofantasias* descritas por Freud na Conferência XIII (8).

O colapso mental ou desastre primitivo da infância de cada um de nós está contido nas formulações e observações clínicas do referencial analítico kleiniano, com as descobertas feitas por Melanie Klein das *posições esquizoparanoide* (9) e *depressiva* (10), e é registrado em camadas protomentais arcaicas ou pré-simbólicas, constituindo um equivalente básico de ruínas arqueológicas.

A analogia condensa e compreende restos de civilização antiga ou "*débris*", contendo crenças inconscientes, restos de rituais religiosos, "fantasmas", joias, vestes, documentos, fragmentos de obras de arte, tumbas, "pensamentos à procura de pensadores" etc. Estes elementos poderão vir à luz das investigações na sessão de análise, pois estavam como que aguardando oportunidade para poderem ser lidos como parte de um *passado presentificado* (1) que, sem entendimento, continuariam a exercer influências despercebidas na vida presente e futura.

Freud, Klein e Bion surgem como componentes de uma tríade, que o psicanalista e filósofo John Oulton Wisdom batizou de vigorosa e preciosa *"troika"* nas explorações do universo epistemológico, em psicanálise.

Sigmund Freud (1856-1939) pode ser considerado sinteticamente como um psicanalista que funciona, enquanto arqueólogo, até certo ponto como otimista esperançoso. Se examinarmos um de seus últimos textos, *Constructions in analysis* (11), podemos acompanhá-lo no empenho de facilitar ao paciente a recuperação de vivências de reencontro nostálgico da suavidade amena de espaço/tempo mítico do "paraíso perdido", em período de prazer e harmonia quando ainda era filho único; seu universo tinha virado de ponta-cabeça por emergência de fúria assassina e ciúmes ligados ao nascimento de seu irmãozinho.

Melanie Klein (1882-1960) aborda os meandros mais obscuros do sofrimento mental das crianças e dos psicóticos. Seguindo preciosas pistas abertas pelo próprio Freud, usando as técnicas de jogos e brinquedos, revela-nos não só os equivalentes arqueológicos das ruínas da Grécia clássica (séculos V a IV a.C.). Consegue alcançar além disso, graças a sua sensibilidade, capacidade de observação clínica e intuição, camadas de um *palimpsesto* que contêm equivalentes das devastações do período micênico (séculos XIV a XI a.C.) (12), ligadas essencialmente à Guerra de Troia e em grande parte narradas por Homero na *Ilíada*. O leitor mais interessado poderá enriquecer-se com o belíssimo texto de Klein, *"Algumas reflexões sobre a Oréstia"* (13), publicado postumamente em 1963.

Wilfred Ruprecht Bion (1897-1979) estuda intensamente os distúrbios da capacidade de pensar. Constrói valioso modelo arqueológico, qual seja o *Cemitério Real de Ur*, incluído em seu texto *"The grid"* (14) – ver particularmente "painel mítico", que contém constructos com vívida qualidade pictórica, p. 13 – em que aborda a morte e o sepultamento de um rei, bem como os rituais de cerimonial mágico e religioso. Reconstituições da cena do enterro foram feitas a partir de escavações efetuadas pelas expedições conjuntas do Museu Britânico e do Museu da Universidade de Pensilvânia; o arqueólogo inglês sir Leonard Woolley (1880-1960), nos anos de 1922 até 1934, liderou boa parte desses estudos efetuados na cidade de Al-Muqayyar, no atual Iraque. Presume-se a repetição desse cerimonial relacionado ao enterro de pelo menos dezesseis reis, no período entre 2500-2000 a.C. (15). O cortejo real era constituído pela rainha, príncipes, princesas e alguns servos da corte. Nele, todos drogavam-se com haxixe e, ao som de músicas, dançando, vestidos com as roupas e as joias mais preciosas, desciam uma rampa na direção da Cova da Morte, uma câmara funerária real onde, adormecidos, eram soterrados vivos pelos sacerdotes da cidade de Ur, lendária pátria de Abraão. Cumpria-se assim um acompanhar nostálgico à "viagem eterna" do rei morto em seu enterro. Tudo isso acabava por ficar no depósito de lixo ou de detritos da cidade, tornando-se o lugar um tabu, amaldiçoado, visando restringir a curiosidade e a cobiça. Esta postura grupal de terror à investigação baseava-se em crenças mítico-religiosas e prolongou-se durante 500 anos, quando *ladrões* ousam romper paralisações, maldições e medos veiculados a barreiras mágicas e religiosas, e passam a fazer incursões, invadem e saqueiam, a Cova da Morte, e conseguem recuperar joias e tesouros preciosos nela enterrados. Seria Bion um arqueólogo pessimista e paradoxalmente esperançoso ao reconstituir "desastres" já acontecidos e desolação?

A ousadia dos saqueadores de tumbas, ao transgredirem tabus em busca de riquezas escondidas, pode ser considerada como precursora da mentalidade científica, penetrando terrenos mortíferos até então açambarcados e dominados por magia e religião (16). Em nossa atividade clínica, na busca de significados podemos detectar a necessidade de ultrapassar análogas forças de ocultação repressiva.

Dependendo das circunstâncias e contexto, o analista será um cuidadoso "arqueólogo" que deverá saber usar, com bastante perícia e discernimento, um pincel de pelos de cauda de elefante, lentes e microscópio, visando leitura criteriosa, junto ao analisando, de todo o "material" que ambos conseguirem "recolher" dos escombros, na sessão analítica. Cabe ainda ao analista *saber acolher* e permitir a sedimentação de observações que só ulteriormente farão sentido, preservando o vértice psicanalítico (17), a favor do vínculo de conhecimento. Em outros momentos, deverá ser um "*saqueador*", atravessando tabus, barreiras defensivas e terrores-sem-nome.

Referências bibliográficas

1. Bion, Wilfred Ruprecht. A memoir of the future – Karnac Books – London – 1991.

2. Bion, Wilfred Ruprecht. "Opacity of Memory and Desire" – Chap. 4 in Attention and interpretation – Tavistock Publications – London – 1970.

3. Bion, Wilfred Ruprecht. "Container and Contained Transformed" – Chap. 12, p. 108 in Attention and interpretation – Tavistock Publications – London –1970.

4. Freud, Sigmund. Psychopathology of everyday life [1901] – SE VI – The Hogarth Press – London – 1973.

5. Green, André. L'enfant de ça – Donnet, Jean-Luc et Green, André – Les Éditions de Minuite – Paris – 1973.

6. Sapienza, Antonio. "A Tempestade: Mudança Catastrófica" – p. 156 in Perturbador mundo novo – SBPSP – 1992 – Ed. Escuta – São Paulo.

7. Ribeiro, Martha Maria de Moraes – "Rêverie hostil e rêverie benigna" in Rev. Bras. Psicanálise, vol 33 (3): 431-447, 1999 – "Hostile and benign reverie" – Journal of Melanie Klein and Object Relations, 1999, 17(1), 161-180.

8. Freud, Sigmund. Conference XIII: the archaic features and infantilism of dreams [1916/17] – SE XV – Hogarth Press – London – 1973.

9. Klein, Melanie. "Notes on Some Schizoid Mechanisms" [1946] – in The writings of Melanie Klein – vol. III – p. 1 – The Hogarth Press – London – 1975.

10. Klein, Melanie. "A Contribution to the Psychogenesis of Manic-Depressive States" [1935] – in The writings of Melanie Klein – vol. I – p. 262 – The Hogarth Press – London – 1975.

11. Freud, Sigmund. Constructions in analysis [1937] – SE XXIII – The Hogarth Press – London – 1973.

12. Kristeva, Julia – "Melanie Klein" in Le génie feminine – tome II – p. 206 – Lib. Fayard – Paris – 2000.

13. Klein, M. "Some Reflexions on The Oresteia" (1963), in The writings of Melanie Klein – vol. III, p. 275 – The Hogart Press – London – 1975.

14. Bion, Wilfred Ruprecht. Two papers: The grid and caesura [1964] – Imago Ed. Ltda. – Rio de Janeiro – 1977.

15. Bahn, Paul B. [compilator and editor] – "Ur" in The story of archeology – p. 142-145 – Phoenix lllustrated – London – 1997.

16. Sapienza, A. "Aprendizagem da experiência emocional na sessão analítica: trabalho-de-sonho-Alfa" – Revista IDE – SBPSP – número 30 – p. 100 – 2º Semestre 1997.

17. Sapienza, A. "Compaixão, tolerância à frustração e capacidade de pensar na experiência da sessão analítica"– ALTER – vol. XVIII – n. 1, 53-60 – junho, 1999.

18. Ferreira, A. B. de H. Novo Dicionário Aurélio da Língua Portuguesa. 3. ed. São Paulo: Nova Fronteira, 1999.

16. Confluências[1] e controvérsias:[2] uma ou mais psicanálises?[3]

Notações geradoras de reflexões

I. Conjunção constante: dependência e solidão

"A situação psicanalítica estimula sensações muito primitivas, inclusive as *sensações de dependência e de isolamento*; ambas são

---

[1] Confluência é o lugar onde se juntam dois ou mais rios; é o ponto de encontro de duas ou mais estradas. Em geografia, confluente é o rio que desemboca na mesma foz com outro rio. Em Zoologia, união homogênea entre dois órgãos, sem chanfradura. Dois rios se unem e correm num leito comum. Sinônimos: convergência, conjunção.

[2] Controvérsia corresponde a diferenças de opinião, levando a debates e discussão acerca de assuntos literários, artísticos e científicos. Do confronto, poderá surgir atrito e produção de calor, por vezes, guerra e polêmicas sem fim em busca de hegemonia. A controvérsia poderá também produzir mais luz que calor, gerando novas ideias e iluminações capazes de beneficiar os participantes; isto é, favorecer fertilidade. Sinônimos: contestação, disjunção, polêmica.

[3] Sapienza, Antonio. *Confluências e Controvérsias. Uma ou mais Psicanálises?* Apresentado no V Encontro Aberto de Psicanalise de Curitiba. 01/10/2004.

sensações desagradáveis. Por isso não deve causar espanto se um membro da parceria, e provavelmente todos os dois, esteja consciente do fato de que a jangada psicanalítica à qual se agarram na sala de análise – jangada, naturalmente, muito bem maquiada, com móveis confortáveis e com toda a comodidade moderna – é não obstante *uma precária jangada em um mar tempestuoso*" [Bion, Seminários Italianos, Capítulo Segundo, p. 33].

II. Haverá interpretação psicanaliticamente correta?

"Se você estivesse exercendo a profissão de psicanalista por tanto tempo quanto eu tenho exercido, você não se preocuparia com interpretações inadequadas – eu nunca dei alguma de outro tipo. Esta é vida real, não ficção psicanalítica. A crença na existência de um psicanalista que oferece *interpretações corretas e adequadas* é parte da mitologia de Psicanálise. Eu certamente não seria levado a me preocupar se você sentisse que a sua interpretação pudesse ter sido inadequada. Eu me tornaria bastante preocupado se você sentisse que fosse adequada. A prática de análise é uma ocupação extremamente difícil e que, arduamente, concede espaço para *formulações dogmáticas*" [Bion, Seminários Clínicos, Brasília, Capítulo Nono, p. 43].

III. Face à mortalidade: uso pleno do capital de vida

"Há uma indagação por um participante do seminário clínico de 17 de julho 1977, em Roma, que fala de um seu paciente que, depois de dois anos de análise, está morrendo de leucemia aguda.

Bion: Diz-se que este paciente particular esteja morrendo... Nós todos estamos morrendo, desde o momento em que efetivamente estamos vivendo. Mas é de meu interesse se *a vida e o espaço que nos restam* são de tal ordem que valha a pena vivê-los ou não. Há alguma centelha (brasa) ali sobre a qual se possa soprar até que se transforme em uma chama de modo que a pessoa possa viver aquela vida que ainda tem, possa usar aquele capital que tem ainda no banco? Quanto *capital de vida* tem essa pessoa? E poderia ser ajudada a usar esse capital a bom termo?" [Bion, Seminários Italianos, Capítulo Nono, p. 119].

IV. Consideração pela verdade como nutriente básico: jargão psicanalítico e linguagem coloquial

"O procedimento psicanalítico pressupõe que o bem-estar do paciente demanda um constante suprimento de verdade de modo tão inevitável quanto sua sobrevivência física demanda alimento. Isso ainda pressupõe que a descoberta da verdade sobre si mesmo é uma precondição de uma habilidade para aprender a verdade, ou pelo menos buscá-la em sua relação consigo mesmo e com os outros. Admite-se primeiramente que o paciente não possa descobrir a verdade sobre si mesmo sem a colaboração do analista e dos outros" [Bion, "Necessidade de verdade e necessidade de manter desajustes em reparo", Cogitations, p. 99-100, 25 de outubro de 1959].

"Psicanalistas, somos confrontados com uma situação que é extremamente complexa. Nós podemos primeiramente querer discutir o problema, mas tudo o que nós temos à nossa disposição é a linguagem coloquial. Nós poderíamos tentar *inventar uma linguagem que fosse adequada para nosso trabalho;* então será que teríamos alguma vez um paciente capaz de entender o que estamos falando? Isso soa como pessimista, porém é suportado pela crença de que um indivíduo isolado tenha alguma importância. Por exemplo, é imprudente, para dizer o mínimo, afirmar que uma única pessoa fosse capaz de levar essa discussão adiante. Mas quarenta ou cinquenta de nós talvez possamos, e eu estou esperando que maior quantidade de nós leve a uma mudança de qualidade. Boa parte de nós tem não só ouvido falar de ansiedade, como também a vivenciado, e isso aumenta a possibilidade de que um de nós seja capaz de dizer algo mais do que simplesmente "você está ansioso". De fato, nós usamos *linguagem de conversação*. Dizemos "sexo", "agressão", "ansiedade" e assim por diante. A tendência, portanto, é a de nossos ouvintes dizerem: "mas nós conhecemos tudo sobre isso – nós conhecemos tudo sobre sexo e ansiedade – a que vem isso?". A resposta é uma dificuldade porque terá de ser "mas você não sabe; e se você estudar nossa abordagem a este assunto e for capaz de beneficiar-se dela, no final da análise, você descobrirá que não sabe"; "Sim, eu sei" não é mais uma solução quando é dito por homens e mulheres crescidos do que quando é dito por uma criança. O analista dirá "sim, eu disse 'inveja', mas você não sabe o que eu quero dizer quando digo 'inveja'". Esse é o problema. Soa exatamente "como se" estivéssemos falando o que todos sabem e usando uma linguagem que todos conhecem. Inúmeras vezes, nós não usamos o que é compreendido por linguagem coloquial. Pode parecer estar articulada, governada pelas regras de gramática e por um vocabulário comum, mas como psicanalistas praticantes nós temos uma oportunidade de realizar que alguma outra coisa está acontecendo na sessão. Nós podemos dizer ao paciente, "quando eu digo 'ansiedade', eu quero significar alguma coisa que é o que você está sentindo neste momento". Nós podemos também dizer, "quando eu falo 'inveja' é um nome que eu estou dando ao modo pelo qual você me parece estar se comportando neste momento quando me diz que você já conhece tudo o que um analista possa lhe falar". É difícil fazer uma pessoa compreender que ela não conhece inveja como um analista conhece inveja – seja a própria ou a de outra pessoa. *Como um psicanalista eu não reivindico conhecer a resposta*, mas não tenho a intenção de dizer com isso, no entanto, que aqueles que chegam a mim para análise saibam melhor" [Bion – Brazilian Lectures 1 – "One", p. 21-22 – São Paulo, 1973].

V. *Vínculo K: consideração pela verdade e evasões*

"Na guerra, o objetivo do inimigo é aterrorizar você para impedi-lo de pensar claramente, enquanto o seu objetivo é *continuar a pensar com clareza* apesar de a situação ser adversa ou amedrontadora, porque isso é uma vantagem para você. A ideia subjacente é que pensar com clareza é vantajoso e conduz a ficar atento ao que eu chamo de "realidade", a avaliar corretamente o que é real. Mas tornar-se conhecedor da realidade pode envolver o conhecimento do desprazer, porque ela não é necessariamente prazerosa ou bem-vinda. Isso é comum a todas as pesquisas científicas, quer sejam com pessoas ou coisas. Podemos estar num universo de pensamento, numa cultura ou mesmo num tipo de cultura temporária que estaremos certos de sofrer a dor de sentir que nosso universo não conduzirá ao nosso bem-estar. Ousar conhecer os fatos do universo em que estamos significa coragem; esse universo pode não ser prazeroso e poderemos estar dispostos a sair dele. Se não pudermos sair dele, se por qualquer razão nossa musculatura não estiver trabalhando ou se não for oportuno fugir ou retirar-se, então apelamos para outras *formas de evasão*, como dormir, tornar-nos inconscientes do universo do qual não desejamos estar conscientes, ficar ignorantes ou idealizando."

"Evasão é uma cura fundamental, ela é básica. A criança, não desejando estar ciente de seu desamparo, idealiza ou ignora. Ela também recorre à onipotência, assim onipotência e desamparo estão associados inseparavelmente. A tendência é objetivar a onipotência na pessoa do pai ou da mãe, de um deus ou de uma deusa. Muitas vezes isso se torna mais fácil por herança física tal como boa aparência. Helena de Troia mobilizou enormes poderes por intermédio de sua beleza, como sabemos através de Homero: "É este o rosto que lançou ao mar mil navios e queimou as torres sem teto da Hélade?" A mesma coisa pode ser ainda aplicada aos homens que tiveram a sorte de ser Páris ou Ganimedes, cuja habilidade para conseguir onipotência foi facilitada pela sua herança física, por seu físico excelente. (O corpo pode trazer compensação ao desprazer da mente; de modo recíproco a mente pode trazer compensação ao desprazer do corpo. *A suposição básica da Psicanálise é que a "função" da mente pode ser usada para corrigir soluções enganadoras,* que já esbocei resumidamente.) Mas, às vezes, o poder cosmético não é suficiente – novamente baseado na realidade que parece indicar que a solução pela qual tal pessoa tem sido tentada de fato não é nem forte nem duradoura o suficiente para enfrentar posteriormente exigências da existência. Por exemplo, se um soldado obtém autoridade por meio de sua aparência física, talvez aconteça que os episódios dos combates imponham uma responsabilidade à beleza cosmética que ela não possa levar adiante" [Bion, "Como tornar proveitoso um mau negócio", p. 468-469].

VI. Regressão e psicanálise como "sondagem": análise clássica e transformações

"Uma das mais dolorosas experiências de toda a minha vida é o fato de raramente – poderia dizer, na verdade, nunca – ter conseguido o *reconhecimento universal por um novo resultado,* cuja veracidade pude demonstrar por uma prova conclusiva , embora tão somente teórica... Esta experiência deu-me também uma oportunidade para aprender um fato – notável na minha opinião: uma nova verdade científica não triunfa por convencer seus oponentes e fazê-los ver a luz, e sim mais porque *seus adversários* eventualmente *morrem,* e surge uma *nova geração que está familiarizada com ela*" [Bion, W. R. "The Grid" [1964] – in "Two Papers: The Grid and Caesura" – p. 23].

"Mais de um paciente disse que minha técnica não é kleiniana. Acho que isso tem fundamento. Colocaria isso da seguinte maneira:

considero que o comportamento do paciente é um *palimpsesto*, no qual posso detectar várias camadas de conduta. Como todas as camadas que eu detecto devem estar operando – pelo próprio fato de serem detectáveis – é provável que haja conflito entre os pontos de vista conflitantes que estão obtendo expressão contemporânea."

"Winnicott diz que os pacientes *necessitam* regredir; Melanie Klein diz que eles *não devem regredir*; eu digo que eles *são* regredidos e que a regressão poderia ser observada e interpretada pelo analista, sem nenhuma necessidade de compelir o paciente a ficar totalmente regredido, antes de ele poder fazer o analista observar e interpretar a regressão" [1992 – Bion, W. R. – "Cogitations" – p. 166].

VII. O não nascido: Psicanálise e Maiêutica

"Sócrates: Meu trabalho de *partejar* em geral é como o delas (parteiras ou "curiosas"), a única diferença é que meus pacientes são homens e não mulheres e o meu interesse não está no corpo e sim na *alma que está em trabalho de parto com as dores do nascimento*. E o ponto mais alto da minha arte é o poder de provar em cada teste se o fruto do pensamento de um jovem é um falso fantasma ou um instinto com vida e verdade. Entretanto, eu sou como a parteira e não posso sozinho dar nascimento à sabedoria, e a repreensão comum é tão verdadeira que, embora eu questione os outros, *não posso sozinho trazer nada à luz porque não há sabedoria em mim*" [Bion, W. R. "Como tornar proveitoso um mau negócio" - Notas: Platão - Diálogos - "Teeteto" ou "Da Ciência"].

VIII. Competitividade: Barbarismos e Sociedade Civilizada

"Comparando minha própria experiência pessoal com a história da Psicanálise, e mesmo com a história do pensamento humano, parece um tanto ridículo que alguém se coloque em uma posição de supostamente estar na *linha de sucessão*, em lugar de ser *um* das unidades nela. É ainda mais ridículo que alguém seja aguardado para participar em uma espécie de competição visando a precedência para quem está no topo. De qual altura? Onde isso entra nesta história? Onde entra a própria psicanálise? A disputa qual é? Qual é a disputa em que se espera que alguém esteja interessado? Eu estou sempre ouvindo – como eu sempre busco ouvir – que eu sou um kleiniano, que eu sou um louco, ou que não sou kleiniano e que nem mesmo psicanalista. É possível estar interessado nesse tipo de jogo? Eu considero muito difícil ver como isso possivelmente poderia ser relevante contra o pano de fundo da luta do ser humano, para *emergir do barbarismo e de uma existência puramente animal na direção de algo que se possa chamar uma sociedade civilizada*" ["Os dias de nossos anos" ("The Days of Ours Years"), proferida por Francesca Bion em Toronto em abril de 1994 e editada no "Journal of M. Klein and Object Relations", vol. 13, n. 1, 1995]. (Registro de alguns pensamentos de Bion na França, cerca de seis meses antes de sua morte, ocorrida em setembro de 1979.)

IX. *Estética enraizada na experiência emocional*

"Outro dia, ouvi um relato interessante sobre um paciente que parecia mencionar o *14 de julho*. Ao que tudo indica, ele falou bastante, porém nada referiu à *Queda da Bastilha* ou sobre gente dançando nas ruas em comemoração do feriado. Isso, a mim pareceu ser como olhar uma radiografia na qual se veem os pulmões, mas essa área está velada, por quê? Por que não se enxergam com nitidez as costelas? O que é que há com esta história? Enquanto você *olha esse debris*, como o chamei, precisa também se dar conta do que está errado com a história que lhe está sendo contada. *O que está faltando?* Você ouviu apenas o começo e é quase certo que você terá de rever o paciente. No entanto quando o fizer, você estará também iniciando a análise, e é possível que descubra que não quer continuar com esse paciente mas que ele deseja continuar com você. É preciso que você se dê conta dessa possibilidade a qualquer momento. O mesmo se aplica ao seu ateliê: quem sabe, você não tenha decidido que tipo de artista ser; mas, à medida que veja em "quê" você é razoavelmente bom, talvez você tenha que "tirar o máximo proveito de um mau negócio", conforme dizemos, e decidir descobrir o que fazer com o que tem no ateliê.

É muito importante você estar ciente de que *jamais ficará satisfeito com a carreira analítica* caso você sinta que se restringe ao que estritamente se chama de *abordagem "científica"*. Há que ter a chance de sentir que a interpretação que você oferece é uma *bela interpretação*, ou que você obtém uma *bela resposta do paciente*. Esse elemento estético da beleza faz que uma situação muito difícil se torne tolerável. É sumamente importante ousar pensar ou sentir seja lá o que você sinta ou pense, não importa quão pouco, ou nada, científico isso seja" [Seminário de Bion em Paris, 10 de julho de 1978 – Transcrição por Francesca Bion – Setembro de 1999].

X. *Responsabilidade profissional: Intuição psicanaliticamente treinada, Compaixão madura e Amor pela vida*

"O *psicanalista não é um luxo,* mas é essencial porque ele está familiarizado com este mundo peculiar de personalidade. No mundo físico há certas vantagens. O paciente pode dizer: "eu tenho uma dor" apontando o lugar, "é aqui". O médico pode usar seus olhos e as pontas de seus dedos; ele pode palpar o corpo do paciente e dizer: "eu palpo um tumor, um baço crescido". Ele pode dizer aos estudantes, "palpem esse abdômen e digam-me o que vocês palpam". Eles são felizardos! O que somos nós, que estamos preocupados com a vida mental, para dizermos às pessoas? Quais são as coisas mais próximas a sinais físicos que nós sempre estamos aptos a obter? Minha própria experiência sugere que a resposta é provavelmente *"sentimentos"*. Quando um paciente diz que está aterrorizado, ou que vê coisas, ou que ele só pode vestir roupas brancas, ou que ele não pode continuar a ouvir mesmo a melhor orquestra sinfônica tocar e que teve que parar de tocar violino, o analista pode dizer a si mesmo: "sim, eu penso que sei o que este paciente quer dizer. Quando ele diz o que ele está sentindo, eu posso compreender qual tipo de sentimento seja". Por outro lado, a maior parte do tempo nós temos experiência não sensorial – isto é, literalmente o tipo de experiência que é possível graças ao equipamento físico e aos sistemas nervosos central, simpático e parassimpático. Personalidade não tem sintomas sensoriais. *Deve-se portanto sofrer um treinamento que intensifique capacidade intuitiva*. O psicanalista pode então dar ajuda aos pacientes que eles não podem conseguir de outra maneira.

Na prática, o psicanalista necessita ser capaz de questionar-se sempre que, e por todo o tempo que, estiver insatisfeito, mas não deveria gastar muito tempo buscando a resposta em livros. O tempo que nós temos é limitado, de modo que *devemos ler pessoas*. Nós não podemos fazer isso se não formos ao consultório. O mínimo que podemos requerer é que o paciente venha, ou que alguém o traga e venha buscá-lo ao final da sessão. Nós nada podemos fazer nos períodos em que o paciente não está no consultório, mas enquanto ele está na sala de análise nós podemos aceitar responsabilidade. Por exemplo, podemos impedi-lo de jogar-se pela janela – eu não posso afirmar que seríamos bem-sucedidos, mas podemos tentar. Se ele necessita de maiores cuidados que os que podemos lhe dar durante as poucas horas que o vemos, devemos *solicitar a ajuda de psiquiatras* que tenham equipamento com uma retaguarda de hospital mental" [Bion, Brazilian Lectures 2 – "One" – Rio de Janeiro, 1974 – p. 16-17].

17. Capacidade de pensar ansiedades traumáticas na experiência psicanalítica[1]

Tyger! Tyger! burning bright
In the forests of the night,
What immortal hand or eye
Dare frame thy fearful symmetry?[2]
William Blake, "The Tyger", *Songs of experience*

A realidade é um tigre e a psicanálise
é uma das listas de sua pele.
W. R. Bion, *Seminari italiani*, 1977

---

[1] Sapienza, Antonio. Capacidade de pensar ansiedades traumáticas na experiência psicanalítica. *ABP Notícias*, v. 9, n. 28, p. 9-10, 2005.
[2] Tigre! Tigre! brilho ardente
Nas florestas da noite,
Que mão ou olho imortal
Ousa moldar tua terrível simetria?
(tradução livre)

I. Angústia traumática

A violência brusca ligada à invasão da consciência por fantasias inconscientes associadas ou não a impactos vindos da realidade externa (ferimentos, ameaças bruscas, guerra etc.) encontra um primeiro grupo de proteção psíquica constituído pela ativação de *mecanismos de defesa*, participantes da barreira de contato entre consciente/inconsciente, que tentam proteger a integridade de funções do ego.

A vigência da angústia traumática se instala pelo fracasso no uso da angústia sinal e concomitante ruptura das defesas neuróticas, as quais tentavam conter a invasão do *self* pelas fantasias inconscientes relacionadas às *ameaças de castração*; trata-se ainda de manifestações clínicas relacionadas às vibrações da personalidade em registro de *ordem neurótica*.

A angústia traumática aciona o uso de um segundo grupo de defesas, (descritas de modo mais nítido por Melanie Klein, principalmente *splitting-off* e identificação projetiva), relacionadas às *ameaças de sobrevivência do self como um todo*; o registro clínico passa a se dar no *campo de sofrimentos das psicoses*. Assim pode-se instaurar um gradiente de *perdas de senso comum*, que se manifestarão por estados de mente que evidenciam fenômenos dissociativos, em que o sujeito pode tornar-se amplamente alheio a si mesmo (esquizofrenia).

O interesse de Freud conduz suas pesquisas clínicas a investigar a fenomenologia das neuroses traumáticas, transferências, impulsos suicidas e somatizações, que são governados pela *compulsão à repetição*; destaca em *Além do Princípio do Prazer* (Freud, 1920), a presença silenciosa dos impulsos de morte e o conflito básico entre essas forças tanáticas, que tendem a levar energeticamente o aparelho mental para níveis zero (princípio da entropia), e os impulsos de Eros, que geram mudanças significativas a favor da vida real. A luta inerente entre destrutividade e criatividade em cada um de nós surge como um divisor de águas no mundo psicanalítico; segue-se um grupo de textos escritos por Freud sobre transtornos psicóticos nos anos de 1924-1925 ("Neurose e psicose", "A perda de realidade em neuroses e em psicoses" e "Negação"), os quais constituem um reforço de suporte conceitual teórico dentro da abordagem conceitual freudiana para o que está sucintamente exposto até agora.

A *ansiedade de aniquilamento ou angústia de morte,* descrita por Melanie Klein, pode ser correlacionada ao conceito de angústia traumática relatado por Sigmund Freud. As propostas teóricas e clínicas de Melanie Klein expressam-se basicamente através de suas descrições atinentes ao estudo das constelações mentais relacionadas às *posições esquizoparanoide e depressiva.*

O modelo kleiniano clássico sofrerá modificações propostas por Wilfred Bion, o qual dará ênfase ao estudo dos distúrbios de pensamento gerados por fracassos na capacidade de pensar as angústias relacionadas a *terrores talâmicos;* a possível tradução dessa camada terrorífica em significados assimiláveis caberá ao *continente primário,* também denominado seio psicossomático, fonte de compreensão e nutrição mental.

De um modo breve, ao ser tomado por angústia de aniquilamento, instalar-se-á forte ameaça à própria existência; no eventual fracasso do grupo defensivo antipsicótico, surgirá um crescendo de ameaças de morte, com a instalação de fenômenos desencadeados por *terror-sem-nome:* violências e automatismos somato-psíquicos de linguagem protomental e confusões mentais acompanhadas de graus crescentes de *bloqueios* e *paralisação mental.* Os fenômenos de pânico e de *acting out,* como linguagem de ação contagiante e quase desprovida de pensamento (*folie-à-2, 3, 4* ... n-1), constituem matéria-prima de *surtos amenciais/demenciais*, e podem ganhar expressão numa *cadeia epidêmica* que oscila e se espalha pelos níveis individual ↔ pequeno grupo ↔ massa grupal; essas erupções estão profundamente ligadas ao funcionamento dessas camadas da mente primitiva ou protomente.

II. Continente com rêverie

Há pensamentos primitivos nômades que procuram *acolhimento* dentro de condições emocionais que permitam sua maturação e elaboração. Uma boa parte de *atuações*, que por si só constituem indicadores de traumatismos mentais, expressa configurações de vazamentos e evasões que resistem às medidas educacionais, à contenção moral, às ameaças de exclusão política e às punições carcerárias.

Um tanto esperançosamente, Bion considera os *acting out* como configurações de semântica primitiva em busca de significados que satisfaçam compreensão, permitindo fechamento de *Gestalt*.

A cesura de nascimento expõe o "bebê humano" a vivências de fragilidade e extremo desamparo, inscrevendo-nos na conjunção constante de *solidão e dependência* vida afora. O continente primário é convocado a dar conta de *desintoxicar angústias de aniquilamento* e também *prover cuidados nutritivos* que garantam possível viabilidade e crescimento do que está para nascer em cada um de nós; uma vez que não nascemos completamente através do parto obstétrico.

Os encontros de satisfação podem permitir a introjeção de experiências emocionais relacionadas ao aprender da experiência, o sentimento de gratidão possibilitará o enraizamento das representações do continente primário materno em nosso mundo interno.

Em "O trabalho-de-Sonho-Alfa do Psicanalista na Sessão: Intuição-Atenção-Interpretação", apresentado pelo autor no XVII Congresso Brasileiro de Psicanálise (1999), o leitor encontrará elementos metodológicos atinentes às questões clínicas relacionadas à aprendizagem da experiência emocional pela parceria analítica no desenrolar da sessão.

Há um grupo de fatores de conjunção e disjunção a serem discriminados nas transformações da parceria primária; na experiência clínica, podemos estudá-los com detalhes, colocando em evidência tanto os vetores que propiciam *criatividade e fertilidade* da dupla analítica quanto as forças que mobilizam *destrutividade e esterilidade* da parceria. As funções de *rêverie* relacionam-se de modo visceral com essa dupla vertente da comunicação humana.

As relações de continente-contido com transformações em Psicanálise poderão ser examinadas à luz dos *vértices científico, estético e mítico-religioso*. Indico ainda aos interessados em aprofundar o tema "Trauma Psíquico", os textos "Eros, tecelão de mitos" (1997) e "Fatores de conjunção e disjunção na relação de casal fértil e criativo" (2004), escritos por Junqueira Filho, L. C. U e Sapienza, A.

III. Superego assassino do ego

Os desencontros de base guardam intensa conexão com um fator de natureza psicotizante que mereceu o nome de *Super-Id* por suas características automáticas e extremamente antivinculares: "capacidade de tudo julgar, tudo condenar e nada compreender".

Um fator preponderante na manutenção do estado de terror provém da violência de superego assassino do ego, encravado nas entranhas de nossos *traumas ou ferimentos de base*; sua gênese traz as marcas do desastre primitivo mental ligado ao desencontro entre bebê e continente primário.

Numa análise relativamente bem-sucedida, a sinalização desse desastre primitivo está dispersa e aos poucos será, gradativamente, integrada na paisagem geológica de nossas camadas arqueológicas de ruínas mentais. Trata-se de uma tríade formada por *arrogância, estupidez e curiosidade sem limites.*

Essa tríade manifesta-se através de um objeto interno bizarro, mescla de Esfinge e Tirésias, com forte predomínio de *inveja e voracidade,* emoções primitivas que potencializam desconsideração por verdade e ódio por vida. Os ataques às fontes de revitalização mental são desferidos por esse estranho *Yeti* (Abominável Homem das Neves), onipresente nos chamados *"sonhos de devastação psicótica",* em que ataques virulentos e onipotentes são disparados contra a mente sob o comando deste predador internalizado. Na medida que o *colapso mental* é reativado no atendimento analítico, caberá ao analista sobreviver aos ataques mentais desfechados pelo analisando e ainda colaborar para desmanchar, na medida do possível, o caráter delinquencial dos convites emanados dessa perversa e tragicamente cruel constelação objetal.

Frances Tustin apresenta-nos valiosa abordagem clínica de estados autistas em personalidades neuróticas e nos mostra como e onde se organizam estados esquizoides. Leiam com atenção seus interessantes modelos de conchas e muralha autista a ocultar *tumba uterina,* contendo lutos congelados e depressões mutiladas. A abertura dessa caverna poderá ser mobilizada por algumas experiências emocionais intensas: dor mental extraordinária; contato com forte experiência estética acompanhada de *"ecstasy"* (deslumbramento); e prazer insuportável, acompanhado ou não de terror talâmico.

Certos impactos e acasos da vida determinam ruptura das paredes protetoras dessa tumba e serão exemplificados logo mais na Seção IV, com aparecimento brusco de externalização desses conteúdos arcaicos (alucinações e delírios); algumas procuras de atendimento emergencial psicológico e psiquiátrico ocorrem em turbulências emocionais dessa natureza: o *medo da loucura* pode irradiar-se de um indivíduo para o grupo de que faz parte.

O profissional defrontar-se-á junto a seu paciente com temores de *mudança catastrófica*.[3] Sua atividade visará atender ao paciente e colaborar com seu equipamento clínico, bem como os recursos e os talentos do paciente a fim de transformar essas ameaças em *mudança criativa*. Espera-se que o analista tenha experiências derivadas de sua análise pessoal e de *background* vivencial em conseguir lidar com o que Bion denomina *transformações em O*, processos que permitem à pessoa vir-a-ser quem a pessoa realmente é, ou seja, poder voltar a casar-se consigo mesma ("*at-one-ment*").

O grau de devastação da personalidade nas camadas arqueológicas de ruínas encontra modelo similar nos acidentes ecológicos provocados pelos recentes maremotos (*tsunami*) que atingiram as costas da Indonésia e Índia, em janeiro de 2005, provocando destruições de cidades e extensa mortandade humana. Thomas S. Elliot apresenta-nos magnífico modelo literário-poético dessas paisagens através de sua obra *Terra Devastada*.

IV. Notas sobre clínica psicanalítica

Exponho alguns fragmentos de observação ligada a fatos do cotidiano, convidando-os a estabelecer possível correlação reflexiva com o que vem a ser um desafio para o psicanalista na sua prática clínica cotidiana.

---

[3] Mudança catastrófica – parece que o ser humano está dotado de equipamento que o possibilita apreender o avizinhar-se de uma eclosão de cataclismo emocional, com os concomitantes temores de enlouquecimento, despedaçamento da própria personalidade, medo da megalomania e intensa dor mental (SAPIENZA, 1992).

A. *Como se passam específicos jogos de sedução narcísica?*

O medo da loucura e estilhaçamento mental vinha sendo afastado por jogos de natureza alucinósica e êxitos compensatórios do tipo "Don Juan", em face de jogos com ninfetas e conquistas-relâmpago. Até se deparar com uma insinuante mulher, que simula ser Frida Kahlo, com a qual, de início, faz o jogo do homem sedutor fascinado e simula desconhecer que não é Diego Rivera.

Confessa que, quando mais jovem sentiu-se atraído por desempenhar tal jogo fantástico e que particularmente isso já lhe ocorrera em imaginação ao assistir ao filme *"O Anjo Azul"*, quando a atriz Marlene Dietrich buscava escravizar sexualmente um de seus amigos, um idoso professor de Linguística.

Atualmente, passa a sofrer noites de insônia e, "apaixonado", não consegue trabalhar e sofre crises de ciúme patológico que o colocam em desespero sufocante, com ideias assassinas e suicidas permanentes. Será que um atendimento psicoterápico poderá ajudá-lo a resolver essa crise afetiva? A guerra sexual foi se instalando suavemente com todo o seu aparato de violência destrutiva, oferecendo-lhe variadas tentações para escapar de experimentar e "sofrer" dor mental.

Uma pergunta pertinente: Será que o desenvolvimento de *capacidade negativa*[4] pelo paciente permitirá que passe a suportar

---

[4] Capacidade negativa – "Não tive uma disputa, mas uma conversa com Dilke, sobre vários assuntos: muitas coisas se entrelaçaram em minha mente, e logo me ocorreu que qualidade é necessária para formar o homem de êxito, especialmente em literatura, e que Shakespeare possui tão largamente – quero dizer, *capacidade negativa*, isto é, quando um homem é capaz de permanecer em incertezas, mistérios, dúvidas, sem qualquer tentativa irritável de alcançar fato e razão". Carta do poeta inglês John Keats a seus irmãos George e Thomas Keats, 21 de dezembro de 1817.

vazio e ausência, conseguindo desfazer manobras de colagem adesiva e adição?

B. *Jogos de tentadoras propagandas capturam notável artista, colocando-o junto a um abismo*

Coberto de fama, *status* e glória, alcançou sucesso até chegar aos quarenta anos de idade; passo a passo, iniciou um declínio, atraído pelo desenvolvimento de uma carreira de magistral *bon vivant*. Envaidecido, tornou-se uma marionete em vitrinas multicoloridas, perdendo paulatinamente sua proficiência profissional; passou a buscar refúgio em viagens, rápidas conquistas amorosas e inebriamento não somente com drogas. Desorientado e deprimido, está assustado com seu destino e solidão; cansou-se dos falsos amigos da boemia; não encontra seu chão. Haverá tempo para reencontrar-se e restaurar sua vida?

C. *Conluios, cumplicidades e resistências psicóticas*

Num mundo tornado pela pressa, é sempre bom lembrar que o atendimento psicoterápico requer tempo e muita paciência tanto do terapeuta quanto do paciente; nossa atividade é de natureza artesanal e específica para a parceria na sala de análise.

O desarme de bombas-relógio encravadas na *não-consciência* põe à mostra resistências psicóticas, que se apresentam em mapas mentais cuidadosamente traçados por psicanalistas de diferentes escolas, como: *bastião inacessível* (BARANGER; BARANGER, 1969); *enclaves* (O'SHAUGHNESSY, 1981); e *refúgios psíquicos* (STEINER, 1993).

Hanna Segal (1981) propõe o modelo de *cistos indiferenciados*, contendo "imbróglio, confusões e chavões" perigosamente encapsulados no inconsciente, subjacentes à argamassa fóbica-obsessiva.

O romance "*O amor*", do escritor italiano Dino Buzzatti, revela nuances do desabamento de um "freguês" que acredita comprar a alma de uma prostituta e que, na euforia, comporta-se como absoluto senhor dominante dessa mulher, até quem sabe acordar...

D. *Como suportar o vazio para explorar espaços desconhecidos?*

Os requisitos básicos terão os seguintes ingredientes humanos: *compaixão madura* associada a *respeito pela verdade* e *capacidade negativa*. As condições de responsabilidade pertencem ao *self* que goze de liberdade nas relações prevalentes de objetos totais, com renúncia voluntária ao exercício de manobras de controle onipotente; não há receituário pronto tipo *prêt-à-porter* quais leituras simplificadoras de livros de autoajuda e cursinhos rápidos de terapia a jato, para restituir as garantias de onipotência e onisciência ilusórias.

O paciente inicia uma sessão dizendo que acordou extremamente aflito com um "sonho" em que uma estranha figura violenta, voraz e gigantesca, dotada de traços monstruosos, semelhante ao Abominável Homem das Neves, tentava arrombar a porta do seu quarto de dormir. Não conseguiu voltar a descansar e não via a hora de encontrar o analista. O comentário do terapeuta foi o seguinte "agora, você pode continuar a sonhar, pois está acompanhado por mim!".

Bibliografia

- Baranger, Madeleine e Willy

"Problemas do Campo Psicanalitico" – Ed. Klagierman – Buenos Aires [1969].

- Bion, Wilfred R.

"Attacks on Linking" [1959] – in "Second Thoughts" [1967]. "Catastrophic Change" [1966] – in "Attention and Interpretation" [1970].

"Seminari Italiani" – Ed. Borla – Roma – [julho/1977].

"Catastrophic Change" (1966) – in Attention and interpretation (1970).

– Freud, Sigmund

"Além do Princípio do Prazer" [1920] – SE XVIII. "Neurose e Psicose" [1924] – SE XIX.

"Perda da Realidade na Neurose e na Psicose" [1924] – SE XIX.

"Negação" [1925] – SE XIX.

– Klein, Melanie

"Natureza dos Mecanismos Esquizóides" [1946] – Vol. III – Obras Completas.

– O'Shaughnessy, Edna –

"A clinical study of a defensive organization" – [1981] – Int. J. Psycho. 62: 359-69.

– Sapienza, Antonio –

"A Tempestade: Mudança Catastrófica" – p. 156 in "Perturbador Mundo Novo" – SBPSP – [1992] – Ed. Escuta – São Paulo.

– Sapienza, Antonio e Junqueira Filho, Luiz C. Uchôa

"Eros, Tecelão de Mitos" [1997] in "Transformações e Invariâncias" [2000] – SBPSP"

"Fatores de conjunção na relação de casal fértil e criativo" [Encontro Bion-São Paulo-2004],

– Segal, Hanna

"Mecanismos esquizóides subjacentes às fobias" [1981] – Obras Completas.

– Tustin, Frances

"Estados Autistas em Pacientes Neuróticos" [1985].

18. O arqueólogo da mente[1]

Para explorar o universo epistemológico da psicanálise e os distúrbios do pensamento, Bion adentrou o mundo mítico; seus estudos sobre fenômenos grupais iluminaram a dinâmica da análise, em que analista e analisando vêm acompanhados de figuras internas.

O psicanalista e escritor Wilfred Ruprecht Bion chegou ao Brasil na década de 1970, graças à iniciativa e à generosa lucidez dos psicanalistas Virgínia Leone Bicudo (1915-2003) e Frank Julian Philips (1906-2004), da Sociedade Brasileira de Psicanálise de São Paulo. Meu contato com ele iniciou-se na ocasião, assistindo às suas conferências e participando de seus seminários clínicos, em suas vindas à cidade de São Paulo, nos anos de 1973, 1974 e 1978.

Suas apresentações despertaram extrema inquietação e admiração na comunidade psicanalítica, pelo vigoroso frescor de seu estilo, e pela precisão de linguagem, assim como pelas constantes disponi-

---

[1] Sapienza, Antonio. O arqueólogo da mente. *Viver Mente Cérebro*: Coleção Memória da Psicanálise, v. 6, p. 30-35, 2005.

bilidade e agilidade mental nos diálogos – aspectos temperados com refinado e surpreendente senso de humor. No que diz respeito à leitura de sua vasta obra, um dos pontos que merecem destaque (e que privilegio neste artigo) é o campo de observação dos fenômenos psicodinâmicos no exercício da prática psicanalítica no consultório, com breves incursões dirigidas ao cotidiano de nossas vidas.

Bion enfatizava frequentemente que o valor essencial da experiência emocional no consultório psicanalítico deveria guardar estreita relação com os fatos da vida tal como ela é; caso contrário, os fatos clínicos examinados seriam de reduzida serventia para a livre capacidade de pensar do analista e de seu paciente.

Na conjunção constante da "atenção flutuante do analista e associação livre do analisando", sinalizada por Freud como selo da metodologia psicanalítica, pode-se encontrar uma aproximação das recomendações de estado da mente com "opacificação de memória, desejos, teoria e compreensão", propostas por Bion ao analista. Essas proposições mostram-se de extrema utilidade, principalmente tendo-se em vista os distúrbios de pensamento mais sutis que habitam a mente de quem procura atendimento.

Desde o texto clássico *Experiências com grupos* (1961), os escritos de Bion mostram extraordinário valor para a investigação e compreensão dos fenômenos de interação em grupos humanos. Nele, o autor afirma que em grupos de trabalho a liderança não é personificada, uma vez que a própria tarefa deve dirigir as atividades grupais. Nos chamados grupos de supostos básicos, comandados pela mente primitiva ou protomente, são ativadas valências de automatismo mental e onipotência relacionadas a configurações de dependência, guerra e idílio, as quais se infiltram na dinâmica do grupo de trabalho podendo destruir funções da vida mental, instalando-se vibrações contagiantes de funcionamento psicótico.

Na manutenção dos grupos de trabalho, prevalecerão a colaboração, o respeito pelas individualidades, a fertilidade e a criatividade. A direção da atividade é lidar com questões humanas universais: "nascer", "viver", "crescer", "casar", "morrer", "renascer". O embate visará à ruptura de acomodações e da inércia psíquica pelo exercício progressivo dos "três princípios de viver", como descritos em *Como tirar proveito de um mau negócio* (1979) – espécie de contraponto à formulação de Freud no texto *Dois princípios do funcionamento mental* (1911). Eles consistem em (1) sentir, (2) ter pensamento antecipatório e (3) sentimento mais pensamento mais Pensamento. Esse último passo é sinônimo de prudência, ou seja, são os pensamentos antecipatórios que desencadeiam a ação pensada.

Uma analogia clínica correlata a essa formulação seria a disponibilidade de a parceria analítica saber acolher o "embrião" do aqui-e-agora na sessão quando ocorre o *insight*, este tomado como equivalente à fecundação pelo par analítico; daí a atenção se voltar aos cuidados de maturação do produto dessa descoberta, contendo precipitações abortivas e impulsos de filicídio.

A mente como teatro

A psicanálise muitas vezes inspira-se na arte dramática, que traz consigo variada gama de emoções

A tradição psicanalítica toma com frequência o teatro como um dos modelos mais carregados de vivências emocionais dos humanos. No século V a.C., o teatro grego, por meio dos dramaturgos Sófocles, Ésquilo e Eurípides, alcança níveis expressivos dessas camadas que habitam nossas profundezas, com um acervo de peças teatrais que atravessam culturas e tempos, com linguagem estética de forte impacto emocional até nossos dias. De modo sucinto, poderiam ser lembradas as peças *Édipo-Rei, Édipo em Colono* e *Antígona* (conhecidas como a trilogia tebana de Sófocles); *Agamenon, Coéforas* e *Eumênides* (que compõem a *Oréstia*, de Ésquilo); *As bacantes, As troianas* e *Ifigênia em Áulis*, compostas por Eurípides.

Bion exploraria o filão dessa tradição do teatro grego e prosseguiria as incursões feitas pelos pioneiros da psicanálise. De um lado, Sigmund Freud, que na Viena do final do século XIX, "descobre" a psicanálise e o complexo de Édipo, apoiado na clínica e no modelo teatral constituído por *Édipo-Rei*, de Sófocles. De outro, Melanie Klein, analista de Bion, que estuda de modo microscópico a clínica de nossos fragmentos pré--edipianos e nossas relações de objetos parciais por meio dos modelos extraídos da *Oréstia*, de Ésquilo.

Em um dos últimos seminários italianos, desenvolvidos em Roma em julho de 1977 pela editora Borla, Bion recomendou aos participantes que não deixassem de ler a *Ilíada*, de Homero, na versão francesa. De fato, o trabalho de contextualização e anotações nessa língua dá um colorido notável às descrições dos movimentos emocionais dos protagonistas, principalmente de Aquiles em sua trajetória e vida de guerreiro, tomado por fortes paixões de amor, ódio, rancor, ataque, fuga, terror, sexo, luto, piedade, vingança e liberdade, culminando com sua morte ao ser atingido por uma flecha no calcanhar, seu único ponto vulnerável, flecha essa disparada pelo príncipe troiano Páris.

Nas vibrações comandadas pelo suposto básico de dependência, acontecerão lideranças em uma hierarquia rígida com forte grau de idealização. O modelo é constituído por igrejas, sacerdotes e fiéis. Sua predominância abarca intensos jogos de natureza parasitária, paralisações por idealização, bloqueios de crescimento mental e desrespeito à autonomia.

Na vigência do suposto básico de guerra, estruturam-se movimentos de ataque e fuga, prevalecendo a rivalidade hostil, a crueldade, as polêmicas, as suspeitas paranoides de lavagem cerebral e doutrinações ideológicas, os êxtases de engolfamento onipotente possessivo e violência destrutiva. Estes podem culminar em um crescendo de jogos perversos e gozos de ondas dos impulsos comandados pelo sadismo e masoquismo, dos quais fazem parte as guerras dos sexos e as batalhas de gerações. Devemos distinguir esses desvios belicosos, governados por relíquias e reminiscências dos dinossauros em cada um de nós, daqueles confrontos salutares movidos pela emulação, que podem beneficiar as personalidades em competição no mundo do esporte, da ciência, da arte, da política e outros.

O suposto básico de natureza idílica alimenta a esperança de nascimento de um Messias, que é continuamente destruído por fatores de inveja oculta e voracidade ciumenta que impedem a maturação das personalidades para o amplo exercício de paternidade e maternidade. Essas funções parentais são básicas para atender ao nascimento real do "bebê", rompendo encapsulamentos narcisistas e pactos de morte (como em *Romeu e Julieta*, de Shakespeare), aprofundando a travessia para elaborar resíduos edipianos, que obstaculizam a autonomia, a fertilidade e a diferenciação mútua.

Os estudos de Bion sobre fenômenos grupais lançam luzes sobre a dinâmica de análise, pois rigorosamente não existe análise individual, dado que a situação analítica requer a presença de duas pessoas na sala, o que já configura um grupo. Cada um vem acompanhado de figuras de seu mundo interno e de conexões residuais dos terceiros, que estão excluídos da íntima interação direta, cuja privacidade é garantida pelo *setting* analítico.

Caberia ainda lembrar que cada ser humano, desde sua gestação, o nascimento, a infância, a adolescência e outros ciclos da vida, carregará as marcas afetivas de estar a favor e contra o grupo de que faz parte. Bion focaliza os vínculos de amor, ódio e conhecimento na vida grupal; um tanto ironicamente, considera a família uma escola de intenso treinamento e sobrevivência a fantasias assassinas e suicidas.

Painel mítico-arqueológico

Freud, Klein e Bion surgem como componentes de uma tríade, que o psicanalista e filósofo irlandês John Oulton Wisdom (1908-1993) batizou de "vigorosa e preciosa *troika*" nas explorações do universo epistemológico em psicanálise.

Sinteticamente, Freud pode ser considerado um psicanalista que funciona até certo ponto como um arqueólogo otimista e esperançoso. Se examinarmos um de seus últimos textos, *Construções em psicanálise* (1937), poderemos acompanhá-lo no empenho de facilitar ao paciente estudado a recuperação de vivências do nostálgico reencontro do espaço/tempo mítico, qual um "paraíso perdido", um período de prazer e harmonia quando ainda era filho único. (O universo do paciente em questão tinha virado de ponta-cabeça pela emergência de uma fúria assassina e de ciúmes ligados ao nascimento de seu irmãozinho.)

Klein, por sua vez, aborda os meandros mais obscuros do sofrimento mental das crianças e dos psicóticos. Seguindo preciosas pistas abertas pelo próprio Freud e usando técnicas de jogos e brinquedos na análise infantil, revela-nos não só os equivalentes arqueológicos das ruínas da Grécia clássica (séculos V a IV a.C.), já sinalizados por Freud. Vai mais adiante e consegue alcançar camadas de um palimpsesto, que contêm equivalentes das devastações do período micênico (séculos XIV a XI a.C.). Suas descrições clínicas correlacionam-se a paisagens arcaicas, que podem ser ligadas essencialmente à Guerra de Troia, narradas por Homero na *Ilíada*. O leitor mais interessado poderá enriquecer-se com a leitura do belíssimo texto de Klein *Algumas reflexões sobre a Oréstia*, publicado postumamente em 1963.

Já Bion estuda intensamente os distúrbios da capacidade de pensar. Constrói valioso modelo arqueológico, o cemitério real de Ur, incluído em seu texto "The grid" (1963), em que se pode examinar com particularidades o interessante "painel mítico" proposto por ele, que contém constructos com vívida qualidade pictórica. Ali, ele aborda a morte e o sepultamento de um rei, bem como os rituais de curioso cerimonial mágico e religioso. Reconstituições da cena do enterro foram feitas a partir de escavações efetuadas por expedições conjuntas do Museu Britânico e do Museu da Universidade da Pensilvânia. O arqueólogo inglês sir Leonard Woolley (1880-1960), entre 1922 e 1934, liderou boa parte desses estudos efetuados na cidade de Al-Muqayyar, no atual Iraque. Presume-se a repetição desse cerimonial relacionado ao enterro de pelo menos dezesseis reis, no período 2500-2000 a.C.

O cortejo real era constituído por rainha, príncipes, princesas e alguns servos da corte. Nele, todos se drogavam com haxixe. E, ao som de músicas, dançando e vestindo suas roupas e suas joias mais preciosas, desciam uma rampa na direção da Cova da Morte, uma câmara funerária real onde, adormecidos sob efeito do narcótico, eram soterrados vivos pelos sacerdotes que os contemplavam do alto da cova. Cumpria-se, assim, um acompanhamento nostálgico pelos membros da corte seguindo a "viagem eterna" do rei morto, em seu enterro. Tudo isso acabava por ficar no depósito de lixo ou dos detritos da cidade, onde se situava o cemitério, tornando-se esse um lugar tabu cercado de maldições, as quais visavam, por meio de ameaças de castigo, restringir a curiosidade e a cobiça na eventual busca desses tesouros ocultos. Essa postura grupal de terror à investigação baseava-se em crenças mítico-religiosas e prolongou-se durante 500 anos. Poder-se-ia compará-la ao recalque profundo.

Só depois é que *ladrões* ousaram romper com as paralisações, as maldições e os medos vinculados a barreiras mágicas e religiosas; passaram a fazer incursões, invadiram, saquearam a Cova da Morte e conseguiram recuperar joias e tesouros preciosos nela enterrados. Seria Bion um arqueólogo pessimista e paradoxalmente esperançoso, ao reconstituir "catástrofes" já ocorridas e momentos de desolação?

A ousadia dos saqueadores de tumbas, ao transgredir tabus em busca de riquezas e tesouros escondidos, pode ser considerada precursora da mentalidade científica, penetrando em terrenos mortíferos até então açambarcados e dominados pela magia e religião. Em nossa atividade clínica, na busca de significados, podemos detectar a necessidade de ultrapassar forças análogas de ocultação repressiva.

A depender das circunstâncias e do contexto, o analista deverá se portar como cuidadoso "arqueólogo" apto a usar, com bastante perícia e discernimento, pincel de pelos de cauda de elefante, lentes e microscópio, visando à leitura criteriosa, com o analisando, de todo o "material" que ambos conseguirem "recolher" dos escombros na sessão analítica.

Cabe ainda ao analista "saber acolher e permitir a sedimentação de observações", que só ulteriormente ganharão significado, preservando o vértice psicanalítico, a favor do vínculo de conhecimento. Em outros momentos, deverá ser um persistente e astucioso "saqueador", atravessando tabus, barreiras defensivas e terrores-sem-nome.

Jogos e teatro

Tomando como base um jogo de tabuleiro originário da Índia, sua terra natal, Bion formula o seguinte:

> Eu quero agora considerar uma situação não analítica, mais precisamente aquela em que o paciente tem de lidar com mudanças em suas coisas (affairs) e assuntos pessoais diante da necessidade de tomar decisões. Essa situação é comparável ao jogo denominado 'Cobras e Escadas'. A escolha do paciente pode cair na cabeça de uma cobra, e ele volta a um estado de mente aparentemente infeliz que deplora e lamenta; ou ele pode chegar a uma escada e encontrar-se na posição de ser capaz de fazer muitos lances que o conduzam a seu objetivo final – o que ele pode também lamentar. Em qualquer situação, a escolha que o paciente faz obriga a reajustamentos com as consequências. Muito então dependerá do quanto, após a decisão, ele poderá ser vítima quer de auto-ódio quer de auto-amor.
>
> [...]
>
> A situação do analista é semelhante àquela do analisando, pois ele vive no mundo de realidade, de que a análise mesma é uma parte. Ele portanto tem de fazer escolhas, incluindo a possibilidade de permanecer em

silêncio porque não conhece uma resposta ou não pode pensar sobre uma interpretação apropriada; ele pode comprazer-se por dar uma interpretação que é apenas um modo de passar o tempo ("Caesura").

Há um nutriente capaz de renovar as dimensões da modéstia pessoal do próprio analista: é salutar para ele poder recordar-se e reconhecer as vezes em que foi ou que tem sido "salvo" de acidentes psicóticos por um acaso salvador ou pela sabedoria de outrem, nem sempre por sabedoria própria. No cotidiano clínico, além de o analista ter de escolher o que manifestar ao analisando, quando e como interpretar, suas tomadas de decisão incluem as dinâmicas de encruzilhada.

Assim sendo, no nível mítico, a escolha da abordagem pelo analista poderá também se relacionar ao equivalente do encontro do "fantasma paterno" para o jovem Édipo na fuga de Corinto em direção a Tebas; desse modo, o nível ativado na sessão analítica se liga a questões das partes da *personalidade não psicótica e às angústias de castração*. Espera-se que o psicanalista tenha equipamento e experiência assimilados com que possa suportar ser "tratado" pelo analisando como espectro paterno fantasmagórico.

As questões referentes ao funcionamento das partes da *personalidade psicótica* estarão correlacionadas a correspondências dinâmicas em que o "príncipe" Édipo entra em confronto com a Esfinge, que lhe propõe um enigma sobre "quem inicialmente anda de quatro, depois de dois e finalmente de três" (relativo à infância, à vida adulta e à velhice humanas), acompanhando o desafio mortífero "decifra-me ou te devoro". A Esfinge, monstro bizarro, apresenta-se ameaçadora e, paradoxalmente, não se protege do suicídio.

Algo equivalente, também de natureza psicótica, poderá surgir quando o "rei" Édipo, aflito com a peste que assola Tebas, busca o assassino do antigo rei Laio e convoca o adivinho cego Tirésias. Este, já conhecendo a verdade e inundado por compaixão, se empenha em desestimular o prosseguimento das demandas de investigação pelo aflito soberano Édipo.

Os elementos emocionais mais marcantes desses dois movimentos da tragédia de *Édipo-Rei* referem-se ao uso da curiosidade devastadora. As aproximações de mudanças catastróficas desencadeiam intensa turbulência emocional, medo de enlouquecer e terrores de aniquilamento. Em análise, essas vivências colocam a parceria paciente-analista em provas de limites para suportá-las e conseguir transformá-las em mudanças criativas nos vértices estético, científico e mítico-religioso. Bion enfatiza que o centro do desastre edipiano é a tríade representada pela *arrogância*, pela *curiosidade sem limites* e pela *estupidez* mental, divergindo da visão de Freud, para quem o núcleo da tragédia edipiana é o *crime sexual* (o incesto e o parricídio).

Na experiência clínica, os investimentos dos vínculos de amor, ódio e conhecimento deverão ter como pano de fundo as polaridades egocêntrica, polo do narcisismo, e sociocêntrica, polo do "social-ismo", com o que ganharemos parâmetros mais precisos e valiosos do que os balizamentos enraizados nas implicações de conflitos entre impulsos instintivos do ego *versus* impulsos dos instintos sexuais.

Evidência e observação

A correlação entre evidência e capacidade de observação está expressa na proposição de Bion:

Freud, em seu obituário a Jean-Martin Charcot, coloca grande ênfase na ideia de Charcot de permanecer olhando uma situação desconhecida até que um padrão começasse a emergir e pudesse então ser interpretado. Charcot estava, naturalmente, falando a respeito de medicina física, cirurgia e neurologia. Quando se trata de psicanálise é outra questão; convencionalmente, no final das contas, nós não pensamos em usar nossos sentidos visando contato físico com o paciente. Mas podemos atribuir enorme importância à presença do paciente – se ele retornar. O problema, em um sentido, é tentar fazer essa volta do analisando valer a pena, de modo tal que o paciente venha novamente outro dia. Em teoria, não há nenhuma dificuldade; na prática é verdadeiramente muito difícil. Desse modo, eu penso que é um assunto que requer congratulações se alguém retém a curiosidade ou o interesse do paciente de forma suficiente para que ele volte novamente.

Esse trecho de *Evidência* (1976) desencadeia algumas reflexões. O exercício de paciência e perseverança a cada sessão permite ampliar a capacidade de tolerar incertezas. Espera-se que ambos, paciente e analista, possam suportar sentimentos fortes, preservando a capacidade de pensar e investigar o que vai surgindo na própria trama da sessão analítica, uma vez que a *confiabilidade* e o *crescimento mental da parceria* dependerão do uso de pertinente curiosidade e preservação de inquietações diante das dúvidas e mistérios humanos.

Desafios atuais

Em face da complexidade crescente do sofrimento mental que atinge a humanidade no mundo contemporâneo e levando-se em conta a inevitável renovação das gerações de psicanalistas, convém estarmos atentos para examinar a amplitude de nossas responsabilidades em dar continuidade à investigação acurada de antigos e novos problemas na clínica psicanalítica. Enumero alguns deles, mais gritantes: a grande incidência de *borderlines* nos consultórios; a mutilação mental devido a pseudocuras pelo uso indiscriminado de psicotrópicos; a onda crescente de adição a drogas; e a cultura da pressa, prevalentemente "hipomaníaca" das grandes cidades.

Tais condições vão requerer devido atendimento e projetos do *establishment* analítico também em médio e longo prazos, o que exigirá transmissão de empenhos e saberes para os sucessores dos analistas de diferentes gerações, tal qual uma passagem de "bastões" e "legados", a fim de preservar as qualidades de proficiência.

No seminário clínico realizado em 10 de julho de 1978 na cidade de Paris, uma de suas últimas apresentações em público, Bion dá ênfase ao caráter estético do trabalho analítico, em que o *setting* é comparado ao ateliê de um artista. O psicanalista poderá então desenvolver um estilo próprio, conjugando intuição bem treinada e sensibilidade artística com sabedoria filosófica, empatia humanista e disciplinada curiosidade científica na interação com cada um dos analisandos.

Para conhecer mais

* **Experiências com grupos.** W. R. Bion. Imago, 1970.

* **Como tirar proveito de um mau negócio.** W. R. Bion, em *Revista Brasileira de Psicanálise*, vol. 13, n° 4, 1979.

* **Construções em análise.** S. Freud (1937), em *Obras completas*, vol. 23, 1980.

* **Algumas reflexões sobre a Oréstia.** M. Kein, em *O sentimento de solidão: nosso mundo adulto e outros ensaios*. Imago, 1975.

* **A grade.** W. R. Bion, em *Two papers: the grid and caesura*. Imago, 1977.

* **Caesura.** W. R. Bion, em *Two papers: the grid and caesura*. Imago, 1977.

* **Evidência.** W. R. Bion, em *Revista Brasileira de Psicanálise*, vol. 19, nº 1, 1985.

* **Seminário clínico de Paris (junho de 1978).** W. R. Bion, em *Revista Gradiva*, nº 20, 1983.

19. Psicanálise e estética: ressignificação de conflitos psicóticos e reciprocidade criativa[1]

De manhã escureço
De dia tardo
De tarde anoiteço
De noite ardo.
A oeste a morte
Contra quem vivo
Do sul cativo
O este é meu norte.
Outros que contem
Passo por passo:

---

[1] Sapienza, Antonio. Psicanálise e estética: ressignificação de conflitos psicóticos e reciprocidade criativa. *Ide: Psicanálise e Cultura*, v. 29, n. 42, p. 23-8, 2006.

> *Eu morro ontem*
> *Nasço amanhã*
> *Ando onde há espaço:*
> *Meu tempo é quando.*
>
> Vinícius de Moraes, "Poética I"

Este texto dirige-se aos psicanalistas contemporâneos com experiência de prática clínica;[2] sua fonte mais explícita é a do cotidiano clínico, de onde foram extraídos, em diferentes épocas, cenas e recortes de sessões e supervisões analíticas, os quais serão apresentados como um conjunto de fotogramas. O termo "fotograma" é emprestado do psicanalista britânico Bion (1991a, p. 646) e será usado de acordo com a seguinte acepção: "um retrato analógico que registra fenômenos mentais como se vistos".[3]

Assim, será apresentada uma montagem de quatro fotogramas e, por ser privilegiada a lógica intuitiva, serão denominados fotogramas emocionais. A partir de cada um deles desenvolvo um breve exercício, desde o vértice estético-psicanalítico, que visa à exposição de momentos em que se manifestam conflitos estéticos na parceria e a uma possível abertura para nós, os analistas, pensarmos caminhos de mobilização e suficiente ventilação para a expansão e a elaboração de reciprocidade estética (WILLIAMS, 2005).

As fontes de inspiração guardam íntima vinculação com a busca de continentes dotados de capacidade de *rêverie* (SAPIENZA,

---

[2] *The ethos of psychoanalysis*, p. 34.
[3] Ao leitor interessado em aprofundar pesquisa de alguns conceitos ligados à obra de Bion apresentados neste escrito, destacarei alguns verbetes que podem ser encontrados no livro de autoria de Paulo Cesar Sandler (2005) e que estarão indicados em notas de rodapé.

1999) e sinalizam caminhos de pesquisa para reavivar nossas reservas de intuição treinada psicanaliticamente, com vistas a promover a personalização em face de ameaças de despersonalização (RESNIK, 2001).[4]

O livro *The vale of soulmaking*, de Meg Harris Williams (2005), reúne amplo leque de referências e constitui valiosa fonte para o estudo de modelos mentais do *self* criativo dos humanos; os capítulos oitavo, "Criatividade e contratransferência"; e nono, "Poética pós-kleiniana", são admiráveis. A autora realiza fino trabalho de garimpagem objetivando o estudo das origens culturais enraizadas no mundo da Poesia, da Filosofia, da Mitologia, da Literatura, da Pintura, da Escultura, da Música, do Teatro, do Cinema e da Dança e estabelece significativas pontes para o leitor interessado em investigar e acompanhar refinada metodologia poético-psicanalítica relacionada ao modelo "pós-kleiniano" da mente.

Passo a expor os fotogramas emocionais atinentes ao tema proposto.

Fotograma 1: a linda princesa presa num espaço blindado

> Como acordar sem sofrimento?
> Recomeçar sem horror?
> O sono transportou-me
> àquele reino onde não existe vida
> e eu quedo inerte sem paixão.
> Como repetir, dia seguinte após dia seguinte,
> a fábula inconclusa,

---

[4] "Theory of schizophrenia" (SANDLER, 2005, p. 659).

> *suportar a semelhança das coisas ásperas*
> *de amanhã com as coisas ásperas de hoje?*
> *Como proteger-me das feridas*
> *que rasga em mim o acontecimento,*
> *qualquer acontecimento*
> *que lembra a Terra e sua púrpura*
> *demente?*
> *E mais aquela ferida que me inflijo*
> *a cada hora, algoz*
> *do inocente que não sou?*
> *Ninguém responde, a vida é pétrea.*
>
> Carlos Drummond de Andrade, "Acordar, viver",
> Poesia completa

A analista, descontando o que reconhece de sua própria psicopatologia, resolve contar na sessão, num momento que considera propício, o seguinte sonho com sua analisanda: "Você estava só e perdida num espaço cósmico, isolada e como que blindada por um campo energético, extremamente aflita e sem conseguir emitir nenhum tipo de som e voz humanos; essa cena me lembrou uma parte de um dos episódios de *Guerra nas estrelas,* do cineasta George Lucas, em que uma nobre e bela princesa está bloqueada e inacessível, encerrada e aprisionada num campo de forças".

A analisanda, em geral reservada, arredia e extremamente reticente, desfaz uma máscara facial de inexpressividade congelada e começa a verbalizar quando reconhece entrar em estados de mente semelhantes aos que lembram estados de catalepsia, quando do "acordar e sair da cama" se torna quase impossível. Diz ainda que sofre da seguinte vivência: na sessão, alguns de seus silêncios prolongados, após algumas falas da analista, correspondem ao seu "desaparecimento espiritual" da sala de análise. Resnik (2001) denomina o fenômeno ejeção por "transporte" maciço do *self* e o liga a uma variante de *splitting* do funcionamento psicótico.

Na experiência clínica, poder-se-ia cogitar a captação de níveis não verbais dessa complexa fenomenologia de evanescência "espiritual", como se ali permanecesse somente seu corpo "físico"; o fato é que o contato emocional se restabeleceu, com a exposição das configurações de imagens visuais "sonhadas" à distância pela analista, que utilizou como associação ao "sonho" uma produção cultural, ou seja, um fragmento de conhecido enredo cinematográfico. Abre-se a possibilidade de dar forma a uma vivência de conflito estético entre as duas pessoas, na sala de análise.

A comunicação do sonho "noturno" da analista para essa paciente poderia ter outros destinos. A não-comunicação, eventualmente, poderia também despertar outras repercussões tanto na analista como na parceria. Entre outras indagações, surge a seguinte: quais associações emergirão? Poderíamos ainda propor esta indagação para a analista: o que a inspirou a se decidir pela comunicação? Talvez, quando houvesse confirmação significativa com a analisanda, caberia à analista manter uma atitude crítica quanto a seus poderes mágicos magnéticos, charme e crença ilusória na onipotência de pensamento; ela poderia vir a ser "adorável" aos olhos da analisanda, e vice-versa, com a possibilidade de ambas permanecerem capturadas por ilusões de sedução narcisista. Consultem os ricos textos de Paul Claude Racamier (1992, 2001), em que certos jogos de farsa sexual, classicamente chamados de transferência erótica, são descritos com elegante senso crítico.

A investigação psicanalítica dessas duas direções poderá abrir novas questões para a dupla analítica, tais como elementos aristocráticos, querendo a analisanda impor-se como extraordinária e objetivando encantar e engolfar a analista, como "dupla de estrelas congeladas e aprisionadas pelo sucesso e fama".

Se ambos ficarem cegos pelo pacto mortífero, haverá novamente a implosão da cena exposta e a desintegração das imagens que rastreiam o conflito estético e a destruição dos embriões de reciprocidade estética; os riscos de aborto de *insight*[5] em análise serão devidos aos ataques comandados com êxito por uma "gangue" de forças de narcisismo destrutivo na refinada descrição clínica de Rosenfeld (1971). Abrem-se, desse modo, estudos de correlação com a negativação de vínculos – menos conhecimento, menos amor e menos ódio –,[6] instalando-se estados de suspensão da vida real. Esses estados de mente são expostos por Salomon Resnik no capítulo 3, intitulado "An attack of catatonic negativism", de seu livro *The delusional person*.

Fotograma 2: complexo de Édipo e identidade analítica

> *Analista: Em poucas palavras, depois daquela sessão, a paciente me telefonou e disse que decidiu viajar e cancelar as sessões. E acrescentou que ia procurar tratamento psiquiátrico a fim de poder tomar lítio.*
>
> *Bion: Há sempre uma abundância de coisas a fazer além da análise. E, se você não prescrever drogas à paciente, ela pode consegui-las com alguma outra pessoa. O mesmo se aplica a interpretações que podem ser uma droga: se não obtiver com você o tipo de interpretação que espera, ela pode obtê-las de outro analista.*

---

[5] "Reversible perspective" (SANDLER, 2005, p. 647).
[6] "The realms of minus" (SANDLER, 2005, p. 476).

Sua dificuldade consiste em reconhecer que você errou. Mas é igualmente importante reconhecer que você acertou. Dar a interpretação correta a um paciente pode levar ao término de análise tanto quanto dar a interpretação errônea. Assim, se essa paciente encontrar uma outra pessoa a quem prefira, ela poderá também descobrir que cometeu um erro ao se afastar de você.

É muito difícil avaliar a associação analítica. A experiência analítica requer disciplina e é desagradável – nem o analista nem o analisando podem fazer o que gostam. Há inúmeras alternativas sedutoras, mas o oficio de análise é árduo. Isso ajuda a explicar os motivos pelos quais os analistas devem descansar, devem ter algum outro tipo de vida que não seja analítica. É extremamente insatisfatório transformar a vida doméstica em uma espécie de psicanálise. Parece-me que alguns analistas com frequência falham em reconhecer que a análise é uma coisa muito boa para os analistas – se é isso que eles desejam. Mas se querem uma família, então não devem querer um tipo de museu psicanalítico. É extremamente irrefletido começar a interpretar as opiniões de maridos e esposas, e eu penso que esse deslize constitui um grande equívoco.[7]

Nesse trecho de supervisão escolhido, Bion (1987) ressalta a existência de riscos inerentes a cada sessão e sinaliza, ao mesmo tempo, que analistas podem "perder" pacientes, ainda que se trate de uma experiência desagradável.

O início dessa análise remonta a um fato ocorrido na mocidade da analisanda, quando, numa madrugada, ela adentrou o mar

---

[7] Tradução livre do autor.

aberto em estado onírico, alegando ouvir cantos estranhos de uma voz masculina que queria possuí-la. Um namorado atento a seguia e conseguiu retirá-la semi-afogada dessa busca de fusão oceânica, atribuída pela jovem a um boto fantasmagórico.

Outra reconstrução bastante estilhaçada corresponde ao suicídio de seu padrasto, que, endividado e humilhado por antigos sócios, explodiu a cabeça com um tiro de revólver. Aos poucos, a analisanda volta a ter condições de sonhar, com o esboço de incursões em pesadelos em que resgatava a imagem de corpos putrefatos e nau de pescadores molambentos, semelhantes às descrições de Samuel T. Coleridge (1772-1834) em *A balada do velho marinheiro* (2005). Nesse enredo, o conto se inicia com as preliminares de um casamento, em que o velho marinheiro narra a um jovem as vicissitudes de sua experiência nas turbulências do mar. O fantasma de um albatroz abatido atormenta os ocupantes do navio, que perdem assim a direção restauradora da vida.

Poder-se-iam cogitar remanescentes de estado de mente "pré--natal" de natureza catastrófica, no cenário clínico que envolve a paciente na praia e no mar, à beira de fusões oceânicas, bem como a dos marinheiros no navio sem rumo da poesia de Coleridge, com a busca de um porto seguro para atender a um naufrágio mental, com alternâncias de melancolia agitada e triunfo maníaco exaltante, com fundo fortemente masoquista.

Dentro do modelo biológico cardiorrespiratório, penso que o contato mais profundo com esse precário e frágil estado de *self* "expirado" irá requerer do analista a profunda capacidade de esvaziar voluntariamente o próprio *self* e colaborar com as forças de vida capazes de restaurar as figuras parentais do mundo interno, fontes originárias de inspiração que possibilitem incursões e a travessia da posição depressiva. O analista é tratado como "Satanás"

– Belo Anjo Rebelde Decaído – ou como "Cristo Salvador" – Messias Redentor –, ambos suavemente implacáveis. Mas será isso suficiente para o analista reconstruir uma ponte que dê suporte a um estado de mente dilacerado, desgovernado, sem pilotagem diante das tormentas bruscas entre narcisismo ↔ socialismo?[8]

A sintonia para atravessar as barragens bem montadas da "caverna autista" da analisanda requererá incursões corajosas e precisas da dupla, as quais possibilitarão o seu "renascer"; para que possa voltar a "sonhar" e a existir, deixando de ser uma "morta-carregando-a-viva" – personagem fantástico do folclórico bumba-meu-boi, representado por um ator mascarado, com o torso de um boneco na frente e os membros inferiores atrás, dando a impressão de que o inanimado carrega o animado.

Segredos de família põem sob suspeita vínculos de amor e de verdade, forçando um idílio e a esterilização do par analista e analisanda, bem como eliminando a fecundidade e o aparecimento do "Messias" que desencadearia o término do idílio; o terceiro ou a novidade não poderá nascer e encarnar-se, se conseguir, será assassinado como inocente vítima de "Herodes" na moita. Haverá figuras de proteção que exercerão essa função de proteger o bebê? O artigo de Luis Carlos Junqueira Filho e Antonio Sapienza amplia essas perguntas (2004).

Será que a capacidade de renunciar à onipotência ilusória de "garantias programadas e controles absolutistas" da existência humana permitirá a preservação firme e estável de consciência da tragédia humana (DAVIS, 1999), com moral e espírito elevados, com a ruptura do destino de amargas prisões melancólicas e de exuberantes evasões maníacas? O historiador e ensaísta político

---

[8] Narciss-ism ↔ Social-ism (SANDLER, 2005, p. 518).

norte-americano Walter A. Davis explora de modo valioso o terrorismo, o fanatismo e o uso da bomba atômica contra a população civil de Hiroshima e Nagasaki, em agosto de 1945.

Será ainda que a realização da renúncia voluntária a que nos referimos acima constituirá estimulante recurso de busca no cotidiano capaz de ampliar a criatividade? Quais as fontes de inspiração para nos ajudar a pensar e modular as diferenças entre polaridades de radicalismo e metas como "sucessos"; fugas de "fracassos" e de "depressão"? Nosso olhar psicanalítico terá que apurar parâmetros complexos para medir o "crescimento mental".

Recente texto do psicanalista australiano Neil Maizels (1996) abre interessantes incursões para o que ele denomina "posição espiritual", com propostas que suscitam reflexões críticas e indagações relativas ao aprofundamento e às travessias da posição depressiva.

Fotograma 3: gêmeo imaginário e cripta

Não tenho razão? Tu que achaste a vida
tão amarga depois que provaste a minha, pai;
a infusão opaca do meu destino, e,
enquanto eu crescia, continuaste a prová-la; e,
fascinado pelo ressaibo do meu futuro,
examinaste meu olhar embaciado,
tu, meu pai, que, mesmo morto, muitas vezes
vens misturar tua angústia à minha esperança íntima,
e, sereno, renuncias aos reinos da serenidade, –
privilégio dos mortos, só pelo pouco que é meu destino,
– não tenho razão? Não tenho razão,
vós que me amastes pelo tímido esboço
de amor que vos tinha, e, do qual sempre

> *me afastava, pois o espaço em vossas faces,
> enquanto o amava, transformava-se em espaço
> do mundo, vazio de vossa presença?*
>
> Rainer Maria Rilke, "A quarta elegia de Duíno",
> Os sonetos a Orfeu; Elegias de Duíno

Aproxima-se o final de uma análise; o término vem acompanhado de estranhos pressentimentos, em que o analisando teme por sua sobrevivência e é invadido por temores de ser acusado de "assassinato" caso o analista venha a morrer ou sofrer alguma deterioração de ordem física e mental, em futuro próximo.

Passo a apresentar duas vinhetas desse período de análise.

Primeira vinheta:

A interação entre ambos é tomada por angústias de fatalidade mortífera. O analista expõe ao analisando sua "visão" quanto à presença de um espectro paterno, que atormenta seu filho, o príncipe Hamlet, exigindo-lhe que inspecione a conduta da rainha e não a deixe em paz, pois, em cumplicidade com o irmão do rei, ela teria planejado o assassinato do marido e o concretizado.

O analista está disponível para desarmar essa perseguição comandada por humilhações, ressentimentos e vinganças enlouquecidas e enlouquecedoras. "A diferença com Hamlet consiste no fato de você, meu paciente, estar encontrando um analista que, com sua ajuda, irá desarmar esse suspense e esse trágico complô macabro."

Segunda vinheta:

O analisando começa a reviver mais intensamente certo grau de terror-com-nome, quando o analista acolhe a atribuição de poder conter facetas tanto do pai morto como de um irmão precocemente falecido na infância. Vai-se delineando uma transferência fantasmagórica ou *ghost transference* (BION, 1991b, p. 615: *ghost*; 1.40; 11.4; 11.19) bastante complexa; agora o analista se vê às voltas com um modelo mental de esgrima diante de um duplo luto na cripta familiar. Quase simultaneamente, analista e analisando se lembram, por meio de reminiscências, de lutas pela posse do analista misto de fantasma paterno-fraterno na disputa pelo "favoritismo da mãe" e por sua posse enquanto "esposa e amada-amante". A dinâmica da mesma sessão se volta então para o analista, tratado como dono absoluto da psicanálise e que irá exilar o analisando, sem caminho de volta.

Em ambas as situações descritas nas vinhetas, dá-se a emanação de dois modelos de cesura, envolvendo uma mudança catastrófica e soluções criativas para a parceria na experiência analítica. Vale a pena ressaltar que há, no terrorismo autista, uma circularidade unindo a cesura de nascimento e a cesura de morte, com o fechamento opressivo da espacialidade e da temporalidade; está bloqueada a espiral que permite a libertação de uma existência respirável e criativa.

O primeiro modelo relaciona-se ao mundo pré-natal, com perspectivas de nova vida fora do útero materno e fantasias de separação do continente aquático materno, o qual regressivamente poderia atraí-lo e transformá-lo em feto mumificado na tumba familiar.

O segundo modelo de cesura ganha significado ao irromper a "ilusão" delirante em que o analista poderia tomar as vestes de identidade absolutista, equiparado ao senhor dos mistérios e do saber da psicanálise, qual Pai da horda primitiva de Totem e Tabu (FREUD, 1955), castrando, perseguindo e castigando o analisando definitivamente, impedindo-o de se legitimar, caso deseje, no presente ou no futuro, exercer as funções de psicanalista. A psicanálise é confundida ora com a Mãe total uterina, sufocante e voraz exterminadora da virilidade criativa, ora com o Gorila, Pai da horda primitiva!

Em face da leitura da interação analítica nas duas vinhetas, insinua-se a possibilidade de elaborar um complexo entranhamento narcisista, calcado no modelo relacional de gemelaridade imaginária (BION, 2004). Esse enovelado entretém lutos intermináveis, com forte persecutoriedade que mantém os aprisionamentos da personalidade, tomada por fenômenos de adição, penitência, inibição, cega rebeldia e submissão fetichista diante da grande Mãe e/ou do Pai Patrão.

O trabalho de luto deverá alcançar o desenraizamento (DAVIS, 1999) desse núcleo traumático, para que, então, ocorra a liberdade e se deem distanciamentos vitalmente cordiais, com atualização de espacialidade e da temporalidade para as duas pessoas envolvidas na situação descrita.

Penso que o texto "O gêmeo imaginário" (BION, 1967/2004), com o qual Bion faz sua passagem em 1950 como membro da Sociedade Britânica de Psicanálise, nos permite preciosas correlações evocativas com a configuração psicodinâmica exposta neste intrincado fotograma emocional.

Em comentários ao seu artigo, no texto final de *Second thoughts* (Bion, 1967/2004) destaca o caráter de natureza elaborativa (*working-through*) de sua experiência clínica desde 1950, e agora, na condição de escritor do texto, propõe outra leitura de seus escritos anteriores à luz de concepções psicanalíticas renovadas e de novos vértices de observação. Em seus comentários (BION, 1967/2004, p. 122), ele enfatiza ainda que:

> *A experiência da comunicação do paciente e da interpretação do psicanalista é inefável e essencial, e essa qualidade desempenha um papel vital em qualquer interpretação dada ao paciente psicótico, cuja reação*

depende mais da qualidade da interpretação do que de seu significado verbal.[9]

Fotograma 4: reciprocidade estética e nó górdio

Fernando: "Há alguns jogos que são penosos e cuja fadiga lhes dá mais atrativo. Certas humilhações podem ser suportadas nobremente e os procedimentos mais mesquinhos, indicar os mais ricos fins. Este trabalho mesquinho seria para mim tão insuportável quanto odioso, mas o amor, a quem estou servindo, vivifica-o de modo que transforma meus labores em prazeres."

(Ato III, Cena Primeira, p. 940)

Próspero: "(...) as altas torres, cujos cimos tocam as nuvens, os suntuosos palácios, os solenes templos, até o imenso globo, sim, e tudo quanto nele descansa, dissolver-se-á e, como este cortejo insubstancial acaba de sumir, sem deixar atrás de si o menor sinal. Somos feitos do mesmo material que os sonhos e nossa curta vida acaba com um sono."

(Ato IV, Cena Primeira, p. 951-952)

Próspero: "Se quiserdes que vossos pecados sejam perdoados, deixai que vossa indulgência me absolva."

(Epílogo, p. 962)

William Shakespeare, "A tempestade", Obra completa

---

[9] Tradução livre do autor.

O fotograma final, ainda que extremamente sintético, servirá como uma certa despedida entre quem escreve e o leitor. A analista propõe a seguinte "construção" (FREUD, 1937/1964) ao analisando, usando o modelo literário descrito por Guimarães Rosa em *Grande sertão: veredas*.

"Há um padrão em sua atitude para comigo em que você se movimenta qual o personagem e chefe de bando Tatarana. Quem sabe me tome como o antigo companheiro de armas e travestido jagunço Diadorim. Mantenho, porém, esperanças de que, diferentemente do desfecho na narrativa do romance, você consiga descobrir que sou mulher ainda antes de minha morte!"

Essa breve formulação manifesta, sem dúvida, fina sensibilidade e precisa linguagem de realização (BION, 1970) usada pela analista dotada de compaixão,[10] amor à vida e consideração pela verdade. Estabelece-se na parceria um intenso conflito de natureza estética. Há um profundo silêncio na sala:

– "Meu coração restava cheio de coisas movimentadas."

Tomado pelo temor da cobrança de investimentos amorosos, em que gratidão e culpa se potencializam, o analisando, qual Riobaldo, responde:

– "Torço para que essa metamorfose possa libertar a nós dois dos resíduos de juras de fidelidade até a morte."

---

[10] "Compassion" (SANDLER, 2005, p. 60).

A analista responde:

– "Penso que você e eu estamos conseguindo uma libertação de jugos radicais!" De modo conciso, estabeleceu-se um clima que permitiu a expansão responsável por propiciar um momento de reciprocidade estética: "Mestre não é quem sempre ensina, mas quem de repente aprende."

O caminho da reciprocidade estética afina os instrumentos de humanidade da parceria e permite-nos estabelecer uma diferença entre a Estética de compromissos indissolúveis e a Ética da verdade absolutista.[11]

Certos encontros humanos favorecem a aproximação da categoria de admiração por Fontes de Inspiração, que, poeticamente, ganham o grau de Musas de um Panteão, na descrição de Meg Harris Williams (WILLIAMS, 2005). O tempo da acuidade crítica nos ensina ainda a discernir que o Panteão pode conter também um pandemônio, igualmente útil para desfazer ilusórias crenças de onipotência e onisciência como drogas e venenos, alimentadores de idolatrias, deslumbramentos de êxtase eterno e aprisionamentos idílicos!

No exercício analítico, encontramos realizações dessa microscopia dos afetos e, quando prevalecem os vínculos de natureza de amor pela vida e consideração por verdades, entramos numa senda em que ocorrerá a abertura de clareiras a expor a beleza do encontro humano e nossos temores subliminares. O diálogo apresentado demonstra o desatamento de um mal-entendido na contratransferência, qual "nó górdio" de fascinante sublimação, restringida por heroísmos equivocados e inculpação por sacrifícios da própria feminilidade, quando a analista consentiu em funcionar

---

[11] "Absolute truth" (SANDLER, 2005, p. 21).

no excesso da paixão de entusiasmo vibrante e, agora, com a colaboração do analisando, poderá despojar-se da máscara de "mulher-macho" reivindicando créditos de supostas indenizações.

João Guimarães Rosa (1908-1967) temia morrer caso assumisse a cadeira para a qual fora eleito como membro da Academia Brasileira de Letras e, por essa razão, postergou essa legitimação por quatro anos; quando se decidiu pela posse, deu-se a paradoxal realização de seu presságio, vitimado que foi por fulminante ataque cardíaco – "Viver é muito perigoso!".

Tomarei de empréstimo os versos finais da canção "*Se todos fossem iguais a você*", de Antônio Carlos Jobim e Vinicius de Moraes, os quais apontam para as qualidades de seres humanos que nos ajudam a pensar nossas aflições e a nos renovar, mesmo em ausência sensorial e física, através da aventura contínua pela busca de novos significados:

Existiria a verdade,

Verdade que ninguém vê

Se todos fossem no mundo iguais a você.

Referências

Andrade, C. D. de *(2003).* Acordar, viver. In C. D. de Andrade. *Poesia completa (p. 1394).* Rio de Janeiro: Nova Aguilar.

Bion, W. R. *(1970).* Prelude to or substitute for achievement. In W. R. Bion, *Attention and interpretation (pp. 125-130).* London: Tavistock.

Bion, W. R. (1987). *Clinical seminars and four papers.* Abbington: Fleetwood Press.

Bion, W. R. (1991 a). A *memoir of future*. London: Karnac Books. Bion, W. R. (1991b). A key. In W. R. Bion, A *memory of the future (pp* 579-677). London: Karnac Books.

Bion, W. R. (2004). Imaginary twins. In W. R. Bion, *Second thoughts* (pp. 3-22). New York: Jason Aronson. (Trabalho original publicado em 1967).

Coleridge, S. T. (2005). *A balada do velho marinheiro* (A. C. de Franca Neto, trad.). São Paulo: Ateliê.

Davis, W. A. (1999). *Deracination: historicity, Hiroshima and the tragic imperative.* New York: State University University Press.

Freud, S. (1955). Totem and taboo. In S. Freud, *The standard edition of the complete psychological works of Sigmund Freud* (J. Strachey, trad., Vol. 13, pp. 1-162). London: Hogard Press. (Trabalho original publicado em 1913).

Freud, S. (1964). Constructions in analysis. In S. Freud, *The standard edition of the complete psychological works of Sigmund Freud (J.* Strachey, trad., Vol. 23, pp. 257-269). London: Hogard Press. (Trabalho original publicado em 1937).

Maizels, N. (1996). Working through, or beyond the depressive position: Achievements and defences of the spiritual position, and the heart's content. *Melanie Klein and Object Relations, 14,* 143176.

Moraes, V. (2005). Poética I. In *Nova antologia poética.* São Paulo: Companhia das Letras.

Racamier, P. C. (1992). *Le genie des origins.* Paris: Payot.

Racamier, P. C. (2001). *Les schizophrènes.* Paris: Payot.

Resnik, S. (2001). *The delusional person.* London: Karnac Books. Rilke, R. M. (2002). A quarta elegia de Duino. In R. M. Rilke, Os so*netos de Orfeu; Elegias de Duino* (p. 149) (K. Rischbieter, trad.). Rio de Janeiro: Record.

Rosenfeld, H. (1971). A clinical approach to the psychoanalytic theory of the life and death instincts: An investigation into the aggressive aspects of narcissism. *International Journal of Psychoanalysis*, 52,169-178.

Sandler, P. C. (2005). *The language of Bion: a dictionary of concepts*. London: Karnac Books.

Sapienza, A. (1999). O trabalho de sonho alfa do psicanalista na sessão: intuição-atenção-interpretação. *Revista Brasileira de Psicanálise, 33 (3)*, 423-430.

Sapienza, A. & Junqueira Filho, L. C. U. (2004). *Fatores na conjunção e disjunção da parceria fértil e criativa*. Trabalho apresentado em Bion 2004, São Paulo, 15-18 julho.

Shakespeare, W. (1989). A tempestade. In W. Shakespeare. *Obra completa* (Vol. 2). Rio de Janeiro: Nova Aguilar.

Williams, M. H. (2005). *The vale of soulmaking*. London: Karnac Books.

20. Breves reflexões de um psicanalista sobre *A morte do caixeiro viajante*[1]

I. Introdução

O texto constitui um desdobramento de reflexões que pude desenvolver a partir da experiência como espectador do filme dirigido por Volker Schlondorf (1985), baseado na obra clássica de Arthur Miller *A morte do caixeiro viajante*, peça teatral em dois atos e um réquiem, com a qual o autor recebe o Prêmio Pulitzer, em 1949. O vídeo a que tive acesso veio acompanhado de outro vídeo que permite uma visão da atmosfera de viva intimidade e conversas entre os atores, diretor, assistentes, contando com a presença do próprio Arthur Miller.

Dustin Hoffman, que protagoniza o caixeiro viajante Willy Loman, ao estar sendo maquiado nos bastidores do *set* da filmagem,

---

[1] Breves reflexões de um psicanalista sobre "A morte do Caixeiro Viajante". Cinemateca. São Paulo, 2006. Mesa com João Sayad.

fala-nos da admiração que seu próprio pai teria pela magnífica peça teatral de Miller e, de modo emocionado, nos declara intenso amor e paixão pela profissão de artista: "*I love my work*".

A presente exposição conterá três partes interligadas: mortalidade pessoal: condição humana; autoestima e autenticidade: balizamento; e vida real: solidão – liberdade – nutrientes e toxinas.

Padecerá de inevitáveis restrições por conta de limitações pessoais e também por privilegiar o vértice psicanalítico (excluindo outros: sociológico, político, econômico etc.) para poder examinar e comunicar alguns elementos emocionais e afetivos relevantes nesta ótica. Penso que, para poder haver diálogo, é necessário que os interlocutores tenham clareza de que vértice estão falando, embora também seja senso comum que cada qual vê num filme uma trama específica de seu Universo pessoal.

II. *Mortalidade pessoal: condição humana (negação versus realização da morte como ferida narcísica de base)*

Quanto mais cada um de nós puder abrigar e dar cidadania à morte pessoal, como legado de nossa própria humanidade, menos se projetará a própria morte na realidade externa, portanto, diminuirá a persecutoriedade e fantasias de aniquilamento, quando prevalece a ideia que vem "de fora" e, ainda mais, como castigo.

Surge como uma das três maldições no mito judaico-cristão da perda do Paraíso pelo pecado original. É função do analista oferecer ao analisando a maçã para que o mesmo possa mordê-la e, assim, viver mais integralmente no mundo dos humanos (Lúcifer → Eva → Adão).

Fotograma 1: nutrição da sanidade mental (para o indivíduo e o grupo humano) garantida por amor à verdade

Consideração pela realidade, por si mesmo e pelo "outro". De um lado; robustez mental e aumento da capacidade de tolerar a frustração de não saber, não poder, não precisar mostrar ação sem pensar. De outro lado, poder tóxico das mentiras, que desvitalizam levando à anorexia e à deterioração da personalidade por ódio à verdade e daí ódio à própria vida, com intensificação dos jogos de manipulação do "outro" (é possível analisar um mentiroso?). A verdade enquanto parcial deve ser diferenciada da mentira (atividade -K).

Na ótica clínica de Arthur Miller, Willy Loman surge como herói e também anti-herói de determinado "Sonho", talvez não só americano, tendo Miller se inspirado ao que parece em duas fontes para construir seu personagem: a) um triste tio "mascate" de sua infância (Manny, vendedor de profissão); e b) o comissário Lomann, personagem da parábola nazista do filme de Fritz Lang *O testamento do Dr. Mabuse*.

Seremos todos nós vendedores? De quê? Para quem? Será função de quem fala ou escreve para um público vender seu peixe? "Com um sorriso e um brilho nos sapatos"? Qual a diferença entre um cientista, um artista e um propagandista? Através do personagem Willy Loman, Arthur Miller nos convida a refletir sobre o poder de argumentação e persuasão, visando à autopromoção, exibicionismo e a escamoteações, para "comprar" a simpatia e conquistar a boa vontade do "outro". (Sedução como desvio do caminho de desenvolvimento de relacionamento com o "outro".)

Fotograma 2: construção de paz e esperança no cotidiano

A vida real pode assemelhar-se a uma guerra interna e interpessoal, com fortes momentos no dia a dia de forte desespero e intensa turbulência emocional, que se prolonga por enormes períodos de desesperança.

O primeiro dever humano é sobreviver (Guimarães Rosa); porém, que se possa medir a qualidade de vida como valor maior que a derivada da quantidade de vida. "Não sendo uma boia solta no mar, sou no entanto capaz de esperar, e quem nunca espera, também nunca desespera" (G. Bernard Shaw em entrevista ao fim de sua vida).

Os recursos cinematográficos permitem-nos acompanhar interpenetrações de cenas dos tempos passado-presente, dos mundos e crenças de fantasia e realidade, num crescendo da tragédia humana com a roupagem de personagens do teatro da vida moderna. (As três figuras de proa do Teatro norte-americano moderno na abordagem das tragédias humanas: Arthur Miller, Eugene O'Neill e Tennessee Williams.)

Ainda que esquematicamente, e talvez de um modo um tanto reducionista, e com ênfase na psicopatologia, podemos correlacionar o episódio do roubo da caneta por Biff às teorias de angústia de castração (níveis de desespero e ansiedade neurótica) enquanto as ideias crescentes de natureza suicida de Willy Loman às teorias de ansiedades de aniquilamento (níveis de desesperança e angústias psicóticas).

Estes atos podem ser correlacionados a uma outra leitura, que destacasse, através do nível mítico-religioso, o diapasão e repercussões das vivências universais de desamparo e fragilidade humanas, que não encontrando soluções pensáveis extravasam-se por meio de atuações e onipotência.

O mundo é como uma selva onde fragilidade é confundida com fraqueza e onde só os mais fortes e competitivos sobrevivem.

Nesse sentido, o carro de W. Loman é como uma representação de sua vida e a arte de pilotá-la, tentando não se acidentar nem aos outros (elaboração de vivências e experiências traumáticas, saindo da compulsão da polaridade vítima/carrasco). A vida poderia ser considerada um luto e não apenas uma luta com soluções selvagens ou utópicas: quem sabe pudéssemos considerar Willy Loman como um guerreiro e um lutador em contínuas agonias primitivas (Winnicott)?

Fotograma 3: elação maníaca e ataques de cólera

A sexualização e a agressivização da dor mental opõem-se ao consentimento e à elaboração das dores mentais inevitáveis. Como exemplos, temos os episódios de escapadas sexuais clandestinas (cena do hotel com a amante, descoberta por Biff e jogos de farsas) e o crescendo de sarcasmos irônicos entre pai e filho (*fake, never mind* etc.), com demonstrações mútuas de falta de compaixão madura e reconhecimento dos próprios erros.

Em lugar de aprofundamento maduro de tristeza (talvez temor de depressão com colorido melancólico), há uma expulsão brusca dos estados depressivos e sua substituição por ataques de fúria, com explosões de cólera e amargura contra si mesmo e contra o filho "bode expiatório". Há momentos em que esses julgamentos sadomasoquistas se invertem e se potencializam entre pai e filho. Há uma tentativa de "cura" por nostalgia torturante e diálogos imaginários com o "espectro" do irmão Ben ("gêmeo imaginário"), tomado como ideal ausente de si mesmo, dando-nos já outra pista do personagem Willy em seu "'namoro" com a morte.

III. Autoestima e autenticidade: balizamento

Um *quantum* de dignidade pessoal é derivado de uma economia intrapessoal pelo balanço entre autorrepulsa, por consciência de *self* degenerado, e autoestima, por consciência de *self* regenerado e dotado de capacidade de restauração criativa. Essa configuração tem uma certa modulação de base depressiva.

A solidão pode vir a ser o berço de responsabilidade pessoal, tomando a dependência como conjunção constante. Assim, o dia a dia oferece-nos possibilidades de amadurecimento contínuo (humildade para aprender).

Há quem considere que as ironias contidas no coração desta peça teatral estariam sendo ofuscadas por um grau excessivo de empatia do autor por Willy, mas a essência da mensagem trágica continha o seguinte lembrete: o caminho mais curto para o fracasso é o sucesso.

Bion costumava dizer que o que distinguia um famoso analista de um infame eram apenas duas letras na adjetivação em inglês, respectivamente, *famous* e *in-famous*. É sinal de condição de sanidade mental do indivíduo e do grupo humano a capacidade de reconhecer dor mental e seu tratamento realístico.

Uma breve pergunta bem atual: por que é mais escandaloso junto à opinião pública (mentalidade leiga) que o fato de um presidente norte-americano estar em atendimento psicoterápico ou psicanalítico, tornando-o menos confiável e inspirando suspeitas para a segurança da nação, do que quando sua vida sexual põe em evidência seu machismo em jogos de promiscuidade sexual?

> *Depressão e fracasso são uma parte de cada (toda) vida ainda que a mais alegre e bem sucedida – eu poderia dizer especialmente da mais feliz e bem-sucedida; é o preço que você paga por alegria e sucesso se eles chegam em sua estrada. Mas o preço que você paga por tentar evadir fracasso e depressão é dez vezes pior.*

Para começo de conversa, felicidade e sucesso são coisas muito boas – em seu próprio direito. É outro assunto se você está compelido a ser "feliz" e "bem sucedido" porque tem medo do fracasso e da depressão. Isso despoja o sucesso porque você sente que algo está escondido, e fracasso e depressão tornam-se como que bicho-papão (espirito maligno) que você não pode acreditar que muitas pessoas encontram em seu caminho em algum dia de suas vidas. Eu quero que vocês formem seus próprios julgamentos e tomem suas próprias decisões. Mas eu quero que vocês apreendam como fazê-lo pelas razões corretas. É fácil para mim escrever tudo isso, mas eu não conheço alguém para quem seja fácil para praticar." (Carta de Bion in "The other side of genius, p. 180).

IV. Vida real: solidão – liberdade – nutrientes e toxinas

A negação do ódio na vida amorosa funciona como um acúmulo de toxinas, impedindo desintoxicação no diálogo e levando ao auto-ódio, sob forma de acidez e amargura sem consciência. Poderá ser escamoteado por idealização mútua (idílio tipo casal 20); posturas aristocráticas com promessas messiânicas, traições e abandonos vingativos. Certos amores (de lua de mel) intermináveis podem configurar jogos enganosos de idealização amorosa, encobrindo intenso masoquismo primário.

Em sua autobiografia, Arthur Miller dá intrigante depoimento sobre Marylin Monroe, que desaparece de modo tão trágico quanto seu personagem Willy Loman: "lembro-me dela como um bebê perdido numa floresta, penteando distraidamente seus lindos cabelos com uma pistola automática".

Cegueira e vistas grossas podem habituar-nos a negar e esconder os erros e desencontros, como se não houvesse lugar para acolher marcas negras ou estigmas do indivíduo e/ou do grupo. Rompem-se as bases de compreensão madura e ampliam-se os fenômenos de "ovelha negra" e "bode expiatório".

Com isto entramos nas questões mais finas de ética da posição depressiva contrapostas à política dos movimentos narcísicos (esquizoparanoides).

Para encerrar: "Se ver a vida como é nos dará muita consolação, eu não sei; mas a consolação que se extrai da verdade, se houver, é sólida e durável; a que pode ser derivada do erro será, como suas origens, falaciosa e fugidia". (Carta do Dr. Samuel Johnson a Bennet Langton datada de 21 de setembro de 1758, em "Life of Samuel Johnson", de James Boswel, 1791, p. 93-94 em BION, 1970).

21. Achados – ideias – problemas[1]

Inicialmente, tomo emprestado o título de um breve texto publicado postumamente na *Standard Edition* (S.E – vol. XXIII – p. 299 – 1941 [1938]). São parágrafos dispersos escritos por Freud entre junho e agosto de 1938 e servirão de ponto de partida para esse escrito.

Passo a desenvolver reflexões sobre os temas abaixo, à luz de experiências emocionais extraídas de situações da clínica psicanalítica atual e da comunidade de que faço parte. Exponho reverberações a partir da leitura dos parágrafos e as examino pelo vértice psicanalítico, apoiado em teorias de observação e modelos derivados de textos da obra de Bion – publicados desde 1950 até o ano de 2005 (Publicados desde 1950 até o ano de 2005 e relacionados nas pp. 341-343 em "*A Beam of intense darkness*" –

---

[1] Sapienza, Antonio. *Achados, idéias, problemas.* São Paulo: SBPSP, 2007. 4 p. (Apresentado em: O lugar da cultura na clínica psicanalítica, São Paulo, 24 out. 2007). Lo: WS1948.

James S. Grotstein – Karnac – 2007). Espero que a leitura deste escrito mantenha um certo grau de insaturação suficiente para promover diálogo fértil entre nós.

I. Fraqueza do poder de síntese por predomínio dos processos primários

Numa roda de psicanalistas bastante amigos, está havendo um debate acalorado sobre quando é oportuno ao analista ser novamente atendido em análise. Será que a questão consiste prevalentemente no atendimento da pessoa, de quem também é analista, e se assim for, a chamada "análise do analista" poderia, possivelmente, estar denunciando parte de um mal-entendido, talvez um falso problema? A complexidade do universo de nossas personalidades e nossos vínculos sociais corre contínuo risco de sofrer sequestro mutilante por absorventes funções enquanto psicanalistas.

II. Níveis de conflito entre "ser" e "ter" um objeto, por exemplo, o seio

Uma primeira indagação está relacionada ao "vir-a-ser analista", em que se destaca a continuidade de um processo de aprendizado, transformações e crescimento, sem meta fixa nem garantia definitiva de plena estabilidade mental. Cabe aqui estudarmos as implicações de nossa convivência com partes não psicóticas (PNP) e partes psicóticas (PP) de nossas personalidades; bem como a prevalência e vibrações dessas conjunções em cada encontro intrapsíquico e intersubjetivo. Estará em jogo a conjunção constante solidão/dependência, correlata à oscilação narcisismo ↔ socialismo. Momentos de casal em cópula com dinâmica prevalentemente: a) PNP 1:PNP 2 (cooperação, potencialização de criatividade e fertilidade); b) PNP 1:PP 2 ou vice-versa (idealizações, dependência parasitária, tiranias, dogmatismo, esgotamentos cronificantes); ou c) PP

1:PP 2 (idílio messiânico, *folie-à-deux*, ataque e fuga, sadomasoquismo, terrorismo por jogos fundamentalistas). O casal simbiótico tende a atravessar com lucros esses momentos críticos ("*Continente e contido em transformação*" – apresentado como "*Catastrophic Change*" em 1966 – Cap. 12 em "Attention and Interpretation" (1970)).

III. A vida neurótica ocorre em paisagens pré-históricas, como no Jurássico, quando os dinossauros dominam o planeta

Numa estrada, há lugares para que os dinossauros entrem com muita rapidez e prontidão em campo de guerra, na qual prevalecerão movimentos dominados por crueldade e canibalismo, obedecendo regras por rivalidade hostil, governadas por cérebros reptilianos, expressos por dinâmicas da musculatura mais forte na agilidade e eficácia no matar-ou-morrer. De que modo será possível a preservação dos padrões de civilização estética e ética humana dentro da revolução tecnológica irreversível neste século XXI? Como pensar as leis de sobrevivência dos mais aptos dentro da vida social?

O capítulo 42 de "*O sonho*" – vol. I de *Memória do futuro* – tece interessantes observações sobre pânico e prolongados anos de disciplina, destacando porém as diferenças entre "falar sobre" Psicanálise e "praticar" Psicanálise. Aqui, poderiam ser destacados modelos baseados na função continente-contido da fisiologia respiratória representada pelo diafragma (*phrenos* = mente na medicina grega).

Diante de um mundo virtual governado pelo bombardeio de notícias em crescentes velocidades, impõe-se a reserva de "tempo de maturação" para cultivar sabedoria, incluindo pausas para decantar intimidade, ou então "apocalipse já".

IV. Há sinais que dão substrato a se cogitar hipóteses sobre caracteres herdados pelo Id

Podemos considerar como essencial para nossa sanidade o "princípio terciário", proposto por Bion no artigo "*Making the best of a bad job*" (1987) em "*Four Papers and Clinical Seminars*". Esse princípio contém as etapas de um convite ao poder livremente "sentir, pensar sensações e sentimentos primitivos e consentir em 'pensar o que pensamos'", visando tornar-se e encarnar "O" "pessoal" ou "*at-one-ment*". Ainda que promova ampliação de crescimento mental, esta metodologia nos coloca face a face com transiências e sucessivas cesuras. Repentinamente ou paulatinamente, "resíduos e vestígios protomentais" podem começar a se impor como "pensamentos sem pensador", gerando turbulência emocional por estabelecer conflitos internos com níveis mentais já estabelecidos. Por outro lado, a simples instalação do exame e da conversa através de lentes analíticas é frequentemente vivida como ameaça de penetrações invasoras ao equilíbrio de nossos precários narcisismos. Lembrei-me de um conhecido que, já na entrevista inicial, me contou ter solicitado ao seu analista: "Preste bem atenção em só tocar e permitir mudanças em mim naquilo que não estiver bem!", e então ouviu: "Verei como poderei atendê-lo nessas particularidades!". Ameaças de caos, cegueiras e pânico escondiam-se em jogos de nebulosas simetrias/assimetrias não tão distantes. "Nós estamos lidando com uma série de peles, que um dia foram epiderme ou consciente, mas agora são 'associações livres'" (Bion – "*Caesura*" (1975) in "*Two Papers: The Grid and The Caesura*" – p. 49 – 1977 – Rio de Janeiro: Imago).

V. *O indivíduo perece por conflitos internos e as espécies morrem por falhas em sua luta visando à sobrevivência e à adaptação ao mundo externo*

A mortalidade constitui uma ferida no nosso narcisismo e o discurso religioso até certo ponto procura dar conta do que possa existir depois da morte, seja com prêmios, seja com castigos. Kant recomendava que nenhum de nós tivesse pressa em satisfazer essa curiosidade, geradora por sua vez da célebre aposta de Pascal quanto ao ato de fé em crer na existência de Deus e na eternidade. Mais modestamente, os psicanalistas propõem a existência de um mundo interno em cada indivíduo estudando de que modo os chamados "objetos internos" nos habitam, dotados de qualidades que irradiam forças identificatórias tanto de natureza criativa quanto destrutiva. A longevidade é uma medida da quantidade do tempo de nossas vidas; valeria a pena considerar sua qualidade e os significados que estamos conseguindo dar à nossa existência. O Ato de Fé analítico se renova a cada sessão e "deveria" guardar prevalente conexão "com amor pela vida, compaixão madura e consideração por verdades e fatos".

VI. *Sentimentos de culpa e de ódio originam-se em insatisfação da vida amorosa*

Numa certa ocasião, participei de uma discussão entre analistas em que se configurou a seguinte conjetura imaginativa face às paixões que nos habitam: "O que aconteceria se conseguíssemos eliminar nossos sentimentos de culpa com perdão absoluto; estariam desmanteladas as premissas desenvolvidas por Klein a respeito da Posição Depressiva e, com isso, também os movimentos mentais de responsabilidade relacionados a funções de reparação?". Houve quem criticasse as argumentações expressas no Mito do Jardim do Éden pela Divindade, que restringe as transgressões ligadas à experiência de se comer os frutos da árvore proibida, ato compreendido como "pecado original". Ao conhecimento da sexualidade por Adão e Eva, nessa transgressão, Deus os julga e expulsa o casal do Paraíso, seguindo-se castigos representados por "trabalhar" (ganhar o pão com o suor do rosto), "parir com dor" (atingindo a mulher e o casal parental fértil) e pela punição por meio do "ato de morrer". A busca de reconquistar um mundo baseado no Princípio do Prazer sem Princípio de Realidade, calcado em anomia e drogadição, seria uma questão puramente nostálgica? Em 1920, através de *Além do princípio do prazer*, Freud nos propõe a dialética conflitiva dos impulsos de vida e morte, para dar conta dos automatismos governados por compulsão à repetição e condutas autodestrutivas. Seria o analista um agente sedutor, qual uma serpente diabólica, que oferece a cada analisando tentadora "maçã" de conhecimentos, que, saboreada, desencadeia perda trágica da Inocência por autoconhecimento? Será que o gozo lacaniano consistiria tão somente em extraordinário "sonho utópico"? Por outro lado, qual o valor medido em lucros "realísticos" ao suspendermos encobridores véus da ilusão, pelas veredas, descobrindo verdades (*aletheia*) nesse tão "grande sertão" em que a vida é travessia!

VII. *Há sempre uma espera por algo que nunca chega a acontecer*

Os deuses nos fazem sonhar em conquistarmos "a felicidade que supomos, / Árvore milagrosa que sonhamos / Toda arreada de dourados pomos, / Existe sim: mas nós nunca a alcançamos / Porque está sempre apenas onde a pomos / E nunca a pomos onde nós estamos" ["*Velho tema*" – Vicente de Carvalho – poeta paulista – (1866-1924)]. Como contraponto, Simon Leys em "*La forêt en feu*" [(1988, p. 216)], nos indaga com sutil paradoxo: "Não se pode dizer que a esperança exista, nem que não exista. A esperança é como estes caminhos sobre a terra: inicialmente, não há caminhos; mas ali, onde as pessoas passam incessantemente, nasce um caminho".

VIII. Espaço pode ser a extensão projetada do aparelho psíquico

Nossas "crenças e imaginação" permitem construirmos conjeturas racionais e imaginativas como ficções, sonhos e utopias para podermos tolerar verdades quase insuportáveis; pergunta em aberto: como distinguir tais ficções de deslizamentos alucinados e ideologias baseadas na construção de falsificações delirantes e na proliferação de sistemas baseados em mentiras?

"Quem se acredita só objetivo, já deve estar pelo menos semi-embriagado" (Simon Leys). Heisenberg nos propõe o princípio da incerteza como suporte para levarmos adiante pesquisa e conhecimento.

O leitor encontrará, no capítulo 6 – "*O Místico e o Grupo*" (BION, (1970) – "*Atenção e interpretação*"), interessantes questoes críticas ligadas ao *establishment* institucional, às lideranças e aos destinos do "gênio", "messias" ou "místico" nos grupos humanos.

IX. Misticismo é a obscura autopercepção dos domínios fora do ego e do Id

O desenvolvimento das proposições dos *Elementos de Psicanálise* (BION (1963) – London) ligados a "Ideias e Razão" pertence ao período final da obra de Bion, desde *Transformações* (1965), quando propõe a necessidade de se levar em conta a *Realidade Desconhecida*, junto aos conceitos de Realidade Interna e de Realidade Externa. Aqui, se torna valioso o instrumento do trabalho de sonho-alfa como capaz de aproximações a essa Realidade Última, a que se dá também o nome de Infinito, Deus, O. As emanações de O incidiriam sobre os polos das oscilações de inconsciente ↔ consciente e através do Anel de Moebius também sobre PS ↔ D.

Penso que aí Bion encontra um novo paradigma, pacientemente elaborado em seu exílio voluntário, quando migra para Los Angeles e passa a examinar as implicações das transformações em O. Expõe novas ideias através de escritos, seminários clínicos e conferências em viagens a São Paulo, Rio de Janeiro, Brasília, Buenos Aires, Roma e Paris.

Recomendo aos interessados uma leitura aprofundada de seus textos autobiográficos, a qual poderá oferecer visão viva de trajetórias, problemas, soluções, recursos, fontes de influência e desenvolvimentos de Bion na construção de modelos mentais significativos. Mostrará Bion como incansável "psicanalista apaixonado" e possibilitará acompanhar de modo compreensivo e estimulante as complexas relações entre "indivíduo e grupos" com as quais o homem Bion interagiu. Um olhar atento perceberá e valorizará a construção desses modelos como instrumentos capazes de apurar senso crítico na clínica, afinando intuição e explicitando fatores de senso comum e teorias de observação face ao tema "Cultura, Psicanálise e Comunidade". Mergulhem nos seguintes escritos autobiográficos: a) *"Experiências em grupos"* – (1961); b) *"A memoir of the future"* (1991), trilogia romanceada; saboreiem ainda três outros valiosos livros autobiográficos: c) *"The long weekend"* (1982), *"All my sins remembered"* (1985) e *"War memoirs"*, publicado em 1997.

22. Função alfa: ansiedade catastrófica – pânico – continente com *rêverie*[1]

Inicialmente, caberia conceituar de modo breve as características da função alfa em sua interação com os três termos apresentados no título do texto. O texto procura mostrar de que modo a função alfa participa desde o momento em que a ansiedade catastrófica se instala e como se manifestam momentos de pânico que requisitam fineza nas funções do continente com *rêverie*.

Um dos mitos da Cabala muito apreciado por Bion conta que, no alto de uma montanha, existia um vaso de puríssimo cristal,

---

[1] Sapienza, Antonio. Função alfa, ansiedade catastrófica, pânico, continente com rêverie. *Boletim do Núcleo de Psicanálise de Campinas e Região*, v. 11, n. 16, p. 67-75, 2009. (Apresentado em: Encontro de Psicanálise de Campinas e Região, 6; Campinas, 2008). Publicado também em: Rezze, Cecil José, org.; Marra, Evelise de Souza, org.; Petricciani, Marta, org. *Psicanálise*: Bion: transformações e desdobramentos. São Paulo, 14-15 mar. 2008. Lo: B522Yp,2e.

contendo um casal humano que vivia em perfeita harmonia. Subitamente, ocorre um terremoto e o vaso se quebra, fragmentando delicados e firmes vínculos humanos, instala-se desespero, desterro, estranhezas, revolta, insatisfação e turbulência emocional.

Antônio Carlos Jobim (1927-1994), pai da bossa-nova, conclui assim sua canção "Passarim":

> *Passarim quis pousar, não deu, voou.*
>
> *Porque o tiro feriu, mas não matou.*
>
> *Passarinho, me conta então, me diz:*
>
> *Por que que eu também não fui feliz?*
>
> *Cadê meu amor, minha canção, que iluminava o coração?*
>
> *E a luz da manhã? O dia queimou...*
>
> *Cadê o dia? Envelheceu...*
>
> *E a tarde caiu, e o sol morreu...* (Recortes de versos.)

Seu filho Paulo Hermanny Jobim comenta:

> *A ideia contida nessa canção é a da perda, daquilo que escapa de nossas mãos, que some e que passa. E Tom Jobim se inspirou naquela brincadeira da criança que pergunta: Cadê o gato? Fugiu pro mato. Por isso canta: Cadê a casa? O rio carregou. E o sonho? E o amor? E o lar?...*

Tomarei esse conjunto de indagações como estímulo que propicie o encontro de fatores ligados à *recuperação de forças* para novas revoadas desse pássaro ousado, ferido e extenuado.

Bion nos propõe, na 5ª Conferência em Nova York (*Bion in New York and São Paulo*, 1980): a função alfa é semelhante à oferta de um ninho para que os pássaros que buscam significado consigam repouso restaurador (*function alfa is similar to offer a nest for meaning birds to alight*).

Nessa conferência, enfatiza o caráter embrionário de nossa capacidade de pensar e introduz o termo "genômeno" como precursor de "fenômeno", clamando aos analistas por exercício cuidadoso da função alfa e comparando-a ao ofício de uma parteira psicológica (*psychological midwife*).

Quem sabe o poeta, novamente "emplumado",[2] voe com êxito, atravessando experiências emocionais de mudança catastrófica, e, ao lhes dar novos significados, alcançará mudança criativa.

Pensamentos selvagens, provenientes de realidade desconhecida, (O), bombardeiam o "bebê" e este, ao não conseguir pensá-los, ficará predado por angústia de morte. Passa, então, a buscar quem os possa pensar, requerendo funcionamento competente de continente com *rêverie*.

Se considerarmos a concepção de Bion sobre as funções (continente ↔ contido), o modelo médico de *hemodiálise* surge qual modelo analógico (J. Grotstein, *A beam of intense darkness*, p. 45, 2007). O binômio solidão/dependência constitui significativa con-

---

[2] Em poesia, o termo *fledged poet* é empregado por Meg Harris Williams (p. 115 em *The chamber of maiden thought*) para caracterizar o estágio final dessa passagem, quando então o poeta consegue recuperar sua capacidade para novos "voos" criativos.

junção constante, que acompanha a existência humana até a morte; "a parceria analítica navega em precária jangada em um mar tempestuoso" (W. R. Bion, *Seminari italiani*, p. 33, 1983). O "bebê" usa impulsos de vida inatos e, tomado pelo medo de "viver desamparado", procurará assimilar e desenvolver recursos internos que permitam ativar seu *self*, visando existência e suportes para vir-a-ser quem é (J. Grotstein, *A beam of intense darkness*, p. 46, 2007).

As funções de continente com *rêverie* existem como instrumento primário básico para a sanidade do "bebê". Da mesma maneira, essa atividade metabólica exigirá receptividade empática, recursos para realizar desintoxicação mental e, além disso, fornecimento de cuidados nutritivos pelo "container" primário como funções vitalizadoras exercidas pelo psicanalista.

O "seio psicossomático pensante" (W. R. Bion, *Elements of Psycho-Analysis*, 1963), se e quando internalizado, torna-se o legislador "inconsciente" de nosso mundo interno. O escritor Shelley nos propõe "os poetas são os não reconhecidos legisladores do mundo" (*Em defesa da poesia*, 1821).

Meg Harris Williams ("Inspiration: a psychoanalytic and aesthetic concept", *British Journal of Psychotherapy*, v. 14, n. 1, p. 33-43, 1997) faz significativa aproximação entre a capacidade de *rêverie* materna para o bebê desamparado e a linguagem usada pelo analista na experiência emocional da sessão.

Visando manutenção e favorecimento da geração de vida produtiva simbólica, também para o paciente poder pensar sua vida e angústias, sugere-se a frequência assídua dos analistas na leitura de poesia. Esse hábito mental facilitará o encontro de linguagem metafórica como auxiliar valioso na função de desintoxicar nossos terrores talâmicos e subtalâmicos para assim colaborar no desfazimento de bloqueios mentais e encapsulamentos autísticos.

O analista usará sua capacidade de acolher as vivências terroríficas geradas na experiência emocional analítica e, por meio de inspiração vinculada ao trabalho-de-sonho-alfa, poderá oferecer suporte e nutrição mental para o *self* desvitalizado do analisando. Usará "linguagem de consumação/realização" (W. R. Bion, "Prelude to or substitute for achievement", *Attention and Interpretation*, 1970).

Passo agora a colocar em evidência um dos fatores que aciona núcleos terroríficos nas partes psicóticas das personalidades (W. R. Bion, *Differentiation of the psychotic from the non-psychotic personalities*, 1957). A articulação que se segue visa iluminar condições ambientais que dão origem a Super Ego assassino do ego, que, pelo seu caráter de julgamento malignamente automático, é também denominado "Super-Id" ou "Má Consciência".[3]

Esta configuração é resultante do fracasso nas interações projetivas e introjetivas entre mãe e bebê em face de angústias primitivas que ocorrem nos períodos iniciais da vida. Este "objeto obstrutor" está impregnado de violência moralista e visa "tudo julgar, tudo controlar e nada compreender". Está internalizado como agente destruidor da vida mental, pelos ataques ao desenvolvimento do sentir, do pensar e do verbalizar. Dessa configuração, emanam forças "ocultas" que, tiranicamente, envenenam vivências por meio de contínua inoculação tóxica, que chega a destruir a "capacidade de sonhar".

Boa parte do bombardeio gerador de confusão mental veicula-se ao disparo de elementos beta e objetos bizarros. Esse "objeto obstrutor" organiza-se como tela beta (W. R. Bion, *Learning from*

---

[3] Leiam ao final do artigo "*Attacks on linking*", pp. 106-109 in "*Second Thoughts*", Bion – 1959 – Karnac Books. Convém destacar que o Super Ego Assassino do Ego deve ser diferenciado do Super Ego proposto por Freud e que se desenvolve como herdeiro do Complexo de Édipo.

experience, p. 60; 237, 1962). Sua detecção irá nos conduzir aos refúgios e às tocas em que se ocultam ansiedades traumáticas desgastantes. Assim, as defesas psicóticas usadas pelo paciente, representadas basicamente por reversões de perspectiva e movimentos evasivos governados por vínculos da grade negativa (-K, -L, -H) (P. C. Sandler, *The language of Bion*, p. 475- 498; 643, 646-649, 2005), servirão de pistas subliminares com acesso a raízes traumáticas alojando material nuclear radioativo violentamente comprimido. A reelaboração, por releitura reconfortante e compreensiva dessa violência ameaçadora, poderá permitir desarmes de intensa culpa persecutória e de compulsão-à-repetição, levando a refrescante revitalização.

Penso que, nas circunstâncias clínicas, exercícios da Grade realizados após sessão clínica e focalizando notações do analista poderão aguçar sua captação intuitiva quanto a pistas na direção desses esconderijos, possibilitando sutil agilidade ao abordar armadilhas e armações dominadas por jogos de natureza assassina e suicida. Assim sendo, na dinâmica analítica, as evidências tênues ou gritantes de tal configuração moralista poderão ser usadas para levantarmos suspeitas de aproximação a núcleos de sofrimentos traumáticos impensáveis e resíduos de catástrofes mentais. Alguns analistas usam o termo "cryptophor"[4] ou "somato-psychic débris" para designar material emergente extraído por escavações arqueológicas desses terrenos ocultos.

Proponho que se possam considerar evidências da configuração desse superego assassino do ego pela reativação de desastres protomentais e mentais já ocorridos; sua emergência vai requerer nova leitura em bases de ressignificação (A. Sapienza, "Psicanálise

---

[4] "Metaphor: where the meanings are" – Chap. 4 in *"Mutative Metaphors in Psychotherapy"* – Murray Cox and Alice Theilgard – London (1997).

e estética – ressignificação de conflitos psicóticos e reciprocidade criativa", *Funzione gamma*, n. 20, maio de 2007). Podemos correlacionar emanação de ansiedade catastrófica com travessias ligadas a momentos de cesuras de nascimento, casamento e morte (W. R. Bion, *Grid and caesura*, p. 50-51, 1975).

O contato mais amplo da parceria analítica com mudança catastrófica requer que o analista tenha vivência pessoal com ousadas e lúcidas incursões nessas camadas emocionais mobilizadas por impactos de violência primitiva. Os talentos da parceria e os graus de cooperação entrarão como fatores capazes de propiciar a transformação de mudança catastrófica em mudança criativa, geradora de crescimento mental para o par analítico (L. P. Cortiñas, *Dimensión estética de la mente: variaciones sobre um tema de Bion*, 2007).

A personalidade, invadida e predada por ameaças de catástrofe de origem interna e/ou externa, passa a ser tomada por violenta turbulência emocional que é acompanhada de premonições ligadas a iminente desastre,[5] intenso medo de enlouquecer, instalando-se estado de mente progressivamente avassalado por terror-sem-nome.

O passo seguinte consistirá em destacar como se desencadeia o estado de pânico.[6] Às principais características já mencionadas somam-se vivências de estilhaçamento do *self*, perda de controle emocional e incapacidade de pensar.

Tomaremos o modelo de uma bomba atômica profundamente cravada no inconsciente, carregada de material malignamente com-

---

[5] A etimologia de desastre consiste em "dis/áster" significando perda de astro norteador.
[6] A etimologia de pânico está ligada ao deus Pan da Mitologia grega e abarca todos os medos ou fobos.

primido como resíduo de primitivo acidente mental. A detonação da bomba se inicia no *self* e o sentido de sua violência poderá se dirigir para o mundo externo. A apreensão subjetiva é a de uma crescente descarga destrutiva, com efeitos explosivos de natureza fusional e fissional. Lembraríamos aqui as descrições contidas no "caso Schreber" em suas vivências de "o fim do mundo" (Freud, 1911).

Haveria ainda a possibilidade de a bomba atômica internalizada, ao ser detonada, vir a seguir o sentido intrapsíquico, com manifestações predominantemente implosivas e "silenciosas", acompanhadas de graus variados de morte mental e "gritos e choros terríveis" interrompidos e frequentemente inaudíveis. Destacaríamos aqui as valiosas observações de André Green através das denominadas "psicoses brancas", nas quais se instalam bruscas vivências de vácuo interno, desvitalização e despersonalização (Sapienza, A. – "Reflexões clínicas psicanalíticas sobre a memória-sonho", *'Ciência e Cultura'* – outubro/dezembro 2004 – vol. 56, no. 4, pp. 29-32).

> *"É uma pena ver uma grande cabeça, como a de Napoleão, dedicar-se às coisas insignificantes, como são os impérios, os acontecimentos, o troar dos canhões e das vozes, e acreditar na glória, na posteridade, em César – ocupar-se das massas em agitação e da superfície dos povos. Ele não sentia, afinal, que se tratava de OUTRA COISA? Simplesmente, conduzir o homem aonde ele jamais tenha estado." – Paul Valéry [1942], p. 902 – 'Mauvaises pensées et outres'.*

Convido-os a um exercício reflexivo sobre episódio delinquencial de outro homem, em estado de mente dominado por transformações em alucinose. Em fins de setembro de 2007, os noticiários de rádio, televisão e jornais de São Paulo estarrecem a opinião pública com manchetes em torno do seguinte fato:

> "*Capturado antigo paciente psiquiátrico que, após avaliação médica, recebeu liberação de ala reservada em penitenciária para prisioneiros de alta periculosidade. O preso confessou ter estuprado e assassinado dois irmãos adolescentes em uma mata próxima ao bairro da Cantareira. Alega que se exasperou pelo fato de os menores já estuprados e amarrados em árvores negarem a presença de feras ameaçadoras, que urravam na mata e agora os estavam cercando.*"

Convido-os também a pensar sobre a contínua necessidade de esperança; Oscar Wilde conta sua experiência ao sair da prisão:

> "*Todos os julgamentos são julgamentos para a vida de alguém, assim como todas as sentenças são sentenças de morte: e por três vezes eu fui testado... A Sociedade, como nós a temos constituído, não terá lugar para mim, nada para me oferecer; mas a Natureza, cujas chuvas suaves caem sobre o justo assim como sobre o injusto, terá fendas nas rochas onde eu possa me esconder, e vales secretos em cujo silêncio eu possa chorar sem ser importunado. A Natureza suspenderá a noite com estrelas de modo que eu possa caminhar amplamente na escuridão sem tropeçar, e enviará o vento sobre minhas pegadas de modo que ninguém possa me seguir até minhas feridas; ela me limpará em grandes*

águas, e com ervas amargas me tornará intacto."[7]

Fecho o texto com rápido diálogo entre o Papa Júlio II e o arquiteto, pintor e escultor Michelangelo Buonarroti, em filme (1965) extraído da novela romanceada *Agonia e êxtase* (1961) do escritor californiano Irving Stone, a propósito das magníficas pinturas da Capela Sistina:

Papa Júlio: "*Quando você dará um fim a isso?*"

Michelangelo: "*Quando eu estiver acabado.*"

Bion2008roma

---

[7] "*De Profundis*" – (1949) – Oscar Wilde (Selected Essays and Poems (Penguin Books, 1954) [Tradução do autor].

23. Reflexões psicanalíticas sobre tantalização de vínculos[1]

"Ó dama em quem minha esperança vive,
e que, por mim, no Inferno até inscreveste
o rastro teu quando eu perdido estive;

por tantas coisas que me ofereceste
conhecer, por tua força, tua bondade,
graça e valor a agradecer sou preste."
Alighieri, Dante, 1265-1321- "A divina comédia"
Paraíso – Canto XXXI – versos 79-84 - p. 218.
Ed. 34 – São Paulo – 1.ª edição – 1998.

---

[1] Sapienza, Antonio. *Reflexões psicanalíticas sobre tantalização de vínculos.* São Paulo: FEBRAPSI, 2009. 7 p. (Apresentado em: Congresso Brasileiro de Psicanálise, 22, Rio de Janeiro, 22 abr./2 maio 2009). Lo: WE734.

Introdução

Partirei de uma discussão proposta por Bion ao sinalizar finas e sutis resistências a transformações na direção de O e que abrem preciosas pistas para detectarmos jogos evasivos contidos basicamente em transformações em alucinose, com infindáveis *movimentos hiperbólicos* tanto em salas de análise quanto em instituições, constituindo *pares antitéticos polarizadores* que entretêm rivalidades sedutoras mais ou menos encobertas como superioridade/inferioridade; aristocratas/párias, preferidos/rejeitados etc. O décimo segundo e último capítulo de *"Transformações: mudança do aprendizado ao crescimento"* (BION, 1965) poderá constituir-se em fértil estímulo aos leitores interessados.

Desde os vértices científico e mítico-religioso, a imaturidade se revelará através de intensificação de estados de mente tomados por julgamentos precoces e precipitados que aprisionam personalidade dominada por "tudo saber, pouco compreender e tudo condenar" (Bion, 1962).

O termo *tantalização* refere-se a uma situação que se caracteriza por uma incitação de desejos insaciáveis, não realizáveis. Remete-se ao *mito de Tântalo*, que sofreu o suplício de ficar mergulhado para sempre num lago rodeado de árvores frutíferas, com sede e com fome e impossibilitado de beber e de comer.

Esse mito representa a forma de viver da pessoa que passa sua vida tentando atingir objetivos que, pelos mais variados motivos, vão além de uma possibilidade viável de ser realizada e, por essa razão, é marcada por uma insatisfação constante e torturante.

Indivíduos e grupos humanos podem ser capturados por uma cilada estruturada por fantasias de busca de posições de importância e de supremacia. Nesse caso, mostram-se sedentos de admiração e prestígio. Sua preocupação maior liga-se constantemente a temas relativos à dialética: quem é superior ou inferior, aristocrata ou plebeu, preferido ou rejeitado. Estabelecem-se, às vezes, polaridades extremas do tipo ou o primeiro ou o último, ou tudo ou nada.

Na situação da clínica psicanalítica, mecanismos defensivos psicóticos são usados para conter o temor de mudança catastrófica através de *reversão de perspectiva*, que buscam manter bloqueios e paralisia mentais, caracterizando *splitting estático*, visando compulsão a preservar o *status quo*.

Fatores sociais e culturais frequentemente contribuem para aumentar e alimentar certas ambições desmedidas. Mas a manutenção de tal maneira de ser está apoiada em uma *tríade de características emocionais*: arrogância, curiosidade ilimitada e desrespeito para com os outros e com as coisas (Bion, 1957).

Quando essas características se estabelecem rigidamente e a necessidade de ser o/a melhor é enorme, isso se manifesta como uma máscara que procura ocultar ativo e atuante desastre mental, alimentado por forças destrutivas de inveja e voracidade.

Nessas situações, há uma fixação de metas que devem ser atingidas a qualquer custo, e, para alcançá-las, vai-se tornando necessário o emprego de estratégias de jogos de um fascinante *vale-tudo* impregnado de astúcia, violência e sedução.

A pessoa torna-se prisioneira e refém de suas próprias ambições de sucesso permanente. Com isso, ela se distancia de tantas outras coisas que também poderiam constituir sua existência. Ela deixa de cuidar de outras dimensões significativas de sua vida.

Em busca da satisfação de desejo sem limites, todos os meios são utilizados, desde as formas mais sutis, aparentemente ingênuas, até as mais violentas, e, frequentemente, aparece *má-fé* associada à *onipotência*. Os vínculos existentes ficam comprometidos, prejudicados, e o sentimento é de perene insatisfação, como Tântalo, que, rodeado de água, não consegue beber, nunca sacia sua sede.

A mitologia grega descreve as intrigas, as seduções, as farsas usadas por deuses e mortais com o fim de atingir determinados resultados. Quando um mortal realizava uma ação desse tipo, que ia muito além do tolerável, por vezes rompendo tabus, os gregos davam a ela o nome de *húbris*. Isso queria dizer que tinha sido ultrapassada a medida própria aos humanos, tinha ido além do *métron*. Era "o pecado" para os gregos.

Entretanto, não devemos confundir as configurações até aqui descritas com aquilo que chamamos de amor-próprio, de curiosidade modulada e de vigorosa capacidade criativa que busca complementação.

I

Passo então a apresentar duas versões míticas relacionadas ao "Suplício de Tântalo". Ambas foram extraídas do livro *"Miti – Storie e immagini degli dei ed eroi dell'antichità"* – Impelluso, Lucia – Ed. Mondadori – Milano (2007) – pp. 440-441 – [com livre tradução do autor].

> *Na primeira versão, Tântalo é um rei asiático, antepassado de Agamenon e Menelau, considerado filho de Zeus. Em virtude de seu estreito parentesco com o rei dos deuses, Tântalo tinha permissão de sentar-se à mesa e participar de seus banquetes. Presunçoso e orgulhoso ousou subtrair néctar e ambrosia durante um desses convites para dá-los a seus amigos mortais. Além disso, para colocar à prova a divina onisciência, despedaçou seu filho Pélops e o ofereceu como um prato*

especial aos deuses. Porém, as divindades se deram conta do terrível crime e ninguém ousou comer daquela carne. Em seguida, as demandas, tomadas de piedade, recompuseram o corpo do rapaz, dando-lhe novamente a vida, puniram Tântalo, relegando-o ao Tártaro, região infernal onde ficam presos os que realizaram delitos graves, condenando-o à fome e à sede eternas.

Na segunda versão, Homero nos conta que Tântalo ficou com os pés presos ao fundo de um lago, com água até o pescoço e não podendo matar a sede, pois, a cada vez que procurava beber, a água saía de seu alcance e desaparecia. O astuto rei também não podia alimentar-se, porquanto as numerosas copas das árvores, de que pendiam todos os tipos de frutos juntos à sua cabeça, eram afastadas pelo vento a cada vez que ele buscava alcançar os frutos.

Introduzo, ainda, uma breve nota relacionada ao mito de Tântalo retirada do *"Dicionário Mítico Etimológico"* – Vol. II – Ed. Vozes – 3ª. Edição – Petrópolis (2000), pp. 400-401 – do Prof. Junito de Souza Brandão. O autor narra que a deusa Demeter, ao se encontrar fora de si pelo rapto de sua filha Perséfone, chegou a comer uma espádua de Pélops, sendo que os demais deuses não chegaram a experimentar a iguaria oferecida por Tântalo.

Sirvo-me dos estudos de Bion, 1952 sobre *supostos básicos de dinâmica de grupo*, para expor e aproximar fatores emocionais nos jogos de casal em idílio e suas correlações com momentos de *lideranças messiânica e aristocrática*, quando o objeto de desejos estimula também o fascínio hipnótico por necessidades imperativas de apropriação de natureza semelhante a um sequestro, que percorrem pautas desde pactos de morte, como na tragédia shakespeariana *Romeu e Julieta*, até cegos fundamentalismos e ciúmes suicidas-assassinos.

As propostas de *grupo de trabalho* fazem da tarefa o vetor de sanidade, e assim podemos ler quando Bion em *"Cogitations"*, livro publicado em 1991, estabelece a salutar fluidez oscilante entre Narcis-ismo, como necessidades de amor subjetivo, e Social-ismo enquanto desejos de amor pelo objeto, capítulo datado em 31 de Janeiro/01 Fevereiro 1960.

II

Tomarei agora um breve fato histórico ligado ao final da vida e da obra do pintor Rafael de Sanzio, em sua fase romana. O crítico de arte Antonio Forcellino [*in "Raffaello – Una vita felice", Ed. Laterza – 2006 – Bari*], descreve primitivos e intensos pressentimentos de Rafael, desde a adolescência, por abrigar temores de que uma ligação estável e apaixonada por uma mulher admirável pudesse ser destrutiva, a qual poderia então prejudicar sua produção artística e sua criatividade; mantinha então secreta crença no terror de vir-a-ser vítima *"d'une femme fatale"*. Na Sexta-Feira Santa de 1520, morre subitamente aos 37 anos [Urbino, 1483 – Roma 1520] no auge de sua fama, enquanto ícone do Renascimento como pintor e arquiteto, após superar Leonardo da Vinci e Michelangelo Buonarroti, mestres e rivais junto ao Papa Leão X (Giovanni de Medici), cercado da aura de restabelecer as bases arquitetônicas da antiga civilização greco-romana. Os fatos ocorridos e relatados por Giorgio Vasari (1550), historiador de Arte, nos contam de *crescente exaustão orgástica* ocorrida em alcova particular do Palazzo Villa Madama, após intensa e contínua celebração amorosa e sexual, durante cerca de três dias consecutivos, com sua amante favorita, retratada no célebre quadro *La fornarina* com seios e ventre suavemente recobertos por diáfano véu transparente; este quadro está hoje em dia exposto na Galeria Nacional de Roma.

Constatou-se ainda que médicos, chamados com urgência para atender Rafael em agonia, não foram informados das particularidades íntimas e eróticas acima relatadas.

III

Nas auroras do fascismo e nazismo europeus dos anos 1930-1940, há um crescente clima político e econômico de intrigas e manobras favoráveis ao surgimento de personalismos ditatoriais. Violentas paixões grupais são entretidas por jogos de retórica carregada de onipotência e onisciência, com sucesso sustentado por inteligentes montagens de máquinas tecnológicas a serviço de eficiente propaganda. Armam-se lutas e guerras visando poderes de supremacia racial apoiada em fundamentalismos e preconceitos.

Luigi Pirandello escreve, em 1921, *Seis Personagens em Busca de um Autor*, mostrando ao vivo *estereotipias* personificadas na peça, o que resultou por desencadear, na própria noite de estreia, o destroçamento do teatro por plateia enfurecida que soube captar a mensagem crítica dirigida por Pirandello aos "carneiros sem-vida". Entre 1945 e 1946, o escritor Carlo Emilio Gadda inicia a escrita de uma sátira dirigida a Mussolini e a seus seguidores com o título *Eros e Priapo – da furore a cenere*, cuja primeira edição sai em 1967. Os interessados em *estudar jogos fálicos em política* podem consultar a quarta edição publicada pela Garzanti, Itália, em 2002.

Há quem diga que falicidade é uma tragicomédia que raramente compartilha suave e serena felicidade. Com leve ironia, Bion comenta que a busca de fama é doença (*disease*) de almas nobres.

IV

Na literatura, Oscar Wilde nos conta, em *O retrato de Dorian Gray* (1891), a trajetória de um jovem aristocrata, um dândi, que, querendo obcecadamente permanecer sempre jovem, como que se alimenta da juventude das belas mulheres que conquista, atraindo-as, seduzindo-as e levando-as ao desespero e frequentemente, ao suicídio. É assim que ele vive seus vínculos amorosos e seu vínculo com a vida, sempre à procura da eterna juventude como único objetivo. Dorian Gray encontra um célebre pintor que o retrata e guarda esse quadro em um sótão.

Eles fazem uma negociação pela qual, no quadro, ocorreria o envelhecimento, enquanto que uma magia faria com que Dorian Gray permanecesse jovem para sempre. Ele consegue seu intento, mas o tédio se instala e toma conta de sua vida. Ele não vive a vida que os humanos vivem. Resolve desfazer o pacto com o pintor e acaba por assassiná-lo. Nesse exato momento, o quadro retoma as características da figura quando tinha sido pintada, e Dorian Gray se torna subitamente um velho agonizante, desmantelado e encarquilhado. Assim como Tântalo, que, com o objetivo de realizar seu insaciável desejo de pertencer ao Olimpo, para agradar aos deuses destruiu seu vínculo com o filho, Dorian Gray, para realizar seu ilimitado desejo de juventude destruiu seus vínculos amorosos, destruiu o que poderia ter sido uma vida humana com todas as suas transformações naturais, e fez dela algo insuportável.

V

Como contraponto e desfecho ao que acabo de descrever, passo a indicar a leitura de um belíssimo texto escrito pelo filósofo e ensaísta da modernidade Nalin Ranasinghe "Socrates in the Underworld – On Plato's Gorgias" – St. Augustine Press - South Bend, Indiana – 2009. Gostaria de particularizar principalmente o capítulo IV, "The Socratic Cosmos" que merece ser lido com profundidade, onde o autor manifesta os valores de Ética com limites de poder, envolvendo compreensão e amor à vida autenticamente criativa. Poder-se-ia aproximar seu texto, em especial este capítulo IV, à proposta de Bion (1965 e 1991) quanto à busca de sanidade mental na prevalência dos vínculos de amor à vida {+L}, consideração por verdades {+K} e contínua luta por ampliar sabedoria não saturada através de Transformações visando O, Infinito, Deus, Realidade Última.

Nessa mesma toada, os post-kleinianos procuram seguir pautas estéticas na interação com Psicanálise expostas por Meg Harris Williams em *"The Vale of Soulmaking"* (2005), qual uma poética a favor da redenção e criatividade pós-posição depressiva.

Recomendo sobre este assunto a leitura de cartas de John Keats (1982) de fevereiro a maio de 1819 dirigidas a George e Georgiana Keats, p. 142-157; Meg H. Williams faz referência explicita na introdução de seu livro ao que é denominado por John Keats de "Um sistema de criação do Espírito", que seria realizado por 3 grandes matérias, agindo uma sobre a outra durante uma série de anos: o Coração humano, o Espaço do Mundo adequado à apropriada ação da Mente e do Coração, um sobre o outro, com o objetivo de formar a Alma destinada a possuir o sentido de identidade.

Ao final do capítulo oitavo de "Seminari Italiani", em 16 de julho de 1977, [ed. Borla - W. R. Bion a Roma (1985) – p. 107], Bion pressentindo convite a ser endeusado durante o encontro atribui esta configuração a modismos religiosos. Sabiamente procurando afastar os cantos das sereias, que poderiam fazê-lo supor ser uma dessas pessoas verdadeiramente importantes, Bion recita o poema de Shelley (1792-1822), em que o poeta descreve os escombros da estátua do faraó *"Ozymandias"* no deserto:

"O meu nome é Ozymandias, rei dos reis,

Admirai as minhas obras, oh Poderosos, e vos desesperai!"

Além do que, nada permanece. "Em volta às ruínas daquela estátua colossal, sem limites e sem adorno,

areias desoladas e planas estendem-se ao longe".

Quero neste momento agradecer e prestar homenagem a duas sábias e sucintas observações colhidas em sessões de análise pessoal.

A primeira através da psicanalista Judith Teixeira de Carvalho Andreucci ao me recomendar atender à seguinte direção: "Se você colocar *todos os seus ovos em um único cesto*, quando este se for, você ficará amarguradamente desolado e em profunda penúria".

Alguns anos mais tarde, o psicanalista Yutaka Kubo, fazendo alusão à *"Noite escura sem Deus"*, de San Juan de La Cruz, sinaliza-a como vivência altamente estimuladora de possível reativação de núcleos megalomaníacos. A seguir descreveu-os como reação a resíduos persistentes de núcleos traumáticos plenos de ódio, ressentimento rancoroso e sentimentos de abandono nostálgico aguardando reelaboração por lutos e pesadelos paralisantes. De um modo direto e simples, chegou a me dizer que "diferentemente do personagem Hamlet, enlouquecido pelas juras de vingança provenientes do espectro paterno, havia *amplos sinais de esperança* de que você esteja conseguindo encontrar um psicanalista capaz de ajudá-lo a *desarmar paranoia tão melancolizante*".

Escrevi recentemente três artigos em que busco aprofundar problemas clínicos relacionados ao tema estudado no presente escrito: *(Sapienza, Antonio: [a] "Psicanálise e Estética – Ressignificação de Conflitos Psicóticos e Reciprocidade Criativa" – em "Ilusão" – Revista IDE Vol. 29 - No..42 – 2006 – pp.23-28; [b] "Função Alfa: Ansiedade Catastrófica – Pânico – Continente com Rêverie" – Congresso Internacional Bion2008Roma); [c] Palestra no Encontro Bion2009 na SBPSP "Bion: Da Clínica às Teorias Possíveis" – em 03/04/2009.*

Referências bibliográficas

ALIGHIERI, Dante. A divina comédia-Paraiso-Canto XXXI-versos 79-84. Tradução e Notas de Italo Eugenio Mauro. São Paulo: Ed. 34, 1998.

BION, Wilfred R. Group Dynamics: A Review (1952) in Experiences in Groups. London: Tavistock Publcations Ltd., 1961.

_____. On Arrogance (1957) in Second Thoughts. London: William Heinemann Medical Books Ltd., 1967.

_____. A Theory of Thinking (1962) in Second Thoughts. London: William Heinemann Medical Books Ltd., 1967.

_____. Transformations (1965). London: William Heinemann Medical Books Ltd., 1965.

_____. Catastrophic Change (1966) – chapter 12 in Attention and Interpretation. London: Tavistock Publications, 1970.

_____. Seminari Italiani, W. R. Bion a Roma (1977). Roma: Ed. Borla, 1985.

_____. Cogitations. London: Karnac Books, 1992.

BRANDÃO, Junito de Souza. Dicionário Mítico Etimológico. Petrópolis: Ed.Vozes, 3ª edição, Vol. II, 2000.

FORCELLINO, Antonio Raffaello – Una vita felice. Bari: Ed. Laterza, 2006.

GADDA, Carlo Emilio. Eros e Priapo – Da furore e cenere (1967). Milano: Garzanti Libri, 4ª ed., 2002.

IMPELUSO, Lucia. Miti-Storie e immagini degli dei ed eroi dellántichità. Milano: Ed. Mondadori, 2007.

KEATS, John Cartas. Barcelona: Ind. Gráficas Pareja, 1ª edição, 1982.

PIRANDELLO, Luigi. Sei personaggi in cerca d'autore (1921). Milano: Ed. Mondadori, 1987.

RANASINGHE, Nalin. Socrates in the Underworld-On Plato's Gorgias. South Bend, Indiana: St. Augustine Press, 2009.

SAPIENZA, Antonio. Psicanálise e Estética-Ressignificação de Conflitos Psicóticos e Reciprocidade Criativa. São Paulo; Revista Ide, vol. 29, N. 42, 2006.

_____. Função Alfa: Ansiedade Catastrófica-pânico-Continente com Rêverie (Encontro Internacional Bion 2008 Roma). Publicado em Psicanálise: Bion: transformações e desdobramentos. São Paulo: Casa do Psicólogo, 2009.

_____. Bion: Da Clínica às Teorias Possíveis. São Paulo: Palestra apresentada no Encontro de Bion na SBPSP, Abril 2009.

WILDE, Oscar. The Picture of Dorian Gray. (1890). London: Tiger Books International, 1994.

WILLIAMS, Meg Harris. The Vale of Soulmaking. London: Karnac, 2005.

24. Destinos do místico e de suas obras[1]

Introdução

A essência deste escrito será estudar, desde o vértice psicanalítico, os destinos do místico, também denominado "indivíduo excepcional", gênio ou messias, bem como os destinos de suas obras, em relação com o que já se dá por estabelecido "*Establishment*", seja no mundo intrapsíquico, isto é, no metabolismo do mundo interno, seja no mundo externo, representado pelo já instituído, onde se incluem as instituições e os subgrupos institucionais.

Uma das fortes raízes do presente artigo contém reverberações de "O místico e o Grupo",[2] em que Bion mapeia as relações geradas pelas descobertas e publicações do gênio ou místico no contato

---

[1] Sapienza, Antonio. Destinos do místico e de suas obras. *Berggasse* 19, Ribeirão Preto, v. 1, n. 1, p. 50-61, 2010.
[2] Bion, W.R. *Atenção e Interpretação*. Rio de Janeiro: Imago, 1973, capítulo 6.

com as leis vigentes, cultura, convenções e linguagem, que visam à preservação de coerência e identidade grupal.

É impactante que no primeiro parágrafo de "O místico e o Grupo", Bion dirija-se especificamente aos psicanalistas clínicos e comece do seguinte modo:

> *Parece absurdo que um psicanalista seja incapaz de avaliar a qualidade de seu trabalho. Ao tentar uma avaliação, ele dispõe da reputação popular (notoriamente instável, falível e inadequada para fundamentar qualquer julgamento), da ansiedade ou de um sentido de satisfação ou bem-estar ligado a um trabalho que parece a ele, bem feito. Esta última avaliação é, provavelmente, o fundamento tão fidedigno quanto os outros, mas está sujeito a dúvida e receio. A única outra pessoa bem colocada para ter uma opinião é o analisando. Sua opinião é, da mesma forma, assunto para escrutínio. Os sentimentos amigáveis ou hostis convergem em direção a um ponto onde deveria existir julgamento compreensivo acompanhado de compaixão, embora crítico. Tais formulações não são adequadas e anseia-se por algo melhor. A expectativa não pode ser satisfeita sem o reconhecimento de que pontos de vista como religião, arte, ciências, como os entendemos hoje, são tão insatisfatórios quanto as formulações verdade, beleza, deus ou vida futura.*

Mais adiante, no sexto parágrafo:

> *Os seguidores de um místico podem ser numerosos ou poucos. O grupo negativo se declara inimigo da pro-*

messa feita pelo místico e é acompanhado por indivíduos comuns que não conseguem entender; resta ao indivíduo talentoso procurar atmosfera mais compatível ao exercício de seus talentos.

Bion insistirá em usar, por conveniência, o termo "místico" para se referir a estes "indivíduos excepcionais". Assim incluirá cientistas nessa terminologia, bem como artistas, escritores, pintores e escultores, pondo em realce o uso da Linguagem de Êxito.[3]

I

A dinâmica do místico é dominada por uma paixão inesgotável com o vínculo Conhecimento. Há uma busca incessante das configurações contidas com os nomes de Infinito, Desconhecido, Realidade Suprema, Deus. A essas configurações Bion denomina "O". Poder-se-ia conjeturar Deus como continente das angústias impensáveis e dos pensamentos ainda não pensados em busca de quem os possa pensar.

Para o místico,[4] a direção da paixão Conhecimento (*knowledge*, em inglês), abreviadamente +K, se volta na busca de alcançar O, abreviadamente K → O. O místico vivencia visão que lhe permite contemplar um abismo exigindo condições de se decidir a dar um salto no escuro. Surgirão descobertas que tornarão instável o que já é estabelecido, seja em Ciência, Religião, Filosofia, Estética etc. O Grupo gera o Místico e necessita de novas descobertas para poder continuar a evoluir; mas, paradoxalmente, o místico contribuirá

---

[3] Bion, W.R. *Atenção e Interpretação* – Rio de Janeiro: Imago, 1973, capítulo 13 – 'Prelúdio para ou Substituto para Êxito'.
[4] Bion, W.R. (tradução Paulo Cesar Sandler) – *Transformações*. Rio de Janeiro: Imago, 2004, p.161-170.

com elementos criativos para o Grupo e também colocará o Grupo em turbulência pelos elementos que também tendem a destruir o que já é estabelecido, situação essa que gera conflitos.

Frequentemente o conflito tomará matizes trágicos, pelas ameaças contidas na configuração "*Mudança Catastrófica*"[5] vivida com coloridos intensamente persecutórios e ameaçadores. Bion vale-se do senso popular que diz "o gênio é semelhante ao louco" e prefere afirmar que "seria mais verdadeiro dizer que os mecanismos psicóticos requerem um gênio para manipulá-los de maneira adequada a promover crescimento ou vida (que é sinônimo de crescimento)".

De um modo bastante sintético, já em sua jornada em Los Angeles, o psicanalista Bion se servirá de vários capítulos do livro *Atenção e Interpretação* para estabelecer analogias entre os objetos psicanalíticos e os objetos mítico-religiosos, focalizando as relações bastante complexas entre os ensinamentos de Jesus Cristo e o Rabinato Judaico, que levaram à condenação de Jesus à morte por crucifixão. A partir do vértice mítico-religioso, as tensões geradas desde aquela época ainda não encontraram soluções satisfatórias até nossos dias, no mundo ocidental.

II

Freud,[6] ao expor suas primeiras observações e teorias psicanalíticas sobre a sexualidade humana, nos finais do século XIX e inícios do século XX, é convidado a se retirar da Universidade de Viena. Soube contrapor-se a essa expulsão, a qual o destinou durante certo tempo a ser o único psicanalista do planeta Terra, argumentando que conhecia desde cedo fortes preconceitos pelo fato de ser judeu e que, além do mais, contava com experiências e energias

---

[5] Bion, W.R. *Atenção e Interpretação*. Rio de Janeiro: Imago, 1973, capítulo 12.
[6] Freud, S. (1914). 'On the History of the Psycho-Analytic Movement'. *SE*, 14.

internas para conviver com solidão, sem se deixar abater por ter sido excluído do ambiente acadêmico universitário.

Historicamente, valeria a pena lembrar também os destinos diferentes de dois cientistas da astronomia, Galileu Galilei e Giordano Bruno, que apregoaram o heliocentrismo contrapondo-se ao geocentrismo, tendo sido ambos aprisionados para julgamento de suas obras pela Santa Inquisição. A teoria heliocêntrica feria particularmente o episódio descrito na Bíblia, em que é narrada a paralisação miraculosa do Sol no livro de Josué. Enquanto Giordano Bruno permanece inflexível e termina queimado na fogueira, visando à sua suposta purificação, Galileu Galilei consegue negociar sua sobrevivência com os inquisidores, ainda que sofrendo particularidades limitadas em sua liberdade, podendo, no entanto, continuar suas pesquisas e escritos. O teatrólogo Bertolt Brecht comenta em sua peça *Vida de Galileu* (1943), que o cientista Galileu, amarrado junto às lenhas da fogueira, renegava em alta voz suas teorias condenadas pela Inquisição, e assim conseguiu sobreviver, enquanto sussurrava em voz baixa "Eppur, si muove!", isto é, "Não obstante, (a Terra) se move!".

Daí, poder-se-ia indagar até que ponto as instituições conseguem esmagar os indivíduos excepcionais. Um desdobramento possível será adaptação, exclusão ou exílio voluntário. Leiam a propósito *Apologia de Sócrates*, escrita por Platão.[7] Vejam os destinos possíveis oferecidos a Sócrates pelos juízes da cidade de Atenas, face a seus pecados por destruir os deuses da cidade, corromper a juventude e substituir os deuses antigos por novas crenças: 1) manter-se na cidade com a cassação de poder ensinar; 2) exílio voluntário ou 3) morte por envenenamento com cicuta. Sócrates escolhe beber cicuta.

---

[7] Platón – *Obras Completas* – 'Defensa de Sócrates' in Aguilar Ed. – Madrid – 6ª reimpresión – 1986 – pp. 199-218.

III

Há alusões a respeito de que um dos fatores que teriam levado Bion a sair de Londres se devia a certo mal-estar com a Instituição Psicanalítica Britânica, onde se tornou um ícone de grande prestígio. Quem sabe um componente subjetivo fortalecesse seu desejo de respiração mais livre, em terras californianas, incluindo contato mais direto e intenso com seus familiares.

O fato é que o desenvolvimento das teorias e textos de Bion que sinalizam ruptura com o kleinianismo clássico se faz logo após a morte de sua antiga analista Melanie Klein ocorrida em setembro de 1960. Citaria num crescendo particularmente seus trabalhos ainda em Londres sobre "Diferenciação das Personalidades Psicóticas e não Psicóticas" (1960) e "Uma teoria do pensar" (1962).[8] Sua permanência em Los Angeles desde 1968 se estende por aproximadamente dez anos; e é no decorrer desse período que desenvolve textos que são considerados pontos de divergência com os postulados kleinianos clássicos. Já instalado em clínica particular na cidade de Los Angeles, viaja constantemente, procurando contato, através de conferências e seminários clínicos, com outras instituições psicanalíticas como São Paulo, Rio de Janeiro, Brasília, Buenos Aires, Roma, Paris etc. Textos de Bion após "*Transformações*" (1965) são considerados como excêntricos, demasiado herméticos e mesmo heréticos na avaliação de alguns analistas do *Establishment* kleiniano londrino, que visitaram recentemente a Sociedade Brasileira de Psicanálise de São Paulo. Ao final do livro "*Cogitações*" (2000) de Bion, o leitor interessado poderá encontrar elenco que contém o conjunto das OBRAS DE BION publicadas desde 1940 até 1994.

---

[8] Bion, W.R. – *Second Thoughts* – William Heineman Med. Books Ltd. – London –1967.

IV

Fui convidado e aceitei com muito prazer e honra, a participar com o presente artigo do primeiro número da Revista Bergasse 19 pela diretora da Revista de Psicanálise da Sociedade Brasileira de Psicanálise de Ribeirão Preto, Dra. Silvana Maria Vassimon.

Em evento a se realizar em maio de 2010, estarei reunido com a Professora Marisa Giannecchini no Encontro da Bienal 2010 de psicanálise da Sociedade de Psicanálise de Ribeirão Preto, em mesa que tratará das tramas míticas de "Prometeu na Torre de Babel" – Conhecimento/Anticonhecimento/Não Conhecimento.

Tomo a liberdade de estudar separadamente a tragédia de *Prometeu Acorrentado* e o mito da "Torre de Babel". Tendo em vista também minha participação nesse encontro da Bienal 2010, decidi incluir algumas observações ligadas ao tema do presente texto. Faço uma equivalência entre Mito, Sonho e Pensamento-Sonho, contidos na categoria C da Grade[9] (BION, 1977) proposta por Bion em 1964, como instrumento das teorias de observação, para ser usada pelos clínicos psicanalistas em exercícios fora das sessões de análise.

Assim, na continuidade do presente escrito, destacarei dois elementos que mais me despertaram indagações na leitura da tragédia *Prometeu Acorrentado*, narrada inicialmente na *Teogonia*.[10] Esses dois elementos guardam parentesco com pensamentos-sonhos e ganham suporte a partir de fontes e leituras. Apresento-os como 1) pecado de *hybris* ou arrogância e 2) o fígado como significante.

Antes, porém, não posso deixar de sinalizar que há evidências de uma trilogia do autor Ésquilo, que compreenderia dois outros

---

[9] Bion, W.R. *Two Papers: The Grid and Caesura* – Imago Editora Ltda. – Rio de Janeiro – 1977.
[10] Hesíodo – *Teogonia*, escrita no século VIII a.C.

Prometeus: "*Prometeu: o portador do fogo*" e "*Prometeu libertado*", e que, infelizmente, se perderam.[11]

O pecado de arrogância ou de *hybris*, na Grécia Antiga, é conectado a alguns heróis, que desafiam os poderes de divindades supremas. No caso do titã Prometeu, sinteticamente, suas façanhas consistem em roubar o fogo celestial dos deuses e trazê-lo para os humanos usarem-no em funções de gerar luz, armas para enfrentar feras, cozer alimentos etc. Simbolicamente o domínio do fogo também teria a ver com a capacidade de reflexão dos humanos, para o desvencilhamento crescente de terrores que poderiam levar à submissão e cegueira diante de ameaças de poderes sustentados por fanatismos, dogmas inquestionáveis e crenças absolutistas.

O castigo de ser amarrado em um poste, ter seu fígado bicado por uma águia durante o dia, e para seu desespero, haver regeneração à noite, sendo novamente atacado por essa ave enviada pela cólera de Zeus, indefinidamente,[12] levaram-me a indagar o significado de "fígado" nessa trama. Lembrei-me de um livro valioso que lida especificamente com as origens do pensamento europeu.[13] Recomendo a leitura do capítulo 5: "The liver and the belly" (p. 84-89).

O fígado é considerado como gerador de coragem para que possamos enfrentar vicissitudes de desastres humanos e, ainda, surge como o que alimenta graus variáveis de cólera e ira sagrada diante de certos fatos ligados à desonra e à indignação.

---

[11] Eschyle – *Tragédies Complètes* – Folio Classique – Gallimard – Janvier 2003 – Notice pp. 197-204.
[12] Sapienza, A. – 'Reflexões Psicanalíticas sobre Tantalização de Vínculos' – *Reflexões Psicanalíticas 2009Compulsão* FEBRAPSI – Ed. Artes Médicas Sul – São Paulo – 2009.
[13] Onians, Richard Broxton – *The Origins of European Thought* – Cambridge University Press – London – 1951 – reprinted 1994 – USA.

Platão considerava a mente qual uma gaiola habitada por pássaros. O escritor Richard Onians cogita a visita cotidiana da águia que bica e visa estilhaçar o fígado de Prometeu, visita análoga a um pesadelo recorrente, devido a culpa persecutória por triunfos que atormentam Prometeu infindavelmente. O "fígado" é também relacionado a fenômenos respiratórios e à escuta de "vozes" vindas de deuses ou de demônios.

No mito o herói Hércules surge como o libertador de Prometeu dessa eviscerante punição. O titã Hércules teria funcionado como um psicoterapeuta dotado de capacidade de sonho-alfa, libertando Prometeu desse tipo de experiência avassaladora de pesadelos torturantes e terrores[14] comandados por má consciência, possibilitando, deste modo, alívio e conforto para "envenenamentos" secretados por circularidade moral do tipo culpa: "castigo como vingança aos sentimentos de triunfo face a Zeus – reação colérica contra o deus vingativo e intensificação da culpa". Tal ciclo reativo e dolorosamente recorrente é comumente encontrado em estados de melancolia e eventuais acompanhantes maníacos. As bicadas no fígado seriam equivalentes de pensamentos dolorosos a que se juntam ataques vorazes disparados por consciência maligna que, posteriormente, em razão de seu automatismo violento contra o consciente, vem a ser denominada por Bion como Super-*Id*.[15]

V

O mito da Torre de Babel é descrito no Gênesis, Capítulo 11. Inicialmente constitui um projeto de construção de torres de sabe-

---

[14] Abram, J. (2008). 'O objeto não sobrevivente: algumas reflexões sobre as raízes do terror.' Rev. Bras. Psicanal., 42, n.1, 153-171.

[15] Sapienza, A. 'Função-Alfa: Angústia Catastrófica – Pânico – Continente com Rêverie' –Bion2008-Roma –*Psicanálise: Bion. Transformações e Desdobramentos* – Casa do Psicólogo Livraria e Editora Ltda. – São Paulo – 2009 – pp 51-59].

doria e fortaleza para as gerações futuras, tendo inicialmente cooperação e harmonia do Grupo, que fala a mesma língua. Posteriormente, passa a haver a busca de penetrar no ápice celestial. Neste momento, Iahweh desperta e, enciumado com a pretensão humana, desencadeia a confusão das línguas e a dispersão dos habitantes sobre toda a terra.[16] O nome Babilônia significa "porta do deus" e Babel significa "confusão". Assim, na religião judaica, é um símbolo de rebelião humana, ao buscar o infinito contra Deus.

Vejamos outra fonte sobre o termo *tower* = torre.[17] Para a civilização babilônica, a função da torre era capacitar o eleito a observar o céu desde uma posição privilegiada e canalizar energias celestiais para a terra. Para o Cristianismo, a torre é um símbolo de vigilância e ascensão. A Virgem Maria é denominada torre de marfim.

As páginas 274-275 do livro citado mostram a pintura *A Torre de Babel* (1563 – Museu de História da Arte de Viena), por Pieter Bruegel, o Velho. A estrutura de anéis concêntricos é baseada na tipologia dos *ziggurats* Sumerianos, cujos templos-montanhas são construídos para dar as boas-vindas à deidade para que desça à terra. No entanto, a imagem total da torre nesta pintura está baseada nas ruínas do Coliseu, contendo o martirológio dos primeiros cristãos em Roma, passando a servir de uma "nova Babilônia" numa crítica ao Papado e à Igreja Católica Apostólica Romana pela Igreja da Reforma, de que o pintor Bruegel é adepto.

Desde o vértice mítico-religioso, Bion propõe, no terceiro Seminário em São Paulo,[18] o seguinte:

---

[16] *A Bíblia de Jerusalém* – Edições Paulinas – São Paulo – 1981 – p. 42.
[17] Battistini, Matilde – Mondadori – Milan – 2002 – *Symbols and Allegories in Art* – 2005 – Tradução. J. Paul Getty Trust – Los Angeles, California – 2005 – "tower" pp. 272-273.
[18] Bion, W.R. –*Brazilian Lectures, 2* – Rio/São Paulo – 1974 – Imago Ed. – Rio de Janeiro – p. 200.

"O mito Babel é uma boa descrição do modo em que um deus onipotente pode criar tal caos que as pessoas não podem jamais cooperar na construção de uma torre. Linguagens diferentes dificultam a uma nação falar com outra nação – um assunto de importância para nós, que gostaríamos que analistas através do mundo pudessem falar uma linguagem em comum. Matemáticos não conseguiram isto. Intuicionismo é ainda controverso; assim como a mecânica quântica. Eu creio que isso seja também verdade com relação à Psicanálise. Não estou convencido que nossa capacidade para lidar com controvérsias seja ainda adequada – o 'não' é não um argumento contra o 'sim'".

Talvez aí esteja um suporte para pensarmos as dificuldades de compreensão e diálogo entre psicanalistas freudianos, kleinianos, winnicotianos, bionianos, lacanianos etc. Formam-se por vezes escolas e grupos sectários que lutam de modo mais ou menos velado para ocupar posição de hegemonia no mundo psicanalítico.

Recentemente, encontrei um belo livro de ficção em que o historiador e crítico de arte James Hall passa a entrevistar o artista Michelangelo Buonarroti.[19] Destacarei primeiramente depoimento de Michelangelo encontrado na página 102 do capítulo "Escala e tamanho gigantescos":

Quando eu estava pintando Julgamento Final, eu escrevi um poema sobre o estilo do gigante Nemrod, pessoa de aproximadamente 2,5 metros de altura, construtor

---

[19] "Hall, J. – *Coffee with Michelangelo* – Duncan Baird Publishers – London – 2007.

das altas torres que visavam alcançar o céu, porém ele não pôde ver o céu pois ele tem somente um olho colocado em seu calcanhar (p. 102).

Diz ainda Michelangelo que "Dante colocou cinco gigantes no fundo do Inferno, incluindo Nemrod".[20] Trata-se de uma vertiginosa queda! Um segundo depoimento valioso é desenvolvido nas páginas 56-63, quando Michelangelo estabelece significativas correlações entre a arte do escrever e a do desenhar, em que desenho se relaciona a *disegno* = desígnio = destino. O desenhar tem fortes conexões com o poder ver e sonhar, dando formas significativas ao que é captado visualmente desde as sensações, sentimentos e ideias.

Em sua *Autobiografia Científica*, o físico alemão Max Planck (1858-1947), Prêmio Nobel de Física em 1918, e que, juntamente com Albert Einstein e Niels Bohr, desenvolveu as bases da teoria quântica, expressou de modo claro as dificuldades de aceitação de uma teoria nova, afirmando o seguinte: "Uma nova teoria não triunfa por conseguir convencer os seus oponentes; mas sim porque estes acabam por morrer e as novas gerações são educadas nas novas teorias".

VI

Finalmente, gostaria de destacar certa modulação na preservação do próprio *self* e estilo suavemente flexível de cada psicanalista, que possa abarcar paixão por valores éticos e estéticos com maturação de sanidade mental não saturada nem saturante. Para tanto, proponho exame crítico, desde o vértice psicanalítico, dos seguintes balizamentos relacionados a experiências tanto teóricas quanto clínicas:

---

[20] Alighieri, Dante – *A Divina Comédia* – Inferno – Ed. 34 – São Paulo – 1998 – Canto XXXI – versos 76-81 – pp. 207-208.

1. Crescente capacidade de tolerar incertezas, visando distinguir os crescimentos mentais benignos, em que prevalecem [+K] [+L], daqueles outros crescimentos mentais malignos, que se manifestam como estruturas cancerígenas anti-pensamento [-K], associados aos vínculos [+H], [-L].[21]

2. A capacidade contínua de aprendizagem de experiências emocionais, que requer amor à vida e respeito por verdades, com renúncia a onisciência e onipotência, para prosseguirmos o próprio desenvolvimento mental, mantendo contato com a realidade, independentemente do quão seja dolorosa ou não essa realidade de fato.[22]

3. Clinicamente, a esta prevalência da personalidade não-psicótica, se opõem resistências advindas de nossas personalidades psicóticas cognoscíveis, mas não elimináveis. Numa certa radicalização, tais resistências de natureza psicótica se desenham, a meu ver, do seguinte modo. Obturação por miopia mental em autossuficiência, em favor da construção e manutenção de mundo paradisíaco perfeito, com apegos ferozmente selvagens a estruturas de autismo, que visam à preservação de um não-aprender de experiências emocionais, incluindo o alto preço pago, quando em análise, por não desenvolver experiência psicanalítica. Trata-se de uma triste tríade de colorido e cortejo negativista, comandada por vetores dos vínculos [-K] [-L] [-H]. Na clínica atual, esta configuração surge qual infantilismo do tipo "comigo ninguém pode", com racionalizações acopladas ao mito do "Bom Selvagem" de J. J. Rousseau,

---

[21] W.R. Bion – (1962) – *Learning from Experience* – William Heinemann Med. Books Ltd. – London.
[22] W.R. Bion – (1992) – *Cogitações* – Imago – Rio de Janeiro – 2000 – tradução Ester H. Sandler e Paulo Cesar Sandler – verbete saúde mental, pp. 155, 201.

em que o homem é intrinsecamente bom por natureza e a sociedade, na qual se inclui o vínculo com o analista, é quem inevitavelmente o corrompe. O psicanalista é equacionado a um demônio qual Lúcifer, que seduz o paciente e o leva a comer a maçã da experiência emocional, com o que passará a viver também na Terra, qual imenso e extenso Purgatório, território teoricamente situado entre as duas posições descritas por Klein,[23] ou seja, na oscilação de turbulências emocionais PS ↔ D.

4. A proteção desempenhada por escudo protetor do *self* desde a infância requererá atenção e cuidados por restauração da barreira de contato, incluindo função de sonho alfa aliada a qualidades de benignidade semelhantes às de mãe sonhante restauradora e também em constante restauração. Na prática diária, espera-se que o psicanalista saiba dosar prontidão, clareza, firmeza e delicadeza no trato com seu paciente. Psicanálise requer vitalidade e dedicação.

5. As qualidades de opacificação de memória, desejo, teorias e compreensão, estarão conjugadas com capacidade de continente dotado de *rêverie*; assim o psicanalista se aproximará do cultivar condições para acolher pensamentos ainda não pensados também de si mesmo. O leitor poderá auferir elementos vivos através da leitura do último parágrafo de *Atenção e interpretação*, quando Bion incisivamente descreve a capacidade para restaurar o outro e poeticamente insinua "*restoration of the (M)other*": "Deve-se procurar uma atividade que seja tanto a restauração de deus (a Mãe) como a evolução

---

[23] Klein, Melanie – (1946) – 'Notes on Some Schizoid Mechanisms' – The Writings of Melanie Klein – Vol. III – Hogarth Press Ltd. – London – 1975 – pp. 1-24.

de deus (o informe, infinito, inefável, inexistente), que pode ser encontrado somente no estado em que não há memória, desejo, compreensão".[24]

Referências

Abram, J. (2008). O objeto não-sobrevivente: algumas reflexões sobre as raízes do terror. Rev. Bras. Psicanal., 42, n. 1, 153-171.

Alighieri, Dante (1998) – *A Divina Comédia* – Inferno – Ed. 34 – São Paulo – versos 76-81 – pp. 207-208.

Battistini, M. – Mondadori – Milano – 2002 – *Symbols and Allegories in Art* – 2005 – trad. J.Paul Getty Trust – Los Angeles, California – 2005 – "tower" pp. 272-273.

Bíblia de Jerusalém (1981) – Edições Paulinas – São Paulo – p. 42.

Bion, W. R. (1962) – *Learning from Experiences* – William Heinemann Med. Books Ltd. – London.

_____. (1967) – *Second Thoughts* – William Heinemann Med. Books Ltd. – London.

_____. (1973) – *Atenção e Interpretação* – Imago Ed. Ltda. – Rio de Janeiro.

_____. (1974) – *Brazilian Lectures, 2* – Rio/São Paulo – Imago Ed. Ltda. – Rio de Janeiro.

_____. (1977) – *Two Papers: The Grid and Caesura* – Imago Ed. Ltda. – Rio de Janeiro.

_____. (1992) – *Cogitações* – Imago Ed. Ltda. – Rio de Janeiro 2000 – tradução Ester H. Sandler e Paulo Cesar Sandler.

---

[24] BION, W.R. *Atenção e Interpretação* – Rio de Janeiro: Imago, 1973, "capítulo 13, p. 142.

_____. *Transformações* – Imago – Rio de Janeiro, 2004, p. 161-170.

Eschyle (2003) – *Tragédies Complètes* – Folio Classique – Gallimard – Notice.

Freud, S. (1914) – *On the History of the Psycho-Analytic Movement*. SE, 14.

Hall, J. (2007) – *Coffee with Michelangelo* – Duncan Baird Publishers – London.

Klein, M. (1946) – *Notes on Some Schizoid Mechanisms* – The Writings of Melanie Klein – Vol. III– London – 1975.

Onians, R.B (1951) – *The Origins of European Thought* – Cambridge University Press – London – reprinted USA – 1994.

Platão (1986) – *Platón Obras Completas* – "Defensa de Sócrates" – Aguilar Ed. – Madrid – 6ª. Reimpresión.

Sapienza, A. (2009) – *Psicanálise: Bion. Transformações e Desdobramentos* – Casa do Psicólogo Livraria e Ed. Ltda. São Paulo pp. 51-59 – "Função Alfa: Angústia Catastrófica – Pânico – Continente com Rêverie" em Bion2008Roma.

_____. (2009) – *Reflexões Psicanalíticas 2009 Compulsão* – FEBRAPSI – Ed. Artes Médicas – São Paulo – 6. "Reflexões Psicanalíticas sobre Tantalização de Vínculos".

25. Reflexões psicanalíticas sobre "Bion em São Paulo"[1]

Exponho aqui algumas ideias e reverberações atuais suscitadas pela leitura das Primeiras Conferências Brasileiras realizadas pelo Dr. Wilfred Ruprecht Bion em sua primeira visita a São Paulo, em 1973. Foram oito conferências (BION, 1973), tendo o psicanalista Prof. Frank Julian Philips como intérprete e tradutor. A transcrição para a impressão em inglês foi realizada pela esposa de Bion, Sra. Francesca Bion.

I

Bion expõe um modelo arqueológico, o Cemitério Real da cidade de Ur. À morte do rei, toda a corte caminha em procissão à escavação denominada "a Cova da Morte". Envoltos em finas vestimentas e joias, tomam haxixe de um pequeno cálice. Quatrocentos

---

[1] Sapienza, Antonio. Reflexões psicanalíticas sobre "Bion em São Paulo". In: Montagna, Plinio, ed. *Dimensões: psicanálise*. Brasil. São Paulo. São Paulo: SBPSP, 2012. Lo: M76d, 2e.

anos depois, os túmulos localizados no lixo da cidade foram saqueados por ladrões; quais patronos do método científico ousam invadir e ultrapassar as sentinelas dos mortos e vencer as maldições dos sacerdotes, para alcançar tesouros ocultos.

A psicanálise explora a sobrevivência das paixões em camadas arcaicas, religiosas e tribais, narradas em mitos, e agora já não mais reconhecidas. Tanto no paciente quanto no analista, a experiência psicanalítica desperta turbulências emocionais e medos diante do desconhecido de cada sessão. Paulatinamente, surgem questões relativas ao tempo presente e futuro e ao passado que se reapresenta.

A função do analista é treinar o paciente a manter a capacidade de pensar sob estresse, tal qual um oficial do exército que, submetido a um bombardeio, ao sobreviver torna-se mais vigoroso.

Bion estabelece uma analogia entre compreender o paciente e ler a radiografia da mão de um bebê, reconhecendo cartilagens e ossos. Para reconhecer a mão, é necessária a conjunção de numerosas impressões sensoriais e teorias que permitem percebê-la como um todo. Isto requer uma aprendizagem de muitos anos.

II

Bion impacta a plateia com uma fórmula de cálculo diferencial complexa, incompreensível, sem mais explicações: "K(ξ)". Nela, K representa uma constante ou invariante, e ξ um componente desconhecido, uma variável, um inconsciente que permanece inconsciente, uma fonte de especulação e perturbação. Variáveis dependem de vértices, tais como o religioso, o estético e o científico, representados no mundo real pelas pessoas e seus pontos de vista.

Bion emprega os signos "K(ξ)" como instrumentos úteis para falar sobre psicanálise, embora sem valor para a experiência de psicanálise. Na clínica psicanalítica, o paciente faz uma formulação na qual parte do que ele já conhece articula-se à tentativa de formular o problema que o levou a buscar auxílio junto ao analista. O jogo psicanalítico estimula e engendra uma grande lida que, frequentemente, gera muito mais atrito e calor do que luz.

Qual a bússola mental capaz de marcar direções no mundo infrassensorial e no mundo ultrassensorial? Caminhamos com modelos que se mostram úteis ou não, e que poderão ser descartados sem tumulto. Categorizações cruas, tais como religião, estética ou ciência podem ser valiosas em investigações macroscópicas, mas tem baixa utilidade na prática de clínica psicanalítica.

> *O analista corre dois riscos: ser verdadeiro e incompreensível ou ser compreensível e impostor. Ele deve falar da vida real, nenhuma interpretação é boa se não remete à vida como ela é. Embora o analista não seja alguém famoso ou importante, pode ser percebido deste modo e, se o analisando tenta cooperar, o analista é tão importante quanto um pai possa ser para uma criança, ou como uma divindade para um adulto. O que importa é a relação entre os dois, o vínculo.*

Bion apresenta a narrativa de Virgílio sobre o mito de Palinuro, piloto da esquadra de Enéas. Na noite que precede a viagem de partida após o final da guerra de Troia, o experiente piloto resiste a adormecer e estoicamente permanece hipervigilante face aos convites do deus Somnus (Morfeu), até o momento em que seu rosto é salpicado pelas águas do rio Letes (rio do esquecimento) e é lançado nas profundezas do mar. Este modelo permite falarmos sobre memória, desejos, drogas (as águas do rio Letes), violência e grande hostilidade.

Quando seu paciente faz você senti-lo como onipotente, seria útil, se houver evidência, que você mostrasse de qual tipo de deidade ele fala e quais tipos de moralidades ele experimenta. O analista deve ser capaz de construir uma história, qual um artista, um poeta, um teólogo ou um cientista, e, assim, ser capaz de dar uma interpretação ou uma construção (S. Freud, *Construções em análise*, 1937).

Bion (1973) apresenta formulações sobre o tempo e concepções desde os vértices: a) científico – "uso de índices e medidas das unidades angström e ano-luz"; b) estético – "correnteza sempre fluindo, que leva embora todos os seus filhos"; e c) religioso – "desde a eternidade para todo o sempre tu és Deus".

III

O paciente clama ser inteiramente científico, não ter crenças religiosas particulares nem cultivar dons artísticos. Entretanto, elementos religiosos e estéticos são fácil e rapidamente discernidos dentre tudo que apresenta como material científico. A crença religiosa do paciente é desvelada como um insulto à sua inteligência. Sua visão científica manifesta hostilidade à religião, a qual, por sua vez, é igualmente hostil à sua visão científica. Elementos básicos pertencentes ao nível selvagem da personalidade humana guerreiam-se.

É como se a mente repelisse um vácuo (B. Spinoza, "*Ética*") e prontamente o preenchesse. Uma deidade pode representar uma realidade última e ocultar-se no espaço escuro; a surpresa poderá torná-la visível através de um raio de maior escuridão. Tal metáfora relaciona-se ao método da cegueira artificial, usado por Freud para examinar esses lugares escuros, qual um feixe de raio penetrante de escuridão. Se ao assistir a um jogo de tênis, gradativamente perdêssemos a visão dos jogadores e gradualmente aumentássemos a escuridão até que apenas a rede fosse visível, poderíamos perceber que a única coisa importante para nós é um conjunto de buracos.

Um paciente de Freud tinha fobia por meias, pois só era capaz de vê-las como buracos capazes de devorar seus pés. O termo "fobia" não faz plena justiça à extrema capacidade para observação natural a alguns pacientes. A categoria "psicótico" é muito ampla, pode haver "psicóticos insanos" e "psicóticos sadios".

É necessário que o analista possa tolerar a infinidade e, com Werner Heisenberg, abraçar o Princípio da Incerteza, de modo a poder incluir não somente compreensão, como também mal-entendidos.

A mente humana pode ser um elemento de restrito valor e, por vezes, é também um obstáculo. Para perceber o fluir de uma correnteza de água pode ser necessário colocar nela um bastão, o que cria uma turbulência que permite ver a corrente fluir. Um raio de luz lançado em um quarto escuro pode colocar em evidência invisíveis partículas de poeira em suspensão.

Suponham que psicanalistas digam que um bebê ou criança tenha uma mente em que jogos, como o brincar de soldado em guerra, transformem fezes e urina em bombas atômicas. Algumas pessoas poderiam afirmar que tal contrassenso deveria ser abolido.

IV

Recorre a Freud para sinalizar a violência primária humana que tende a destruir o desconhecido. Aponta uma reação arcaica comum: "aqui está algo que eu não compreendo – vou acabar com isso". Alguns poucos podem dizer "aqui está algo que não entendo – devo investigar isso". A própria psicanálise, ainda que seja o método mais profundo de investigação que conhecemos, não é suficientemente profunda e corre o risco de ser aniquilada pelo objeto potencialmente observado.

Bion valoriza a mente de duplo trilho que, ao sofrer evoluções culturais e civilizadoras, possa conservar a capacidade de contemplar suas raízes primitivas e libertar-se de adições, sejam as de ordem científica, as de doutrinações dogmáticas e terroristas, ou as de jargões.

O único lugar em que podemos viver é o presente. O passado tem valor pelo que não se consegue nem lembrar nem esquecer. As memórias são ideias frágeis, acompanhadas de poderosas emoções e que não são valiosas na bagagem atual. Se conseguirmos trazê-las à superfície, então o paciente poderá esquecê-las e, assim, quem sabe, enterrar seus mortos juntamente com a "nostalgia dos bons e velhos tempos".

Ao estabelecer a simplificação que delimita o universo das áreas do primitivo, deixa-se claro que isso pouco tem a ver com realidade, vincula-se ao reconhecimento da própria ignorância e falta de capacidades. A psicanálise apenas raspa a superfície do que é investigado. Há incontáveis outros universos de discussão desafiando a compreensão pelo método científico. Em um salto curioso, Bion remete ao canto 33º do "Paraíso" de Dante (*A divina comédia*), ao terceiro capítulo de *Bhagavad Gita* e ao diálogo entre Deus e Jó do Livro de Jó.

Na esperança de ainda estar apto a apreender, Bion declara-se perplexo em contemplar as profundezas da própria ignorância e perceber quanta ousadia é necessária para poder contemplá-las. Adverte que o perigo de confessarmos arrogância como psicanalistas está em seu contraponto, de nos achatarmos de modo a não mais termos capacidade de sentir admiração, pavor, terror, estupor ou temor.

O ser humano é um animal que fabrica ferramentas, mas muitas vezes não consegue aprender a usar os instrumentos que cria. O crescimento cancerígeno de seu uso pode alimentar os temores de um apocalipse global. Uma possível alternativa é a busca contínua pela capacidade de sonhar, gerar pensamentos criativos e cultivar sabedoria. No entanto, se o indivíduo está ainda dominado pelo ódio, inveja ou ciúmes do pai e da mãe – que tudo podem fazer, desde bebês até ideias –, será filosoficamente incapaz de formar símbolos ou sintetizar conceitos analíticos. Não há possibilidade de progresso onde não existe maneira de gerar pensamentos.

V

Bion segura uma xícara na mão e pede uma interpretação. Conjetura-a como concepção (categoria E da Grade). Lança um desafio ao grupo: "há muitas outras interpretações e possivelmente mais bem colocadas em alguma outra categoria da Grade". Segue-se um longo silêncio.

"Parece que a sabedoria combinada deste grupo não tem interpretação para oferecer e então insisto em indagar sobre qual a interpretação desta xícara", mas ressalta que sua interpretação nada significa. Um interlocutor diz que ela o impressiona como objeto de uso equivalente a um continente e indaga sobre o sentido da mente como continente. Bion coloca essa fala em categoria C (pensamento onírico, sonho, mito), correspondente à formulação verbal de imagem visual com uma pergunta sobre seu uso. Há uma nova arremetida envolvendo conceito e atenção (F4 – conceito com atenção).

Um depoente emocionado afirma ter acabado de saborear um gole de café daquela xícara, ainda na mão do conferencista. O momento crítico requer discriminar as condições que permitem acolher observações agudas e correlacioná-las a estados de alucinose. Fenômeno tão curioso requer intuição psicanalítica treinada para estabelecer quais os determinantes que favorecem ou obstruem o crescimento mental. Apesar da vasta literatura psicanalítica, a totalidade do vértice psicanalítico é limitada e seu espectro não é suficientemente amplo para abarcar o mundo da mente humana.

Bion reúne "interpretação, intuição, cultura e sabedoria" como elementos da linguagem e os identifica como hipóteses definitórias (coluna [1] da Grade), correlacionados às regras de expressão ideogramática. Neste contexto, "sabedoria" poderia aplicar-se à experiência suficientemente integrada à personalidade capaz de gerar crescimento mental. "Cultura" é a sabedoria que o grupo pode usar ou permitir usar. "Intuição" é a capacidade de vinculação do membro individual a uma cultura. "A interpretação" é como um telescópio que permite observar uma "mancha vaga e constante" e reconhecê-la como uma galáxia, que também pode ser um universo distante e semelhante ao nosso próprio universo.

Bion lembra-se de uma paciente que manifesta uma sensação de rubor facial. O analista, mesmo sem ver o rubor, pode dar-se conta de que um fato corporal ou uma sensação fisiológica transita como sentimento ou fato psíquico, por exemplo, vergonha ou indignação. Cita o poeta John Donne: "o sangue falou em suas maçãs do rosto... como se a sua face falasse".

Destaca a condição da construção do instrumento Grade como uma espiral que pode permitir ao analista investigar com maior profundidade uma ampla área situada entre fato corporal e fato psíquico. Acrescenta ainda a observação de fenômenos de "segundo ciclo" da transformação (sentimentos), contrastados com os do "primeiro ciclo" (sensações corporais).

Ao término da reunião, diz suspeitar que os pensamentos dos ouvintes continuarão após a palestra, mesmo quando estiverem dormindo. Os sonhos, por mais desagradáveis que sejam, significarão algo e sua interpretação dependerá do vértice particular do sonhador.

VI

Bion inicia por quatro movimentos:

1. Para sobreviver e se desenvolver, a psicanálise deve estabelecer contato com a realidade com a qual lidamos. Para tanto, a prática psicanalítica requer que analista e analisando sejam capazes de contato com fatos psicanalíticos. Quando o analista diz "isto é um fato", "isto é o que chamo de ansiedade", "isto é inveja", o paciente poderá ou não concordar. "Mais tarde, haverá possibilidade de mostrar que ambos estávamos certos sobre isso ou que, talvez, nós dois pudéssemos estar equivocados".

2. A linguagem do analista deverá ser de mais exatidão do que a expressa pelo paciente e ainda manter qualidade coloquial. Por exemplo, as palavras "terrível eficiência" constituem expressão diversa de "terrivelmente eficiente".

3. O sofrimento agudo com a dissonância de uma nota musical pode impedir uma pessoa de ser musical ou de ouvir música, mas pode se tratar, paradoxalmente, de uma sensibilidade musical aguda.

4. É necessária a capacidade de tolerar as dificuldades ou as diferenças do analisando, que demandam serem reconhecidas sem pressa, evitando as conclusões apressadas ou o uso de interpretações prontas.

Seguem-se indagações relacionadas às vicissitudes da conversa na sala de análise, incluindo momentos de cegueira e surdez artificiais do analista, bem como retrações e adormecimentos do analisando. Aos analistas, vale a pena, enquanto pessoas comuns, que possamos ousar como se fôssemos extraordinários, sem acreditarmos que seja o caso e sem sermos impostores.

"Como distinguir o que nutre e permite o crescimento mental do que é veneno para a mente?" A pergunta de um interlocutor quanto à distinção entre o "*a priori*" de Kant e a intuição psicanalítica desencadeia essa questão. A interlocução de Bion constitui um bom modelo de diálogo, de como não assassinar perguntas. Merece ser estudada com calma reflexão.

Bion destaca a importância dos requisitos para boa elaboração sentencial. Como a expressão densa de John Keats relacionada à capacidade negativa em Shakespeare: "enquanto homem capaz de existir em mistérios, dúvidas, incertezas, sem qualquer esforço irritante para alcançar fato e razão".

Um interlocutor pede que esclareça a expressão "interpretação pura". Bion, emprestando outra expressão das ciências físicas, estabelece analogia entre a "interpretação absoluta" e o "zero absoluto" (ou "frio absoluto", ou "vácuo absoluto") como indicador de algo que fosse só interpretação.

O analisando não consegue ouvir pelos barulhos que o habitam; a isso, pode somar-se a irritação com o tom de voz e a melodia da fala do analista, ou ainda o barulho de uma mosca voando na sala, ou o barulho de buzinas e do trânsito da rua, ou ainda que o analista esteja irritado com o assunto e com o teor da conversa do paciente.

A situação em análise é dinâmica e está em mudança constante, contrastando com o tempo em suspensão e o tempo morto.

Reserva o termo "construção" para algo de refinada elaboração. "Construção" poderia ser a história da ira de Deus pela construção da Torre de Babel ou a expressão de vergonha de Adão ao ocultar seus genitais (Gênesis).

O ideograma está no limite da comunicação não verbal, conforme o vértice usado ganhar-se-á visão binocular.

O assunto "megalomania infantil" é desenvolvido a partir do problema de Deus e desemboca no seguinte desfecho: "Espera-se que o analisando possa sentir respeito pelo analista; e se isso não acontecer, o paciente sofrerá séria privação."

VII

Na identificação projetiva da relação mãe-bebê, Bion problematiza como formular verbalmente sua imagem visual. Nesta interação primária, surge uma encruzilhada: a) o acolhimento de angústias, choro e ranger de dentes do bebê, pela mãe e sua desintoxicação, que leva à introjeção de uma boa mãe interna. Estabelece-se um círculo virtuoso; b) as sensações da ocorrência de desastre iminente no bebê progridem de modo catastrófico, em virtude da rejeição materna e do próprio rechaço aos sentimentos de terror. Há uma ampliação de choro explosivo e implosivo, o bebê não consegue colocar algo de bom dentro de si, restam seus métodos de evacuação e sua crueldade agora potencializada. Num círculo vicioso, o bebê abandonado cala-se e encerra dentro de si uma coisa ruim e aterrorizante, a qual teme voltar a explodir; converte-se num "bom bebê", contendo recalques mortíferos compressivos, quais bombas de ação retardada.

Em análise, o rastreamento das ideias primitivas, através do tempo, reúne-se a outras experiências, ideias e pensamentos. É como encontrar resíduos embrionários na anatomia fisiológica de um adulto, por exemplo, restos de fendas branquiais no pescoço de um ser humano adulto.

Ao tratar da teoria dos impulsos de morte na clínica, comenta que a configuração "doente", emprestada da medicina física, pode impedir o vislumbre da outra polaridade do espectro, do ser mentalmente do-ente. O que é uma pessoa saudável?

Em análise, o analista não está lidando com a totalidade da raça humana, mas com uma pessoa específica. Assim, o analista deve dirigir-se ao ponto essencial das realizações que se apresentam na atualidade junto a seu analisando particular.

O termo "vértice", emprestado da matemática, desperta possibilidades de distinguir quando a linguagem é tomada no sentido concreto e literal, não figurativo nem simbólico.

Os polos de desejos excessivos e inércia em análise podem apontar para a indagação do que é "demais": Alguma forma de gula? Quem está sendo guloso? É o paciente? É o analista? Se nenhum dos dois, então quem? É algum deus voraz ou alguma forma de curiosidade voraz ou ainda uma moralidade voraz?

Conversas sociais a respeito de compartimentos estanques, sobre "rituais religiosos" e "impulsos estéticos", bem como de suas relações, despertam movimentos emocionais intensos quando tratados dentro do universo da experiência de clínica psicanalítica. Os conflitos com elementos artísticos porejam em formulações de quem presume ser puramente cientista. Reciprocamente, o artista pode discernir ciência em sua arte, a ponto de aspirar conscientemente determinar uma regra de proporções como a do "número de ouro" (Leonardo da Vinci).

Faz um alerta aos que se apresentam como especialistas em tratar esquizofrênicos com a Psicanálise; atribuição e propaganda que estão relacionadas a modismos. Bion reconhece relativos benefícios conseguidos com pacientes tidos como insanos e que vivem razoavelmente ao final da análise ao usar próteses bem-sucedidas, por vezes distantes de irreversíveis desastres ocorridos. Dependerá talvez dos graus de destruição e de preservação das matrizes de preconcepções do seio e do casal parental.

Pensa que ninguém deveria incomodar-se com "acreditar" em algo que já sabe existir ou não existir. Bion "acredita" que vale a pena tentar psicanalisar um paciente qualificado de esquizofrênico, quando nada mais se possa tentar. Nesse caso, "crê" na tentativa. Por vezes, conseguem-se melhoras, a ponto de o denominado esquizofrênico encontrar um modo de ser próximo ao de um ser humano comum.

VIII

As tensões na convivência de um casal, grupo ou/e sociedade, podem ser tão escassas a ponto de não haver estímulo recíproco. No outro extremo, as diferenças de opiniões ou temperamentos podem ser tão fortes que impedem a discussão entre as partes. Pode um casal encontrar o feliz e estimulante meio termo? Pode uma nação conseguir, ao mesmo tempo, homogeneidade e tensão? Qual é o adequado equilíbrio entre um vértice científico e um vértice religioso?

Ao tratar do tema das transformações em alucinações, Bion propõe um modelo inicial de duas fotos que parecem ser de duas montanhas inteiramente diferentes. De fato mostram a mesma montanha, uma pelo vértice sul e a outra pelo vértice norte. É mais fácil esta compreensão aplicada a fatos físicos que no campo dos fenômenos mentais. O tema das direções das percepções requer observação apurada das seguintes possibilidades: evacuação, introjeção e a diferença entre ambas. Pode a comunicação, com tensão adequada entre psicanalistas e neurocientistas, permitir convergências entre os vértices das observações intuitivas analíticas e aqueles das observações psiquiátricas?

A prática de psicanálise possibilita ler uma pessoa, observando-a enquanto ela está compreendendo ou entendendo mal. Há condições de diálogo entre as tensões de uma psicanálise que capta particularidades somáticas em evolução com uma psicanálise com fineza de captação de turbulências atuais e futuras de ordem prevalentemente psíquicas?

Se os institutos de psicanálise não desenvolverem psicanálise, quem o fará? Retoma suas contribuições em "*Experiências em grupo*" (1948-1951), incentivando os analistas a conversar e discutir com clínicos, psiquiatras e também com grupos de pessoas que sofrem de reumatismo, hipocondria e outras "doenças psicossomáticas".

Quais são as modificações necessárias em nossas ideias sobre o inconsciente? Talvez a disciplina de "opacidade voluntária de memória, desejos, teorias e compreensão" constitua uma vertente a ser explorada pelos analistas. Declara-se cauteloso quanto às técnicas místicas envolvendo estados de esvaziamentos mentais. Mantém certa discrição e cautela a atribuições de autoridade imerecidas quanto a avaliar conhecimentos e experiências dessa ordem.

Certas vivências persecutórias do analista são atribuídas a fantasias de perseguição inoculadas pelo paciente; porém convém ter certa prudência a respeito delas, pois podem se relacionar a momentos e fatos reais da personalidade do analista, quais pontos cegos, e assim não entretermos desatenção, conformismos e desatualização. Bion usa como analogia a atual diferenciação da patologia denominada hidropisia. Se por um lado a adoção de métodos mais sofisticados tornou possível distinguir diferentes tipos de peritonite, por outro lado há quem critique os pesquisadores que encontraram a chamada *myasthenia gravis*, "reclamando que se trata de outra doença; mais uma coisa que requer qualificação! Pois é, todos os cientistas são uma chatice!".

Distingue o uso de "0" quando se trata da "coisa em si", "infinito", "Deus" ou "númenon", de que ninguém, por princípio, pode saber algo. Delimita o âmbito do conhecimento em lidar com fenômenos. "0", ao denotar zero, tem o mesmo valor de pausa em música e é também extraordinária descoberta no mundo da matemática.

Demanda bastante empenho e tempo para descobrir qual a maior fonte de estorvo – a do contestador ou a do crente?

Bibliografia

1. Bion, W. R. – "Bion's Brazilian Lectures" – 1 São Paulo 1973 – Imago Editora Ltda. – Rio de Janeiro - Brasil.

2. Bion, W. R. – "Two Papers: The Grid and Caesura" – (1977) – Imago Ed. Ltda. – Rio de Janeiro – Brasil.

Posfácio: como tirar proveito de um bom negócio

Ao completar o instigante percurso oferecido pelas contribuições escritas por Antonio Sapienza, eu me pergunto se teria algo para acrescentar à riqueza oferecida por esta leitura. A coletânea de textos abrange 35 anos de publicação de reflexões a respeito de psicanálise em reuniões científicas, palestras e conferências, aulas e seminários, artigos para livros e revistas, muitos a convite de colegas de outros lugares do Brasil.

Assim como em *O Jogo da Amarelinha*, de Julio Cortázar, qualquer que seja o percurso escolhido pelo leitor – o meu foi por ordem cronológica –, ele se deparará com um pensamento extremamente vigoroso e criativo e sempre fundamentado na rigorosa observação dos fatos da vida e da clínica psicanalítica, no estudo aprofundado, respeitoso e arguto das ideias de pensadores da psicanálise e fora dela, na citação precisa de conceitos.

Se o percurso de leitura fosse aleatório e não tivéssemos acesso à data de publicação dos artigos seria muito difícil, senão impossível, dizer se um determinado texto é mais recente ou mais antigo, pois a maneira de pensar a psicanálise de Sapienza é desprovida de modismos. Além disso, observo que Sapienza, pesquisador, estudioso e leitor atento não só de textos de psicanálise, percebeu o valor de certas contribuições, como as de Green, muito antes de elas terem reconhecimento notório. Como bom garimpeiro, soube, desde sempre, escolher aquilo que de fato fazia sentido como ferramenta para o trabalho clínico, linha mestra de todos os seus escritos.

Pensamento denso e complexo, mas nunca doutrinário ou apresentado de forma hermética, deixa espaço aberto ao leitor para que este possa, fertilizado, chegar às suas próprias conclusões. Parafraseando Winnicott, em uma concepção cara a Sapienza, cabe ao leitor não só se nutrir do seio generoso que lhe é colocado à disposição, mas também recriá-lo onde ele já está.

Essas qualidades da relação de Sapienza com seus interlocutores permeiam todos os textos e conversas. A forma extremamente generosa como nos é oferecido o conhecimento auferido na experiência de vida, na clínica e no estudo detalhado de autores como Freud, Winnicott, Bion e Klein, entre outros que também nos legaram suas contribuições de forma pródiga, encantou gerações de psicanalistas que buscaram em Sapienza o professor, o supervisor, o analista. Sapienza não se propõe a ensinar e nunca se coloca como autoridade, mas é muito o que se pode aprender com ele.

Em um comentário ao trabalho "Contribuição ao estudo psicanalítico da depressão psicótica", de 1977, a professora Judith Andreucci tece as seguintes observações à posição analítico-científica de Sapienza:

Observei que embora nos apresente um rico e extenso acervo teórico, não se enquadra, não se fixa, permanece livre, continua ele mesmo, à sua maneira, usando o próprio estilo, não se rotulando a nenhum esquema teórico, nem particularmente a ninguém. Assimila o que lhe convém, desenvolve o que assimilou e continua ele mesmo, do princípio ao fim e por conseguir ser tão ele, obteve a liberdade e a plasticidade para o encontro com um paciente tão encarcerado em um mundo estranho e fechado.

Um analista acorrentado a teorias, escolas, autores, jargões não consegue a mobilidade mental e emocional necessárias às incursões profundas no mundo desconhecido de alguém, principalmente, quando esse mundo é estranho à lógica e às realizações da mente racional.[1]

Nos artigos deste livro, encontrei temas recorrentes, mas nunca repetitivos; são as invariantes de seu pensamento, trabalho e investigação clínicos, como: aspectos mais primitivos da mente, aspectos psicóticos; a importância e as vicissitudes do contato com realidade interna e externa; o respeito à singularidade de cada pessoa, analista ou analisando, e de cada par; o trabalho do sonho, fio condutor da elaboração de fantasias e modulação dos afetos; compaixão e verdade como baluartes da postura ética do analista em relação a seu trabalho e a seu analisando; as condições do analista para ser analista e para exercer a função analítica; o desenvolvimento e aprimoramento de uma linguagem de consecução; entre outros. Para ilustrar alguns desses pontos, destaco alguns trechos do artigo: "Psicanálise: realidade interna e realidade externa", de 1995.

---

[1] Neste livro, p. 64.

O estado de mente ideal do analista, na sessão de análise, deve permitir *amplo contato com dor mental*, dentro das vivências de oscilação das posições esquizoparanoide e depressiva (PS ↔ D), viagem cotidiana da parceria que *exigirá o exercício das virtudes de paciência, perseverança e segurança do analista na manutenção da fluidez da capacidade de pensamento inconsciente em vigília*.

O suporte dessas condições mentais do analista tem forte conexão com a **libertação máxima** do analista de **escotomas e obstruções psicopatológicas** *(daí se pode avaliar a extrema* **importância** *da sua* **análise pessoal**)*, essa liberdade interna dependerá do* **cultivo de disciplina mental** *consigo mesmo e da* **realização** *de experiência metodológica de* **"opacificação"** *de memórias, teorias e desejos, visando à ampliação de receptividade e continência, em níveis mais profundos, às comunicações de fantasias e ideias inconscientes do analisando. A atenção flutuante do analista acompanhará as associações livres do analisando.*

A **capacidade de tolerar dor mental**, sem dela se evadir, está na sua essência diretamente **relacionada** às condições de **preservação** e **viabilidade** das matrizes do **pensamento primitivo**, ou seja, fantasias inconscientes e preconcepções. As mesmas contêm violência emocional e, **livres de onipotência**, são potencialmente capazes de se tornarem "civilizadas". O teor qualitativo e quantitativo dessas matrizes do pensamento é protegido pela barreira de contato, de cujo estado dependerão: a maior ou menor fluidez e prontidão da **intuição** *inconsciente*, bem como o grau de **precisão e adequação** da **capacidade de observação** do analista face à experiência emocional em curso, junto ao analisando.[2]

O teor das contribuições de Antonio Sapienza pode ser entrevisto nos trechos citados: o testemunho de sua experiência, sabedoria e amor apaixonado pela psicanálise compartilhado sem restrições. Que o leitor possa fazer bom proveito dessa riqueza ofertada com generosidade e cordialidade, esses são os meus votos.

Ester Hadassa Sandler
Membro Efetivo e Analista Didata da SBPSP

---

[2] Neste livro, p. 187-188, grifos do autor.

Posfácio: convite à leitura

A quase todo "pós-", segue-se de algum tipo de "pré-". Com apenas uma exceção, nessa nossa Vida. Pois temos a impressão, após reler boa parte dos textos que compõem este livro, de que Vida pode ser um nome minimamente adequado para o que Antonio Sapienza *trata* em todos estes trabalhos. "Vida". Não, "sobre a vida". Parece-me, como pareceu a alguns, que Experimentar, e Ser, difere de "falar sobre". Ser jardineiro, cozinheiro, psicanalista ou bombeiro difere de falar sobre jardins, culinária, psicanálise ou incêndios. Mais ainda: botânicos diferem de jardineiros, e assim por diante. Enfatizar diferenças, ou discriminar, pode ser visto como tarefa científica; não implica em nenhum juízo de valor, ou em desprezar ou enaltecer nenhuma dessas atividades.

Se é verdade que Sapienza *trata* de Vida, *tratar* não é o mesmo que *cuidar*? E cuidar, não é o mesmo que *manter*?

É comum eu ficar, inicialmente, embatucado com a ideia de que se pode fazer um posfácio. Já o perpetrei antes, mas há algo que não é coerente com minha experiência de que todo "fim" de algo – pode ser uma coisa concretizada, material, ou um evento – não passa de um "começo" de algo. A não ser em um caso, nessa nossa vida. E mesmo nesse caso, quando nos defrontamos com o desaparecimento, com o que se denomina, "morte", podem existir outras ideias. Não me refiro ao que se denomina "imortalidade", mas refiro-me ao que se denomina, memória, recordação, e também herança filogenética; e também a certas transcendências a tempo e espaço, como a possibilidade de manter conhecimento. Confesso, então, que meu embatucamento inicial ocorre pela penumbra de significados que me parece haver em um posfácio: lembram-me a palavra "fim", ou "final".

Para tentar colocar um final, um posfácio, um autor, Bion, cuja obra teve sua essência divulgada de modo único por Antonio Sapienza, formulou um diálogo imaginário. Os "integrantes" do diálogo foram denominados Perguntador e Respondedor. O primeiro parecia estar interessado na leitura do livro. O Respondedor representou a pessoa que escrevera o livro. De modo surpreendente e evocador, o diálogo se inicia com o Respondedor, e não com o Perguntador:

R. Alô! Cá estamos de novo. O que você achou do livro?

P. Não li o livro, claro! Estava apenas procurando ver como este livro termina. Não estou sabendo nada além do que já sabia no começo!

R. Receio que você tenha que ler a parte α e Ω.

P. O quê? Começar tudo de novo?[1]

---

[1] BION, Wilfred R. *Uma Memória do Futuro*. Tradução de P. C. Sandler. São Paulo: Martins Fontes, 1988. v. 1. p. 231.

Quantos de nós não "começamos tudo de novo"? Quantos de nós não ficamos um tanto revoltados, como parece ter ficado o Perguntador?

Ao acordarmos, ou ao dormirmos novamente? Ou ao atendermos algum paciente? Quantos de nós nunca experimentamos uma pressa, por vezes ânsia, a nos impulsionar, por vezes de modo culpado e até furtivo, de olhar "o final", ao folhearmos um livro? Ou ansiarmos pelo final, ao estarmos em qualquer evento? Ao conhecermos alguém? Ao fazer uma anamnese? Ou ao ouvir um colega e, quase que inconfessável, ao não ouvirmos nossos pacientes, pulando para conclusões, confundindo um escutar acusticamente com um ouvir real? A lista é longa, cada um poderá acrescentar o que achar mais – ou menos – adequado.

Penso que essas formulações, "começo" e "fim", foram abordadas por alguns psicanalistas. Por exemplo, Bion observou a existência de ciclos de "saturações" e "insaturações" em nossa atividade clínica[2,3] e em nossa vida, desde que nascemos, e também de ciclos de transformações, quando "produtos finais" de transformações podem ensejar novos "processos de transformações"[4] em um desenrolar vivo, "eterno enquanto dure, posto que é chama", na visão do poeta.

Se é verdade que não há fim sem outro começo – com apenas uma exceção – pode-se dizer também que não há melhor sem pior.

---

[2] BION, Wilfred R. *Learning from Experience*. London: Heinemann Medical Books, 1962. p. 63.
[3] BION, Wilfred R. *Elementos de Psicanálise*. Tradução de E. H. Sandler e P. C. Sandler. Rio de Janeiro: Imago Editora, 2003. p. 43, 69.
[4] BION, Wilfred R. *Transformações*. Tradução de P. C. Sandler. Rio de Janeiro: Imago Editora, 2004. p. 118.

Pensamos ter aprendido com Sapienza que apenas "há". Todo "melhor" pode ser para alguns, e sempre corre o risco de ser "pior" para outros.

Pode ser que psicanálise – e toda ciência – constitua-se como a observação do óbvio – como pensamos que aparece, no posfácio em forma de diálogo que reproduzimos parcialmente acima. Na observação de Asimov, o óbvio é "o mais difícil de observar".[5]

Luiz Carlos Uchôa Junqueira Filho escreveu, com afeto, a respeito de Antonio Sapienza; faço minhas as palavras dele:

> *Viajar com ele... é... festa inesgotável... trata a psicanálise popularmente como se de futebol se tratasse... ser chamado de louco é para ele um elogio... Seu trajeto institucional é pautado por uma presença "dialética", sempre consultado por tudo, mas nunca no olho do furacão.*[6]

Afirmações que evocaram, pelo menos em mim, outras tantas leituras:

> *Finalmente, não podemos esquecer: uma relação psicanalítica baseia-se sobre um amor à verdade; ou seja,*

---

[5] ASIMOV, Issac. I, *Robot*. New York: Spectra, 2004. Atualmente, no Brasil, tem sido mais comum creditar-se essa citação a Clarice Lispector, que a utilizou em Uma Aprendizagem, ou o Livro dos Prazeres, publicado em 1969.

[6] Comunicação pessoal com Luiz Carlos Uchôa Junqueira Filho e com Miriam Brambilla Altimari, em 2015, ao ser convidado a elaborar um texto para a comemoração do 80º aniversário de Antonio Sapienza, da qual faz parte a elaboração deste livro.

em um reconhecimento da realidade – fazê-lo, exclui qualquer tipo de imitação, simulação ou fraude.[7]

Assim então, a carinhosa lei do amor faz-se presente, ainda que poderosamente viril, soldando essências conscientes às inconscientes, inebriando o ouvinte a cada inspiração de seus pulmões. José sentia seu próprio coração bater em cada toque no címbalo. Que se aquietava mais e mais...[8]

Sente-se como loucura o fato de se ter duas séries de sentimentos a respeito dos mesmos fatos, e, consequentemente, desgosta-se desse estado. Essa é uma razão pela qual sente-se necessário ter um analista; outra razão é o desejo de que eu esteja disponível para ser considerado louco, e usado para ser considerado louco. Existe um receio de que você possa ser chamado de analisando, ou, reciprocamente, de que possa ser acusado de insanidade. Será que eu poderia ser suficientemente forte e flexível para ser considerado e tratado

---

[7] FREUD, Sigmund S. Constructions in Analysis. In: _____. *Moses and monotheism, an outline of psycho-analysis and other works.* London: The Hogarth Press, 1964. (Standard Edition of the Complete Works of Sigmund Freud, v. 23). p. 248: "And finally we must not forget that the analytic relationship is based on a love of truth - that is, on a recognition of reality - and that it precludes any kind of sham or deceit".

[8] ADLER, Hans Günther. *Panorama.* New York: Modern Library, 2011. p. 207. Adler, não muito conhecido no Brasil, escrevia de modo similar ao adotado por Wilfred Bion em Uma Memoria do Futuro, hoje denominado por críticos literários como streaming. Nascido em Praga, de educação alemã, como Freud, sobreviveu ao Holocausto, passando a viver em Londres. Sua obra equipara-se à de James Joyce, Primo Levi e Soljenítsin; nunca obteve fama social – "semente que não vicejaem solo mortal", segundo John Milton. Raramente, por coincidência ou incompreensão, fama implica em qualidade real de uma obra.

como insano, sendo ao mesmo tempo, são? Se é assim, não admira que se espere que psicanalistas, quase que como uma função de serem psicanalistas, preparem-se para serem insanos e serem chamados como tais. É parte do preço que pagam por serem psicanalistas.[9]

Recordações de leituras sempre me aparecem naturalmente, como folhas aparecem em árvores, por respeito e admiração que tenho nutrido por Sapienza, desde que o conheci. Foi emocionante reler seus artigos, e ler alguns que não havia lido. Nunca – o termo é preciso – conheci outro colega com tal amplidão e profundidade de conhecimento "introjetado", abrangendo psicanálise, literatura e teoria da ciência. Minha experiência literária nunca mais foi a mesma e conheci autores que nunca havia conhecido. A única coisa que ocorreu quase sempre, com raras exceções, foi minha resposta à mesma pergunta: "Conhece o autor ou autora X?". "Não", tem sido minha resposta. Ato contínuo, ganho um livro. Por vezes, preocupado com finanças, e em abusar do amigo, penso em ficar quieto, mas quem pode ficar quieto em companhia de Sapienza?

Em 1981, li um escrito; impactado, surgiu-me a figura de Sapienza:

O erudito pode ver que uma descrição é de Freud ou de Melanie Klein, mas permanecer cego para a coisa descrita. Freud disse que as crianças eram sexuais; isso foi negado ou re-enterrado. Tal destino poderia ter ocorrido à psicanálise inteira, se não tivesse havido

---

[9] BION, Wilfred R. *Uma Memória do Futuro.* Tradução de P. C. Sandler. São Paulo: Martins Fontes, 1988. v. 1. p. 124.

alguém, como Horácio dizia de Homero, para conferir-lhe imortalidade.[10]

Bem sabemos que a maioria, talvez todos nós, psicanalistas, somos não apenas interessados, mas percebemos, em maior ou menor grau, a necessidade de adquirir este tipo de informação, por força da atividade. Sempre haverá alguém que, com certa razão, dirá que meu conhecimento é pequeno: quantas pessoas pode-se conhecer, profundamente, na Vida? Nós, analistas, temos uma oportunidade única para isso, em clínica psicanalítica. Como alta quantidade dificilmente se traduz em alta qualidade, provavelmente será verdadeiro afirmar que analistas cuidam de um número comparativamente pequeno de pessoas, se comparados com, por exemplo, médicos ou psicólogos ligados a empresas de indústria e comércio; ou mesmo os dedicados à pedagogia. Tomamos a liberdade de expressar nosso pequeno conhecimento, obtido não apenas pela leitura dos artigos deste livro, mas por convívio de quase meio século, ao qual não faltou intimidade e colaboração mútua, com Antonio Sapienza. Estou citando essa parte do escrito de Bion pois, ao ter lido, fui imediatamente conversar com Sapienza, que me revelou, candidamente, ainda não ter lido este livro. Foi neste momento em que descobri que se algo é verdadeiro, muitas pessoas podem tê-lo pensado; creio que era isso que Bion indicava, quando observou a existência de "pensamentos sem pensador".[3]

Nunca apresentei nenhum trabalho que não tivesse passado antes pela oportunidade de ter uma leitura antecipada de Sapienza, e de obter críticas expressas com generosidade ímpar. A disponibilidade foi tal que chegou a prefaciar uma das minhas obras,

---

[10] BION, Wilfred R. *Uma Memória do Futuro*. Tradução de P. C. Sandler. São Paulo: Martins Fontes, 1988. v. 1. p. 9.

publicada no estrangeiro. No prefácio que fez, tratou de um assunto caríssimo para ele mesmo – a história das ideias de Bion a respeito do "trabalho onírico-alfa".

As organizadoras do livro, lideradas por Miriam Brambilla Atimari e pelo próprio Sapienza, coletaram textos abrangendo mais de três décadas de publicação. Há palestras, conferências, aulas, artigos de livros e revistas, inclusive de divulgação no meio leigo, em vários estados brasileiros.

Como toda vez em que estou com Sapienza, entrar em contato com esta coletânea, de modo agudo, digamos assim, tive a emoção de estar revendo um velho e grande amigo. Senti-me instigado a iniciar um caminho que logo se tornou instigante por si mesmo. Lembrou-me das várias, mas nunca demasiadas vezes nas quais tive contato com parte desta obra, formando a audiência espontânea às palestras, e também como comentador espontâneo ou convidado por Sapienza.

O que sempre me impressionou muito, e voltou a impressionar, mas de modo incrementado, foi deparar-me com a observação precisa de fatos da Vida, filtrados pela clínica em psicanálise; nunca vi, e continuo não vendo, nenhuma citação imprecisa de conceitos. Podem haver perspectivas diversas e ênfases diversas – como ocorreu nos aproveitamentos a respeito das expansões de Bion sobre a teoria de sonhos de Freud –, mas isso nunca caracterizou imprecisão. Há algo que só me ficou claro após esta leitura "aguda", e não "crônica": inexiste qualquer extemporaneidade nestes textos; nenhum deles está "datado", ou seja, tipifica uma época. Sapienza nunca foi influenciado por modismos; e penso que essa identidade entre nossos modos de pensar, expressos claramente por um poeta – *Moda, a ardilosa vestimenta do inferno*.[11]

---

[11] SHAKESPEARE, William. *Measure for measure*. New York: Bloomsbury, 1967.

Não se trata de anacronismo ou falta de atualização – trata-se da possibilidade de apreender, de captar verdades humanas. O leitor poderá perceber, com facilidade, que o autor é sempre a mesma pessoa, transcendendo o tempo. Destes escritos, emana Vida. Trata-se de coerência.

Há quase meio século, havia iniciado meu caminho institucional nesta Sociedade. Desorientado, por ignorância, senti-me em uma encruzilhada: de um lado, temor, um bom gerador de preconceito, aquele do "eu sei tudo"; do outro, a possibilidade de enfrentar a ignorância. Com quem poderia "aprender de modo adequado a obra de Freud?" Embora conhecesse alguns psicanalistas, só havia um com quem tinha liberdade suficiente para fazer essa pergunta e obter uma resposta direta. Era um dos primeiros que haviam se "formado" nos padrões da International Psychoanalytical Association (IPA), em São Paulo. Pensei que conhecia "todo mundo". Havia sido a primeira pessoa que me revelara a existência dessa coisa que nem coisa é, "psicanálise". Estavam bem colocados meus pressupostos a respeito de conselhos paternais. Veio lá a indicação costumeira, desprovida de dúvidas caóticas, ambivalências ávidas. Mas provida de um alerta: "Faça os seminários de Freud com Sapienza, que não é nenhum 'chutador'. Fala apenas do que sabe, e sabe muito".[12]

Um Pai sempre reconhece outro Pai; alguns podem expressá-lo, por não se aprisionar por certas emoções: "Célula solitária, lá espreita a Inveja; aguarda, apenas tornar-se maligna".[13]

Miriam Brambilla Altimari, no prefácio a este livro, observa que alguns julgam Sapienza "demasiadamente hermético e não

---

[12] Comunicação pessoal com Jayme Sandler, em 1978.
[13] BION, Wilfred R. *Uma Memória do Futuro*: o sonho. Tradução de P. C. Sandler. São Paulo: Martins Fontes, 1988. p. 16.

conseguem compreendê-lo, outros o veem como herético". Muito provavelmente, como Miriam também observa pelo fato de que tanto a escrita como as palestras "são bem articulados e têm um estilo conciso e poético, exigindo do leitor não só tempo e dedicação na apreensão de sua leitura, mas também um contato interno profundo com vivências arcaicas e sofrimentos que já tenham evoluído para alguma percepção e/ou elaboração. [...] Alguns o chamam de mestre, "sem discípulos", como explicita Sapienza... Ele tem horror a seitas, escolas, e xerocópias humanas!"[14]

Em relação à obra de Bion – em parte, pela influência de sua própria análise pessoal –, Sapienza trabalha durante as sessões de análise, na medida em que podemos tê-las representadas nas suas redações, de um modo que me parece idêntico àquele recomendado por Bion, pois não apela para chavões institucionalizados. Assim o fez muito antes da época em que outros esterilizassem esse modo de trabalhar, com o uso de bordões repetitivos, distorcendo recomendações técnicas por meio de verdadeiras campanhas apregoando o que "é certo" – por exemplo, "sonhar o paciente", "sonhar na sessão", "sem desejo" etc.

Por exemplo, no seu trabalho apresentado para ser admitido como membro associado da Sociedade Brasileira de Psicanálise de São Paulo (SBPSP), em 1977, encontra-se com um paciente que apela para demonstrações físicas, corpóreas: faltas, atrasos, alcoolismo, promiscuidade – incluindo a do tipo sexualizada – exibições de masculinidade. Todas, manifestadas de muitos modos – em pleno *acting out*. Nesse caso, o paciente traz um relato no qual o alcoolismo é atribuído a outra pessoa; ele teria defendido duas mulheres "em uma madrugada – duas pombinhas" que estavam sendo molestadas pelo "bêbado". Utiliza essas manifestações no

---

[14] Prefácio deste livro, p. 15.

sentido analítico, e não como se fossem a "verdade última", mas dados que podem ser utilizados como indicativos de resistências e ansiedades, incluindo identificações projetivas.

Não apenas aponta que o "estilo de comunicação do analisando é onírico, assemelhando-se ao conteúdo latente de um sonho, cujo conteúdo manifesto conecta-se à experiência emocional que se desenvolve no momento em sua relação com o analista", mas consegue demonstrar o fato, clinicamente: "Através do mesmo, o analisando parece representar a aliança terapêutica como a união de duas pessoas do mesmo sexo (mãe-filha), que pode ser alvo de ataques invasivos e depreciativos provenientes da intrusão da personalidade psicótica, ávida e confusa (bêbado)".[15]

Em outro exemplo, indica a presença de "inveja desvalorizadora" no paciente, um termo que podia se limitar a um jargão teórico, caso a redação não incluísse a demonstração clínica: "há também indícios de ressentimento [...] pela zombaria depreciativa que surge deslocada do relacionamento com o analista, em sua ironia dirigida às mulheres unidas, que pareciam duas 'pombinhas'".

A redação do estudo me parece ser uma "memória do futuro", na medida em que aponta tudo que o leitor poderá encontrar nos artigos seguintes, ainda que de modo mais aprofundado e detalhado. Feita de forma tão clara e sincera, possibilita ao leitor examinar suas próprias associações livres relativas ao paciente examinado, como se o próprio paciente estivesse vivo e Sapienza, o analista, estivesse conversando conosco sobre sua experiência com essa pessoa. Emana "análise" do escrito, de modo que transcende tempo e espaço. Não se prendendo a nenhum autor em especial, escolasticamente, consegue demonstrar que

---

[15] Neste livro, p. 39.

esse material pode ainda permitir, como conjetura, um esboço da estrutura edipiana do analisando, chamando a atenção à instabilidade do relacionamento com seus pais internalizados, onde surge uma figura materna dominadora, que o quer subjugado e sem vida própria, e uma figura paterna distante e ausente.

Um dos fatores para a consecução disso parece-nos ser a maneira de pensar a psicanálise de Sapienza: desprovida de modismos. E de seu acompanhante sorrateiro no movimento psicanalítico: o uso de autores com finalidades "políticas" – não a da pólis grega, nem da maiêutica, como a praticada por Sapienza, mas aquela de outras intenções, baseadas em dificuldades pessoais que poderiam ser vistas em análise.

Ficou-nos marcado, por exemplo, um dos seminários a respeito da obra de Freud com Sapienza, baseado no artigo "Recordar, Repetir e Elaborar". Como expressou Bion, não se recordar – amnésias ou paramnésias – são pelo menos tão nocivas quanto o estado de ficar-se entupido de memórias.

Em nossa opinião, já neste primeiro trabalho, temos uma aula teórico-prática em psicanálise. Assim como não há, psicanaliticamente, um "ser humano novo", pois só haveria um ser humano novo caso mutações genéticas determinassem um ser humano isento de Mãe e de Pai, ou, no modo compactado escolhido por Freud, "Édipo", e, paradoxalmente, todo ser humano é sempre novo, pois isso é Vida, chamou-nos à atenção os temas recorrentes, verdadeiras invariantes em psicanálise: a existência da personalidade psicótica e da personalidade não psicótica; contato com Realidade Psíquica, sem denegrir Realidade Material; o que também pode ser colocado como as relações entre "realidade Interna e

Externa" a nós mesmos, fatos evidenciados inicialmente por Claude Bernard e Von Helmholtz, que tanto impressionaram Freud; identificar e desfazer, sem desrespeitar, o Trabalho Onírico, conforme formulações de Freud em *A Interpretação dos Sonhos*;[16] e, acima de tudo, um respeito ao indivíduo, ao modo de pensar tão único como o é uma impressão digital, a ser filtrado pela experiência analítica.

Afirmamos acima que um fator essencial na postura de Sapienza parece-nos ter sido sua análise pessoal. As organizadoras anexaram um dos comentários – dentre os feitos por muitos colegas, ao longo dos anos – que nos parece, como pareceu a elas, fundamental. Esse comentário foi feito pela professora Judith Seixas Teixeira de Carvalho Andreucci, a respeito da "posição analítico-cientifica do autor"[17] – que coincide com nossa leitura.

Em uma época que retornou, com força redobrada, a reação violenta contra a percepção das várias verdades, desenterradas pela obra de Freud, mas expressa não apenas pela sociedade circundante, mas por uma violência intestina aos vários movimentos psicanalíticos, com "dissidências" seguidas por ereção de novos ídolos:

> *Quando já temos uma certa experiência de leitura de paisagem dos textos de Freud, principalmente, é muito útil fazer uma leitura a partir das notas de rodapé, nos perguntando o que teria levado o autor, ao longo do tempo, a fazer uma crítica a respeito do próprio trabalho [...]*

---

[16] FREUD, Sigmund S. *The interpretation of dreams*. London: The Hogath Press, 1953. (The Standard Edition of the Complete Works of Sigmund Freud, v. 4 e 5).

[17] ANDREUCCI, Judith T. C. *Comentários sobre o Trabalho de Dr. Antonio Sapienza*. São Paulo: SBPSP, 1977 (mimeografado).

reler Freud, Klein ou outros autores a partir de notas de rodapé é uma prática que vai nos permitir, sem sermos subversivos ingênuos, seguir a trilha do que levou aquela pessoa a fazer uma reescrita do próprio texto.[18]

Quanto ao "olho do furacão", na metáfora cunhada por Luiz Carlos Uchôa Junqueira Filho, acredito que ele se refira ao que pode ser compactado como as relações, usualmente problemáticas, entre Meritocracia Técnica (ou Artística, ou Científica) e Meritocracia Política, que tornam-se tendências pessoais – e como todo grupo é formado por pessoas, influenciam tendências institucionais. Talvez, seja em função disso que sempre tenha sido "consultado por todos". A menção à professora Judith T. C. Andreucci pelas organizadoras parece-me importante por ser fato público a existência de turbulências institucionais, ameaçando colocar a SBPSP no rol das sociedades que sofreram "cisões" e "divisões" amarguradas e amargurantes, que têm caracterizado a evolução, ou involução da maior parte das sociedades de psicanálise no mundo inteiro. Judith Andreucci, com alguns colegas, exerceu, naquela época turbulenta, uma função integradora, que impediu esse tipo de "cisão". Uma década e meia depois, Antonio Sapienza, em nova turbulência, de natureza diversa, exerceu a mesma função integradora. Os dois, Judith e Sapienza, sempre se destacaram em suas contribuições à Meritocracia Técnica, mas não à Meritocracia Política – paradoxo que demanda tolerância e respeito.

ROLAND: Não seria melhor permanecer desiludido?

P.A.: Suponho que aceitemos tal verdade à medida que nos tornamos suficientemente robustos para sobreviver.

---

[18] Neste livro, p. 154.

ROLAND: *Porque a Verdade deveria se tornar tão incompatível conosco, ao ponto dela se apresentar como uma ameaça?*[19]

SACERDOTE: *Acredito na morte mental, religiosa. A Verdade pode ser nutrida; pode se permitir que ela morra por negligência; ou envenenada por seduções. Esta é uma covardia que se repete amiúde. No entanto, a Verdade é robusta; os "fatos" não podem ser assassinados, mesmo que não saibamos o que são. O frágil respeito humano pela verdade não pode ser jogado fora assim tão facilmente quanto parece.*

P.A.: Espero que você esteja certo. Entretanto, não posso dizer que meu conhecimento de mim mesmo ou de outros me forneça alimento para esperança. A própria religião dá evidência da enorme força do poder, fanatismo, ignorância; e a psicanálise é permeada pelos erros e defeitos que nós, humanos, que tentamos praticá-la, possuímos.[20]

Sapienza sempre manteve a ideia, expressa publicamente em pelo menos três ocasiões, de que é possível aprender psicanálise.

E de que a nossa geração, mesmo sem ter tido artistas, como lhe pareceram ser as gerações que produziram pessoas como Freud, Klein, Bion e Winnicott, pôde formar artesões. Em uma dessas ocasiões, muitas pessoas, na audiência, experimentaram

---

[19] BION, Wilfred R. O Passado Apresentado. In: _____. *Uma memória do futuro*. Tradução de P. C. Sandler. Rio de Janeiro: Imago, 1996. v. 2. p. 60.
[20] BION, Wilfred R. A aurora do esquecimento. In: _____. *Uma memória do futuro*. Tradução de P. C. Sandler. Rio de Janeiro: Imago, 1996. v. 3. cap. 7.

algo que usualmente experimenta-se em sessões de psicanálise, explicitado por Melanie Klein, como o enfrentamento da "posição depressiva". Houve outros momentos em que alguns, emocionados, lacrimejaram – como nos comentários que fez para um lançamento de livros de um colega.

Este livro não contempla a miríade dos comentários de Sapienza ao trabalho escrito de outros colegas na qualidade de convidado especial para tecer comentários. Cada comentário se assemelha a um trabalho de joalheria, tal o cuidado com que tem sido feitos. Provavelmente, Antonio Sapienza tem sido o colega mais convidado, em São Paulo, para essa difícil tarefa, cujo limite para se transformar em grupos de julgamento ou de "supervisão", na acepção de relacionamento "superior" e "inferior" do termo, é tênue.

Fica a sugestão para que este "pós" nunca seja exatamente, ou apenas, um "pós". Nunca, algum dos colegas que o convidaram pode encontrar na pessoa de Sapienza alguém que não se colocasse como artesão, tecendo o comentário "ao vivo", no sabor do momento – mesmo quando se baseou em anotações pontuais.

Paulo Cesar Sandler
Membro Efetivo e Analista Didata da SBPSP

GRÁFICA PAYM
Tel. [11] 4392-3344
paym@graficapaym.com.br